LE LANGAGE DU CŒUR

LE LANGAGE DU CŒUR

Articles de Bill W. dans la revue Grapevine

AAGRAPEVINE, Inc.
New York, New York
WWW.AAGRAPEVINE.ORG

De nombreux articles de Bill W. publiés dans la revue *Grapevine* (ou des extraits de ces articles) ont fait l'objet de publications approuvées par la Conférence des Services généraux. « Problèmes autres que l'alcoolisme » a été réimprimé sous forme de brochure et des extraits en ont aussi été publiés sous forme de feuille volante. Tous les articles de la brochure *La Tradition des A A : son développement* ont d'abord été publiés dans la revue *Grapevine* et sont reproduits dans la Première Partie du présent ouvrage.

Titre américain
The Language of the Heart

Remerciements spéciaux pour la permission de reproduire les textes suivants:

Lettre de C.G. Jung à William Wilson, datée le 30 janvier 1961. Copyright © 1963 par Princeton University Press, Princeton, NJ. Reproduit avec permission.

Les extraits de Le Mouvement des AA devient adulte (copyright © 1985) et de *Les Douze Concepts des Services mondiaux* (copyright © 1985) sont reproduits avec la permission de A.A. World Services, Inc.

Traduction examinée et révisée, 2017
Troisième impression 2017

5M-11-06 (INTRA) FGV-11 Imprimé au Canada

TABLE DES MATIÈRES

PREMIÈRE PARTIE : 1944-1950

Première section: Les Traditions prennent forme

Deuxième section : Autres écrits de cette période

DEUXIÈME PARTIE : 1950-1958

Première section: Les Traditions prennent forme

Deuxième section : Ayons de l'amitié envers nos amis

Troisième section : Autres écrits de cette période

TROISIÈME PARTIE : 1958-1970

Première section: Dans tous les domaines

Deuxième section : Regardons vers l'avenir

Troisième section : Autres écrits de cette période

Articles à la mémoire de membres décédés

Articles au sujet de Grapevine

Index

AVANT PROPOS

Chers amis,

Comme vous le savez sans doute, au cours des années, Bill a beaucoup écrit pour la revue *Grapevine*. C'était sa façon de partager son expérience, sa force et son espoir avec le mouvement tout entier.

Je trouve merveilleux qu'autant de ses écrits soient à nouveau mis à la disposition des membres des AA, particulièrement de tous ceux et celles qui se sont joints au mouvement après la parution de ces articles.

J'espère qu'ils les trouveront utiles.

Avec reconnaissance,

Lois

PRÉFACE

Le Langage du cœur réunit pour la première fois pratiquement tous les articles que Bill W., cofondateur des Alcooliques anonymes, a écrits pour la revue *Grapevine.* Beaucoup ont été réimprimés sous forme de brochures ou de livres AA, ou dans des numéros postérieurs de la revue, mais jamais encore ils n'avaient paru en un seul volume.

En juin 1944, la revue *Grapevine* voyait le jour sous la forme d'un bulletin local grâce aux efforts de six membres de New York, inquiets du « manque de compréhension » qu'ils croyaient déceler dans les groupes de la région métropolitaine. Expédié à tous les groupes connus des États-Unis et du Canada, et envoyé gratuitement aux membres AA des forces armées prenant part à la Seconde Guerre mondiale, le bulletin *Grapevine* est vite devenu populaire dans tout le pays. En 1945, les groupes ont décidé par vote d'en faire la principale revue du mouvement; avec le numéro de janvier 1949, *Grapevine* est devenu « la revue internationale des Alcooliques anonymes ».

Dès le premier numéro du bulletin de huit pages, Bill W. a été un collaborateur prolifique, un défenseur enthousiaste et, pendant plusieurs années, un conseiller à la rédaction. En dépit d'un épuisant calendrier de voyages et d'une abondante correspondance, Bill ne pouvait pas trouver le temps de répondre à toutes les demandes, nombreuses et variées, d'un mouvement en pleine organisation; la revue *Grapevine* lui a donc fourni le moyen idéal de communiquer avec les membres et les groupes qui insistaient pour connaître ses idées et ses expériences. Dans plus de 150 articles répartis sur une période de 26 ans, Bill a raconté les laborieux tâtonnements qui devaient mener aux principes spirituels du Rétablissement, de l'Unité et du Service, et il a articulé sa vision des AA.

Quand la direction actuelle de la revue s'est mise à chercher des moyens de regrouper les articles de Bill dans un ordre logique, elle a d'abord pensé que la tâche serait herculéenne, mais il n'en fut rien. Grâce surtout à la façon de penser et de travailler très ordonnée de Bill, ses articles se sont regroupés presque d'eux-mêmes. Ils sont disposés chronologiquement en trois parties, en fonction des principaux sujets d'intérêt sur lesquels réfléchissait et écrivait Bill au cours de cette période. De plus, à l'intérieur de chaque partie, ils se subdivisent en sujets importants et moins importants. Les première, deuxième et troisième parties débutent par une brève présentation des événements et des tendances qui ont incité Bill à mettre l'accent sur tel ou tel aspect de la vie du mouvement; dans certains cas, une ou deux phrases de présentation établissent le contexte d'un article particulier. À la fin de l'ouvrage, nous avons regroupé des articles commémoratifs, écrits en hommage à divers amis non alcooliques du mouvement, de même qu'au Dr Bob et à Bill D., troisième membre des AA. On trouve en appendice sept articles que Bill a consacrés à des réflexions sur la revue *Grapevine* elle-même.

Notre intention était de publier tous les articles de Bill parus dans la revue *Grapevine*, mais nous avons dû en omettre quelques-uns à cause de leur longueur. La série d'articles sur les Traditions publiée en 1952 et 1953 et reproduite par la suite dans *Les Douze Étapes et les Douze Traditions* est si facile à trouver qu'elle n'a pas été reprise ici. De même, deux passages du livre *le Mouvement des AA devient adulte*, qui avaient été reproduits sous forme d'articles dans la revue *Grapevine*, n'ont pas été retenus, et un article paru deux fois dans la revue n'est réimprimé qu'une seule fois. Tous les souhaits très brefs (environ une demi-page chaque fois) que Bill a exprimés à l'occasion des fêtes de Noël et de l'Action de grâces ont été retirés, à l'exception de son message de Noël de décembre 1970, qui est son dernier texte dans *Grapevine*. Enfin, nous avons aussi omis quelques courts articles (hommages posthumes à des membres du Bureau des Services généraux et une annonce concernant le déménagement du Bureau).

Puisque ce recueil, par sa nature même, est un document historique, il convient d'en mentionner certaines caractéristiques. D'abord, la répétition. Chacun des articles a d'abord paru dans un périodique et Bill ne pouvait jamais savoir si le lecteur avait lu les numéros précédents. Il reprenait donc souvent les mêmes idées et exemples, et nous avons conservé ces répétitions pour sauvegarder son œuvre intégrale. En second lieu, certains écrits sont démodés aujourd'hui. Par exemple, quelques idées sur les Traditions, présentées dans les tout premiers articles, se sont révélées impraticables par la suite, mais par souci historique, nous n'avons pas éliminé ces premières versions. Enfin, comme Bill était un homme bien de son temps, certains lecteurs peuvent rencontrer des expressions ou une terminologie qui leur sont peu familières, ou être décontenancés par des phrases que l'on n'utiliserait plus aujourd'hui. Dans ces cas également, nous avons conservé la langue originale (à part de rares changements qui ne nécessitaient aucune réécriture), car toute modification de la phraséologie risquait de changer le sens.

C'est dans le livre *Le Mouvement des AA devient adulte* que se retrouve la description la plus souvent citée qu'a faite Bill W. de la revue *Grapevine: « Grapevine* constitue le miroir de la pensée et de l'activité des AA à l'échelle mondiale. C'est une sorte de tapis magique permettant à tous les membres de visiter les groupes les plus reculés et un merveilleux moyen de partager les idées nouvelles ainsi que l'expérience en cours. » Les membres de la rédaction espèrent que ces aperçus, que nous a livrés Bill dans les années 40, 50 et 60, et qui échappent au temps, deviendront pour les membres des années 80 et au-delà un miroir qui rappelle ce qui était décrit, ce qui est arrivé et pourquoi, et éclaire le présent de la sagesse des trente premières années des AA.

PREMIÈRE PARTIE

1944-1950

À l'été 1944, les Alcooliques anonymes connaissent une croissance phénoménale. La direction des AA est encore en grande partie entre les mains de ses membres fondateurs; c'est à partir d'un petit bureau de New York que Bill W. et quelques autres s'efforcent de ne pas se laisser submerger par le flot des nouveaux membres. L'article de Jack Alexander, paru dans le *Saturday Evening Post* en 1941, a fait passer le nombre de membres de 2 000 à 8 000 la même année. En 1950, ce chiffre dépassera les 96 000, et le nombre de groupes, qui était d'environ 500 en 1944, atteindra 3 500. Parallèlement à cette croissance du mouvement, de nombreux non-alcooliques dans les domaines de la médecine, de la religion et des médias prennent graduellement conscience que les AA sont une solution pour des alcooliques apparemment sans espoir, et ils réclament sans cesse des renseignements et des réponses à leurs questions sur les politiques du mouvement.

Le flot de lettres reçues au petit siège social, ainsi que l'expérience glanée au cours de visites à des groupes de toute l'Amérique du Nord, font apparaître clairement à Bill et aux autres membres fondateurs les principes qui semblent accroître l'unité du groupe, et aussi ceux qui souvent entraînent des conflits. Confronté à la croissance et aux demandes qui lui parviennent de l'intérieur et de l'extérieur, Bill prend pleinement conscience que le nouveau mouvement pourrait facilement s'effondrer sous le poids de son propre succès si on ne parvient pas à formuler un ensemble commun de principes directeurs et une politique efficace de communications publiques.

Dans les articles de cette première partie, Bill décrit l'expérience accumulée et propose à l'attention des membres un ensemble de principes directeurs pratiques. Ces articles clés atteignent leur point culminant dans le numéro d'avril 1946 avec la publication des « Douze suggestions pour la tradition des AA »; Cet article est devenu aujourd'hui « Les Douze Traditions – Version intégrale ».

PREMIÈRE SECTION

Les Traditions prennent forme

La modestie : point de départ de bonnes relations publiques

Août 1945

Pendant quelques brèves années passées sous le regard du public, les Alcooliques anonymes ont bénéficié de milliers de mots de publicité dans les journaux et magazines. À ces sources de publicité, il faut ajouter les commentateurs radiophoniques et, çà et là, des émissions parrainées par les AA. À peine y a-t-il eu quelques personnes pour nous critiquer ou nous ridiculiser. Même si cette publicité a manqué parfois de dignité, nous pouvons difficilement nous en plaindre. Après tout, la boisson, ça n'est pas si digne que ça !

Nous avons certainement de bonnes raisons de nous réjouir de voir une multitude d'amis de tous les milieux - écrivains, journalistes, membres du clergé, médecins - continuer avec autant de bienveillance et d'enthousiasme à soutenir notre cause. Leurs efforts ont eu pour conséquence directe d'emmener des milliers d'alcooliques chez les AA. C'est un bon résultat. C'est même providentiel quand on considère le nombre d'erreurs que nous aurions pu commettre, quand on voit jusqu'où aurait pu nous entraîner toute autre politique. Par exemple, dans la controverse au sujet de la prohibition. Nous aurions même très bien pu nous brouiller avec nos bons amis, ecclésiastiques et médecins. Mais rien de cela ne s'est produit, Dieu merci ! Nous avons eu une chance incroyable.

Si c'est là l'histoire d'une belle réussite, ce n'est pas à nos yeux une raison pour nous encenser. Les anciens membres, qui connaissent tous les faits, sont unanimes à reconnaître que c'est sûrement là l'œuvre d'une intelligence supérieure à la nôtre. Autrement nous n'aurions jamais pu éviter autant d'embûches, nous n'aurions jamais pu établir d'aussi bons rapports avec nos millions d'amis de l'extérieur.

Pourtant, n'oublions pas que l'histoire a retenu la montée et la chute de quantité d'entreprises prometteuses et bienfaisantes – politiques, religieuses et sociales. Quelques-unes ont disparu après avoir rempli leur mission, mais la plupart sont mortes prématurément. Une erreur ou une faiblesse interne finissait par transparaître à l'extérieur. Leurs relations publiques en souffraient, leur croissance s'arrêtait, et elles s'enlisaient ou se désagrégeaient.

L'autoglorification, l'orgueil démesuré, l'ambition dévorante, le besoin de paraître, la suffisance et l'intolérance, la passion de l'argent et du pouvoir, le refus d'admettre ses erreurs et d'en tirer une leçon, l'autosatisfaction, la complaisance et la nonchalance, ce ne sont là que quelques-uns des nombreux maux communs qui si souvent assaillent les mouvements et les individus.

Nous, membres des AA, nous avons individuellement beaucoup souffert de ces défauts, et nous devons chaque jour les reconnaître et les combattre dans notre vie personnelle pour demeurer abstinents et utiles; il n'en demeure pas moins qu'ils se sont rarement glissés dans nos relations publiques. Mais ils le pourraient, un jour. N'allons jamais dire: « Ça ne peut pas arriver. »

Si vous avez lu le numéro de juillet de *Grapevine*, vous aurez été étonnés, puis dégrisés par le récit de ce qui est arrivé au mouvement washingtonien. Nous avons du mal à croire qu'il y a 100 ans, les journaux du pays faisaient des reportages enthousiastes sur la centaine de milliers d'alcooliques qui s'aidaient à rester sobres, et que l'influence de cette belle œuvre a complètement disparu aujourd'hui, au point que peu d'entre nous en ont entendu parler.

Jetons un coup d'œil sur cet article de *Grapevine* et citons-en quelques extraits: « En 1841, dans le parc de l' Hôtel de ville de New York, un grand rassemblement a attiré 4 000 personnes. Les conférenciers se tenaient debout sur des barils de rhum retournés. » « Marches triomphales à Boston. L'historique salle Faneuil est bondée. » (Autopublicité exagérée ? Exhibitionnisme ? Quoi qu'il en soit, cela fait très alcoolique, n'est-ce pas ?) « Les hommes politiques voyaient avec convoitise grossir le nombre de membres... ils ont contribué à la chute des groupes locaux dans leurs efforts pour dénicher des votes. » (On dirait de l'ambition personnelle, encore une fois, et aussi la participation inutile des groupes à une controverse politique, le sujet brûlant de l'heure étant l'abolition de l'esclavage.) « Les Washingtoniens étaient pleins de confiance... ils faisaient fi des anciennes méthodes. » (Trop sûrs d'eux, peut-être. Ils n'ont pas su apprendre des autres et se sont lancés dans la concurrence, plutôt que dans la collaboration, avec d'autres organismes du même domaine.)

Comme les AA, le mouvement washingtonien n'avait à l'origine qu'un seul but: « Il se souciait seulement de sauver les ivrognes et il ne se mêlait pas de savoir si d'autres prenaient de l'alcool et semblaient en être peu affectés. » Mais plus tard, « il y eut des dissensions parmi les organismes locaux les plus anciens; certains voulaient permettre le vin et la bière, d'autres réclamaient une loi interdisant l'alcool; dans leur empressement à recruter de nouveaux membres, ils ont fait promettre l'abstinence à beaucoup de gros buveurs qui n'étaient pas nécessairement alcooliques. » (C'est ainsi que le but premier, fort et simple du groupe, s'est perdu dans de vaines controverses et dans des objectifs divergents.)

Voici un autre extrait: « Certains [groupes washingtoniens] ont puisé dans leur caisse pour financer leurs propres publications. Il n'y avait aucune politique éditoriale d'ensemble. Les rédacteurs en chef des journaux locaux se querellaient avec les rédacteurs des journaux anti-alcooliques. » (La difficulté ne semble pas venir du fait que les Washingtoniens avaient leurs publications locales, mais plutôt de leur refus de s'en tenir à leur but initial en évitant ainsi de s'opposer à qui que ce soit. Il y a aussi évidemment le fait qu'ils n'avaient pas une tradition ou une politique nationale en matière de relations publiques que tous les membres étaient prêts à suivre.)

Si les premiers Washingtoniens pouvaient revenir sur terre, ils seraient sûrement heureux de nous voir tirer des leçons de leurs erreurs. Ils ne considéreraient certainement pas nos remarques comme des critiques inutiles. Si nous avions vécu à leur époque, peut-être aurions-nous fait les mêmes erreurs. Peut-être commençons-nous aujourd'hui à les faire.

Il nous faut donc constamment examiner notre propre comportement avec attention, afin de nous assurer une fois pour toutes que nous serons toujours assez forts et constants dans notre but à l'intérieur pour établir de bonnes relations avec l'extérieur.

Alors, les AA ont-ils une politique de relations publiques ? Est-elle assez précise ? Les grands principes en sont-ils clairs ? Peut-elle s'adapter à un contexte changeant dans les années à venir ?

Maintenant que nous sommes de plus en plus connus dans l'opinion publique, de nombreux membres des AA prennent vivement conscience de ces questions. Dans le numéro de septembre, je tenterai de décrire brièvement nos pratiques actuelles en matière de relations publiques, la manière dont elles se sont développées et les domaines où, de l'avis de la plupart des anciens membres, elles pourraient être améliorées pour mieux résoudre des problèmes nouveaux et plus urgents.

Puissions-nous toujours être prêts à tirer des leçons du passé !

Les « règles » sont dangereuses, mais l'unité est vitale

Septembre 1945

Les AA ont-ils une politique de relations publiques ? Convient-elle à nos besoins actuels et futurs ?

Bien qu'elle n'ait jamais été formulée de façon définitive ou avec précision, nous avons certainement une politique de relations publiques partiellement établie. Comme tout le reste chez les AA, elle a évolué par tâtonnements. Personne ne l'a inventée. Personne n'a jamais rédigé de règlements à son sujet, et j'espère que personne ne le fera jamais. Les règlements ne semblent pas très utiles pour nous. Ils ont rarement du succès.

Si nous devions nous appuyer sur des règlements, il faudrait que quelqu'un les fasse et, ce qui est plus difficile encore, que quelqu'un les fasse respecter. On a souvent tenté de faire des règlements. Cela provoque habituellement des controverses entre les auteurs sur leur contenu. Pour ce qui est de faire respecter un décret ... eh bien, vous connaissez tous la réponse. Quand nous tentons de faire respecter des règlements, si raisonnables qu'ils soient, nous sommes presque toujours si mal vus que nous perdons toute autorité. Un cri s'élève: « À bas les dictateurs ! Qu'on leur coupe la tête ! » L'un après l'autre, blessés, ahuris, les membres des comités de direction, les « chefs » découvrent que *l'autorité humaine*, si impartiale ou bienveillante qu'elle soit, fonctionne rarement bien ou longtemps chez les AA. Les alcooliques, même en guenilles, sont encore les individualistes les plus farouches, de vrais anarchistes dans l'âme.

Personne, bien sûr, ne prétend que ce trait de caractère est une vertu précieuse. Pendant les premières années, chaque membre des AA ressentait sans cesse le besoin de se révolter contre l'autorité. Je n'ai pas échappé à ce besoin et je ne crois pas en être encore complètement guéri. J'ai aussi fait ma part comme auteur de règlements, comme régulateur de la conduite des autres. Moi aussi, j'ai passé des nuits blanches à soigner mon ego « blessé » à me demander comment les autres, dont j'avais cherché à mener la vie, pouvaient être aussi déraisonnables et sans égard pour moi, pauvre de moi. Aujourd'hui, je suis capable d'en rire. Et d'éprouver de la gratitude aussi. Ces expériences m'ont appris que la qualité qui m'avait porté à mener les autres était le même égocentrisme qui surgissait chez mes amis AA quand ils refusaient eux-mêmes de se laisser mener !

Un lecteur non membre pourrait s'exclamer: « Cela s'annonce mal pour l'avenir de ces gens. Pas d'organisation, pas de règlement, pas d'autorité... Mais c'est l'anarchie ! C'est de la dynamite, une bombe « atomique », et ça va sûrement sauter ! Parlons-en des relations publiques ! S'il n'y a pas d'autorité, comment peuvent-ils avoir une politique de relations publiques ? C'est le même défaut qui a causé la perte des Washingtoniens il y a 100 ans. Ils ont poussé comme des champignons pour atteindre 100 000 membres, puis ils se sont effondrés. Ni politique, ni autorité. À force de se quereller entre eux, ils ont fini par récolter un œil au beurre noir de la part du public. Ces AA n'appartiennent-ils pas au même genre d'ivrognes, d'anarchistes ? Comment pensent-ils réussir là où les Washingtoniens ont échoué ? »

Bonnes questions que celles-là. Avons-nous les réponses ? Tout en évitant de pécher par excès de confiance, il y a lieu d'espérer que nous les avons; il semble y avoir chez les AA des forces à l'œuvre qui n'étaient pas très évidentes chez nos camarades alcooliques des années 1840.

En premier lieu, notre programme est axé sur la spiritualité. Nous avons eu, pour la plupart, assez d'humilité pour croire en Dieu et nous en remettre à Lui. Nous avons découvert cette humilité en admettant que l'alcoolisme est une maladie mortelle devant laquelle chacun de nous est impuissant. Les Washingtoniens, au contraire, croyaient que le fait de boire n'était qu'une autre mauvaise habitude, qui pouvait être vaincue par un effort de volonté s'exprimant dans une promesse, et par la force de l'entraide que procure la compréhension d'une société d'ex-ivrognes. Apparemment, ils attachaient très peu d'importance au changement de personnalité et aucune à la conversion spirituelle.

L'entraide et les promesses les ont réellement beaucoup aidés, mais cela n'a pas suffi. L'ego de chacun continuait de se déchaîner dans tous les domaines sauf l'alcool. Des forces égoïstes, dépourvues d'humilité, ne comprenant pas que trop d'entêtement conduit à la mort de l'alcoolique, et l'absence d'une puissance supérieure à servir, ont finalement détruit les Washingtoniens.

Par conséquent, lorsque nous nous tournons vers l'avenir, nous devons toujours nous demander, nous, membres des AA, si cet *esprit* qui nous unit dans notre cause commune demeurera plus fort que les ambitions et les désirs personnels qui tendent à nous séparer. Tant que domineront les forces positives, nous ne pourrons pas échouer. Heureusement, les liens qui nous unissent ont été jusqu'à maintenant beaucoup plus forts que ceux qui pourraient nous détruire. Même si les membres des AA ne sont soumis à aucune force humaine, même s'ils jouissent d'une liberté personnelle presque parfaite, ils ont néanmoins atteint une merveilleuse unité sur les points essentiels.

Ainsi, les Douze Étapes de notre programme ne nous ont jamais été imposées par la force. Elles ne s'appuient sur aucune autorité humaine. Pourtant, elles créent un lien puissant entre nous, parce que la vérité qu'elles contiennent nous a sauvé la vie et nous a fait entrer dans un monde nouveau. Notre expérience nous apprend que ces vérités universelles fonctionnent. L'anarchie individuelle cède devant cette force de persuasion. L'individu dessoûle et en arrive, petit à petit, à être complètement d'accord avec des principes si simples.

Ces vérités finissent par gouverner notre vie, et nous en venons à nous soumettre à cette autorité, qui est la plus puissante de toutes, l'*autorité de notre plein consentement accordé librement*. Nous ne sommes pas menés par des gens, mais par des principes, par des vérités et, comme le diraient la plupart d'entre nous, par Dieu.

« Mais, demanderont certains, cela a-t-il quelque chose à voir avec une politique AA de relations publiques ? » Un membre plus ancien répondrait « Beaucoup. » L'expérience nous enseigne qu'aucune autorité humaine ne peut créer une politique AA, puis la présenter, et encore moins l'imposer efficacement; nous sommes néanmoins confrontés à la difficulté d'élaborer une telle politique et de lui conférer la seule autorité que nous reconnaissions, c'est-à-dire la compréhension générale et l'assentiment du plus grand nombre, sinon de tous. Une fois cet assentiment obtenu, nous pourrons nous sentir sûrs de nous. Partout, les membres des AA appliqueront cette politique systématiquement, automatiquement. Mais nous devons dès le départ établir clairement certains principes fondamentaux, et ces principes devront avoir été largement essayés et éprouvés au creuset de notre expérience.

Dans les articles à venir, je tenterai donc de retracer l'histoire de nos relations publiques, depuis le jour où nous avons pour la première fois attiré l'attention du public. Cela nous aidera à voir ce que l'expérience nous a déjà appris. Chaque membre des AA connaîtra les faits réels nécessaires à une réflexion constructive sur cette question d'une importance vitale, une question sur laquelle nous ne pouvons nous permettre aucune erreur grave et, au fil des ans, aucune incertitude.

Faisons cependant une réserve: une politique n'est pas tout à fait la même chose qu'une vérité établie. Une politique est une chose qui peut être changée pour s'adapter à diverses conditions, bien que les grandes vérités sous-jacentes ne changent pas. Notre politique pourrait, par exemple, s'appuyer sur nos Douze Étapes pour ce qui est des vérités sous-jacentes, tout en demeurant raisonnablement souple quant aux méthodes d'application.

En conséquence, je souhaite sincèrement que des milliers de membres des AA se mettent à réfléchir sur ces questions de politique qui sont en train de devenir si importantes pour nous. C'est de nos discussions, de nos différences de vues, de nos expériences quotidiennes et de notre assentiment général que doivent finalement venir les vraies réponses.

En tant qu'ancien, je pourrai peut-être rassembler les faits et aider à l'analyse de ce qui est arrivé jusqu'à maintenant. Je pourrai peut-être même faire des suggestions utiles pour l'avenir. Là s'arrête mon rôle. L'adoption ou non d'une politique de relations publiques claire et applicable dépendra en fin de compte de nous tous, et pas seulement de moi !

Le livre est né

Octobre 1945

Dans les derniers articles, nous avons attiré l'attention sur le fait que les AA sont toujours en train d'établir une politique de relations publiques et que notre incapacité à cristalliser une politique solide pourrait nous paralyser sérieusement.

Pendant les trois premières années des AA, personne n'a pensé aux relations publiques. À cette époque, nous « volions à l'aveuglette », cherchant fébrilement les principes qui nous permettraient de demeurer abstinents et d'aider les quelques alcooliques qui se présentaient à nous avec la volonté d'en faire autant. Nous étions entièrement absorbés par cette question de vie ou de mort du rétablissement personnel. Cela se passait strictement entre nous. Nous n'avions même pas convenu d'un nom pour notre mouvement. Il n'existait pas de documentation.

À l'automne 1937, nous pouvions dénombrer 40 membres qui semblaient rétablis. L'un de nous était abstinent depuis trois ans, un autre depuis deux ans et demi, et bon nombre comptaient un an ou plus à leur actif. Comme nous avions tous été des cas désespérés, ces périodes d'abstinence devenaient importantes. Nous avons commencé à réaliser que nous « tenions là quelque chose ». Nous ne représentions plus une expérience douteuse. Des alcooliques pouvaient demeurer abstinents. Peut-être en grand nombre ! Certains d'entre nous n'avaient jamais cessé de croire en cette possibilité, mais ce rêve maintenant était vraiment fondé. Si 40 alcooliques pouvaient se rétablir, pourquoi pas quatre cents, quatre mille, ou même quarante mille?

Avec cette idée spectaculaire en tête, notre façon de penser a soudainement changé. Inutile de dire que notre imagination d'alcooliques s'en est donnée à cœur joie. Par tempérament, nous sommes presque tous des vendeurs, des organisateurs. Nous avons donc commencé à voir très grand. Nous n'allions pas nous contenter d'un nombre important d'ivrognes. Nous envisagions des chiffres astronomiques. C'était sûrement, pensions-nous, le début de l'un des plus grands événements médicaux, religieux et sociaux de tous les temps. Nous allions damer le pion au corps médical et aux porte-parole des cieux ! Un million d'alcooliques en Amérique, des millions partout dans le monde ! Nous n'avions qu'à dégriser tous ces hommes et toutes ces femmes (et qu'à leur faire accepter Dieu); après quoi, ils révolutionneraient la société. Un monde tout neuf, dirigé par d'anciens soûlards. Pensez-y un peu !

De la publicité? Mais bien sûr ! Des millions de mots ! De l'argent ? Certainement ! Il faudrait des millions, naturellement. Cette question d'argent et de publicité serait un jeu d'enfant; il suffirait d'une grosse campagne de vente auprès des grands hommes d'affaires et des rédacteurs en chef américains, et la question serait vite réglée. Comment pourraient-ils résister en voyant ce que nous avions à offrir? Regardez faire les ivrognes ! À vrai dire, quelques-uns d'entre nous en étaient presque là. Aucun bonimenteur de cirque n'avait jamais montré autant d'enthousiasme ou d'extravagance que certains d'entre nous à l'automne 1937. En fait, je crois me souvenir d'avoir moi-même fait une bonne partie des boniments !

Supposons maintenant que les organisateurs de cette époque de pionniers n'aient pas été ramenés à la raison. Supposons que notre politique de relations publiques ait été laissée entièrement entre leurs mains. Supposons qu'ils aient pu recueillir des millions et inonder le pays de propagande AA et de prétentions extravagantes. Non seulement nous serions-nous brouillés avec nos meilleures alliées, la religion et la médecine, mais nous nous serions certainement discrédités auprès des personnes mêmes que nous souhaitions le plus rejoindre, les hommes et les femmes alcooliques. Beaucoup d'argent aurait signifié un imposant personnel professionnel de thérapeutes ou de « bonnes âmes ». Avec des organisateurs pleins d'argent, il y aurait sûrement eu un battage publicitaire sur tous les sujets du monde, de la prohibition à la Russie communiste. Au sein des AA, si nous avions réussi à survivre, nous aurions été déchirés par la controverse politique ou la dissension religieuse. C'est ce qui est arrivé aux Washingtoniens. Alors, qui donc nous a sauvés jusqu'à maintenant?

Ceux qui nous ont sauvés, et qui continuent depuis à nous épargner beaucoup de problèmes, font partie d'une classe de gens qui impatientent la plupart des membres des AA. *Ce sont les conservateurs.* Ceux qui répètent « prenez votre temps », « pensez-y bien », « ne faisons pas ça ». Il ne s'en trouve pas beaucoup parmi nous, alcooliques, mais il est certainement providentiel qu'il y en ait toujours eu quelques-uns. Souvent accusés d'enrayer le progrès (ce qu'ils font parfois), ils n'en constituent pas moins un atout inestimable. Ils nous font redescendre des nuages; ils nous font voir en face les réalités de l'expérience; ils entrevoient des dangers que la plupart d'entre nous ignoreraient allègrement. Leur conservatisme est parfois exagéré; ils s'inquiètent sans raison « pour le bien du mouvement ». Sachant que tout changement ne signifie pas nécessairement progrès, ils s'opposent instinctivement au changement. Ils ne veulent jamais poser de gestes irrévocables; souvent ils reculent devant des décisions finales qui ne laissent aucune échappatoire. Ils évitent les ennuis en évitant les situations qui en attirent.

Je n'oublierai jamais notre première discussion sur les relations publiques, à Akron en 1937. Les organisateurs ne pensaient qu'à une chose: répandre la bonne nouvelle de notre rétablissement à un million d'alcooliques, dès le lendemain si possible. Faisons cela, disaient-ils, et Dieu se chargera du reste. Mais les conservateurs ne croyaient pas que Dieu agissait de cette manière.

Les conservateurs ont rappelé alors, avec beaucoup d'impact, que le Galiléen n'avait pas de budget publicitaire, pas de journaux, pas de brochures, pas de livres. Rien d'autre que le bouche à oreille pour transmettre le message de personne à personne, de groupe à groupe. Pourquoi nous éloigner de son exemple? Allions-nous remplacer le témoignage personnel par le battage publicitaire? Allions-nous préférer la glorification personnelle en public au silence, à l'humilité et à l'anonymat?

C'étaient là de bonnes questions qui nous ont forcés, nous, les organisateurs, à y regarder à deux fois. Obligés de concéder que les conservateurs avaient raison du point de vue des principes, nous n'en pensions pas moins qu'ils nous conseillaient la perfection. Ils manquaient d'esprit pratique. Les conservateurs répliquaient que les organisateurs avaient construit bien des entreprises couronnées de succès, mais qu'ils les mettaient presque toujours en faillite si on leur en laissait la responsabilité assez longtemps. Les organisateurs (et j'étais l'un d'eux) avaient ceci à rétorquer: comment les partisans de la lenteur pouvaient-ils dormir la nuit en songeant qu'après trois longues années, nous n'avions encore que trois petits groupes; qu'il y avait en Amérique un million d'alcooliques qui mouraient comme des mouches; qu'à portée de fusil de l'endroit où nous étions assis, il y en avait peut-être des centaines qui pourraient se rétablir, si seulement ils savaient ce que nous savions? Les alcooliques de Californie devaient-ils attendre que le soulagement leur parvienne de vive voix? Ne courait-on pas le grave danger de voir des méthodes qui avaient du succès sérieusement déformées si on ne les mettait pas par écrit, sous forme de livre? Et si rien de ce que nous avions découvert n'était consigné par écrit, les chroniqueurs ne pourraient-ils pas, pour faire les drôles, nous tourner en ridicule? La prudence s'imposait à tout prix, nous en convenions, mais n'avions-nous pas aussi besoin de notre propre livre, d'une certaine publicité? Telle a été, pour l'essentiel, la discussion qui a mené à la décision de publier le livre *Alcoholics Anonymous.* Cela a donné lieu à de la publicité, à la création de notre Conseil d'administration (la Fondation alcoolique) et à l'établissement de notre Bureau central à New York [aujourd'hui le Bureau des

Services généraux], où les alcooliques et leur famille peuvent commander des publications et demander de l'aide. Notre croissance rapide et apparemment saine des dernières années montre assez bien la sagesse de ces premières décisions.

Rendons-nous à l'évidence. Si ces questions vitales avaient été laissées entièrement entre les mains d'organisateurs comme moi, nous serions sûrement devenus fous braques et nous aurions tout gâché. Au contraire, si elles avaient été confiées exclusivement aux conservateurs, il est probable que peu de nos membres actuels auraient entendu parler des AA. Des milliers seraient demeurés misérables. Beaucoup seraient morts.

Il semble donc évident qu'on ne puisse établir de politique saine qu'en opposant conservateurs et organisateurs. Lorsqu'elles sont libres de toute ambition personnelle et de toute rancune, leurs discussions ne peuvent qu'engendrer les bonnes réponses. Pour nous, il n'y a pas d'autre voie.

Maintenant que j'ai démontré comment nous avions franchi la première étape dans nos relations publiques, j'aimerais parler davantage, dans les articles suivants, de nos expériences récentes dans ce domaine, en insistant sur les avantages de la modestie, de l'anonymat et de la fidélité à un seul et unique objectif, celui de transmettre le message des AA à l'alcoolique qui souhaite se rétablir.

Un tradition née de notre anonymat

Janvier 1946

Dans les années à venir, le principe de l'anonymat deviendra sûrement partie intégrante de notre tradition fondamentale. Même aujourd'hui, nous pressentons son côté pratique. Mais nous commençons surtout à nous rendre compte que le mot « anonyme » est pour nous d'une immense portée spirituelle. Il nous rappelle, subtilement mais avec force, que nous devons toujours faire passer les principes avant les personnalités, que nous avons renoncé à la glorification personnelle en public, que notre mouvement non seulement prêche mais pratique réellement l'humilité et la modestie. Il ne fait aucun doute que la pratique de l'anonymat dans nos relations publiques a déjà eu une influence profonde sur nous et sur nos millions d'amis de l'extérieur. L'anonymat est déjà la pierre angulaire de notre politique de relations publiques.

La manière dont cette idée a pris naissance et a par la suite grandi en nous constitue un chapitre intéressant de l'histoire de notre association. Dans les années précédant la publication du livre *Alcoholics Anonymous,* nous n'avions pas de nom. Sans nom, et sans structure, avec des principes fondamentaux de rétablissement toujours en discussion et à l'essai, nous n'étions qu'un groupe d'ivrognes qui avançaient à tâtons sur ce que nous espérions être le chemin de la liberté. Une fois assurés d'être sur la bonne voie, nous avons décidé de publier un livre dans lequel nous pourrions annoncer la bonne nouvelle aux autres alcooliques. Au fur et à mesure que le livre prenait forme, nous y inscrivions l'essentiel de notre expérience. Résultant de milliers d'heures de discussions, ce livre représentait vraiment la voix, le cœur, la conscience collective de ceux d'entre nous qui avaient fait œuvre de pionniers dans les quatre premières années du mouvement.

À l'approche de la date de parution, nous nous creusions la tête pour lui trouver un titre approprié. Nous avons dû considérer au moins 200 titres. La recherche de titres que nous mettions aux voix lors des réunions était devenue l'une de nos principales activités. Après bien des discussions et bien des débats, nous avons finalement ramené notre choix à deux titres. Devions-nous intituler notre nouveau livre « Le moyen de s'en sortir » *(The Way Out)* ou «*Alcoholics Anonymous*»? C'était là la question décisive. Les groupes d' Akron et de New York ont tenu un dernier scrutin. Par une mince majorité, le verdict a été d'appeler notre livre The Way Out. Juste avant d'aller sous presse, quelqu'un a fait remarquer qu'il pouvait y avoir d'autres livres portant le même titre. L'un de nos premiers membres isolés (ce cher vieux Fitz M. qui vivait alors à Washington) s'est rendu faire des recherches à la Bibliothèque du Congrès. Il a découvert exactement douze ouvrages déjà intitulés *The Way Out.* En apprenant cela, nous avons tremblé à la pensée que nous étions peut-être le « treizième moyen de s'en sortir». Notre choix s'est donc porté sur *Alcoholics Anonymous.* Voilà comment nous avons trouvé le titre du livre de notre expérience, le nom de notre mouvement et, comme nous commençons maintenant à le voir, une tradition de la plus haute importance spirituelle. Les voies de Dieu, dans l'accomplissement de ses merveilles, sont vraiment impénétrables !

Dans le livre *Les Alcooliques anonymes,* on ne trouve que trois références au principe de l'anonymat. Dans l'avant-propos de la première édition, on peut lire: « Comme nous sommes presque tous des gens d'affaires ou de professions libérales, certains d'entre nous ne pourraient pas poursuivre leurs occupations s'ils se faisaient connaître.» Et encore: «Chaque fois que l'un de nos membres doit s'exprimer verbalement ou par écrit sur l'alcoolisme, nous lui conseillons vivement de ne pas mentionner son nom et de se présenter plutôt comme un "membre des alcooliques anonymes".» Enfin: «De la même façon, nous insistons auprès de la presse pour qu'elle observe cette consigne, sans quoi nous serions grandement entravés dans notre travail.»

Depuis la parution d'*Alcoholics Anonymous* en 1939, des centaines de groupes se sont formés. Chacun pose les mêmes questions: «Jusqu'où doit aller notre anonymat?» ou encore «En somme, quel est l'avantage de ce principe de l'anonymat?» Dans une large mesure, chaque groupe a choisi sa propre interprétation et, naturellement, on retrouve toujours de grandes différences d'opinions. Que signifie exactement notre anonymat et jusqu'où devrait-il aller? Ce sont là des questions qui ne sont pas tranchées.

Nous ne craignions plus la honte qui était rattachée à l'alcoolisme à une certaine époque, mais certaines personnes se montrent encore très réservées dans leurs relations avec nous. Quelques-unes se présentent sous un nom d'emprunt, d'autres nous font jurer le plus grand secret, craignant que leur association avec les Alcooliques anonymes ne nuise à leurs affaires ou à leur position sociale. À l'autre pôle des opinions, il y a la personne qui affirme que l'anonymat est de l'enfantillage, et qui pense avoir le devoir impérieux de crier sur les toits son appartenance aux Alcooliques anonymes. Notre association, fait-elle remarquer, regroupe des gens connus et même d'envergure nationale. Alors, demande-t-elle, pourquoi ne pas tirer parti de leur prestige personnel comme le ferait n'importe quelle autre association?

Entre ces deux extrêmes, les nuances d'opinion sont légion. Certains groupes, surtout les plus récents, se comportent comme des sociétés secrètes. Ils ne souhaitent pas faire connaître leurs activités, même à leurs amis. Il ne proposent pas non plus d'admettre des pasteurs, des médecins ou même leurs femmes à une réunion. Quant à inviter des journalistes... jamais de la vie! D'autres groupes croient que la collectivité devrait tout savoir sur les Alcooliques anonymes. Bien qu'ils ne publient aucun nom, ils ne manquent jamais une occasion d'annoncer leurs activités. Ils tiennent parfois des réunions entièrement ou partiellement ouvertes au public, où des membres se présentent par leur nom sur l'estrade. Ils invitent fréquemment des médecins, des prêtres et des fonctionnaires à prendre la parole lors de telles réunions. Çà et là, quelques membres ont complètement laissé tomber leur anonymat. Leur nom, leur photo et leur occupation personnelle paraissent dans les journaux. Ils ont parfois, en tant que membres, signé des articles qui mentionnaient leur appartenance au mouvement.

Ainsi, même s'il est évident que la plupart d'entre nous croient en l'anonymat, notre façon de mettre ce principe en pratique varie énormément.

Évidemment, chaque membre, chaque groupe devrait avoir le privilège, et même le droit, de traiter l'anonymat comme il l'entend. Mais pour y arriver de façon intelligente, il nous faudra être convaincus que ce principe est bon pour presque tous nos membres. En fait, nous devons nous rendre compte que la sécurité et l'efficacité futures de notre association pourraient bien dépendre de la préservation de ce principe. À chacun alors de déterminer où il doit s'arrêter, jusqu'où il doit appliquer ce principe dans sa propre vie et jusqu'à quel point il peut renoncer à son anonymat sans porter atteinte au mouvement dans son ensemble.

La question essentielle est la suivante: à quel endroit exactement allons-nous placer le point où s'effacent les personnalités et où commence l'anonymat?

En réalité, peu d'entre nous sont anonymes dans leurs rapports quotidiens. Nous avons laissé tomber l'anonymat à ce niveau, car nous croyons que nos amis et associés doivent connaître l'existence des Alcooliques anonymes et savoir ce que le mouvement a fait pour nous. Nous souhaitons aussi cesser d'avoir peur d'admettre que nous sommes alcooliques. Tout en demandant sincèrement aux journalistes de ne pas révéler notre identité, il nous arrive fréquemment de nous adresser à des assemblées semi-publiques sous notre vrai nom. Nous souhaitons faire comprendre à l'auditoire que notre alcoolisme est une maladie dont nous ne craignons plus de parler avec qui que ce soit. Jusque-là tout va bien. Toutefois, si nous nous aventurons au-delà de cette limite, nous allons sûrement perdre à jamais le principe de l'anonymat. Si chaque membre se jugeait libre de publier son nom, sa photo et son témoignage, nous nous retrouverions vite dans un tourbillon de publicité personnelle qui ne connaîtrait évidemment aucune limite. Pour conserver tout notre attrait, n'est-ce pas là que nous devons fixer la limite?

Si on me demandait d'exposer dans ses grandes lignes une tradition de l'anonymat, voilà à quoi elle pourrait ressembler:

1. Chaque membre des AA devrait avoir le privilège de déterminer à quel point il désire garder l'anonymat. Les autres membres du mouvement devraient respecter ses vœux et sauvegarder son choix.

2. À l'inverse, chaque membre devrait respecter l'opinion de son groupe sur l'anonymat. Si les autres membres du groupe souhaitent plus d'anonymat que lui, il devrait se plier à leur désir, jusqu'à ce qu'ils changent d'opinion.

3. Sauf de très rares exceptions, la tradition nationale doit être la suivante: aucun membre des Alcooliques anonymes ne devrait s'estimer libre de publier son nom ou sa photo (en rapport avec ses activités dans le mouvement) dans un journal ou à la radio. Bien sûr, il demeure libre d'utiliser son nom dans d'autres activités publiques, pourvu qu'il ne dévoile pas son appartenance à notre association.

4. Si, pour une raison extraordinaire, pour le bien du mouvement dans son ensemble, un membre juge nécessaire de renoncer complètement à l'anonymat, il ne devrait le faire qu'après consultation des membres les plus anciens de son groupe. S'il doit apparaître devant la nation tout entière comme membre des Alcooliques anonymes, la question devrait être référée à notre Bureau central [le BSG].

Évidemment, je ne considère pas un seul instant ces déclarations comme des règlements. Ce ne sont que des propositions de ce qui pourrait être une solide tradition pour l'avenir. En dernière analyse, chaque membre devra sonder sa propre conscience.

Si nous devons élaborer une tradition bien définie de l'anonymat, nous y parviendrons seulement en procédant de la manière habituelle: à tâtons, après beaucoup de discussions, et avec l'avis et le consentement de tous.

Afin de favoriser d'autres discussions, j'aimerais, dans un prochain numéro de *Grapevine*, passer en revue notre expérience de l'anonymat. Je ne doute pas que nous arriverons un jour à trouver les bonnes réponses.

Notre anonymat : à la fois inspiration et sécurité

Mars 1946

Dans un article sur l'anonymat dans un numéro précédent de *Grapevine*, j'ai tenté de démontrer les points suivants: pour nous, membres des AA, l'anonymat a une immense portée spirituelle; ce principe doit être préservé dans notre tradition fondamentale; étant donné que nous n'avons pas encore de politique nettement définie, certains hésitent sur le sens à donner à l'anonymat; par conséquent, il nous faut une tradition parfaitement claire, que tous les membres se sentiront tenus de respecter.

Je faisais aussi quelques suggestions dans l'espoir qu'elles puissent devenir, après plus amples discussions, le fondement d'une politique nationale de l'anonymat. Voici à nouveau ces suggestions:

1. Chaque membre des AA devrait avoir le privilège de déterminer à quel point il désire garder l'anonymat. Les autres membres du mouvement devraient respecter ses vœux et sauvegarder son choix.

2. À l'inverse, chaque membre devrait respecter l'opinion de son groupe sur l'anonymat. Si les autres membres du groupe souhaitent être moins visibles dans la collectivité, il devrait se plier à leur désir jusqu'à ce qu'ils changent d'opinion.

3. Sauf de très rares exceptions, nous devrions adopter la politique nationale suivante: aucun membre ne devrait s'estimer libre de publier, dans le cadre d'une activité AA, son nom et sa photo dans les médias. Il demeure libre, toutefois, d'utiliser son nom dans d'autres activités publiques, pourvu qu'il ne dévoile pas son appartenance aux AA.

4. Si, pour une raison extraordinaire, un membre juge nécessaire de renoncer à l'anonymat au niveau local, il ne devrait le faire qu'après consultation de son groupe. S'il doit, en tant que membre des AA, apparaître devant la nation tout entière, la question devrait être référée à notre siège social.

Si ces suggestions ou d'autres doivent devenir une politique nationale, chaque membre voudra en savoir davantage sur notre expérience passée. Il souhaitera certainement savoir ce que pensent aujourd'hui la plupart de nos anciens membres au sujet de l'anonymat. Le but de cet article est de mettre tout le monde au courant de notre expérience collective.

Premièrement, je crois que la plupart s'entendent sur la sagesse du concept général de l'anonymat, car il encourage les alcooliques et leur famille à nous demander de l'aide. Craignant toujours d'être montrés du doigt, ils voient dans l'anonymat l'assurance que leur problème demeurera confidentiel, que le secret familial si bien gardé au sujet de l'alcoolique ne courra pas dans les rues.

Deuxièmement, la politique de l'anonymat protège notre cause. Elle empêche nos fondateurs ou nos soi-disant dirigeants de devenir des personnalités connues, qui pourraient à tout moment se soûler et entacher la réputation du mouvement. Inutile de dire que ce n'est pas possible. Ça l'est.

Troisièmement, chaque journaliste qui couvre nos activités commence par se plaindre de la difficulté de faire un reportage sans nommer de noms. Par contre, c'est une difficulté qu'il oublie vite quand il se rend compte qu'il a affaire à des gens qui ne recherchent aucun avantage personnel. C'est peut-être la première fois de sa vie qu'il parle d'un organisme dont les membres ne désirent aucune réclame personnelle. Si cynique qu'il soit, cette sincérité évidente en fait immédiatement un ami du mouvement. Son article sera donc amical, bien rédigé. Ce sera un article enthousiaste, à l'image de ce que ressent le journaliste. Les gens se demandent souvent comment les AA ont pu s'assurer de tant d'excellente publicité. La réponse semble résider dans le fait que presque tous ceux qui écrivent sur nous se convertissent au mouvement, parfois jusqu'à devenir des fanatiques. Notre politique d'anonymat n'est-elle pas la principale responsable de ce phénomène?

Quatrièmement, pourquoi recevons-nous un accueil si favorable auprès du public? Est-ce simplement parce que nous aidons des tas d'alcooliques à se rétablir? Non, cela peut difficilement être la seule raison. Si impressionné qu'il soit par nos histoires de rétablissement, monsieur Tout-le-Monde s'intéresse encore plus à notre mode de vie. Fatigué de la vente sous pression, de la publicité à grand spectacle et de la clameur des personnalités publiques, il trouve reposants notre calme, notre modestie et notre anonymat. Il se peut même qu'il en retire une grande force spirituelle, qu'il ait l'impression de vivre quelque chose de nouveau dans sa propre vie.

Si l'anonymat fait déjà tout cela pour nous, nous devrions certainement en faire notre politique nationale. Ayant aujourd'hui une si grande valeur, il pourrait devenir un atout inestimable dans l'avenir. *Du point de vue spirituel, l'anonymat est une renonciation au prestige personnel comme instrument de politique nationale.* À mon avis, nous serions bien avisés de préserver ce puissant principe, et nous devrions décider de ne jamais nous en départir.

Mais qu'en est-il de son application? Puisque nous vantons l'anonymat à tout nouveau venu, nous devrions, bien sûr, préserver l'anonymat d'un nouveau membre aussi longtemps qu'il le désire. C'est exactement ce à quoi nous nous engageons dans la publicité qu'il a lue et qui l'a conduit jusqu'à nous. Même s'il veut se joindre à nous sous un nom d'emprunt, nous devrions lui donner l'assurance qu'il peut le faire. S'il souhaite que nous évitions de discuter de son cas avec qui que ce soit, même avec d'autres membres, nous devrions respecter ce vœu également. Alors que la plupart des nouveaux venus se fichent éperdument de savoir qui est au courant de leur alcoolisme, d'autres au contraire s'en soucient énormément. Protégeons-les de toutes les manières, jusqu'à ce qu'ils changent d'idée.

Vient ensuite le problème du nouveau venu qui souhaite trop vite renoncer à l'anonymat. Il s'empresse d'aller raconter la bonne nouvelle des AA à tous ses amis, et si les membres de son groupe ne le mettent pas en garde, il se précipitera dans un journal ou devant un microphone pour se livrer au monde entier. Il racontera aussi probablement à tout le monde les détails les plus intimes de sa vie personnelle, pour s'apercevoir bientôt que, tout compte fait, il reçoit trop de publicité ! Nous devrions lui suggérer de prendre son temps, de commencer par reprendre pied avant de parler du mouvement à n'importe qui; il faut lui rappeler que personne n'ose parler publiquement des AA sans être sûr de l'approbation de son groupe.

Il y a aussi le problème de l'anonymat du groupe. Comme chaque personne, le groupe devrait sans doute avancer avec prudence, jusqu'à ce qu'il acquière force et expérience. Il ne devrait pas montrer trop de hâte à accueillir des gens de l'extérieur ou à organiser des rencontres publiques. Par contre, il peut exagérer dans le sens contraire. Certains groupes continuent, d'année en année, à fuir toute publicité ou à éviter toute réunion qui ne soit pas réservée aux seuls alcooliques. Ces groupes sont destinés à une croissance lente. Ils se dessèchent parce qu'ils ne reçoivent pas de sang nouveau assez rapidement. Ils se préoccupent tellement de la discrétion qu'ils en oublient leur devoir envers les autres alcooliques de la communauté, qui ne savent pas encore que les AA sont là. Mais cette prudence excessive finit par disparaître. Peu à peu, certaines réunions sont ouvertes aux membres de la famille et aux proches amis. Prêtres et médecins peuvent même être invités de temps en temps. Enfin, le groupe demande l'aide du journal local.

Dans la plupart des endroits, mais pas partout, les membres ont coutume de se présenter sous leur nom dans des assemblées publiques ou semi-publiques. Il veulent ainsi bien faire comprendre à l'auditoire qu'ils ne craignent plus la honte reliée à l'alcoolisme. Toutefois, en présence de journalistes, nous les incitons à ne pas mentionner le nom des membres alcooliques qui prennent la parole. Ils préservent ainsi le principe de l'anonymat face au grand public, tout en faisant de nous un groupe d'alcooliques qui ne craignent plus d'avouer à leurs amis qu'ils ont été très malades.

En pratique, donc, le principe de l'anonymat semble se résumer à ceci : à part une très importante exception, il revient à chaque individu ou groupe concerné de déterminer à quel point il veut renoncer à l'anonymat. L'exception est la suivante: lorsque leurs écrits ou leurs exposés à titre de membres des Alcooliques anonymes sont destinés à la publication, tous les groupes ou individus se sentent dans l'obligation de ne jamais révéler leur identité. À part de très rares cas, c'est au niveau des publications que la plupart d'entre nous croient que l'anonymat s'impose. Nous ne devrions pas révéler notre identité au grand public.

Au cours de toute notre histoire, il n'y a eu qu'une poignée de membres qui ont renoncé à l'anonymat face au public. Dans quelques cas, il s'agissait d'accidents, certains manquements n'étaient vraiment pas nécessaires, et un ou deux semblaient justifiés. Comme de raison, il ne doit pas exister beaucoup de politiques dont l'application ne peut pas parfois être suspendue dans l'intérêt de tous. Mais toute personne souhaitant renoncer à l'anonymat doit se dire qu'elle créera un précédent susceptible un jour de détruire un principe précieux. Les exceptions devront être peu nombreuses, espacées dans le temps et analysées très attentivement. Nous ne devons jamais laisser quelque avantage immédiat ébranler notre volonté de conserver une tradition si essentielle.

Il faut à tout membre des AA qui souhaite se rétablir pour de bon beaucoup de modestie et d'humilité. Si ces vertus sont si nécessaires à l'individu, elles le sont aussi au mouvement tout entier. Si nous le prenons suffisamment au sérieux, le principe de l'anonymat face au grand public peut garantir à tout jamais aux Alcooliques anonymes ces vertus à toute épreuve. Notre politique de relations publiques devrait reposer surtout sur le principe de l'attrait et rarement, même jamais, sur la réclame.

Douze suggestions pour la tradition des AA

Avril 1946

Le mouvement des Alcooliques anonymes n'a pas été inventé. Il a grandi. Nos tâtonnements nous ont donné une riche expérience. Peu à peu, nous avons intégré les leçons de cette expérience, d'abord sous forme de politique, puis sous forme de tradition. Le travail se poursuit, et nous espérons qu'il ne s'arrêtera jamais. Si nous devions un jour devenir trop rigides, la lettre risquerait d'écraser l'esprit. Nous pourrions souffrir de nos règles et interdictions mesquines; nous pourrions nous imaginer avoir tout réglé. Nous pourrions même en venir à demander aux alcooliques d'accepter nos idées rigides, sous peine d'être écartés. Puissions-nous ne jamais étouffer ainsi le progrès !

Pourtant, les leçons de notre expérience comptent pour beaucoup; elles comptent même énormément, et chacun de nous en est convaincu. Le premier compte rendu de notre expérience est le livre *Les Alcooliques anonymes,* destiné à s'attaquer à notre principal problème, à nous libérer de l'obsession de l'alcool. On y retrouve des récits personnels d'abus d'alcool et de rétablissement, ainsi qu'une affirmation des principes divins mais anciens qui nous ont procuré une régénération miraculeuse. Depuis la publication de ce livre en 1939, nous sommes passés de 100 à 24 000 membres. Sept années se sont écoulées, sept années pendant lesquelles nous avons accumulé une vaste expérience dans notre deuxième entreprise en importance: vivre et travailler ensemble. C'est aujourd'hui notre principale préoccupation. Si nous réussissons, et si nous maintenons notre réussite, alors, et alors seulement, notre avenir sera assuré.

Puisque nous ne sommes plus obsédés par notre malheur personnel, notre principale préoccupation est désormais l'avenir des Alcooliques anonymes. Notre défi est de maintenir entre nous, les membres, une unité telle que ni les faiblesses personnelles ni les tensions et les conflits de notre époque troublée ne puissent nuire à notre cause commune. Nous savons que le mouvement doit continuer à vivre. Autrement, à part quelques exceptions, nous et nos amis alcooliques du monde entier reprendrons sûrement notre voyage sans espoir vers le néant.

Presque tous les membres des AA peuvent dire quels sont nos problèmes collectifs. En gros, ils concernent nos relations mutuelles et nos relations avec l'extérieur. Ils touchent les relations du membre avec son groupe, les relations du groupe avec le mouvement et la place des Alcooliques anonymes dans cette mer trouble qu'est la société moderne, où l'humanité tout entière doit aujourd'hui faire naufrage ou trouver un refuge. Il existe un problème terriblement pertinent, celui de notre structure de base et de notre attitude au sujet des questions toujours pressantes de leadership, d'argent et d'autorité. Notre avenir pourrait bien dépendre de nos sentiments et de nos actes entourant des sujets controversés, et de notre façon de voir nos relations publiques. En dernier ressort, notre destin dépendra sûrement de ce que nous sommes en train de décider au sujet de ces questions semées d'embûches !

C'est ici que se pose la question cruciale de notre réflexion: avons-nous acquis suffisamment d'expérience pour énoncer des politiques bien définies sur les sujets qui nous préoccupent le plus? Sommes-nous maintenant en mesure d'affirmer des principes généraux qui puissent devenir des traditions vitales, des traditions que chaque membre soutiendrait de tout cœur grâce à sa conviction profonde et au commun accord des autres membres? Voilà la question. Même si nous ne pouvons jamais trouver de réponses complètes à toutes nos interrogations, je suis sûr que nous avons au moins atteint un point stratégique d'où nous pouvons discerner les grandes lignes d'un ensemble de traditions qui constitueront, si Dieu le veut, une protection efficace contre les ravages du temps et des événements.

Obéissant aux exhortations persistantes de vieux amis dans le mouvement et convaincu que l'assentiment général de nos membres est maintenant possible, je vais me hasarder à formuler des suggestions pour une Tradition des relations des Alcooliques anonymes, douze points destinés à assurer notre avenir.

Voici ce que l'expérience des AA nous enseigne:

1. Chaque membre des Alcooliques anonymes n'est qu'une petite partie d'un grand tout. Notre mouvement doit survivre, sinon la plupart d'entre nous mourront sûrement. Par conséquent, notre bien-être commun vient en premier. Mais le bien-être individuel vient tout de suite après.

2. En ce qui a trait à notre groupe, il n'y a en définitive qu'une autorité: un Dieu aimant tel qu'il peut s'exprimer dans notre conscience collective.

3. Nous devrions compter parmi nos membres tous ceux qui souffrent d'alcoolisme. Par conséquent, nous ne pouvons refuser personne qui souhaite se rétablir. L'adhésion aux AA ne devrait pas non plus être une question d'argent ou de conformité. Deux ou trois alcooliques qui se rassemblent pour leur abstinence peuvent se considérer comme un groupe des AA.

4. En ce qui concerne ses propres affaires, chaque groupe des AA ne devrait relever d'aucune autre autorité que sa conscience collective. Par contre, quand ses projets influent aussi sur le bien-être de groupes voisins, ceux-ci devraient être consultés. Aucun groupe, comité régional ou membre ne devrait jamais poser de geste qui risque de toucher fortement le mouvement tout entier sans consulter les administrateurs de la Fondation alcoolique [aujourd'hui le Conseil des Services généraux]. À cet égard, c'est notre bien-être commun qui prédomine.

5. Chaque groupe des Alcooliques anonymes devrait être une entité spirituelle *n'ayanl qu'un seul but primordial:* transmettrc son message à l'alcoolique qui souffre encore.

6. Les problèmes d'argent, de biens matériels et d'autorité peuvent facilement nous détourner de notre but spirituel premier. Nous croyons donc que tout bien matériel important et véritablement utile au mouvement devrait être intégré dans une société distincte et administré à part, de façon à séparer le matériel du spirituel. Un groupe des AA ne devrait jamais se lancer en affaires à titre de groupe. Les organismes qui aident le mouvement et qui nécessitent beaucoup de biens matériels ou d'administration, tels les clubs et les hôpitaux, devraient être complètement séparés, de manière à ce que les groupes puissent au besoin s'en écar-

ter librement. La direction de ces établissements spéciaux devrait relever uniquement des personnes qui les financent, qu'elles soient ou non membres des AA. Nous préférons que les directeurs de nos clubs soient des membres. Par contre, les hôpitaux, de même que les autres lieux de traitement, devraient être en dehors du mouvement et sous surveillance médicale. Un groupe des AA peut collaborer avec n'importe qui, mais il ne devrait être lié à personne.

7. Quant aux groupes eux-mêmes, ils devraient être entièrement financés par les contributions volontaires de leurs membres. Par conséquent, nous croyons que chaque groupe devrait vite atteindre cet idéal, que toute sollicitation publique au nom des Alcooliques anonymes est très dangereuse, que l'acceptation de dons importants de quelque source que ce soit ou de contributions comportant un engagement quelconque, est habituellement imprudente. De plus, nous sommes aussi très préoccupés par ces trésoreries des groupes où les fonds continuent de s'accumuler au-delà d'une réserve prudente et sans motif précis relié au mouvement. L'expérience nous a souvent enseigné que rien ne peut détruire aussi sûrement notre héritage spirituel que de futiles disputes pour des questions de biens matériels, d'argent et d'autorité.

8. Les Alcooliques anonymes devraient demeurer à jamais non professionnels. Nous entendons par professionnalisme le fait d'offrir un service de consultation aux alcooliques contre des honoraires ou un salaire. Par contre, nous pouvons employer des alcooliques à des postes où ils rempliront des tâches à temps plein pour lesquelles nous devrions, autrement, engager des non-alcooliques. De tels services spéciaux peuvent être bien rémunérés, mais le travail personnel de la Douzième Étape ne devra jamais être payé.

9. Le cadre administratif d'un groupe des AA doit être réduit au minimum. L'idéal est habituellement que tous les membres assument la direction à tour de rôle. Un petit groupe peut élire un secrétaire, et un gros groupe un comité dont les postes seront occupés par rotation; quant aux groupes d'une grande zone métropolitaine, ils peuvent élire un comité central qui emploie souvent un secrétariat à temps plein. En fait, les administrateurs de la Fondation alcoolique constituent notre comité de services généraux. Ils sont les gardiens de notre tradition et ils reçoivent les contributions volontaires des membres, qui servent à maintenir notre bureau principal et notre secrétaire général à New York. Avec la permission des groupes, ils s'occupent de l'ensemble de nos relations publiques et ils assurent l'intégrité de notre principale publication, *AA Grapevine*. Tous ces représentants doivent être animés par un esprit de service, car les vrais chefs des AA ne sont que les serviteurs de confiance et d'expérience de tout

le mouvement. Leur titre ne leur confère aucune autorité réelle. C'est le respect de tous qui est la clé de leur utilité.

10. Aucun groupe ou membre des AA ne devrait jamais, *d'une manière qui engage le mouvement*, exprimer d'opinion sur des sujets controversés à l'extérieur des AA, surtout en matière de politique, de réforme touchant l'alcool ou de religion. Les groupes des Alcooliques anonymes ne s'opposent à personne et ne peuvent exprimer quelque opinion que ce soit sur de tels sujets.

11. Nos relations avec l'extérieur devraient se caractériser par la modestie et l'anonymat. Nous croyons que les AA devraient éviter la publicité à sensation. Nos relations publiques devraient être guidées par le principe de l'attrait plutôt que la réclame. Nous n'avons jamais besoin de faire notre propre éloge. Nous estimons qu'il vaut mieux laisser nos amis parler en notre faveur.

12. Enfin, à titre de membres des Alcooliques anonymes, nous croyons que le principe de l'anonymat a une immense portée spirituelle. Il nous rappelle que nous devons faire passer les principes avant les personnalités, que nous devons faire preuve d'une véritable humilité, afin de ne jamais être corrompus par les grandes faveurs que nous avons reçues, et afin de pouvoir toujours vivre dans la reconnaissance et la contemplation de Celui qui subvient à nos besoins à tous.

Même si ces principes ont été énoncés de façon plutôt catégorique, je ne saurais trop insister sur le fait qu'ils demeurent de simples suggestions pour l'avenir. Nous, les membres des Alcooliques anonymes, nous n'avons jamais réagi avec enthousiasme devant une personne qui s'arroge de l'autorité. Peut-être est-il bon pour notre mouvement qu'il en soit ainsi. Ne voyez donc, dans ces suggestions, ni les affirmations d'un seul homme ni un quelconque credo, mais plutôt une première tentative de tracer cet idéal collectif vers lequel notre Puissance supérieure nous a vraiment orientés depuis dix ans.

P.S.: Afin de favoriser les discussions, j'aimerais développer les douze points de notre tradition dans de futurs articles de *Grapevine*.

Pour un bon usage de l'argent

Mai 1946

Chez les Alcooliques anonymes, l'argent est-il le nerf de la guerre ou au contraire la cause de tous les maux? Nous sommes en passe de résoudre ce dilemme. Personne ne prétend avoir toutes les réponses. Où s'arrête le bon usage de l'argent et où en commence l'abus? C'est ce point que nous recherchons tous dans l'« espace spirituel ». Il y a peu de problèmes dans les groupes qui préoccupent davantage nos membres penseurs. Chacun se demande: « Quelle doit être notre attitude à l'égard des contributions volontaires, des salariés, du professionnalisme et des dons de l'extérieur? »

Dans les premières années du mouvement, nous n'avions pas de problèmes d'argent. Nous nous réunissions dans nos foyers, et nos épouses préparaient des sandwiches et du café. Un membre qui voulait avancer de l'argent à un autre alcoolique pouvait le faire. Ça ne regardait que lui. Nous n'avions pas de fonds collectifs, donc pas de problèmes d'argent au sein du groupe. À noter que bien des pionniers du mouvement souhaitent revenir à cette heureuse simplicité. Sachant que des querelles au sujet de questions matérielles ont étouffé l'esprit de nombreuses belles entreprises, on se dit souvent que trop d'argent peut être un mal pour nous aussi.

Il ne sert à rien d'aspirer à l'impossible. L'argent *fait bel et bien partie* de notre mouvement, et nous devons absolument en faire un usage modéré. Personne ne songerait à supprimer nos salles de réunion et nos clubs juste pour éviter les questions d'argent. L'expérience démontre que nous avons grand besoin de ces services. Nous devons donc accepter les risques qui y sont reliés.

Mais comment réduire ces risques au minimum? Comment limiter traditionnellement l'usage de l'argent pour qu'il ne puisse jamais renverser les fondements spirituels dont dépend tellement la vie de chaque membre? Voilà notre vrai problème aujourd'hui. Jetons donc ensemble un regard sur les principaux aspects de notre situation financière, en cherchant à distinguer l'essentiel de l'accessoire, ce qui est légitime et sans danger, de ce qui peut être dangereux et inutile.

Si nous commencions par les contributions volontaires. Chaque membre met de l'argent dans «le chapeau» pour payer le loyer de la salle ou du club, le maintien d'un bureau local ou du siège social du mouvement. Même si nous ne sommes pas tous en faveur des clubs et même si certains ne voient pas la nécessité de bureaux locaux ou d'un siège social, nous pouvons dire en toute justice que la grande majorité croit qu'ils sont fondamentalement nécessaires. Si ces services sont gérés efficacement et si les fonds sont bien utilisés, c'est avec joie que nous leur promettrons notre appui constant, à condition bien sûr que nos contributions ne soient aucunement une condition de notre appartenance au mouvement. Un tel usage de l'argent des membres est largement accepté aujourd'hui et, moyennant certaines conditions, il y a peu de raisons de craindre des conséquences graves à long terme.

Il reste pourtant quelques inquiétudes reliées surtout à nos clubs, aux bureaux locaux et au siège social du mouvement. Parce qu'ils emploient habituellement des salariés et que leur fonctionnement suppose des tâches administratives, certains croient que nous risquons de nous embourber dans une bureaucratie pesante ou, pire encore, de donner à notre mouvement un caractère professionnel. Il faut dire que ces craintes ne sont pas toujours sans fondement, mais nous avons maintenant assez d'expérience pour les dissiper dans une large mesure.

Tout d'abord, il semble bien certain que nous n'ayons jamais à craindre d'être dominés par nos clubs, par nos bureaux locaux ou par notre siège social de New York. Ce sont là des entreprises de service qui ne peuvent pas réellement contrôler ou diriger le mouvement. Si l'une ou l'autre devenait inefficace ou autoritaire, le remède serait simple. Les membres mettraient fin à leur contribution financière jusqu'à ce que les choses changent. Puisque notre appartenance au mouvement ne dépend ni de droits d'entrée ni de cotisations, nous pouvons toujours «nous servir de nos entreprises spéciales ou les laisser de côté». Elles doivent toujours nous être utiles ou fermer boutique. Puisque personne n'est tenu de les soutenir financièrement, elles ne peuvent jamais donner d'ordres ni s'éloigner longtemps de l'essentiel de la tradition des Alcooliques anonymes.

Parce que nous pouvons accepter ou non nos entreprises spéciales, il existe une tendance encourageante à réunir dans des sociétés distinctes tous les services spéciaux lorsqu'ils exigent beaucoup d'argent, de biens matériels ou d'administration. Les groupes se rendent de plus en plus compte qu'ils sont des entités spirituelles et non des entreprises. Souvent, les petits clubs ou les locaux de réunion ne sont pas incorporés, car ils ne comportent à peu près pas d'administration. Par contre, quand se produit une forte croissance, on juge sage habituellement de constituer le club en une société distincte des groupes locaux. *Le soutien du club devient alors une question personnelle plutôt qu'une affaire des groupes.*

Toutefois, lorsque le club fournit un service de secrétariat aux groupes de la région, il semble équitable que les groupes absorbent cette dépense particulière, car ce service de secrétariat sert à tous les groupes, même si le club lui-même ne leur est pas utile. L'évolution des AA dans les grands centres nous indique de plus en plus clairement qu'il revient à un ensemble de groupes ou à leur comité central de supporter un service de secrétariat dans leur région, mais qu'il n'est pas de leur ressort de financer les clubs. Tous les membres ne désirent pas ces clubs. C'est pourquoi leur financement devrait provenir surtout des membres qui en ont besoin ou qui les désirent et qui, soit dit en passant, représentent la majorité. Cette majorité ne doit toutefois pas tenter de forcer la minorité à soutenir financièrement des clubs dont elle ne veut pas ou dont elle n'a pas besoin.

Bien sûr, les clubs obtiennent aussi une certaine aide de ceux qui y tiennent des réunions. Quand les réunions du comité central d'une région donnée se tiennent dans un club, l'argent de la collecte est habituellement divisé entre le club et le comité, mais le club en reçoit évidemment davantage puisqu'il fournit la salle de réunion. Le même arrangement peut intervenir entre le club et un groupe en particulier qui souhaite utiliser ses locaux pour s'y réunir ou s'y divertir. En général, c'est le conseil d'administration du club qui veille à la gestion financière et à la vie sociale. Les questions qui concernent strictement les AA relèvent des seuls groupes locaux. Cette division des tâches est loin d'être la règle partout. Nous la présentons à titre de suggestion seulement, mais elle apparaît très conforme à la tendance actuelle.

Un club ou un bureau central important exige d'habitude un ou plusieurs salariés. Ces employés font-ils du mouvement un organisme professionnel? Ce sujet provoque des débats enflammés chaque fois que la taille d'un club ou d'un comité central nécessite l'aide de salariés. Il nous a souvent inspiré des idées très confuses, à moi le premier. Je plaide coupable sur ce chapitre.

D'où nous viennent ces idées confuses? Comme d'habitude, de la peur. Pour chacun de nous, le mouvement représente un idéal de beauté et de perfection, même si nous sommes loin de cet idéal personnellement. C'est une puissance supérieure qui nous a arrachés aux sables mouvants et déposés en sécurité sur la terre ferme. Pour la plupart d'entre nous, il est inconcevable que cet idéal puisse être terni, encore moins échangé contre de l'or. Nous sommes donc toujours sur le qui-vive afin de contrer l'apparition dans nos rangs d'une catégorie de praticiens ou de missionnaires rémunérés. Chez les AA, chaque membre est lui-même un praticien et un missionnaire plein de bonne volonté, et il n'y a donc aucune raison de payer qui que ce soit pour de simples activités de Douzième Étape, qui sont purement spirituelles. Je suppose que la peur sous toutes ses formes est déplorable, mais je dois avouer que je ne suis pas mécontent que nous fassions preuve d'autant de prudence sur cette question cruciale.

Il existe pourtant un principe grâce auquel nous pouvons, je crois, résoudre honnêtement notre dilemme. Le voici: un concierge peut balayer le plancher, un cuisinier peut faire cuire le bœuf, le service d'ordre peut expulser un ivrogne tapageur, une secrétaire peut tenir le bureau, un rédacteur en chef peut publier un journal sans pour autant, j'en suis sûr, donner un caractère professionnel aux AA. Lorsque nous ne faisons pas ces tâches nous-mêmes, nous devons embaucher des non-alcooliques pour les faire à notre place. Nous ne demanderions pas à des non-alcooliques de les faire à temps plein sans salaire. Alors pourquoi certains d'entre nous, qui gagnent bien leur vie à l'extérieur du mouvement, s'attendent-ils à ce que d'autres membres soient des concierges, des cuisiniers, des secrétaires à temps plein? Pourquoi ces derniers devraient-ils travailler pour rien dans des emplois que d'autres membres ne pourraient pas ou ne voudraient pas occuper? Bien plus, pourquoi ces employés devraient-ils être moins bien payés chez les AA qu'ailleurs pour des emplois similaires? Et qu'est-ce que ça peut bien faire si, dans le cadre de leur travail, ils mettent un peu la Douzième Étape en pratique? Le principe semble clair: nous pouvons bien rémunérer des services spéciaux, mais jamais le travail de la Douzième Étape proprement dit.

Comment alors les AA pourraient-ils acquérir un caractère professionnel? Je pourrais, par exemple, louer un bureau et mettre à la porte l'écriteau suivant: « Bill W., thérapeute des Alcooliques anonymes. Tarif: 10 $ l'heure. » Je traiterais l'alcoolique face à face contre des honoraires. Je me servirais du nom des Alcooliques anonymes, un organisme amateur, pour grossir ma pratique professionnelle. Ça, ce serait donner un caractère professionnel aux AA ! Et comment ! Ce serait tout à fait légal, mais pas très moral.

Cela veut-il dire que nous devrions dénigrer les thérapeutes en tant que catégorie professionnelle, et même nos membres qui pourraient avoir choisi de se spécialiser dans ce domaine? Pas du tout. L'important est que personne ne s'affiche comme thérapeute AA. Ce dernier ne peut exister puisque nous formons une association strictement non professionnelle. Aucun d'entre nous ne peut se permettre une telle distorsion de la réalité. Comme le joueur de tennis doit laisser tomber son statut d'amateur en devenant professionnel, de même les membres qui deviennent thérapeutes devraient cesser d'afficher leur appartenance aux AA. Bien que je doute qu'il y ait beaucoup de membres thérapeutes dans le domaine de l'alcoolisme, aucun ne devrait s'en sentir exclu, surtout s'il a une formation de travailleur social, de psychologue ou de psychiatre. Par contre, ceux qui choisissent cette voie ne devraient jamais afficher publiquement leur appartenance au mouvement, ou s'en servir de manière à laisser croire que les AA comptent cette catégorie professionnelle dans leurs rangs. Voilà où nous devons tous fixer la limite.

Une politique sur les dons

Juin 1946

Dans le dernier numéro de la revue *Grapevine*, nous avons fait au sujet des dons les observations suivantes:

1. L'usage que le mouvement fait de l'argent est une question de la plus haute importance. Il nous faut faire très attention au point où s'arrête le bon usage et où commence l'abus.

2. Le mouvement s'est déjà engagé à faire un usage modéré de l'argent, car nous ne pouvons songer à éliminer nos bureaux, nos lieux de réunion et nos clubs juste pour éviter les questions financières.

3. Notre vrai problème aujourd'hui est de fixer des limites sensées et conformes à notre tradition pour l'utilisation de l'argent, de façon à réduire au minimum son pouvoir perturbateur.

4. Les contributions volontaires ou les promesses de dons des membres devraient constituer notre principale, et même notre seule source de financement. Un tel autofinancement empêcherait nos clubs et nos bureaux d'échapper à notre contrôle, car nous pourrions facilement leur couper les fonds s'ils ne nous servaient pas adéquatement.

5. Nous avons constaté qu'il était généralement sage de constituer en sociétés distinctes les services spécialisés qui demandent beaucoup d'argent ou d'administration. Un groupe des AA est une entité spirituelle et non une entreprise.

6. Nous devons à tout prix éviter de donner au mouvement un caractère professionnel. Personne ne devrait jamais payer une simple activité de la Douzième Étape. Les membres qui deviennent des thérapeutes dans le

domaine de l'alcoolisme ne devraient jamais se servir de leur lien avec les AA. Il ne peut pas et il ne pourra jamais exister de « thérapeute AA ».

7. Des membres peuvent cependant être embauchés à titre de travailleurs à temps plein, pourvu qu'ils exercent des emplois légitimes, au-delà des activités normales de la Douzième Étape. Nous pouvons, par exemple, embaucher des secrétaires, des gardiens et des cuisiniers sans faire d'eux des AA professionnels.

Poursuivons maintenant cette discussion sur le professionnalisme. Il arrive fréquemment que des membres consultent les groupes locaux ou la Fondation alcoolique au sujet de postes qu'on leur a offerts dans des domaines reliés à l'alcoolisme. Les hôpitaux recherchent des infirmières et des médecins membres des AA, les cliniques désirent des travailleurs sociaux AA, les universités demandent à des AA de donner des cours sur l'alcoolisme en dehors de toute controverse, et l'industrie nous demande de recommander des membres des AA à titre de directeurs du personnel. Pouvons-nous, en tant qu'individus, accepter de telles offres? La plupart d'entre nous ne voient aucune raison de les refuser.

La question se résume à ceci. Les AA ont-ils le droit de priver la société du bénéfice de leurs connaissances particulières sur le problème de l'alcool? Même si nous sommes d'excellents médecins, infirmières, travailleurs sociaux ou éducateurs dans le domaine de l'alcoolisme, allons-nous dire à la société que nous ne pouvons pas entreprendre de telles missions, de peur de faire du mouvement un organisme professionnel? Une telle attitude serait certainement exagérée, ridicule même. Personne ne devrait se voir interdire de tels emplois sous prétexte qu'il est membre des AA. Il n'y a qu'à éviter l'expression « thérapie AA », ainsi que toute action ou parole susceptible de faire tort au mouvement. À part cela, il n'a qu'à être aussi compétent que le non-alcoolique qui hériterait autrement de cet emploi et qui ferait peut-être le travail moins bien. En fait, je crois même que nous avons encore quelques membres barmans. Bien que le travail dans un bar ne soit pas, pour des raisons évidentes, un emploi particulièrement recommandé, je n'ai jamais entendu personne se plaindre que ces quelques membres donnaient un caractère professionnel au mouvement à cause de leurs connaissances très spéciales des bars !

Il y a des années, nous pensions que le mouvement des AA devait avoir ses propres hôpitaux, maisons de repos, centres de rétablissement. Aujourd'hui, nous sommes tout aussi convaincus que nous ne devons posséder rien de tout cela. Même nos clubs, bien intégrés au mouvement, restent à part. De l'avis général, les services d'hospitalisation et de rétablissement devraient être bien en dehors du mouvement et sous surveilance médicale. L'hospitalisation relève très certainement du médecin, soutenu bien sûr par des ressources privées ou communautaires. Ce service ne relève pas de notre mouvement qui ne doit ni l'administrer ni en être propriétaire. Partout, nous collaborons avec les hôpitaux. Beaucoup nous accordent des privilèges et des conditions de travail particuliers. Certains nous consultent. D'autres embauchent des membres comme infirmières ou aides. Ce type de relations fonctionne presque toujours bien. Par contre, aucun de ces établissements n'est reconnu comme « hôpital AA ».

Nous avons aussi une certaine expérience des centres de désintoxication et des maisons de repos qui, bien qu'à l'extérieur du mouvement et sous surveillance médicale, ont pourtant été administrés et financés par des membres. Certains ont eu du succès, d'autres ont échoué. À part une ou deux exceptions notables, le pire des scénarios était que des groupes des AA utilisent leurs fonds et leur cadre administratif pour se lancer dans la désintoxication. En dépit des exceptions, ces « hôpitaux AA » semblent être ce qu'il y a de moins prometteur. Le groupe qui prend l'un de ces centres en charge découvre habituellement qu'il a contracté une responsabilité inutile et qu'il a créé une somme navrante de dissensions. Comme il s'agit d'un projet de groupe, il n'est pas « à prendre ou à laisser ». Il doit être abandonné, ou alors il demeure une plaie vive pour tous. Nos expériences démontrent bien que le groupe devra toujours être une entité spirituelle, pas une entreprise. Mieux vaut faire une chose suprêmement bien que d'en faire deux mal !

Maintenant, qu'en est-il des dons ou des paiements faits au mouvement par des sources extérieures? Il fut un temps, il y a quelques années, où nous avions désespérément besoin d'un peu d'aide extérieure. Nous l'avons reçue, et nous serons à jamais reconnaissants envers ces amis dévoués dont les contributions ont rendu possibles la Fondation alcoolique, le livre *Alcoholics Anonymous* et notre Bureau central. Ils ont sûrement tous une place spéciale réservée au ciel. Ils ont comblé un grand besoin car nous, les membres de cette époque, étions peu nombreux et insolvables !

Mais les temps ont changé. Les Alcooliques anonymes comptent maintenant plus de 24 000 membres, et leurs revenus totaux devraient atteindre plusieurs millions cette année. C'est pourquoi l'autofinancement est une idée qui gagne du terrain. Comme la plupart des membres estiment devoir leur vie au mouvement, ils croient qu'il leur incombe d'assumer ses très modestes dépenses. N'est-il pas grand temps, demandent-ils, que nous commencions à modifier l'idée courante voulant qu'un alcoolique soit toujours quelqu'un qu'il faut aider – d'habitude avec de l'argent? Nous ne voulons plus être des profiteurs de la société, disent-ils. Soyons plutôt des donneurs. Nous ne sommes plus sans défense ni sans ressources. S'il était possible demain d'annoncer publiquement que chaque groupe peut désormais s'autofinancer entièrement, rien sans doute ne pourrait nous attirer plus de sympathie qu'une pareille déclaration. Dans le domaine de l'alcoolisme, laissons le généreux public consacrer ses fonds à la recherche, aux hôpitaux et à l'éducation. Ce sont des secteurs qui ont vraiment besoin d'argent. Pas nous. Nous ne sommes plus pauvres. Nous pouvons et nous devrions payer nos propres dépenses.

Évidemment, on peut difficilement considérer comme un manquement au principe de l'autofinancement le fait qu'un ami non alcoolique qui assiste à une réunion laisse tomber un dollar dans le « chapeau ». De même, il ne semble pas que nous devions refuser le cinq dollars que nous envoie un parent en gage d'appréciation pour le rétablissement d'un proche. Ce serait peut-être indélicat de notre part de refuser ce don.

Ce ne sont pas ces petits gages de reconnaissance qui nous préoccupent. Ce qui devrait nous faire réfléchir, ce sont les grosses contributions, notamment celles qui peuvent entraîner des obligations futures. Et puis, il y a aussi ces gens riches qui prévoient une somme pour le mouvement dans leur testament, parce qu'ils croient que nous pourrions utiliser beaucoup d'argent si nous en avions. Ne devrions-nous pas les en dissuader? Il y a déjà eu également des tentatives alarmantes de sollicitation publique au nom des Alcooliques anonymes. Il n'y a pas beaucoup de membres qui ne voient pas où de telles entreprises pourraient nous mener. Parfois, des sources qui se disent pour ou contre la prohibition nous offrent de l'argent. C'est évidemment dangereux, car nous devons rester à l'écart de cette controverse néfaste. De temps en temps, les parents d'un alcoolique, par simple gratitude, souhaitent faire de gros dons. Est-ce sage? Est-ce que c'est bon pour l'alcoolique lui-même? Un membre bien nanti peut souhaiter nous faire un don important. Est-ce que ce geste sera bon pour lui ou pour nous? N'aurions-nous pas l'impression d'avoir une dette envers lui? Et lui, surtout s'il est un nouveau venu, ne pourrait-il pas se mettre à croire qu'il vient de payer son passage pour la terre promise de la sobriété?

Dans aucun de ces cas, nous n'avons douté de la généreuse sincérité des donateurs. Mais est-il sage d'accepter leurs dons? Bien qu'il puisse y avoir de rares exceptions, je partage l'opinion de la plupart des anciens membres. Accepter des dons importants, peu importe la source, est un geste très discutable, presque toujours risqué. Un club en difficulté peut avoir grand besoin d'un don ou d'un prêt amical. Pourtant, il pourrait être préférable à long terme de vivre selon ses moyens. Nous ne devons jamais laisser un avantage immédiat, si attrayant qu'il soit, nous empêcher de voir que nous pourrions ainsi créer un désastreux précédent pour l'avenir. Les querelles d'argent et de biens ont trop souvent détruit de meilleurs que nous, alcooliques irascibles !

C'est avec la plus profonde gratitude et la plus grande satisfaction que je peux maintenant vous annoncer une résolution récente des administrateurs de la Fondation alcoolique (notre comité des services généraux), à qui sont confiés les fonds du mouvement. À titre de politique, ils viennent de déclarer publiquement qu'ils refuseront tout don comportant la moindre obligation explicite ou implicite. De plus, la Fondation alcoolique n'acceptera aucun gain provenant de quelque source commerciale que ce soit. Comme le savent beaucoup de lecteurs, plusieurs entreprises cinématographiques nous ont récemment parlé de la possibilité de faire un film sur les AA. Il a naturellement été question d'argent. Mais nos administrateurs, avec raison, je crois, adopteront le point de vue suivant: le mouvement n'a rien à vendre; nous souhaitons tous ne pas donner le moindrement l'impression que nous faisons du commerce; de toute façon, nous nous autofinançons actuellement au niveau national.

À mes yeux, cette décision est d'une importance capitale pour notre avenir et constitue un pas énorme dans la bonne direction. Quand cette attitude à l'égard de l'argent se généralisera dans le mouvement, nous aurons enfin évité ce bel écueil séducteur, mais toujours traître, qu'est le *matérialisme.*

Dans les années à venir, les Alcooliques anonymes devront passer le test suprême, la grande épreuve de la prospérité et du succès. Je crois que ce sera l'épreuve par excellence. Si nous survivons, c'est en vain que le temps et les événements déferleront sur nous. Notre destin sera assuré !

L'individu par rapport au mouvement

Juillet 1946

Les Alcooliques anonymes pourraient bien constituer une nouvelle sorte de société humaine. Le premier des douze points de la Tradition des AA est le suivant: « Chaque membre des Alcooliques anonymes n'est qu'une petite partie d'un grand tout. Notre mouvement doit survivre sinon la plupart d'entre nous mourront sûrement. Par conséquent, notre bien-être commun vient en premier. Mais le bien-être individuel vient tout de suite après.» Ce point, commun à toutes les sociétés, reconnaît que l'individu doit parfois faire passer le bien-être de ses semblables avant ses propres désirs effrénés. Si l'individu ne concédait rien au bien-être commun, il ne pourrait pas y avoir de société. Il n'y aurait que révolte entêtée et anarchie dans le pire sens du terme.

Pourtant, le troisième point de notre Tradition apparaît comme une invitation ouverte à l'anarchie et semble contredire le premier point. On y lit: «Nous devrions compter parmi nos membres tous ceux qui souffrent d'alcoolisme. Par conséquent, *nous ne pouvons refuser personne qui souhaite se rétablir. L'adhésion aux AA ne devrait pas non plus être une question d'argent ou de conformité. Deux ou trois alcooliques qui se rassemblent pour leur abstinence peuvent se considérer comme un groupe des AA.*» Ce point suppose manifestement qu'un alcoolique est membre dès qu'il se dit *lui-même* membre, que nous ne pouvons pas le refuser dans nos rangs, que nous ne pouvons pas lui demander un sou, que nous ne pouvons pas lui imposer nos croyances ou nos pratiques, qu'il peut se moquer de tout ce qui nous tient à cœur sans pour autant cesser d'être membre. En fait, notre Tradition semble pousser si loin le principe de l'indépendance individuelle que l'alcoolique le plus immoral, le plus antisocial ou le plus critique peut réunir autour de lui quelques âmes sœurs et annoncer qu'un nouveau groupe des Alcooliques anonymes est né, pourvu qu'il s'intéresse le moindrement à la sobriété. Même s'ils s'opposent à Dieu, à la médecine, à notre programme de rétablissement ou les uns aux autres, ces individus exubérants demeurent un groupe des AA, *si c'est leur avis* !

Voici ce que disent parfois nos amis non alcooliques: «N'avez-vous pas déjà dit que les AA avaient une structure sociale solide? Vous voulez rire ! Votre Troisième Tradition nous semble aussi solide que la tour de Babel. Dans votre premier point, vous dites clairement que le bien-être commun passe en premier. Puis, vous poursuivez en disant à chaque membre, dans votre troisième point, que personne ne peut l'empêcher de penser et de faire exactement ce qui lui plaît ! Il est vrai que votre deuxième point parle vaguement d'une autorité suprême, "un Dieu aimant tel qu'il peut s'exprimer dans notre conscience collective". Nous respectons vos vues, mais ce point semble quelque peu irréaliste de l'extérieur. Après tout, le monde entier illustre bien aujourd'hui à quel point la plupart des hommes n'ont plus de conscience morale et n'arrivent plus à trouver leur chemin. Et vous, les alcooliques (qui êtes instables, admettez-le), vous venez nous dire tout bonnement trois choses sur le mouvement: 1) il est magnifiquement socialiste, très démocratique; 2) il est aussi une dictature dont les membres se soumettent à l'autorité bienveillante de Dieu; 3) enfin, il est, tellement individualiste qu'il ne peut pas punir ses propres membres pour mauvaise conduite ou incroyance.

« Il semble donc, poursuivent nos amis, qu'à l'intérieur des Alcooliques anonymes, la démocratie, la dictature et l'anarchie coexistent. Font-ils vraiment bon ménage ces mêmes concepts qui s'affrontent aujourd'hui et déchirent notre monde moderne? Pourtant, nous savons que le mouvement marche. Vous devez donc avoir trouvé le moyen de réconcilier ces trois grandes forces. Si vous le pouvez, dites-nous ce qui vous unit. Pourquoi les Alcooliques anonymes ne sont-ils pas déchirés eux aussi? Si chaque membre jouit d'une liberté personnelle qui peut presque équivaloir à de la licence, comment se fait-il que votre société n'explose pas? Elle le devrait; pourtant, ce n'est pas ce qui se produit. »

Nos amis de l'extérieur sont tellement intrigués par ce paradoxe qu'ils risquent, en lisant le premier point de notre Tradition, de passer à côté d'une affirmation très importante: « Notre mouvement doit survivre, sinon la plupart d'entre nous mourront sûrement. »

Cette affirmation brutale signifie bien des choses pour chaque membre des AA. Il est tout à fait vrai qu'un groupe des AA ne peut absolument pas forcer un alcoolique à verser sa contribution et à se conformer aux Douze Étapes de notre programme de rétablissement ou aux douze points de notre Tradition, mais pourtant chaque membre se sent fortement contraint à la longue de faire tout cela. En fait, dans la vie de chacun se cache encore un tyran. C'est l'alcool. Il est rusé et sans pitié. Ses armes sont la misère, la folie et la mort. Peu importe le nombre d'années d'abstinence, il suit chaque membre comme une ombre, guettant sans cesse l'occasion de reprendre son œuvre de destruction. Comme un agent de la Gestapo, il menace constamment de torture ou d'extermination chaque citoyen membre des AA. À moins, bien sûr, que ce citoyen soit prêt à mettre son égoïsme de côté et à faire souvent passer le bien-être du mouvement avant ses ambitions et ses projets personnels. Aucun être humain ne peut apparemment forcer les alcooliques à vivre ensemble, heureux et utiles. Pourtant l'alcool, lui, le peut, et il le fait souvent !

Voici une histoire qui illustre bien ma réflexion. Il y a quelque temps, nous avons dressé une longue liste des membres qui semblaient avoir échoué dans les premières années des AA. Nous avions bien exposé les principes du mouvement à tous les alcooliques de cette liste. La plupart avaient assisté à des réunions des AA pendant plusieurs mois, mais après quelques rechutes et dérapages, ils avaient tous disparu. Certains disaient qu'ils n'étaient pas alcooliques, d'autres ne pouvaient supporter notre foi en Dieu. Beaucoup s'étaient mis à en vouloir énormément aux autres membres. Anarchistes dans l'âme, ils ne pouvaient se conformer à notre société. Et puisque notre société ne se conformait pas à eux, ils s'en allaient. *Mais temporairement seulement.* Au fil des ans, la plupart de ces alcooliques qui semblaient des échecs sont revenus, pour devenir souvent de merveilleux membres. Jamais nous n'avons couru après eux; ils sont toujours revenus de leur plein gré.

Chaque fois que j'en vois un revenir, je lui demande ce qui le ramène au bercail. La réponse revient immanquablement à ceci: « Quand j'ai contacté les AA pour la première fois, j'ai appris que l'alcoolisme est une maladie: une obsession mentale nous force à boire, et une allergie physique nous condamne à la folie ou à la mort si nous buvons. J'ai aussi appris que le programme réussit, du moins pour certains alcooliques. Mais à ce moment-là, je n'aimais pas les méthodes du mouvement, je haïssais certains membres que j'y rencontrais et je caressais toujours l'idée de pouvoir arrêter de boire par mes propres moyens. Après quelques années de plus de beuveries épouvantables parce que je ne pouvais pas me contrôler, j'ai abandonné cette idée. Je suis revenu chez les AA parce que c'est la seule place qui me reste, après avoir tout essayé. Parvenu au stade où je suis, je savais que je devais agir vite. Il me fallait adopter les Douze Étapes du programme de rétablissement, cesser de haïr les autres membres, prendre désormais ma place parmi eux et devenir cette petite parcelle d'un grand tout, la société des Alcooliques anonymes. Bref, il ne me restait plus qu'à agir ou qu'à mourir. Je devais me plier aux principes du mouvement, sinon ... Finie l'anarchie pour moi. Je suis donc revenu ! »

Ce récit illustre bien pourquoi les membres des AA doivent se serrer les coudes ou mourir dans leur coin pour avoir trop levé le coude. Nous sommes les acteurs d'un sombre drame et c'est la mort qui agit comme souffleur. Peut-on imaginer une plus forte contrainte que cela?

Pourtant, l'histoire de l'alcoolisme montre que la peur seule n'a assagi que peu d'alcooliques. Il faut beaucoup plus que la peur pour nous unir, nous, les anarchistes. Il y a plusieurs années, prenant la parole à Baltimore, j'ai longuement insisté sur les terribles souffrances qu'enduraient les alcooliques. Mon exposé devait contenir une forte dose d'apitoiement sur moi-même et d'exhibitionnisme. Je n'arrêtais pas de décrire notre expérience comme une grande calamité, un terrible malheur. Après la réunion, un prêtre catholique s'est approché de moi et m'a aimablement fait la remarque suivante: « Je vous ai entendu dire que vous croyez avoir bu pour votre plus grand malheur. Mais il me semble, dans votre cas, que vous ayez bu pour votre plus grand bonheur. Cette terrible expérience n'est-elle pas ce qui vous a humilié à un point tel que vous avez pu trouver Dieu? La souffrance ne vous a-t-elle pas ouvert les yeux et le cœur? Toute cette chance que vous avez aujourd'hui, cette merveilleuse expérience que vous appelez AA, est née un jour d'une profonde souffrance personnelle. Dans votre cas, il n'y a pas vraiment eu de malheur, mais un grand bonheur. Vous, les AA, vous êtes des privilégiés. »

Cette observation simple mais profonde m'a touché à l'extrême. Elle a marqué ma vie. Elle m'a fait penser, comme jamais auparavant, à ma relation avec mes amis du mouvement. Elle m'a amené à m'interroger sur mes propres motifs. Pourquoi m'étais-je rendu à Baltimore? Était-ce seulement pour jouir des applaudissements et de l'approbation des membres? Est-ce que je m'étais présenté comme un professeur ou comme un prêcheur? Est-ce que je m'imaginais lancer une croisade morale? Après réflexion, j'ai dû avouer, honteux, que j'avais tous ces motifs, que j'avais pris indirectement un plaisir plutôt égocentrique à ce voyage. Mais n'y avait-il que cela? N'avais-je pas de meilleur motif que ma soif naturelle de prestige et d'acclamation? N'étais-je pas allé à Baltimore pour satisfaire un besoin plus grand et plus profond? Puis, en un éclair, j'ai compris. Sous ma vanité superficielle et puérile, j'ai vu à l'œuvre quelqu'un de beaucoup plus grand que moi ! Quelqu'un qui cherchait à me transformer, quelqu'un qui allait, si je le laissais faire, balayer mes désirs terre à terre et les remplacer par de vraies aspirations dans lesquelles je pourrais trouver la paix si j'étais suffisamment humble.

À ce moment-là, j'ai vu clairement pour quels motifs j'aurais dû venir à Baltimore. J'aurais dû m'y rendre avec la conviction tranquille que j'avais besoin de ces gens-là beaucoup plus qu'ils n'avaient besoin de moi. Que j'avais besoin de partager avec eux leurs peines et leurs joies. Que j'avais besoin de faire corps avec eux, de me plonger parmi eux. Que même s'ils continuaient de me prendre pour leur professeur, il fallait plutôt que je me considère comme leur élève. Je me suis rendu compte que j'avais trop vécu seul, éloigné de mes compagnons et sourd à ma voix intérieure. Plutôt que de me rendre à Baltimore en simple porteur du message de l'expérience, j'y étais allé en tant que fondateur des Alcooliques anonymes. Comme un vendeur dans un congrès, je portais mon insigne pour que tout le monde le voie bien. Il aurait beaucoup mieux valu que je ressente de la *gratitude* plutôt que de l'autosatisfaction ! De la *gratitude* pour avoir enduré les souffrances de l'alcoolisme, de la *gratitude* pour avoir reçu du ciel le miracle du rétablissement, de la *gratitude* pour le privilège de servir les autres alcooliques, de la *gratitude* pour les liens fraternels toujours plus étroits qui m'attachaient à eux dans une camaraderie que peu de sociétés humaines ont connue. Ce prêtre avait raison de dire: « Votre malheur est devenu votre bonheur. Vous, les AA, êtes des privilégiés. »

Mon expérience à Baltimore n'est pas unique. La vie de chaque membre est marquée de ces repères spirituels, de ces moments d'introspection qui le rapprochent de ses semblables et de son Créateur. Le cycle est toujours le même. Tout d'abord nous nous tournons vers les AA pour ne pas mourir. Puis, nous dépendons du mouvement et de sa philosophie pour arrêter de boire. Ensuite, pendant un certain temps, nous avons tendance une fois de plus à nous fier à nous-mêmes, à chercher le bonheur dans le pouvoir et le prestige. Finalement, un incident ou peut-être un grave revers nous ouvre enfin les yeux. En apprenant cette nouvelle leçon et *en acceptant pleinement ses enseignements,* nous accédons alors à un autre niveau de sentiment et d'action. La vie prend un autre sens. Nous percevons de nouvelles réalités. Nous pressentons cette sorte d'amour qui nous assure qu'il vaut mieux donner que recevoir. Voilà quelques-unes des raisons qui nous portent à croire que les Alcooliques anonymes représentent peut-être une nouvelle forme de société.

Chaque groupe des AA est un refuge sûr. Mais le tyran alcool est toujours à l'affût. Comme les hommes du canot de sauvetage d'Eddie Rickenbacker, nous qui vivons dans un refuge AA, nous nous accrochons les uns aux autres avec une détermination que le monde extérieur comprend rarement. L'anarchie individuelle disparaît. L'égoïsme tombe et la démocratie devient réalité. Nous découvrons la vraie liberté de l'esprit. Nous prenons de plus en plus conscience que tout est bien, que nous pouvons tous avoir implicitement confiance en celui qui est notre guide aimant, à l'intérieur de nous et là-haut.

Qui est membre des Alcooliques anonymes?

Août 1946

Dans la première édition du livre *Alcoholics Anonymous*, on trouve cette brève déclaration sur l'adhésion au mouvement: « La seule condition requise pour devenir membre est d'avoir un désir honnête de cesser de boire. Nous ne sommes alliés à aucune religion, secte ou confession particulière, et nous ne nous opposons à personne. Nous désirons seulement aider ceux qui souffrent. » C'était ce que nous pensions en 1939, l'année de la publication de notre livre.

Depuis ce jour, toutes sortes d'expériences ont été tentées dans le domaine de l'adhésion. Les règles qui ont été établies (et presque toutes violées !) sont légion. II y a deux ou trois ans, le Bureau central a demandé aux groupes de lui faire parvenir la liste de leurs règles. Une fois en possession de ces listes, nous les avons toutes transcrites, ce qui a nécessité énormément de papier. Une brève réflexion sur ces nombreuses règles nous a conduits à une constatation étonnante. Si tous ces décrets avaient été en vigueur partout en même temps, il aurait été pratiquement impossible à un alcoolique de se joindre aux Alcooliques anonymes. À peu près les neuf dixièmes de nos plus anciens et meilleurs membres n'auraient jamais pu adhérer !

Dans certains cas, nous aurions été trop découragés par ce qu'on exigeait de nous. La plupart des premiers membres auraient été jetés dehors à cause de leurs fréquentes rechutes, de leur moralité douteuse, de leurs problèmes mentaux et de leurs difficultés dues à l'alcool. Ou encore, croyez-le ou non, parce qu'ils n'appartenaient pas aux classes soi-disant supérieures de la société. Nous, les anciens, nous aurions pu être exclus à cause de notre incapacité de lire *Les Alcooliques anonymes* ou à cause du refus de notre parrain de se porter garant de notre candidature. Et ainsi de suite, à l'infini. À bien y penser, la manière dont nos « dignes » alcooliques ont parfois tenté de juger ceux qui sont « moins dignes » est plutôt comique. Essayez d'imaginer un alcoolique qui en juge un autre !

À un moment ou l'autre, la plupart des groupes des AA se paient une pinte de règlements. II est passablement normal aussi qu'un groupe qui croît rapidement soit confronté à bien des problèmes alarmants. Les mendiants se mettent à mendier. Des membres se soûlent et en entraînent parfois d'autres à leur suite. Ceux qui ont des problèmes mentaux font une dépression ou se lancent dans des dénonciations paranoïaques des autres membres. Les mauvaises langues s'activent et dénoncent vertueusement les loups et les Petits Chaperons Rouges locaux. Les nouveaux venus soutiennent qu'ils ne sont absolument pas alcooliques, mais continuent tout de même de venir. D'autres qui « rechutent » abusent du nom sans tache des AA pour se trouver un emploi. Certains ne veulent pas accepter les Douze Étapes du programme de rétablissement. D'autres vont encore plus loin et affirment que ces « bondieuseries » sont des histoires parfaitement inutiles. Face à de telles situations, nos membres conservateurs et respectueux du programme prennent peur. Selon eux, il faut mettre fin à cette situation épouvantable, sinon le mouvement court sûrement à sa perte. Ils s'inquiètent pour le bien des AA !

C'est à ce moment que le groupe entre dans une phase de règlements. On adopte fiévreusement chartes, règles et conditions d'adhésion, on donne toute autorité à des comités pour qu'ils écartent les indésirables et punissent les malfaisants. Les anciens du groupe, drapés dans leur autorité, se mettent alors à l'ouvrage. Les récalcitrants sont renvoyés dans les ténèbres extérieures, des membres respectables s'agitent et jettent la pierre aux pécheurs. Quant aux supposés pécheurs, ils insistent pour rester ou bien ils forment leur propre groupe, ou encore ils se joignent à un autre groupe, plus sympathique et moins intolérant. Les aînés s'aperçoivent bientôt que les statuts et règlements n'ont pas beaucoup de succès. Toute tentative de les faire appliquer provoque de telles vagues de discorde et d'intolérance qu'il faut bientôt reconnaître que cette situation est pire pour la vie du groupe que la pire des situations vécues jusque-là.

Après un certain temps, la peur et l'intolérance s'atténuent. Le groupe survit indemne. Tout le monde a beaucoup appris. C'est ainsi que certains d'entre nous n'ont plus peur du tort qu'un nouveau venu peut faire à la réputation ou à l'efficacité des AA. Ceux qui rechutent, ceux qui mendient, ceux qui scandalisent, ceux qui ont l'esprit tordu, ceux qui se rebellent contre le programme, ceux qui exploitent la réputation des AA, tous ceux-là font rarement tort longtemps à un groupe. Certains d'entre eux sont devenus nos membres les plus respectés et les plus aimés. Quelques-uns ont continué à mettre notre patience à l'épreuve, mais ils restent abstinents. D'autres sont partis et nous avons commencé à les considérer non comme des menaces, mais plutôt comme nos professeurs. Ils nous obligent à cultiver la patience, la tolérance et l'humilité. Nous prenons finalement conscience qu'ils sont seulement plus malades que nous, et que nous, qui les condamnons, sommes des Pharisiens dont la fausse vertu fait le plus grand tort spirituel à notre groupe.

Chaque ancien membre tremble à la pensée des personnes qu'il a jadis condamnées, en prédisant avec assurance qu'elles ne seraient jamais abstinentes et en décrétant qu'elles devaient être expulsées pour le bien du mouvement. Maintenant que certaines de ces personnes sont abstinentes depuis des années et comptent peut-être parmi ses meilleurs amis, l'ancien membre se dit: « Que serait-il arrivé si tout le monde les avait jugées comme je l'ai fait? Que serait-il arrivé si le mouvement leur avait claqué la porte au nez? Où seraient-elles aujourd'hui? »

C'est pourquoi nous portons tous de moins en moins de jugement sur le nouveau venu. Si l'alcool est devenu pour lui un problème incontrôlable et s'il souhaite y voir, cela nous suffit. Nous ne nous soucions pas de savoir s'il s'agit d'un cas grave ou léger, s'il a ou non de bonnes mœurs, s'il a d'autres problèmes ou non. La porte des AA lui est grande ouverte. S'il la franchit et commence à faire quelque chose pour régler son problème, il est considéré comme un membre des Alcooliques anonymes. Il n'a rien à signer, rien à accepter, rien à promettre. Nous n'exigeons rien. Il est membre quand il dit qu'il l'est. Aujourd'hui, dans la plupart des groupes, il n'a même pas à avouer son alcoolisme. Pour se joindre aux AA, il lui suffit de penser qu'il est peut-être alcoolique, qu'il présente peut-être les symptômes fatals de notre maladie.

On ne retrouve évidemment pas une telle situation partout dans le mouvement. Il existe encore des règles d'adhésion. Si un membre s'obstine à se présenter soûl aux réunions, on peut le faire sortir, demander à quelqu'un de l'emmener. Par contre, la plupart des groupes lui permettront de revenir le lendemain s'il est abstinent. Bien qu'on puisse le mettre à la porte d'un club, personne ne songerait à le renvoyer des AA. Il est membre tant et aussi longtemps qu'il le dit. Même si cette conception très large de l'appartenance aux AA ne fait pas encore l'unanimité, elle représente néanmoins aujourd'hui la tendance principale de notre pensée. Nous ne souhaitons refuser à personne la chance de se rétablir de l'alcoolisme. Nous souhaitons accueillir et non exclure le plus de membres possible.

Cette tendance a peut-être une signification beaucoup plus profonde qu'un simple changement d'attitude face à l'adhésion des membres. Elle signifie peut-être que nous n'avons plus peur de ces violentes tempêtes émotives qui balaient parfois notre univers alcoolique. Elle témoigne peut-être de notre certitude que le calme viendra après la tempête, un calme né d'une compréhension, d'une compassion et d'une tolérance supérieures à celles que nous avions connues jusque-là.

Les AA seront-ils un jour gouvernés par des individus?

Janvier 1947

La réponse à cette question est presque assurément non. C'est le verdict clair de notre expérience.

Disons d'abord que chaque membre des AA est quelqu'un qui, à cause de son alcoolisme, est rarement capable de se gouverner lui-même. Personne non plus ne possède de pouvoir sur l'obsession de boire de l'alcoolique, sur son besoin de ne faire qu'à sa tête. De tout temps, parents, amis, employeurs, médecins, prêtres et juges ont tenté de discipliner les alcooliques. Presque sans exception, ils ont été absolument incapables d'arriver à quoi que ce soit par la contrainte. Pourtant, on peut diriger, inspirer un alcoolique; à notre arrivée chez les AA, nous sommes capables de céder devant la volonté de Dieu, et c'est avec joie que nous le faisons. Rien de surprenant, donc, à ce que la seule autorité réelle qu'on puisse trouver chez les AA soit celle des principes spirituels. Il n'y a jamais d'autorité individuelle.

Notre individualisme (ou notre égocentrisme) excessif est, bien sûr, la raison principale de notre échec dans la vie et de notre refuge dans l'alcool. Quand nous ne pouvions contraindre les autres à se conformer à nos projets et désirs, nous buvions. Quand d'autres essayaient de nous contraindre, nous buvions aussi. Même abstinents, nous sommes loin d'avoir perdu cet ancien trait de caractère qui nous poussait à résister à l'autorité. C'est peut-être là un indice qui explique pourquoi personne ne gouverne chez les AA. Pas de frais d'inscription, pas de cotisation, pas de règlement, aucune obligation de se conformer aux principes des AA, personne qui ait autorité sur quelqu'un d'autre. Sans être une vertu à toute épreuve, notre aversion pour l'obéissance garantit plutôt bien notre liberté face à toute forme de domination.

Il n'en demeure pas moins que la plupart d'entre nous se conforment, dans leur vie personnelle, aux Douze Étapes de rétablissement suggérées. Nous le faisons par choix. Nous aimons mieux nous rétablir que mourir. Puis, petit à petit, nous nous apercevons qu'une vie fondée sur des principes spirituels est ce qu'il y a de mieux. Nous nous conformons au programme parce que nous le voulons.

De la même manière, la plupart des groupes des AA en viennent à accepter la tradition en « douze points destinés à assurer notre avenir ». Ils sont prêts à éviter la controverse sur des sujets comme la politique, la législation, la religion; ils s'en tiennent à leur seul but, qui est d'aider les alcooliques à se rétablir; ils s'en remettent de plus en plus à l'autofinancement plutôt qu'à la charité du public. Ils insistent de plus en plus sur la modestie et l'anonymat dans leurs relations publiques. Ils suivent tous les autres principes de la tradition exactement pour la même raison que les membres suivent les Douze Étapes de rétablissement. Ils se rendent compte qu'ils se désagrégeraient s'ils ne le faisaient pas, et ils s'aperçoivent bientôt que l'adhésion à notre tradition et à notre expérience est le fondement d'une vie de groupe heureuse et efficace.

Nulle part chez les AA peut-on voir une autorité humaine constituée, capable d'obliger un groupe à faire quelque chose. Certains groupes, par contre, élisent des chefs. Mais même mandaté, chaque chef s'aperçoit vite qu'il peut toujours guider par l'exemple ou la persuasion, mais qu'il ne pourra jamais commander, sinon il pourrait bien être ignoré au moment des élections.

La majorité des groupes ne se choisissent même pas de chefs; pour la conduite de leurs affaires, ils préfèrent des comités où les membres sont élus à tour de rôle. Invariablement, ces membres sont considérés comme des serviteurs autorisés seulement à servir, jamais à commander. Chaque comité accomplit ce qu'il croit être les désirs de son groupe. Rien d'autre. Il est arrivé que des comités des AA tentent de discipliner des membres rétifs, qu'ils rédigent des règles détaillées et s'érigent en juges de la moralité d'autres personnes, mais je ne connais aucun cas où ces efforts, en apparence nobles, aient eu un effet durable, sauf peut-être l'élection d'un comité entièrement renouvelé.

Je suis en mesure d'affirmer cela avec une très grande certitude. Car à mes heures, moi aussi, j'ai essayé de gouverner les AA. Chaque fois que je me suis acharné, on m'a crié de me rasseoir; on me l'a crié si fort qu'à quelques occasions, j'ai pensé m'être mérité une excommunication prompte et sans appel !

Il m'arrive souvent, au Bureau central, de voir déferler la marée de problèmes des membres, des groupes et des intergroupes. Cette marée a tellement grossi depuis quelque temps que chaque matin, notre volumineux courrier nous apporte invariablement au moins un problème grave provenant de quelque coin de la planète. Le Bureau central des AA est devenu un point chaud, si chaud qu'une « crise » par jour est en train de devenir la norme.

À une certaine époque, j'étais tenté de prendre fortement position sur chacun de ces problèmes, d'exercer toute l'influence et l'autorité que je pouvais avoir, d'écrire des lettres emportées pour indiquer la voie aux membres ou aux groupes dans l'erreur. Dans ces moments-là, j'étais convaincu que les AA avaient besoin d'être gouvernés par une personne forte, quelqu'un comme moi, par exemple !

Après avoir lutté pendant quelques années pour diriger le mouvement des AA, j'ai dû y renoncer; ça ne marchait tout simplement pas. L'affirmation maladroite de mon autorité personnelle engendrait toujours de la confusion et de la résistance. Si je prenais parti dans une controverse, certains me citaient avec joie, alors que d'autres murmuraient: « Mais pour qui se prend-il, ce dictateur? » Si je critiquais sévèrement, je me faisais habituellement critiquer deux fois plus en retour. Le pouvoir personnel échouait toujours. Je vois d'ici mes vieux amis AA sourire en songeant à cette époque où ils se sentaient eux aussi irrésistiblement appelés « à sauver le mouvement » d'un péril quelconque. Cette époque des « Pharisiens » est maintenant révolue. De petites maximes, comme « Agir aisément » et « Vivre et laisser vivre », ont fini par prendre un sens profond et important, pour eux comme pour moi. C'est ainsi que chacun de nous apprend qu'on peut être uniquement serviteur chez les AA.

Au Bureau central, nous savons depuis longtemps que nous ne pouvons que fournir certains services indispensables. Nous pouvons distribuer de l'information et de la documentation; nous pouvons habituellement dire ce que pensent la majorité des membres au sujet de nos problèmes courants; nous pouvons aider les nouveaux groupes à démarrer en les conseillant s'ils le désirent; nous pouvons nous occuper de la politique globale des relations publiques des AA; nous pouvons parfois servir de médiateur. De même, les directeurs de notre revue mensuelle *AA Grapevine* croient simplement refléter la vie et la pensée actuelles des AA. À ce seul titre, ils ne peuvent prendre position ou faire de la propagande. De même également, les administrateurs de la Fondation alcoolique (notre comité des Services généraux) se considèrent comme de simples gardiens qui garantissent l'efficacité du Bureau central et de la revue *Grapevine*, et comme les dépositaires de notre fonds général et de nos Traditions.

Il semble tout à fait clair que, même ici au cœur de notre association, il ne peut exister qu'un centre de service. Que nous soyons gardiens, directeurs de publications, secrétaires ou autres serviteurs, chacun remplit une fonction précise et essentielle, mais aucun n'est autorisé à gouverner les Alcooliques anonymes.

Nul doute que de tels centres de services internationaux, nationaux, métropolitains ou locaux suffiront dans l'avenir. Tant que nous saurons éviter, dans ces centres, toute accumulation dangereuse de richesse ou l'établissement de tout pouvoir personnel, nous ne pourrons nous égarer. Alors que la richesse et le pouvoir sont à la base de nombreuses institutions nobles, nous, les AA, nous sentons parfaitement aujourd'hui qu'ils ne sont pas faits pour nous. N'avons-nous pas découvert que ce qui guérit l'un souvent tue l'autre?

Ne ferions-nous pas mieux de nous accrocher, dans une certaine mesure, à l'idéal fraternel des premiers Franciscains? Dans le mouvement, que nous soyons administrateurs, directeurs de publications, secrétaires, concierges, cuisiniers ou simplement membres, rappelons-nous toujours que la richesse et le pouvoir sont de peu d'importance en comparaison de notre mouvement, de notre amour et de notre service.

Des dangers de lier les AA à d'autres entreprises

Mars 1947

Notre expérience soulève une série de questions importantes qui demeurent encore sans réponses. Premièrement, le mouvement devrait-il se lancer dans d'autres domaines comme l'hospitalisation, la recherche et l'éducation non controversée sur l'alcool? Deuxièmement, un membre a-t-il le droit d'apporter, en tant qu'individu, son expérience et ses connaissances particulières à de telles entreprises? Troisièmement, quelles devraient être les conditions de travail du membre qui aborde ces aspects du problème global de l'alcoolisme?

Sur ces questions on entend dans nos groupes à peu près n'importe quelle opinion. En général, il existe trois écoles de pensée: il faut «tout faire», il faut «faire quelque chose», et il ne faut «rien faire».

Certains de nos membres ont tellement peur de voir les AA s'embourber ou être exploités qu'ils veulent que nous demeurions une société strictement fermée. Ils exercent le plus de pression possible pour empêcher tous les membres, en tant qu'individus ou que groupes, de faire quoi que ce soit au sujet du problème global de l'alcoolisme sauf, bien sûr, leur simple travail d'Alcooliques anonymes. Ils voient planer au-dessus des alcooliques le spectre des Washingtoniens d'il y a 100 ans, ce mouvement qui a sombré dans la désunion en partie parce que ses membres ont défendu publiquement l'abolition de l'esclavage, la prohibition et que sais-je encore. Ces AA croient que nous devons à tout prix préserver notre isolement, que nous devons absolument nous tenir à l'écart si nous voulons éviter pareils périls.

Puis il y a le membre qui nous ferait «tout faire» pour le problème global de l'alcoolisme, n'importe quand, n'importe où, n'importe comment! Dans son enthousiasme, non seulement considère-t-il son cher mouvement comme une panacée pour tous les alcooliques, mais il croit aussi que nous avons toutes les réponses à toutes les questions pour tout le monde. Il est convaincu que les AA devraient ouvertement appuyer de leur nom et de leur argent tout effort valable dans les domaines de la recherche, du traitement et de l'enseignement. Voyant que les AA font maintenant la manchette, il soutient que nous devrions dispenser à profusion notre immense capital de prestige. « Pourquoi, demande-t-il, les membres ne se font-ils pas connaître publiquement? Nous pourrions facilement recueillir des millions pour les bonnes oeuvres dans le domaine de l'alcoolisme. » Cet enthousiaste a parfois le jugement obscurci par son désir d'amorcer une carrière. Mais dans la plupart des cas, je suis certain qu'une telle insouciance traduit simplement de l'exubérance, et souvent, une grande responsabilité sociale.

Nous avons donc parmi nous des enthousiastes et des ultraprudents, ceux qui veulent «tout faire» et ceux qui ne veulent «rien faire». Par contre, le membre typique ne s'inquiète plus autant qu'avant de ces phénomènes. Il sait que la poussière retombera bientôt et que la lumière apparaîtra. Qu'il y aura bientôt une politique éclairée et acceptable pour tous. Que cette politique, mise à l'épreuve du temps, deviendra, si elle est valable, une tradition des AA.

J'ai parfois craint que le mouvement n'arrive jamais à produire une politique valable. Le fait que mes propres opinions passaient d'un extrême à l'autre, dans la plus grande incohérence, ne faisait qu'intensifier cette crainte. J'aurais dû montrer plus de foi. La lumière de l'expérience commence à briller suffisamment pour nous permettre de voir plus sûrement et de dire avec plus de certitude ce que nous pouvons faire et ce que nous ne pouvons pas faire dans les domaines de l'éducation, de la recherche et autres.

Par exemple, nous pouvons dire avec fermeté que ni le mouvement ni aucun groupe ne doit s'adonner à d'autres activités que le simple travail des AA. En tant que groupes, nous ne pouvons ni appuyer ni financer ni joindre aucune autre cause, aussi bonne soit-elle; nous ne pouvons lier le nom des AA à d'autres entreprises dans le domaine de l'alcoolisme au point de donner au public l'impression que nous avons abandonné notre but unique. Nous devons dissuader nos membres et nos amis qui oeuvrent dans ces domaines de faire valoir le nom des AA dans leur publicité ou leurs levées de fonds. Agir autrement mettrait notre unité en péril, et le maintien de notre unité est sûrement notre plus grande obligation envers nos frères alcooliques et envers le public en général. À cause de notre expérience, nous croyons que ces principes vont déjà de soi.

Même si nous arrivons maintenant sur un terrain moins sûr, nous devons sérieusement nous demander si nous pouvons, à titre individuel, apporter l'expérience particulière des AA dans d'autres secteurs du problème de l'alcoolisme. N'est-ce pas notre devoir envers la société? Et pouvons-nous le faire sans engager le mouvement tout entier?

À mes yeux, la politique du « ne rien faire » est devenue impensable pour deux raisons: d'abord, je suis convaincu que nos membres peuvent, sans mettre en danger les AA, oeuvrer dans d'autres sphères d'activité non controversées dans le domaine de l'alcoolisme, à condition de prendre quelques précautions élémentaires; en second lieu, je suis également convaincu qu'en ne faisant rien, nous priverions l'ensemble de la société d'un apport très précieux que nous sommes presque certainement en mesure d'apporter. Bien que nous soyons des membres des AA et que le mouvement doive passer en premier, nous sommes aussi des citoyens du monde. De plus, comme nos bons amis les médecins, nous sommes tenus par l'honneur de partager nos connaissances avec tous.

Il me semble donc que certains d'entre nous doivent répondre à l'appel venant d'autres milieux. S'ils le font, il leur suffit de se rappeler qu'ils sont des AA avant tout et qu'ils n'agissent qu'à titre individuel dans leurs nouvelles activités. Cela signifie qu'ils respecteront le principe de l'anonymat dans la presse, qu'en prenant la parole en public, ils ne se présenteront pas comme des AA, qu'ils éviteront de souligner leur appartenance au mouvement dans les campagnes de financement ou de publicité.

Bien observées, ces simples règles de conduite pourraient vite dissiper toutes les craintes, fondées ou non, qu'entretiennent actuellement de nombreux membres. De cette façon, le mouvement des AA éviterait de se compromettre tout en demeurant sympathique à toute cause non controversée visant à mieux éclairer la sombre histoire de l'alcoolisme.

Un mot pour conclure. Il y a plusieurs années, je croyais que nous pourrions, de façon limitée et prudente, prêter notre nom à certaines entreprises de l'extérieur. L'une d'elles était un projet éducatif très prometteur. Des professeurs de l'université Yale qui patronnaient le Comité national d'éducation sur l'alcoolisme m'avaient demandé la permission d'embaucher un membre des AA qui, dans ce cas particulier, pourrait renoncer à l'anonymat. J'ai répondu qu'ils pouvaient évidemment embaucher un membre, qu'il ne fallait pour autant s'imaginer que cela faisait des AA un mouvement professionnel puisque l'emploi en question était relié à un tout autre domaine. Si un membre des AA était susceptible d'être un meilleur éducateur, alors pourquoi pas? Bien qu'on n'ait jamais vraiment remis en question la validité d'une telle politique, je ne peux en dire autant de ma réponse au sujet du manquement à l'anonymat que j'ai approuvé dans ce cas.

Cette décision s'est révélée une erreur. Un bon ami a accepté ce poste et a laissé tomber son anonymat. Au départ, le résultat a été bon et le mouvement a bénéficié de beaucoup de publicité et de nouveaux membres. Du point de vue éducatif, le public devenait plus que jamais conscient que l'alcoolisme est une maladie qu'on peut soigner. Jusque-là, tout allait bien.

Depuis quelque temps, pourtant, il règne une certaine confusion. À cause de la publicité qui relie le nom des AA à ce projet éducatif, le public tend à penser que le mouvement tout entier s'est lancé dans l'éducation sur l'alcoolisme. De plus, quand le nom des AA a été associé dans l'esprit du public à une campagne de financement, la confusion s'est accrue. Certains donateurs, qui croyaient contribuer au mouvement, apprenaient par des amis que les AA ne sollicitent pas d'argent. Par conséquent, les dommages à long terme du manquement à l'anonymat commencent à contrebalancer les avantages à court terme. L'expérience le démontre de plus en plus clairement, non seulement à moi, mais aussi à mes amis de l'université et du comité éducatif qui sont du même avis et qui s' efforcent déjà de corriger la situation.

J'espère naturellement de tout coeur que ni les personnes en cause ni le travail du comité ne souffriront en aucune façon de notre erreur. Après tout, nos essais et nos erreurs n'ont qu'un seul but : nous instruire et nous faire grandir. Pour résumer, je suis passablement certain que notre politique à l'égard des projets «de l'extérieur» finira par ressembler à ceci: le mouvement des AA n'endosse pas de projets dans d'autres domaines. Par contre, si ces projets sont constructifs et ne prêtent pas à la controverse, les membres sont libres d'y participer sans se faire critiquer, à la condition d'agir à titre individuel et de protéger le nom des AA. C'est peut-être ça, notre politique. Allons-nous l'essayer?

Les clubs des AA

Avril 1947

Le concept des clubs fait maintenant partie de la vie des AA. Depuis des années, nombre de ces refuges chaleureux rendent de précieux services et de nouveaux ouvrent tous les mois. S'il y avait un vote demain sur le maintien des clubs, une forte majorité de membres répondrait par un «oui» retentissant. Des milliers viendraient affirmer qu'ils auraient eu plus de difficultés à demeurer abstinents sans les clubs dans les premiers mois, et que, de toute façon, ils désireront toujours les contacts faciles et les amitiés chaleureuses qu'ils y trouvent.

Comme la majorité, peut-être croyons-nous qu'il s'agit là d'un appui total aux clubs. Peut-être pensons-nous que nous ne pourrions pas nous en passer. Peut-être les considérons-nous comme une institution centrale des AA, une sorte de « treizième étape » de notre programme de rétablissement, sans laquelle les douze autres Étapes ne pourraient fonctionner. Les partisans des clubs se comportent parfois comme s'ils croyaient réellement que nous pouvons venir à bout de notre problème d'alcool grâce uniquement aux clubs. Ils ont tendance à dépendre des clubs plutôt que du programme des AA.

Par contre, nous avons d'autres membres, une forte minorité, qui ne veulent rien savoir des clubs. Ils affirment non seulement que les activités sociales d'un club distraient souvent les membres de leur mode de vie, mais ils prétendent aussi que les clubs empêchent le mouvement de progresser. Ils signalent le danger de les voir dégénérer en simples lieux de rendez-vous, ou même en repaires; ils soulignent les querelles que suscitent les questions d'argent, d'administration et d'autorité et ils craignent les « incidents » qui pourraient nous donner mauvaise presse. Bref, ils « s'inquiètent ». À bas les clubs ! disent-ils.

Depuis plusieurs années, nous nous dirigeons par la méthode des essais et des erreurs vers une position intermédiaire. En dépit des inquiétudes, il est établi que nous devrions permettre les clubs pour les membres qui en veulent et en ont besoin. La vraie préoccupation n'est donc pas de savoir si nous devons avoir des clubs. C'est de savoir comment nous allons en accroître les avantages et en diminuer les inconvénients connus, comment nous allons nous assurer que les inconvénients ne finissent pas par excéder les avantages.

Parmi les quatre plus grandes villes où se trouve le mouvement, deux sont favorables aux clubs et deux ne le sont pas. Il se trouve que je vis dans l'une de celles qui le sont. Le tout premier club des Alcooliques anonymes a été ouvert à New York. Notre expérience ici n'a peut-être pas été la meilleure, mais je la connais bien. Pour illustrer les principes et les problèmes que nous devons étudier, je me servirai de cette expérience, non à titre de modèle d'organisation, mais comme d'un exemple type de l'évolution des clubs.

À l'époque où le mouvement était encore tout jeune, nous nous rencontrions dans nos foyers. Nous parcourions des milles, non seulement pour assister à la réunion elle-même, mais pour passer ensuite des heures à boire du café, à manger des gâteaux et à converser intimement avec enthousiasme. Les alcooliques et leurs familles avaient vécu si longtemps dans la solitude !

Puis, nos maisons sont devenues trop petites. Ne pouvant supporter l'idée de nous séparer en plusieurs petits groupes, nous avons cherché un endroit plus grand. Nous nous sommes d'abord logés dans l'atelier d'un tailleur, puis nous avons loué une salle au Steinway Hall. Cela nous permettait d'être ensemble à la réunion. Après, nous allions nous réfugier dans une cafétéria, mais il manquait quelque chose. Un restaurant ne pouvait nous offrir l'atmosphère de foyer. Un membre a proposé d'ouvrir un club.

Nous avons donc ouvert un club. Nous avons repris un endroit intéressant, l'ancien Artists and Illustrators Club de la 24e Rue Ouest. Quelle émotion ! Deux des membres les plus anciens ont signé le bail. Nous avons peinturé et nettoyé. Nous avions un chez-nous. Nous conserverons toujours de merveilleux souvenirs des jours et des nuits passés dans ce premier club.

Il faut pourtant admettre que tous nos souvenirs ne sont pas remplis d'extase. Notre croissance nous a apporté des maux de tête, des difficultés de croissance, comme on dit maintenant. Comme ces difficultés semblaient graves alors ! Les « dictateurs » étaient déchaînés; les ivrognes tombaient par terre ou dérangeaient la réunion; les membres des « comités de direction » essayaient de nommer des amis à leur place pour se rendre compte, à leur grand désarroi, que, même abstinents, des alcooliques ne se laissent pas « diriger ». Parfois, nous pouvions à peine réunir la somme du loyer; les joueurs de cartes refusaient toute suggestion de parler aux nouveaux; les secrétaires se prenaient aux cheveux. Nous avons formé une société chargée de s'occuper du loyer du club, de sorte que nous avions maintenant des « responsables ». Le club serait-il dirigé par ces « directeurs » ou bien par un comité de membres des AA élus en alternance?

Tels étaient nos problèmes. Nous nous sommes aperçus que l'utilisation des fonds, le besoin d'une certaine organisation dans le club et la trop grande intimité dans des locaux bondés créaient des situations inattendues. La vie de club comportait toujours de grandes joies, mais il est certain qu'elle avait aussi ses inconvénients. Valait-il la peine que nous prenions tous ces risques? La réponse est « oui », car le club de la 24e Rue s'est maintenu et il accueille aujourd'hui des marins membres des AA. Nous avons de plus trois autres clubs dans la région et nous en envisageons un quatrième.

Notre premier club portait évidemment le nom de « club AA ». La société responsable du bail s'appelait « Alcoholics Anonymous of New York, Inc. ». Ce n'est que plus tard que nous avons réalisé que nous avions fondé une compagnie pour tout l'État de New York, une erreur que nous avons corrigée récemment. La société constituée n'aurait dû couvrir que la 24e Rue. Dans tout le pays, la plupart des clubs ont commencé comme le nôtre. Au départ, nous les considérons comme des organismes essentiels.

L'expérience entraîne invariablement un changement de statut, changement que nous jugeons aujourd'hui des plus souhaitable.

Par exemple, le Manhattan AA Club regroupait au début des membres de toute la région métropolitaine, même du New Jersey. Après un certain temps, des douzaines de groupes sont nés dans les banlieues et ont choisi les lieux de réunion qui leur convenaient le mieux. Nos amis du New Jersey ont formé leur propre club. Ainsi, ces groupes de la périphérie, d'abord issus de notre club de Manhattan, se sont mis à acquérir des centaines de membres qui n'étaient liés à Manhattan ni par commodité, ni par goût, ni par fidélité. Ils avaient leurs propres amis AA et des lieux de rencontre qui leur convenaient. Ils ne s'intéressaient pas à Manhattan.

Cela nous contrariait énormément, nous, les New-Yorkais. Puisque nous les avions nourris, pourquoi ne montreraient-ils pas plus d'intérêt? Nous ne comprenions pas leur refus de considérer le club de Manhattan comme le centre des AA de la région métropolitaine. N'y avait-il pas là une réunion centrale qui accueillait des conférenciers d'autres groupes? N'y avait-il pas dans le club de New York une secrétaire rémunérée qui recevait au téléphone les appels à l'aide et s'occupait des demandes d'hospitalisation de tous les groupes de la région? Nous pensions évidemment que nos groupes de la banlieue devaient soutenir financièrement le club de Manhattan, comme des enfants respectueux doivent prendre soin de leurs «parents». Cependant, nos appels parentaux ne servaient à rien. Bien des membres de la banlieue contribuaient personnellement au club de la 24e Rue, mais jamais leur groupe ne nous envoyait un traître sou.

Nous avons alors adopté une autre tactique. Si les groupes de la périphérie ne voulaient pas soutenir le club, peut-être accepteraient-ils au moins de payer le salaire de la secrétaire. Elle faisait réellement un travail «régional». C'était sûrement là une demande raisonnable, mais elle est restée sans réponse. Les membres ne pouvaient tout simplement pas séparer dans leur esprit la «secrétaire régionale» du club de Manhattan. Pendant un bon moment, nos besoins régionaux, les problèmes du mouvement et l'administration de notre club ont donc formé un enchevêtrement financier et psychologique pénible.

Cet enchevêtrement a commencé à se dénouer lentement quand nous nous sommes mis à penser que les clubs devraient être l'affaire exclusive de ceux qui les veulent et qui sont prêts à les financer. Nous nous sommes rendu compte que l'administration d'un club est purement une question commerciale et que ce club doit être constitué en société distincte sous un autre nom, comme Alano, par exemple; que les administrateurs de cette société ne doivent s'occuper que des affaires du club; qu'un groupe des AA ne doit jamais, comme groupe, gérer activement une telle entreprise.

Des expériences mouvementées nous ont appris depuis qu'il surgit des problèmes lorsqu'un comité de membres élus en alternance tente de diriger le club ou lorsque le club tente de mener les affaires des groupes qui se réunissent dans ses locaux. Nous avons trouvé que la seule manière d'éviter cela est de séparer le matériel du spirituel. Si un groupe des AA souhaite utiliser un club donné, qu'il paie son loyer et partage la collecte de la réunion avec la direction du club. Pour un petit groupe qui ouvre son premier club, cette façon de faire peut sembler idiote, puisque les membres du groupe sont aussi les membres du club. Néanmoins, la formation d'une société distincte est recommandée dès le départ, car elle évitera toute confusion plus tard, lorsque d'autres groupes commenceront à se constituer dans la région.

Deux questions surgissent souvent: « Qui élit les administrateurs d'un club? Être membre d'un club et être membre des AA, est-ce la même chose? » Comme les pratiques varient, nous ne connaissons pas encore très bien les réponses. Nous pouvons cependant suggérer celles-ci: tout membre des AA devrait pouvoir jouir librement des privilèges habituels de n'importe quel club, qu'il fasse ou non une contribution volontaire régulière. S'il contribue régulièrement, il devrait de plus avoir droit de vote lors des réunions d'affaires pour élire les administrateurs de son club. De telles mesures permettraient d'ouvrir tous les clubs à tous les membres des AA, mais seuls ceux qui seraient suffisamment intéressés pour les financer régulièrement pourraient les administrer. À cet égard, rappelons qu'il n'y a, dans le mouvement, ni frais d'admission, ni cotisation obligatoire. Ajoutons cependant que, puisque les clubs deviennent des entreprises privées distinctes, ils peuvent adopter d'autres lignes de conduite, selon les désirs de leurs membres.

L'évolution des clubs nous apprend aussi que nulle part, sauf dans les petites municipalités, les clubs ne risquent de demeurer le principal centre d'activités des AA. Après avoir débuté comme centre principal de la ville, bien des clubs ne cessent d'aménager dans des locaux plus grands, dans l'espoir de demeurer le lieu de la réunion centrale de la région. Au bout du compte, divers facteurs empêchent la réalisation de cet objectif.

Le premier facteur est la croissance du mouvement qui fait éclater les murs de n'importe quel club. Tôt ou tard, la réunion principale ou centrale doit se tenir dans un vaste auditorium, le club ne pouvant plus l'abriter. C'est une réalité à laquelle il faut réfléchir sérieusement chaque fois qu'on pense à acheter ou à construire un gros édifice pour un club.

Un deuxième facteur semble laisser la plupart des clubs « décentrés », surtout dans les grandes villes. Il s'agit de notre forte tendance à former un comité central ou d'intergroupe chargé de régler les problèmes communs des AA dans les régions métropolitaines. Tôt ou tard, chaque région s'aperçoit que des questions comme les réunions de l'intergroupe, les arrangements avec les hôpitaux, les relations publiques locales, un bureau central pour les interviews ou les demandes d'information sont des sujets qui intéressent chaque membre des AA, qu'il veuille ou non d'un club. Comme ces questions regardent strictement les AA, il faut élire et financer un comité central ou d'intergroupe pour s'en occuper. Les groupes d'une région financent habituellement à l'aide de leurs propres fonds ces activités centrales. Même si le club est assez grand pour accueillir les réunions des intergroupes et que celles-ci s'y tiennent toujours, le centre de gravité de la région continuera de se déplacer vers le comité d'intergroupe et ses activités centrales. Le club est manifestement laissé de côté, c'est-à-dire qu'il se trouve là où beaucoup croient qu'il doit être. Les clubs étant financés et administrés directement par ceux qui en veulent, on peut choisir de s'en servir ou de s'en passer.

Si ces principes s'appliquaient pleinement à nos clubs, nous serions désormais en mesure de profiter de leur chaleur tout en nous écartant de ceux où ça chauffe trop. Nous réaliserions alors qu'un club n'est qu'une aide précieuse au niveau social. Et surtout, nous préserverions toujours le simple groupe des AA comme entité spirituelle de base d'où vient notre plus grande force.

Nos besoins dans le domaine de l'hospitalisation

Mai 1947

En dépit de l'efficacité globale du programme des AA, nous avons souvent besoin de l'aide d'organismes amis à l'extérieur du mouvement. Cela est particulièrement vrai dans le domaine de l'hospitalisation. La plupart d'entre nous pensent qu'un accès facile aux hôpitaux et autres lieux de repos et de rétablissement est une nécessité absolue. Beaucoup d'alcooliques ont réussi à arrêter de boire sans aide médicale et certains d'entre nous soutiennent que la dure méthode du « manque » est la meilleure, mais la grande majorité des membres croient que le nouveau venu dont le cas est le moindrement sérieux a de bien meilleures chances de s'en sortir s'il commence par une bonne hospitalisation. De fait, dans bien des cas, le rétablissement sans aide médicale semblerait virtuellement impossible tellement leur esprit est embrouillé, même quand ils sont temporairement abstinents.

Le but premier de l'hospitalisation n'est pas d'épargner à notre futur membre la souffrance du sevrage; le but réel est de le rendre le plus réceptif possible au programme des AA. Les soins médicaux éclaircissent son esprit et éliminent ses tremblements. S'il est traité dans un hôpital, il demeure sous surveillance, de sorte que tout le monde sait où et quand lui rendre visite. De plus, dans la plupart des hôpitaux, l'atmosphère est extrêmement favorable à une bonne présentation initiale du programme des AA. Le fait de se retrouver dans un hôpital permet au nouveau de prendre conscience de la gravité de son état. S'il s'y est rendu de sa propre volonté (ce qui devrait être le cas, dans la mesure du possible), il considère habituellement son hospitalisation comme le vrai début de l'abstinence. Son hospitalisation met, pour ainsi dire, un point final à ses beuveries. Elle est une façon d'admettre qu'il a besoin d'aide, qu'il ne maîtrise pas sa façon de boire, qu'il ne peut y arriver seul. Assez souvent, l'hospitalisation est ce merveilleux événement qui libère la voie vers l'acceptation de cette si importante Première Étape: « Nous avons admis que nous étions impuissants devant l'alcool et que nous avions perdu la maîtrise de notre vie. »

Nous prenons de plus en plus conscience, au fil des ans, à quel point il importe de bien présenter notre programme à tout nouveau qui se montre le moindrement disposé à écouter. Beaucoup d'entre nous croient que c'est là notre plus grande obligation envers lui et que toute négligence serait le pire manquement à notre devoir. Une bonne ou une mauvaise approche de notre part peut signifier la vie ou la mort pour ceux qui demandent notre aide. Nous avons vu d'excellents nouveaux ne recevoir qu'un peu d'attention désinvolte de notre part et poursuivre leur chemin en titubant jusqu'au cimetière, alors que des cas apparemment désespérés qui ont reçu une attention particulière pleine d'égards se sont rétablis immédiatement ou sont revenus plus tard et sont devenus abstinents.

Il n'y a pas de meilleur endroit qu'un hôpital pour donner une attention particulière pleine d'égards. De plus en plus de groupes des AA adoptent le concept du « parrainage ». Chaque nouveau venu se voit assigner un membre raisonnablement stable, dont il devient brièvement le « protégé » pendant qu'il se familiarise avec le mode de vie des AA. Le parrain l'aide à prendre des dispositions en vue de l'hospitalisation, le conduit à l'hôpital, le visite souvent et voit à ce que d'autres membres, dont l'expérience pourrait lui être particulièrement utile, lui rendent aussi visite. Un nouveau que l'on traite ainsi reçoit donc déjà une forte dose de notre mode de vie et un bon aperçu de notre mouvement avant même d'assister à une première réunion des AA. À l'hôpital, il a le temps de songer calmement à sa situation, de lire notre documentation et d'échanger ses impressions avec d'autres alcooliques vivant la même expérience.

Voyons par contraste la situation dans laquelle se retrouve souvent le parrain si le nouveau n'est pas hospitalisé. Il lui faut essayer de le sevrer progressivement à la maison ou le traîner, à moitié conscient, à une réunion des AA où il éprouvera toutes sortes d'impressions confuses et de préjugés non fondés. Beaucoup d'entre nous ont eu leur premier contact avec le mouvement dans un contexte aussi peu favorable et ont quand même persévéré, mais il y en a probablement bien d'autres qui n'ont pu tenir faute d'un bon contact; ils auraient pu rester avec nous s'ils avaient été hospitalisés et parrainés adéquatement.

Une expérience considérable nous permet maintenant de conclure que l'hospitalisation s'impose dans beaucoup de cas; de plus, puisque l'hôpital favorise tellement un bon parrainage, elle est souhaitable même pour les cas moins graves qui boivent encore ou sont « dans les vapes » au moment de la rencontre. Ils auront sûrement alors de meilleures chances de s'en sortir.

Jusqu'à récemment, peu d'hôpitaux voulaient de nous, les alcooliques. Nous nous rétablissions rarement vraiment bien, nous étions difficiles à soigner, nous dérangions les autres patients, nous étions considérés comme des pécheurs plutôt que des malades, et dans l'ensemble, nous n'avions pas le sens des responsabilités financières. En général, les administrateurs des hôpitaux ont toujours déclaré avec raison: « Pourquoi s'occuper des ivrognes? Nous arrivons à peine à nous occuper de ceux qui sont vraiment malades et pour qui nous pouvons réellement faire quelque chose. Rendre des ivrognes abstinents est une pure perte de temps et d'argent. »

Heureusement, cette attitude change, car les médecins et le public voient clairement aujourd'hui qu'un vrai alcoolique est réellement malade, peu importe ses défauts de caractère. Après avoir désespéré pendant des siècles de pouvoir faire quelque chose pour ceux qui ont un problème d'alcool, l'espoir renaît. Les AA et d'autres organismes sont en train de prouver que le rétablissement est possible pour des milliers d'alcooliques, et que des soins hospitaliers adéquats peuvent et doivent jouer un rôle vital dans ce rétablissement.

Bien que nous nous orientions maintenant dans la bonne direction, nous n'avons pas encore obtenu de résultats à grande échelle. À part quelques rares chanceux, la plupart des groupes des AA se heurtent à bien des difficultés. L'hospitalisation gratuite ou à des prix raisonnables pour les alcooliques est encore déplorablement rare. Chaque groupe doit faire de son mieux.

Faisons donc l'inventaire de ce qui est généralement disponible aujourd'hui, et des relations que nous pouvons le mieux développer avec les organismes existants. Voyons aussi quel rôle nous devrions jouer pour améliorer les services d'hospitalisation.

Beaucoup de membres des AA ont séjourné dans les asiles d'aliénés des États. Même si nous y avons été traités beaucoup mieux qu'on le croit, il faut reconnaître que les directeurs de ces institutions préfèrent généralement s'occuper des aliénés. Le malade mental type reste tranquille pendant un certain temps. En outre, dans son cas, l'hôpital a l'impression de vraiment faire quelque chose, soit en le gardant, soit en le traitant. Par contre, à moins d'être atteint de folie permanente, l'alcoolique a toujours causé des maux de tête. Temporairement maboul à son arrivée, il retrouve vite la raison, du moins légalement, et il réclame à cor et à cri qu'on le laisse sortir... pour revenir quelques jours ou quelques semaines plus tard. Il n'est donc pas surprenant que l'établissement ait généralement de l'aversion pour les alcooliques.

Maintenant que nous sommes si nombreux à sortir des asiles d'aliénés pour ne plus y retourner, les autorités commencent à collaborer davantage. Dans beaucoup d'endroits, les alcooliques qui peuvent et veulent se rétablir sont logés dans la même salle. Ils ne sont plus mêlés aux malades mentaux. Les membres des AA peuvent leur rendre visite et tenir des réunions dans l'établissement. Bien qu'aucun asile ne puisse évidemment servir uniquement de lieu de désintoxication, les médecins qui y pratiquent sont souvent prêts, aujourd'hui, à accepter des cas alcooliques qui présentent moins de signes de psychose qu'autrefois s'ils sont convaincus, de concert avec le groupe des AA local, qu'un rétablissement permanent est possible. Ils se montrent aussi plus enclins à interner ces patients pendant de courtes périodes et à libérer plus tôt ceux qui semblent bien progresser avec les AA. Ainsi, tout groupe des AA à proximité d'un établissement psychiatrique où se trouvent des alcooliques susceptibles de se rétablir peut habituellement nouer ce genre de bonnes relations souhaitables avec les autorités, mais il ne doit jamais essayer de dire aux médecins comment diriger leur hôpital ! Nous ne devons jamais reprocher à un médecin qui n'a pas encore vu le programme des AA à l'œuvre d'être sceptique. Rappelons-nous qu'il a sans doute de bonnes raisons de douter !

Pour ce qui est des hôpitaux publics des grandes villes, nos expériences varient. Les autorités répugnent habituellement à garder nos bons sujets, même pendant quelques jours, à moins bien sûr qu'ils soient délirants, psychotiques ou blessés. Elles jugent qu'elles n'ont pas le droit d'utiliser de précieux lits pour dessoûler de banals ivrognes. Par contre, quand elles prennent conscience que nous contribuons au rétablissement d'un nombre important de leurs habitués, elles deviennent plus positives et collaborent davantage. Nos droits de visite sont prolongés et les cas prometteurs sont gardés plusieurs jours.

Ces relations avec les hôpitaux se développent lentement. Les autorités doivent être absolument convaincues que nous aidons suffisamment de patients à se rétablir pour mériter des égards particuliers. Comme la plupart des hôpitaux publics sont gratuits ou ont des prix très modérés, nous abusons trop souvent de nos privilèges. Nous sommes tentés de demander un traitement de faveur pour ceux qui rechutent et qui ne songent pas à arrêter de boire; nous insistons souvent pour faire des visites à toute heure et nous arrivons à plusieurs; il y a de fortes chances pour que nous louangions le mouvement comme seul remède à l'alcoolisme, nous attirant ainsi le mécontentement de médecins et d'infirmières qui travaillent dur et qui autrement auraient probablement été heureux de nous aider. Nous arrivons ordinairement à corriger ces erreurs naturelles et à établir, au bout du compte, des relations amicales bien définies. Dans les grands centres, nous confions souvent ces relations à nos bureaux centraux d'intergroupe ou à nos comités des hôpitaux.

Nous jouissons d'excellents privilèges dans de nombreux centres de traitement et lieux de désintoxication privés. À l'occasion, le contraire est également vrai. Nous avons rencontré, ici et là, des tendances à exploiter les alcooliques (trop de sédatifs, trop de verres pour un « sevrage graduel », des séjours trop longs et trop chers) ainsi qu'à abuser du nom des AA à des fins commerciales, etc. Mais ces tendances sont en train de disparaître. Même ceux qui pourraient être tentés de prendre des libertés avec les AA s'aperçoivent qu'il est plus profitable, à la longue, de coopérer avec nous que de ne pas coopérer. Nous devons cependant toujours nous rappeler que, dans l'ensemble, ces établissements nous traitent bien et que dans certains, les membres du personnel sont nos amis les plus chers. Je ne puis oublier que le premier médecin qui s'est intéressé sérieusement et utilement à nous fait toujours partie du personnel d'un hôpital privé pour alcooliques, que le seul psychiatre à reconnaître les possibilités du mouvement et à avoir le courage de nous défendre devant les membres de sa profession est cadre d'un centre de traitement. Si ces excellents établissements nous offrent leur coopération amicale, nous devons sûrement leur rendre la pareille.

De nombreux centres et hôpitaux privés coûtent nécessairement trop cher pour l'alcoolique moyen. Comme les hôpitaux publics sont peu nombreux et que les établissements psychiatriques et religieux disposent rarement de places, les groupes ont généralement du mal à trouver des endroits où ils pourraient hospitaliser de futurs membres pendant quelques jours à prix modeste.

Devant cette urgence, certains groupes ont été tentés d'ouvrir leur propre centre de désintoxication; ils ont embauché des administrateurs et des infirmières membres des AA, et se sont assuré les services d'un médecin traitant. Lorsqu'un tel centre a été placé directement sous les auspices d'un groupe des AA, les choses se sont presque toujours retournées contre le groupe. Celui-ci se retrouvait à la tête d'une entreprise, une entreprise d'un genre particulier que peu de membres des AA connaissaient bien. Il y avait trop de conflits de personnalité et trop de cuisiniers qui gâtaient la sauce, ce qui entraînait habituellement l'abandon de ces tentatives. Nous avons dû à regret nous rendre compte qu'un groupe des AA est d'abord une entité spirituelle; en tant que groupe, moins il fait d'affaires, mieux cela vaut. Dans la même optique, il convient de noter que presque tous les programmes des groupes pour financer ou garantir les frais hospitaliers d'autres membres ont aussi échoué. Non seulement de tels prêts demeurent impayés, mais il y a toujours dans le groupe la question controversée de savoir quels sont ceux qui les méritent.

Dans d'autres cas, certains groupes des AA, qui avaient un besoin urgent d'aide médicale, ont lancé des campagnes de financement publiques pour établir des «hôpitaux des AA» dans leur communauté. Presque invariablement, ces efforts échouent. Non seulement ces groupes ont-ils l'intention de se lancer dans le secteur de l'hospitalisation, mais ils veulent aussi financer leur entreprise en faisant appel au public au nom des Alcooliques anonymes. Toutes sortes de doutes surgissent aussitôt et le projet s'embourbe. Les membres conservateurs réalisent que les entreprises commerciales ou les sollicitations de fonds sont vraiment dangereuses pour nous tous. Si la pratique devait se généraliser, le couvercle sauterait et les promoteurs, membres des AA ou non, s'en donneraient à cœur joie.

Cette recherche de soins médicaux à prix raisonnables dans un milieu compréhensif a fait naître un autre genre d'établissements: des maisons de repos et de désintoxication dirigées par des membres à titre individuel et sous surveillance médicale appropriée. Ces projets se sont révélés beaucoup plus satisfaisants que ceux des groupes. Comme on peut s'y attendre, le succès de chaque maison dépend directement de la compétence administrative et de la sincérité du membre qui la dirige. Si celui-ci est compétent et consciencieux, on peut s'attendre à de très bons résultats; dans le cas contraire, ce sera un fiasco. Ces entreprises n'étant pas des projets de groupe et ne portant pas le nom des AA, on peut choisir d'y recourir ou de les laisser de côté.

L'exploitation d'un tel établissement soulève toujours des difficultés particulières. Il est difficile pour le membre administrateur d'imposer des tarifs assez élevés pour que l'entreprise lui rapporte de quoi vivre décemment. S'il vit bien, les gens diront qu'il «fait de l'argent avec le mouvement» ou qu'il transforme les AA en organisme professionnel. Bien que cette accusation soit absurde, elle n'en constitue pas moins un sérieux handicap. Pourtant, en dépit des difficultés, bon nombre de ces maisons de repos et de désintoxication demeurent ouvertes et semblent pouvoir poursuivre leurs activités tant et aussi longtemps qu'elles seront dirigées avec doigté, qu'elles ne porteront pas le nom des AA et qu'elles ne solliciteront pas d'argent du public à titre d'entreprises des AA. Quand un membre dirige une de ces maisons, il arrive que nous profitions de la situation de façon inconsidérée. Nous y emmenons des alcooliques juste pour nous en débarrasser, nous promettons de régler les factures et nous ne le faisons pas. Tout membre des AA qui réussit à administrer l'un de ces «centres d'ivrognes» mérite nos félicitations. Le travail est difficile, souvent ingrat, mais il peut aussi procurer une profonde satisfaction spirituelle. C'est sans doute la raison pour laquelle tant de membres des AA veulent s'y essayer !

On demande souvent ce qu'il faut faire d'un cas grave quand il n'y a pas d'hôpital. Il faut d'abord, si possible, appeler un médecin. Pour aider le médecin, il faut établir depuis combien de temps cette personne boit et surtout si elle a pris beaucoup de sédatifs. Étant des profanes, nous ne devons jamais, en aucun cas, administrer des sédatifs. Cela doit être laissé strictement au médecin.

À certains endroits, les membres veillent à tour de rôle, 24 heures sur 24, pour sevrer un homme aux prises avec une méchante gueule de bois. Cette méthode a parfois du succès, mais le patient insiste d'habitude pour continuer progressivement à boire au lieu d'arrêter. En désespoir de cause, nous devons parfois recourir à l'expédient de la prison, surtout si notre homme est violent. Cependant, en cas de nécessité, la patience, la persuasion et l'aide du médecin feront généralement l'affaire si le patient veut vraiment essayer. Sinon, il n'y a rien d'autre à faire que de le laisser poursuivre sa cuite jusqu'à ce qu'il en ait assez.

Entre eux, les membres des AA discutent beaucoup des mérites des divers traitements. En fait, notre seule préoccupation à l'égard de ces traitements, c'est de savoir que le médecin traitant comprend les alcooliques.

Deux autres avenues prometteuses s'ouvrent devant nous pour de bons soins hospitaliers à prix raisonnable. Ce sont les différents hôpitaux généraux qui continuent de nous ouvrir leurs portes. Très tôt dans l'histoire du mouvement, les hôpitaux catholiques de quelques villes du Midwest ont compris nos besoins et nous ont accueillis, même si nous n'étions pas catholiques. Leur exemple a amené d'autres établissements ayant une orientation religieuse à en faire autant, et nous leur en sommes extrêmement reconnaissants. Tout récemment, d'autres hôpitaux généraux, privés et semi-privés, ont commencé à nous manifester leur intérêt. Ils vont parfois jusqu'à prévoir des salles à part pour les AA; ils n'y admettent que les alcooliques que nous leur recommandons et ils nous accordent de généreux privilèges de visite ainsi que des tarifs très raisonnables. De tels arrangements se sont déjà révélés si satisfaisants pour les hôpitaux et pour le mouvement qu'ils devraient bientôt se multiplier. Dans ces cas-là, nous ne participons pas à l'administration de l'hôpital. Nous bénéficions de privilèges spéciaux en échange de notre collaboration.

On peut certainement dire que l'avenir est prometteur. Convaincus que nous sommes des gens malades et qu'ils peuvent faire beaucoup pour notre maladie, de plus en plus d'hôpitaux commencent à nous offrir des soins. Nous devrions accueillir avec gratitude le travail de ces organismes extérieurs qui nous aident sans relâche à sauver des vies. Les administrations des États, des comtés et des villes, ainsi que les grandes universités défendent notre cause. Elles sont habilement secondées par des hôpitaux et diverses associations. Par tradition, le mouvement des AA n'exerce jamais de pressions politiques et ne fait jamais de réclame, mais à titre individuel, nous pouvons faire connaître à tous ceux qui pourraient être intéressés notre grand besoin de bons soins hospitaliers, tout en faisant valoir que nous croyons que l'hospitalisation est d'abord un problème médical qui relève de la médecine et de la communauté, mais que nous aimerions coopérer de toutes les manières possibles.

Le manque d'argent s'est révélé une bénédiction pour les AA

Juin 1947

Des milliers de membres récents se demandent: « Qu'est-ce au juste que la Fondation alcoolique? Où se situe-t-elle dans le mouvement? Qui l'a créée? Pourquoi y envoyons-nous des fonds? »

Parce que leur groupe a de fréquents contacts avec notre siège social à New York, la plupart des membres voient dans ce bureau une sorte de service général pour tous les AA. Comme ils lisent la revue *AA Grapevine* tous les mois, ils savent qu'elle est notre principal magazine mensuel. Néanmoins, ils connaissent mal l'histoire de la Fondation alcoolique, la façon dont elle a acquis ses fonctions indispensables et sa relation avec le mouvement tout entier.

Commençons par un peu d'histoire. Dans les premières années, le mouvement des Alcooliques anonymes ne portait même pas ce nom. Vraiment anonymes, c'est-à-dire sans nom, nous ne comptions, à la fin de 1937, que trois petits noyaux d'alcooliques: le premier groupe à Akron en Ohio, le deuxième à New York, et quelques membres à Cleveland qui allaient devenir notre troisième groupe. En tout, je dirais qu'il y avait une cinquantaine de membres dans ces trois villes. La toute première époque des pionniers, après ma rencontre avec le Dr Bob à Akron au printemps de 1935, était terminée. Nous commencions à être certains d'avoir une solution pour ces milliers d'autres alcooliques qui n'en avaient pas encore. Comment allions-nous la leur apprendre? Comment répandre la bonne nouvelle? C'était là une question brûlante.

Lors d'une petite réunion convoquée par le Dr Bob et moi à Akron, à l'automne de 1937, une longue discussion a fait naître un plan. Par la suite, ce plan s'est révélé au tiers bon et aux deux tiers mauvais, le processus habituel du tâtonnement... Puisqu'il avait été si long et si dur de mettre sur pied les premiers groupes, nous supposions que seuls des pionniers expérimentés pouvaient en fonder de nouveaux. Malgré nos appréhensions, il semblait inévitable qu'une vingtaine de membres aguerris abandonnent leurs affaires personnelles et se rendent dans d'autres villes pour créer de nouveaux centres. Tout en détestant cette idée, il semblait que nous devions nous doter, du moins temporairement, d'une escouade de missionnaires membres des AA. De toute évidence, il fallait que ces missionnaires et leur famille puissent manger. Cela exigerait de l'argent, beaucoup d'argent, pensions-nous!

Mais ce n'était pas tout. Nous croyions qu'il nous fallait des hôpitaux à Akron et à New York, deux villes considérées comme les « Mecque » jumelles de notre mouvement. D'excellents soins médicaux et une spiritualité puissante devaient accueillir les ivrognes qui ne manqueraient pas d'y accourir en foule de tous les coins du pays, une fois que le mot magique « guérison » aurait commencé à circuler. Ces rêves que font encore beaucoup de nouveaux membres, nous, les pionniers, nous les avons vraiment faits. Dieu merci, ni l'hôpital des AA, ni nos rêves de missionnaires à grande échelle ne se sont réalisés. S'ils s'étaient matérialisés, les AA auraient sûrement été perdus. Nous serions devenus des professionnels instantanément.

Il y avait aussi un troisième rêve. Celui de rédiger un livre sur notre expérience, le livre que nous connaissons aujourd'hui sous le titre *Les Alcooliques anonymes*. Nous étions convaincus qu'à moins de coucher sur papier notre expérience de rétablissement, nos principes et nos pratiques seraient vite faussés. Nous risquions d'être ridiculisés par la presse. De plus, ne devions-nous pas au moins un livre à ces alcooliques qui ne pourraient pas se rendre dans nos hôpitaux ou que nos missionnaires en marche ne pourraient pas (heureusement!) rejoindre tout de suite? Comme tout le monde le sait, le rêve d'un livre AA s'est bel et bien réalisé, mais pas les autres rêves.

En 1937, il semblait bien qu'il allait nous falloir énormément d'argent. C'est peut-être parce que je vivais à New York, où il est supposé y en avoir beaucoup, qu'on m'a chargé de recueillir des fonds pour que notre mouvement sans nom puisse avoir ses travailleurs sur le terrain, ses hôpitaux et ses livres. Comme cela semblait simple! Ne voyions-nous pas déjà (dans notre imagination orgueilleuse) poindre l'un des plus grands mouvements sociaux, médicaux et spirituels de tous les temps? N'étions-nous pas tous des vendeurs, nous, les ivrognes? N'avais-je pas travaillé à Wall Street? Comme il serait facile de recueillir de l'argent pour une cause telle que la nôtre!

Après ces rêves de richesse, le réveil a été brutal. Il est vite apparu que les gens qui avaient de l'argent ne s'intéressaient pas beaucoup aux ivrognes. Quant à notre projet grandiose de regrouper des alcooliques en escouades, en pelotons et en régiments, eh bien, on l'a trouvé franchement invraisemblable. Les ivrognes, disait-on, sont déjà assez difficiles pris un à un. Pourquoi en imposer un régiment à chaque collectivité américaine? Ne valait-il pas mieux que les donateurs gardent leur argent pour des causes constructives, comme la tuberculose ou le cancer? Ou encore, pourquoi n'investiraient-ils pas dans la prévention de l'alcoolisme? Une tentative de plus pour sauver des cas désespérés ne pouvait d'aucune façon réussir. Telles ont été les réponses à nos demandes d'argent.

Puis un jour, en plein découragement, quelque chose de capital s'est produit. C'était un autre de ces moments décisifs pour les AA, de ceux qu'on a connus si souvent qu'on ne peut plus les appeler coïncidences. J'étais dans le bureau de mon beau-frère médecin; de façon typiquement alcoolique, je me plaignais du peu d'estime dont nous jouissions, nous, pauvres ivrognes, particulièrement auprès des gens fortunés. Pour la dixième fois, je racontais à mon beau-frère qu'il nous fallait de l'argent sinon ... Après avoir écouté patiemment, il a dit soudain: «J'ai une idée. J'ai connu un homme du nom de Dick Richardson qui avait une certaine relation avec les Rockefeller. Mais il y a des années de cela. Je me demande s'il vit toujours. Attends, je vais l'appeler. » Comme il suffit de petits événements parfois pour changer notre destin ! Comment pouvions-nous savoir qu'un simple message téléphonique allait inaugurer une nouvelle ère pour le mouvement, qu'il allait donner naissance à la Fondation alcoolique, au livre *Alcoholics Anonymous* et à notre Bureau central des AA?

Deux jours après le coup de téléphone de mon beau-frère, nous étions assis dans les bureaux de Rockefeller, en conversation avec Willard (« Dick ») Richardson. Dick, le plus aimable des hommes, a été le premier de cette série d'amis non alcooliques qui nous ont permis de survivre en période difficile; sans leur sagesse et leur dévouement, le mouvement des Alcooliques anonymes n'aurait peut-être jamais vu le jour. En entendant notre histoire, notre nouvel ami nous a tout de suite compris, et sa compréhension s'est immédiatement transformée en action. Il a proposé une rencontre entre quelques membres de notre association d'alcooliques, lui-même et plusieurs de ses amis.

La rencontre a eu lieu peu après, un soir de l'hiver 1937, au Rockefeller Center. Il y avait Dick Richardson, A. LeRoy Chipman (connu depuis sous le nom de « Chip »), Albert Scott, Frank Amos et mon beau-frère, Leonard Strong. Dr. Bob et Paul S. étaient venus d"Akron. Nous étions une demi-douzaine d'ex-buveurs de New York, accompagnés de William D. Silkworth. En tant que premier médecin à défendre notre cause, celui-ci nous avait déjà apporté une aide et un encouragement inestimables. Nous, les alcooliques, nous étions bien sûr ravis. C'en était fini, pensions-nous, de nos problèmes d'argent. Si l'argent était la solution, nous étions sûrement au bon endroit !

Après les présentations, chaque alcoolique a raconté son expérience personnelle et notre fervent ami, le docteur Silkworth, est venu confirmer ces récits avec enthousiasme. Nous avons ensuite abordé (à regret, cela va de soi !) la question de l'argent. Comme nos auditeurs avaient semblé très impressionnés par nos témoignages de rétablissement, nous nous sommes permis d'insister sur notre urgent besoin d'hôpitaux, de travailleurs sur le terrain et d'un livre. Nous avons aussi précisé qu'il fallait pour cela de l'argent, énormément d'argent.

Vint alors un autre moment décisif pour la destinée des AA. Le président de la rencontre, Albert Scott (aujourd'hui décédé), un homme d'affaires important et profondément spirituel, a dit en substance ceci: « Je suis très touché par ce que j'ai entendu ici. Je vois que votre travail, jusqu'à maintenant, a exigé une immense bonne volonté, chaque alcoolique en aidant un autre personnellement, par simple amour. C'est l'esprit chrétien du premier siècle sous une forme merveilleuse. Ne craignez-vous pas que les hôpitaux et les travailleurs rémunérés ne viennent changer tout cela?

Ne devrions-nous pas faire très attention de ne rien faire qui puisse créer dans vos rangs une classe *professionnelle* ou *possédante*? »

Ces paroles étaient importantes pour les Alcooliques anonymes et nous, les alcooliques, nous l'avons compris. Déçus de voir s'évanouir nos espoirs d'une aide financière substantielle, nous avons pourtant avoué avoir souvent appréhendé cette aide. Mais que pouvions-nous faire? Il nous avait fallu trois ans pour former trois groupes. Nous savions que nous pouvions offrir une nouvelle vie à ceux qui, par milliers, mouraient ou sombraient dans la folie chaque année. Fallait-il se croiser les bras pendant que notre témoignage se transmettrait de bouche à oreille et deviendrait désespérément confus? Finalement, nos amis ont admis qu'il fallait faire quelque chose, tout en insistant pour que notre mouvement ne devienne jamais professionnel. Cette rencontre a donné le ton à nos relations avec ces hommes de bonne volonté pendant toutes les années qui se sont écoulées depuis. Avec raison, ils ne nous ont jamais avancé de grosses sommes d'argent. Mais chacun a donné une part de lui-même pour notre cause, généreusement et continuellement. Peu de membres des AA sauront jamais à quel point.

Convaincus que nous devions maintenant répandre notre message de rétablissement plus vite, ils nous ont suggéré de faire l'expérience prudente d'une petite maison de repos à Akron. Elle pourrait être dirigée par le Dr Bob qui, après tout, était médecin. Au début de 1938, Frank Amos a pris quelques jours, tous frais payés par ses associés, pour se rendre à Akron examiner la situation. Il est revenu des plus enthousiaste. Il était d'avis qu'il fallait investir 30 000 $ dans un centre pour alcooliques. Notre ami Dick Richardson a montré le rapport de Frank à John D. Rockefeller fils, qui a manifesté aussitôt un grand intérêt, mais aussi de l'inquiétude de nous voir devenir des professionnels. Il nous a donné quand même une somme d'argent, qui représentait environ un sixième du montant suggéré par Frank. Ce don nous est parvenu au printemps de 1938 et il nous a aidés, Dr Bob et moi, à survivre pendant cette année très éprouvante. Sans lui, nous n'aurions pas pu poursuivre nos activités. Malgré cela, pour ce qui est de l'argent, notre mouvement naissant d'alcooliques ne dépendait surtout que de lui-même. C'est exactement comme ça qu'il fallait que ce soit, même si la situation pouvait sembler difficile à l'époque. Nous n'avions toujours pas de personnel sur le terrain, ni d'hôpital, ni de livre.

Voilà les événements qui ont conduit à la création de la Fondation alcoolique. Le besoin d'un livre qui décrirait notre expérience de rétablissement se faisait sentir plus que jamais. La publication de ce livre pourrait entraîner un flot de demandes de renseignements de la part d'alcooliques et de leurs familles. Des milliers, peut-être. Il faudrait certainement traiter ces demandes à partir d'un bureau central quelconque. Aucun doute à ce sujet.

Pour ces objectifs raisonnables, nos amis nous ont suggéré de créer une fondation à laquelle les donateurs pourraient faire des contributions non imposables. Nous discutions sans fin de ce nouveau projet avec eux, accaparant de longues heures de leurs journées de travail. Frank Amos et un ami avocat, E.F. Wood, ont consacré beaucoup d'efforts aux statuts de la Fondation.L'avocat n'avait jamais rien vu de tel. Nous insistions pour que la nouvelle fondation comporte deux catégories d'administrateurs: des alcooliques et des non-alcooliques. Mais en termes juridiques, demandait-il, qu'est-ce donc qu'un alcoolique, et si un alcoolique a cessé de boire, est-il toujours un alcoolique? Et puis, pourquoi deux catégories d'administrateurs? Cela ne s'était jamais vu, disait notre avocat. Nous lui avons expliqué que nous voulions avoir nos amis avec nous. Et puis, insistions-nous, supposez que nous nous soûlions tous en même temps, nous, les alcooliques, qui alors garderait l'argent? Après avoir surmonté de nombreux obstacles de ce genre, la Fondation alcoolique a enfin été inaugurée. Elle comptait quatre administrateurs non-alcooliques et trois alcooliques, qui pouvaient désigner leur propres successeurs. Les statuts de la Fondation lui permettaient de faire tout ce qu'on peut imaginer. Elle avait donc tout, sauf de l'argent!

Les AA s'autofinancement depuis sept ans

Août 1947

Je ne sais trop comment nous avons réussi à sortir le livre et à ouvrir le bureau en cet été de 1939. Sans un réel sacrifice de la part de Bert T., un des premiers membres de New York, je suis sûr que nous n'aurions pas pu survivre. Bert a prêté à la défunte *Works Publishing Company* mille 1000 $, somme qu'il a obtenue en offrant en garantie sa propre entreprise. Cet acte de foi a été suivi de deux autres coups de chance, qui nous ont permis de boucler le budget de l'année. À l'automne de 1939, le magazine *Liberty* a publié un article sur nous, ce qui a entraîné une vague de demandes de renseignements et quelques commandes de notre livre. Puis, une série d'articles dans le *Plain Dealer* de Cleveland a été à l'origine d'une croissance prodigieuse des AA de l'endroit et a entraîné une autre légère demande de notre livre.

Pendant ce temps, nos amis du Rockefeller Center ne restaient pas inactifs. Un jour de février 1940, Dick Richardson nous a annoncé que M. John D. Rockefeller fils avait suivi nos progrès avec grand intérêt, et qu'il désirait donner un dîner pour l'édification de ses invités et le bénéfice des Alcooliques anonymes. Cela nous est apparu comme un double honneur.

Le dîner a eu lieu en mars 1940. Les amis de M. Rockefeller sont venus en grand nombre. Un membre des AA était assis à chaque table d'invités. Le docteur Harry Emerson Fosdick, qui avait fait une critique superbe de notre livre, a parlé des AA d'un point de vue spirituel. Le docteur Foster Kennedy, neurologue réputé, a donné le point de vue médical. Puis, on nous a demandé à nous aussi, les alcooliques, de parler. À la fin de la soirée, M. Nelson Rockefeller nous a expliqué que son père n'avait pu assister, parce qu'il était malade. Puis il nous a dit qu'il y avait eu peu de choses aussi profondément émouvantes ou prometteuses que les Alcooliques anonymes dans la vie de son père, et qu'il souhaitait que ses amis partagent avec lui cette expérience.

Même si des gens très riches assistaient au dîner ce soir-là, on a peu parlé d'argent. On a exprimé le vœu que le mouvement réussisse vite à s'autofinancer. Mais quelqu'un a laissé entendre qu'en attendant, les AA pourraient avoir besoin d'un peu d'aide. Après le dîner, M. Rockefeller a écrit à chacun des invités pour leur exprimer ses sentiments à l'égard des AA; en conclusion, il leur a fait observer qu'il nous faisait un modeste don. Chaque lettre était accompagnée d'une copie des exposés entendus pendant le dîner et d'un exemplaire du livre *Alcoholics Anonymous*. Après avoir reçu cette lettre, plusieurs invités ont réagi en envoyant un don à la Fondation alcoolique.

Ce qu'on a appelé « la liste des invités de Rockefeller » constitue depuis à peu près la seule source « extérieure » de dons en argent de la Fondation alcoolique. Ces dons ont totalisé en moyenne 3 000 $ chaque année et se sont maintenus pendant environ cinq ans, de 1940 à 1945. La Fondation partageait cette somme entre Dr Bob et moi afin de nous permettre, en cette période critique, de donner au mouvement une bonne partie de notre temps. Il y a peu de temps, les administrateurs de la Fondation on pu écrire aux donateurs présents à ce dîner pour leur dire, avec beaucoup de gratitude, que nous n'avions plus besoin de leur aide, que la Fondation alcoolique se finançait maintenant de façon adéquate grâce aux groupes et à la vente du livre *Alcoholics Anonymous*, et que nos besoins personnels, au Dr Bob et à moi, étaient comblés par nos droits d'auteur.

L'importance du dîner de M. Rockefeller, bien sûr, ne réside pas seulement dans l'argent qu'il a permis de recueillir. Ce dont nous avions besoin presque autant à l'époque, c'était d'une reconnaissance publique. Il fallait que quelqu'un se lève et dise sa pensée et ses sentiments au sujet des Alcooliques anonymes. Étant donné que nous étions peu nombreux, que nous n'étions vraiment pas sûrs de nous, que nous étions considérés encore tout récemment comme de vulgaires ivrognes, je crois que M. Rockefeller a fait preuve d'une grande sagesse et d'un grand courage.

Ce dîner a eu un effet instantané. Toutes les agences de presse ont rapporté la nouvelle. Des centaines d'alcooliques et leurs familles ont couru acheter le livre. Notre petit Bureau central a été inondé de demandes d'aide. Il a fallu bientôt le déménager du New Jersey à la rue Vesey, à New York. Ruth Hock a reçu son arriéré de salaire et est devenue notre première secrétaire nationale. Il se vendait assez de livres pour maintenir le bureau. Ainsi se passa l'année 1940. Le mouvement des Alcooliques anonymes avait fait ses débuts sur la scène nationale.

À peine un an plus tard, le *Saturday Evening Post* a demandé à Jack Alexander de faire un article sur nous. À la suite du dîner de M. Rockefeller et des articles du *Plain Dealer* de Cleveland, le nombre de membres était soudainement passé à environ 2 000. Nos amis de Cleveland venaient de prouver que même un petit groupe pouvait, si nécessaire, absorber rapidement de nombreux nouveaux venus. Ils avaient fait voler en éclats le mythe selon lequel le mouvement devait croître lentement. À partir de la région d'Akron et Cleveland, nous avons commencé à nous étendre dans d'autres villes, comme Chicago et Détroit dans le Midwest. À l'est, Philadelphie était tout feu tout flamme. À Washington et Baltimore, la flamme couvait. Plus à l'ouest, des étincelles brillaient à Houston, Los Angeles et San Francisco. La croissance se poursuivait à Akron et à New York. Nous étions particulièrement fiers de Little Rock, en Arkansas, où le feu avait éclaté uniquement grâce à notre livre et aux lettres du Bureau central. Ce fut le premier de ces groupes créés « par correspondance » et qui sont aujourd'hui monnaie courante dans le monde entier. Même alors, nous avions commencé à correspondre avec de nombreux alcooliques isolés qui allaient plus tard fonder des groupes.

Malgré ces progrès, la publication prochaine de l'article du *Saturday Evening Post* nous inquiétait. L'expérience de Cleveland nous avait donné l'assurance que nos quelques groupes établis survivraient à l'impact d'une importante publicité, mais qu'allions-nous faire des milliers d'appels implorants qui inonderaient notre petit bureau de New York, où il y avait pour tout personnel Ruth Hock, une dactylo et moi-même? Comment trois personnes pourraient-elles s'occuper des milliers de demandes pressantes de renseignements que nous attendions? L'article du Post entraînerait de nouvelles ventes du livre, mais pas assez pour faire face à cette urgence. Nous avions besoin d'aide au bureau, et vite; sinon, il faudrait accepter de jeter à la corbeille de déchirants appels à l'aide.

Nous avons réalisé que nous devions, pour la première fois, demander de l'aide à nos groupes. La Fondation alcoolique n'avait toujours pas d'argent, à part les 3 000 $ annuels du « fonds du dîner » qui permettaient alors, à Dr Bob et à moi, de surnager. De plus, des créanciers et des souscripteurs de la Works Publishing (notre maison d'édition) commençaient à s'impatienter à nouveau.

Deux membres alcooliques de la Fondation sont allés voir les groupes pour leur expliquer nos besoins. Voici ce qu'ils ont dit à leurs auditeurs: le soutien financier du Bureau central était assurément la responsabilité des groupes, les réponses aux demandes écrites étaient nécessaires à notre travail de la Douzième Étape, et les membres des AA devaient payer eux-mêmes ces dépenses et cesser de se fier à la charité de l'extérieur ou aux ventes insuffisantes du livre. Les deux administrateurs ont proposé aussi que la Fondation devienne le dépositaire des fonds des groupes, qu'elle affecte tout l'argent des groupes aux seules dépenses du Bureau central, que celui-ci facture chaque mois à la Fondation ses dépenses courantes pour le mouvement, que toutes les contributions des groupes soient entièrement volontaires, que chaque groupe des AA reçoive les mêmes services du bureau de New York, qu'il ait ou non donné une contribution. Si chaque groupe envoyait à la Fondation une somme égale à un dollar par membre par année, nous estimions pouvoir un jour soutenir notre bureau sans autre assistance. Selon ce plan, le bureau demanderait des fonds deux fois par année aux groupes et présenterait, par la même occasion, l'état de ses dépenses pour la période précédente.

Nos deux administrateurs, Horace C. et Bert T., ne sont pas revenus les mains vides. Étant maintenant bien au courant de la situation, la plupart des groupes ont commencé à envoyer des contributions à la Fondation alcoolique pour les dépenses du Bureau central, et ils continuent à le faire depuis ce temps. Grâce à cette pratique, notre tradition de l'autofinancement a connu un bon départ. Voilà comment nous avons accueilli l'article du *Saturday Evening Post*, un article qui inspire aujourd'hui à des milliers de membres AA tant de reconnaissance.

L'avalanche de nouveaux membres a vite jeté les bases de centaines de groupes qui ont commencé bientôt à consulter le Bureau central au sujet de leurs difficultés de croissance. Notre siège social de services a dû faire face aux problèmes de groupes aussi bien qu'aux demandes personnelles. Il a commencé alors à publier une liste de tous les groupes, et à fournir aux membres en voyage des noms de candidats possibles dans les villes où il n'y avait pas de groupes. Des gens de l'extérieur de la ville, que nous n'avions jamais vus auparavant, se sont mis à nous rendre visite, créant ainsi ce qui constitue aujourd'hui un énorme réseau de contacts personnels entre notre Bureau central de services et des groupes du monde entier.

L'année 1941 a été une grande année pour le mouvement des AA en pleine croissance. Elle marquait le début de l'énorme développement qui allait suivre. Notre Bureau central était bien appuyé par les groupes, et nous avons commencé à abandonner l'idée d'une aide charitable de l'extérieur, au profit de l'autofinancement. Enfin, et ce n'est pas la moindre des choses, notre Fondation alcoolique a vraiment commencé à fonctionner. Liés au Bureau central, puisqu'ils étaient responsables des fonds des groupes qui y étaient dépensés, et à Works Publishing (éditeur de *Alcoholics Anonymous*) qui leur appartenait en partie, les administrateurs de notre Fondation alcoolique étaient déjà, sans s'en rendre compte, les gardiens des Alcooliques anonymes, tant de son argent que de sa tradition. Le mouvement était devenu une institution nationale.

Lentement mais sûrement, l'évolution de notre Fondation s'est poursuivie depuis. Il y a quelques années, les administrateurs ont fait faire une vérification des comptes de la Fondation alcoolique et de Works Publishing depuis le tout début. On a mis en place un bon système comptable, et la vérification régulière des comptes est devenue une pratique établie.

Vers 1942, il est apparu évident que la Fondation devait devenir la seule propriétaire de Works Publishing, en reprenant les actions des derniers souscripteurs. Il fallait pour cela plusieurs milliers de dollars, et les fonds de groupe ne pouvaient, bien sûr, servir à cette fin.

Les administrateurs, avec cette fois à leur tête notre vieil ami Chip, se sont à nouveau tournés vers M. Rockefeller et vers la « liste des invités ». Ces premiers donateurs ont prêté avec joie l'argent nécessaire, permettant ainsi à la Fondation de devenir la seule propriétaire de notre livre des AA Entre temps, la compagnie Works Publishing, n'ayant plus à financer seule le Bureau central, avait pu rembourser entièrement ses propres créanciers. Plus tard, quand les administrateurs ont voulu payer avec les recettes du livre la dette de la Fondation, plusieurs prêteurs n'ont accepté qu'un paiement partiel et d'autres, aucun paiement. Nous étions enfin libres de toute dette. C'était la fin de nos difficultés financières.

Les années récentes ont été phénoménales pour les AA. Presque tous les Américains ont entendu parler du mouvement. Le reste de la planète apprendra bientôt son existence puisque nos membres voyagent à l'étranger et que notre documentation est traduite dans d'autres langues. Aujourd'hui, notre siège social de services généraux compte 12 employés. Il en faudrait 20 à cause de notre croissance prodigieuse et de la naissance des AA dans d'autres pays. Connue de milliers de personnes sous le nom de « Bobbie », notre secrétaire générale est maintenant au service des AA du monde entier. Au conseil de la Fondation alcoolique, il y a encore trois des premiers administrateurs, et leur contribution au mouvement est incalculable. De nouveaux visages s'ajoutent aux réunions trimestrielles, tous aussi désireux de servir que le groupe original. La revue *Grapevine*, notre mensuel national qui a fait son apparition il y a trois ans, prend maintenant sa place au sein des services de notre siège social et fait déjà presque ses frais. Grâce aux recettes de la Works Publishing, la Fondation a accumulé pour l'avenir une réserve financière prudente qui atteint maintenant un niveau correspondant à plus d'une année de dépenses du siège social, ce qui demeure à peine un peu plus que le très modeste dollar par membre par année. Il y a deux ans, les administrateurs ont mis de côté, à même les recettes de notre livre, une somme qui nous a permis, à ma femme et à moi, de rembourser l'hypothèque de notre maison et d'y apporter quelques améliorations nécessaires. La Fondation a aussi alloué à Dr Bob et à moi des droits de 10% chacun sur le livre *Alcoholics Anonymous*. C'est notre seul revenu qui provient du mouvement. Nous avons tous les deux tout ce qu'il nous faut et nous en sommes profondément reconnaissants.

Cet exposé de la gestion du mouvement des Alcooliques anonymes, pendant son enfance, nous amène au présent, en 1947, et à ce que nous réserve l'avenir, soit la poursuite de la croissance des AA et de ses services.

Dans un discours à Memphis. Bill insiste sur les Traditions

Octobre 1947

Pressant tous les membres des Alcooliques anonymes de rechercher l'humilité avant le succès, et l'unité avant la gloire, Bill W., qui prenait la parole au troisième Congrès annuel du territoire du Sud-Est, à Memphis (Tennessee) le 19 septembre, a passé en revue les Douze Traditions proposées pour les AA.

Bill a fait remarquer que le succès des AA pouvait être « un vin enivrant et un sérieux problème », et il a rappelé qu'en tant qu'alcooliques, nous sommes un groupe qui ne pourrait exister sans la grâce de Dieu».

Voici les points marquants de ce discours, dont la revue *Grapevine* a pu prendre connaissance avant la rencontre de Memphis.

« Il y a quelques années, Dr Bob et moi avons, comme bien d'autres, beaucoup voyagé et pris la parole dans des groupes des AA à la grandeur du pays. Les Alcooliques anonymes commençaient à peine leur étonnante croissance. On s'inquiétait de savoir si nous pouvions réussir à nous développer aussi rapidement. Des grappes de membres, séparées par de grandes distances, prenaient un départ incertain, trop éloignés souvent des quelques groupes originaux pour obtenir une aide directe suffisante. Plusieurs d'entre eux ne pouvaient compter que sur notre livre et nos lettres.

« Pour faire face à ce qui semblait une urgence, ceux d'entre nous qui le pouvaient sont allés voir ces nouveaux groupes. Nous voulions apporter notre expérience à ces milliers de nouveaux qui manquaient encore d'assurance, et les encourager de vive voix. Nous voulions leur faire sentir qu'ils faisaient partie d'un tout en pleine croissance. Nous voulions qu'ils comprennent que le mouvement n'avait rien à voir avec la géographie, et qu'ils en bénéficieraient, peu importe où ils vivaient. Nous souhaitions favoriser une croissance saine et un esprit d'unité. C'est pourquoi certains d'entre nous ont beaucoup voyagé.

« Les temps ont changé. Comme chacun sait, le mouvement a dépassé depuis nos plus folles attentes. Dr Bob et moi croyons que les anciens n'ont plus besoin de jouer un rôle aussi important qu'avant. Le mouvement est désormais dirigé, heureusement et salutairement, par rotation. À part notre documentation, une presse bienveillante et des milliers de nouveaux voyageurs portent le mouvement des AA aux quatre coins du monde.

« Il reste pourtant un problème, un *grave* problème, et les membres vont s'attendre à ce que les anciens aident, à l'occasion, à le résoudre. Ce problème, c'est celui de notre *succès*. Vin toujours enivrant, le succès peut parfois nous faire oublier que chacun d'entre nous est en sursis, que nous sommes un groupe de personnes qui ne vit que grâce à Dieu. Le vin de l'oubli pourrait nous amener à imaginer que les Alcooliques anonymes sont notre succès plutôt que la volonté de *Dieu*. La même malice qui nous a un jour démolis personnellement pourrait recommencer à nous déchirer collectivement. La vanité pourrait nous entraîner dans les controverses, la recherche du pouvoir et du prestige, les querelles de propriété, d'argent et d'autorité personnelle. Nous ne serions pas humains si nous n'étions pas soumis de temps à autre aux attaques de ces maladies.

« Par conséquent, beaucoup d'entre nous pensent aujourd'hui que le grand problème des Alcooliques anonymes est celui-ci: comment allons-nous, en tant que mouvement, demeurer humbles, et donc unis, face à ce que le monde qualifie de grand triomphe? Nous n'avons peut-être pas besoin de chercher la réponse bien loin. Tout ce que nous avons à faire, c'est d'adapter et d'appliquer à notre vie de groupe les principes sur lesquels chacun d'entre nous a fondé son rétablissement. Si l'humilité peut chasser l'obsession de boire, elle peut sûrement aussi constituer un antidote à ce vin subtil qu'est le succès. »

Bill a poursuivi en expliquant en détail la tradition en douze points, publiée pour la première fois dans un article du numéro d'avril 1946 de la revue *Grapevine*. « Il y a deux ans, a raconté Bill, mes vieux amis m'ont pressé d'essayer de résumer notre expérience de vie et d'action communes, de formuler les principes précis de conduite de groupe qui avaient alors clairement émergé d'une décennie de tâtonnements difficiles. Dans l'esprit de nos Douze Étapes originales, et en m'appuyant sur les solides preuves de notre expérience, j'ai rédigé provisoirement ceci: Douze Points pour assurer notre avenir, une Tradition pour les relations des Alcooliques anonymes (revus à la lumière de l'expérience récente).

Voici ce que l'expérience des AA nous enseigne:

1. Chaque membre des Alcooliques anonymes n'est qu'une petite partie d'un grand tout. Notre mouvement doit survivre, sinon la plupart d'entre nous mourront sûrement. Par conséquent, notre bien-être commun vient en premier. Mais le bien-être individuel vient tout de suite après.

2. En ce qui a trait à notre groupe, il n'y a en définitive qu'une autorité, un Dieu aimant tel qu'il peut s'exprimer dans notre conscience collective.
3. Nous devrions compter parmi nos membres tous ceux qui souffrent d'alcoolisme. Par conséquent, nous ne pouvons refuser personne qui souhaite se rétablir. L'adhésion aux AA ne devrait pas non plus être une question d'argent ou de conformité. Deux ou trois alcooliques qui se rassemblent pour leur abstinence peuvent se considérer comme un groupe des AA.

4. En ce qui concerne ses propres affaires, chaque groupe des AA ne devrait relever d'aucune autre autorité que sa conscience collective. Par contre, quand ses projets influent aussi sur le bien-être de groupes voisins, ceux-ci devraient être consultés. Aucun groupe, comité régional ou membre ne devrait jamais poser de geste qui risque de toucher fortement le mouvement tout entier sans consulter les administrateurs de la Fondation alcoolique [aujourd'hui le Conseil des Services généraux]. À cet égard, c'est notre bien-être commun qui prédomine.

5. Chaque groupe des Alcooliques anonymes devrait être une entité spirituelle *n'ayant qu'un seul but primordial*: transmettre son message à l'alcoolique qui souffre encore.

6. Les problèmes d'argent, de biens matériels et d'autorité peuvent facilement nous détourner de notre but spirituel premier. Nous croyons donc que tout bien matériel important et véritablement utile au mouvement devrait être intégré dans une société distincte et administré à part, de façon à séparer le matériel du spirituel. Un groupe des AA ne devrait jamais se lancer en affaires à titre de groupe. Les organismes qui aident le mouvement et qui nécessitent beaucoup de biens matériels ou d'administration, tels les clubs et les hôpitaux, devraient être complètement séparés, de manière à ce que les groupes puissent au besoin s'en écarter librement. La direction de ces établissements spéciaux devrait relever uniquement des personnes qui les financent, qu'elles soient ou non membres des AA. Nous préférons que les directeurs de nos clubs soient des membres. Par contre, les hôpitaux, de même que les autres lieux de traitement, devraient être en dehors du mouvement et sous surveillance médicale. Un groupe des AA peut collaborer avec n'importe qui, mais il ne devrait être lié à personne.

7. Quant aux groupes eux-mêmes, ils devraient être entièrement financés par les contributions volontaires de leurs membres. Par conséquent, nous croyons que chaque groupe devrait vite atteindre cet idéal, que toute sollicitation publique au nom des Alcooliques anonymes est très dangereuse, que l'acceptation de dons importants de quelque source que ce soit ou de contributions comportant un engagement quelconque, est habituellement imprudente. De plus, nous sommes aussi très préoccupés par ces

trésoreries des groupes où les fonds continuent de s'accumuler au-delà d'une réserve prudente et sans motif précis relié au mouvement. L'expérience nous a souvent enseigné que rien ne peut détruire aussi sûrement notre héritage spirituel que de futiles disputes pour des questions de biens matériels, d'argent et d'autorité.

8. Les Alcooliques anonymes devraient demeurer à jamais non professionnels. Nous entendons par professionnalisme le fait d'offrir un service de consultation aux alcooliques contre des honoraires ou un salaire. Par contre, nous pouvons employer des alcooliques à des postes où ils rempliront des tâches à temps plein pour lesquelles nous devrions autrement, engager des non-alcooliques. De tels services spéciaux peuvent être bien rémunérés, mais le travail personnel de la Douzième Étape ne devra jamais être payé.

9. Le cadre administratif d'un groupe des AA doit être réduit au minimum. L'idéal est habituellement que tous les membres assument la direction à tour de rôle. Un petit groupe peut élire un secrétaire, et un gros groupe un comité dont les postes seront occupés par rotation; quant aux groupes d'une grande zone métropolitaine, ils peuvent élire un comité central qui emploie souvent un secrétariat à temps plein. En fait, les administrateurs de la Fondation alcoolique constituent notre comité de services généraux. Ils sont les gardiens de notre tradition et ils reçoivent les contributions volontaires des membres, qui servent à maintenir notre bureau principal et notre secrétaire général à New York. Avec la permission des groupes, ils s'occupent de l'ensemble de nos relations publiques et ils assurent l'intégrité de notre principale publication, *AA Grapevine*. Tous ces représentants doivent être animés par un esprit de service, car les vrais chefs des AA ne sont que les serviteurs de confiance et d'expérience de tout le mouvement. Leur titre ne leur confère aucune autorité réelle. C'est le respect de tous qui est la clé de leur utilité.

10. Aucun groupe ou membre des AA ne devrait jamais, d'*une manière qui engage le mouvement*, exprimer d'opinion sur des sujets controversés à l'extérieur des AA, surtout en matière de politique, de réforme touchant l'alcool ou de religion. Les groupes des Alcooliques anonymes ne s'opposent à personne et ne peuvent exprimer quelque opinion que ce soit sur de tels sujets.

11. Nos relations avec l'extérieur devraient se caractériser par la modestie et l'anonymat. Nous croyons que les AA devraient éviter la publicité à sensation. Nos relations publiques devraient être guidées par le principe de l'attrait plutôt que la réclame. Nous n'avons jamais besoin de faire notre propre éloge. Nous estimons qu'il vaut mieux laisser nos amis parler en notre faveur.

12. Enfin, à titre de membres des Alcooliques anonymes, nous croyons que le principe de l'anonymat a une immense portée spirituelle. Il nous rappelle que nous devons faire passer les principes avant les personnalités, que nous devons faire preuve d'une véritable humilité, afin de ne jamais être corrompus par les grandes faveurs que nous avons reçues, et afin de pouvoir toujours vivre dans la reconnaissance et la contemplation de Celui qui subvient à nos besoins à tous.

« En résumé, le mouvement des AA offre une solution aux milliers d'alcooliques encore à venir. Mais à une condition: nous devons à tout prix préserver notre unité fondamentale, la rendre indissoluble. Sans cette unité permanente, il ne peut guère y avoir de rétablissement durable pour personne. Par conséquent, notre futur dépend absolument de la création et de l'observance d'une solide tradition de groupe. L'important devra toujours passer en premier: *l'humilité* avant le succès, *l'unité* avant la gloire. »

La constitution de sociétés: utilité et abus

Novembre 1947

Beaucoup de groupes des AA écrivent au bureau de New York pour demander, piteux, comment démêler les problèmes sans fin, surgis de leur constitution en sociétés et du financement de clubs, de centres de désintoxication, de projets éducatifs et autres entreprises du genre. Ces groupes voudraient, très sincèrement, *ne jamais s'être lancés en affaires.* Après un mauvais départ, il est parfois difficile de trouver un remède à ces problèmes. Pourtant, en se servant intelligemment de l'expérience que nous avons déjà accumulée, nos groupes les plus récents devraient éviter aisément ces difficultés de croissance. Le but de cet article est de rassembler cette expérience et de la concentrer sur ces problèmes particuliers.

Revoyons d'abord les passages de notre tradition en douze points qui porte directement sur ces sociétés et leur financement.

Selon la Sixième Tradition: « Nous croyons donc que tout bien matériel important et véritablement utile au mouvement *devrait être intégré dans une société distincte et administré à part,* de façon à séparer le matériel du spirituel... Un groupe des AA ne devrait jamais se lancer en affaires à titre de groupe... Les clubs, les hôpitaux, etc. devraient être complètement séparés, de manière à ce que les groupes puissent au besoin s'en écarter librement... ils ne devraient donc pas utiliser le nom des AA... leur administration devrait être la seule responsabilité des personnes qui les financent. Les hôpitaux et autres centres de rétablissement devraient être *en dehors* du mouvement et sous surveillance médicale... Un groupe des AA peut collaborer avec n'importe qui, mais il ne devrait jamais être lié à personne, implicitement ou explicitement. »

Dans la Septième Tradition, après une déclaration en faveur de la pleine autonomie financière dès que possible, il est dit: « que toute sollicitation publique au nom des Alcooliques anonymes est très dangereuse, qu'elle soit faite par des groupes, des clubs, des hôpitaux ou d'autres organismes extérieurs; que l'acceptation de dons importants de quelque source que ce soit, ou de contributions comportant un engagement quelconque est imprudente ... que nous sommes préoccupés par ces trésoreries des groupes où les fonds continuent de s'accumuler au-delà d'une réserve prudente et sans motif précis ... que rien ne peut aussi sûrement détruire notre héritage spirituel que de futiles disputes pour des questions de biens matériels, d'argent et d'autorité. »

Après avoir bien compris ces principes fondamentaux, il est suggéré ensuite de relire attentivement quatre des articles de ce livre, à savoir ceux sur l'argent, les clubs, les hôpitaux et les entreprises extérieures [voir les pages 25, 49, 54 et 45], qui montrent notre expérience passée dans ces domaines. Ils révèlent clairement les principes fondamentaux de notre tradition sur l'« administration de l'argent ». De façon générale, ils indiquent aussi clairement quelle devrait être la position de toute entreprise utile ou affiliée.

Puis, il faut se demander quel type de société convient le mieux, quel nom donner à cette société, quelles devraient être les limites de ses pouvoirs, qui devrait en être membres (ou actionnaires), et comment elle devrait être financée. De nombreux membres nous écrivent pour nous demander des exemples types de statuts. Comme les objectifs d'un groupe, le contexte local et les lois des États peuvent varier beaucoup, il serait probablement imprudent de la part du siège social des AA de tenter de satisfaire ces demandes. Tout bon avocat, une fois qu'il connaît exactement les besoins et qu'il sait ce qu'il faut éviter, fera beaucoup mieux l'affaire que nous.

En réponse aux nombreuses demandes des groupes, nous désirons cependant être aussi précis que possible. Voici donc une série de questions typiques des groupes. Nous leur donnons des réponses nettes. Celles-ci ne doivent évidemment pas être considérées comme définitives ou complètes. Il ne faut pas non plus les prendre pour des règles ou des ordres, mais elles peuvent être utiles dans les situations confuses.

1. *Un groupe des AA devrait-il se constituer en société?*

Non. Certains groupes l'ont fait, mais en général, ils souhaiteraient ne pas l'avoir fait.

2. *Un groupe des AA devrait-il se lancer dans l'administration d'un club, d'un hôpital ou d'un centre de recherche, d'éducation ou de désintoxication ?*

Certainement pas. L'expérience nous enseigne qu'il faut éviter cela. Un groupe des AA doit demeurer une entité spirituelle.

3. *Qu'en est-il des clubs? Étant si proches du mouvement, ne devraient-ils pas être considérés comme une exception? Pourquoi au juste ne pourraient-ils pas porter le nom des AA et être administrés par le groupe lui-même?*

C'est ce que nous pensions autrefois. Pour le petit groupe qui ne loue guère plus qu'une pièce, il est tout naturel d'appeler son local « club AA ». Dans la conversation, la plupart des clubs s'appellent encore « clubs AA ». Mais dans une région où il y a beaucoup de membres, et peut-être plusieurs groupes, tous les membres ne veulent pas d'un club. Par conséquent, l'administration du club (ou des clubs) de la région incombe à ceux qui contribuent personnellement à son financement, et le nom de la société ainsi formée devrait omettre le nom « AA ». Ceux qui contribuent financièrement devraient élire les administrateurs. Les autres membres auraient alors le choix de se servir ou non du club. Ces sociétés adoptent souvent un nom apparenté, tel Alano ou Alkanon. Mais les entreprises moins proches du mouvement, comme les centres de désintoxication dirigés par des membres à titre personnel, devraient éviter ces noms apparentés.

4. *Notre groupe a constitué une société distincte pour notre club. Nous avons fait de chaque AA de notre groupe un membre de cette société avec droit de vote. Les administrateurs du club sont à couteaux tirés avec le comité de direction du groupe; les administrateurs cherchent à diriger le club et le groupe, et le comité de direction cherche aussi à mener le club. Que pouvons-nous y faire?*

Voilà un problème naturel. Il est possible de le corriger si les administrateurs du club comprennent que leur seule fonction est de fournir un bon club, de diriger une affaire. Ils n'ont qu'à détenir ou louer la propriété, garder les lieux propres et maintenir l'ordre. Ils amassent des fonds à l'aide des promesses de dons mensuels des individus. Ils touchent aussi un loyer des groupes des AA qui tiennent leurs réunions dans ce club. Il s'agit en général d'une part importante des fonds recueillis « en passant le chapeau ». Chaque groupe des AA devrait avoir sa propre petite caisse. Avec cet argent, le groupe paie chaque fois qu'il utilise le club local. Cela permet de ne pas confondre l'argent du groupe et les fonds de la société distincte qu'est le club. Dans un tel contexte, le club n'a aucune emprise sur le groupe, et vice versa. Le comité de direction du groupe s'occupe des questions relevant strictement des AA. Pour ce qui est des activités sociales du club, l'autorité peut varier: elles relèvent parfois des administrateurs du club, parfois d'un comité spécial.

Il y a souvent confusion entre l'adhésion à un club et l'adhésion au mouvement. Dans un sens restreint, c'est une seule et même chose, car pratiquement tous les clubs ouvrent leurs portes à tout membre des AA qui se conduit raisonnablement bien et qui souhaite fréquenter l'endroit.

Par contre, pour ce qui est de l'*administration du club*, nous commençons à croire qu'il faut distinguer entre le droit de fréquenter un club, l'adhésion à un club avec droit de vote et l'adhésion au mouvement. Tout membre des AA qui s'intéresse à un club devrait être prêt à verser régulièrement une contribution financière. Bien qu'il ne soit peut-être pas en mesure de donner beaucoup, ce sera tout de même quelque chose. De toute évidence, puisqu'il contribue tous les mois, il devrait être éligible au conseil d'administration et avoir droit de vote aux réunions d'affaires du club. Alors que le mouvement lui-même est gratuit et que la plupart des clubs sont ouverts à tous, il ne semble y avoir aucune raison pour qu'un membre qui persiste à ne pas contribuer financièrement puisse avoir droit de vote aux réunions d'affaires du club. S'il veut aider à administrer l'argent du club, il doit donner un peu d'argent lui-même. Ainsi, quand nous parviendrons à distinguer entre le droit de fréquenter un club, l'adhésion à un club avec droit de vote et l'adhésion au mouvement lui-même, nous aurons réglé beaucoup des difficultés actuelles.

5. *Nous avons un petit groupe. Tous les membres sont en faveur du club. Pensez-vous que nous devrions quand même le constituer en société distincte, bien que l'adhésion au mouvement et au club se confondent, et que tout le monde, dans notre ville, contribue financièrement au club?*

Si votre club doit signer un bail, acheter une propriété ou maintenir un assez gros compte en banque, il faut former une société. En adoptant cette façon d'agir et de penser, vous éviterez de futures complications. Nous vous conseillons d'être prudents et de ne pas mêler les affaires du mouvement avec les réunions d'affaires de votre club, où il n'est question que d'affaires !

Évidemment, il peut arriver qu'un club soit si petit et si peu coûteux, ou que son avenir soit si incertain qu'il serait prématuré d'en faire une société distincte. C'est là une question de jugement.

6. *Les statuts d'un club constitué en société devraient-ils inclure d'autres activités, telles la désintoxication, l'hospitalisation, l'éducation, la recherche, etc. ?*

Certainement pas. À notre avis, les statuts ne devraient couvrir qu'une seule activité et qu'un seul lieu. Vouloir constituer en société tout le monde de l'alcoolisme et mêler le mouvement des AA à tout cela entraîne presque invariablement de la confusion. Il vaut mieux avoir un objectif simple, clairement limité. Nous avons parfois essayé de mélanger différentes responsabilités, mais cela a habituellement donné de piètres résultats.

7. *Des membres des AA peuvent-ils, à titre personnel, mettre sur pied des fondations et recueillir des fonds pour la recherche, l'éducation, la désintoxication, etc. ?*

On ne peut s'y objecter s'ils agissent uniquement à titre personnel et n'utilisent d'aucune manière le nom des AA. Par contre, l'expérience nous apprend que la tentation est toujours grande d'utiliser le nom des AA. Dans ce cas, le projet finira par en souffrir, car les groupes environnants protesteront violemment et avec raison selon nous. La Fondation alcoolique, bien qu'elle nous représente officieusement à titre de Conseil des Services généraux, n'a sollicité aucune aide extérieure ces dernières années, et elle s'apprête à abandonner le titre de « Fondation ».

8. *Nous voulons nous construire un club. Pouvons-nous le faire? Et comment allons-nous le financer?*

Il y a de bonnes chances pour que le club que vous construirez se révèle trop petit. Il vaut mieux louer, si vous le pouvez. Une région AA populeuse aura plus de succès avec plusieurs petits clubs loués qu'avec un seul club coûteux. Être entièrement propriétaire d'un gros club cher peut par la suite rendre très difficile la décision de s'en servir ou de le laisser de côté.

S'ils doivent construire, les membres feraient mieux de recueillir dans leurs propres rangs des fonds qu'ils pourront compléter en demandant à des amis de l'extérieur, un prêt facilement mais obligatoirement remboursable. Notre réputation d'autofinancement est un précieux atout. Méfiez-vous des prêts ou des contributions entraînant des obligations implicites, des liens politiques ou des controverses. De toute évidence, toute sollicitation auprès du public au nom des AA est dangereuse.

9. *Pour ce qui est des établissements de désintoxication, que devons-nous faire?*

Nous croyons que les groupes ne devraient pas se lancer dans de telles entreprises. Par contre, des membres réussissent parfois très bien à titre personnel quand ils évitent d'utiliser le nom des AA dans les sollicitations de fonds et la publicité. Ces centres de rétablissement devraient être purement des entreprises privées, avec financement privé.

10. *Quelle devrait être l'attitude d'un groupe à l'égard d'entreprises « extérieures » dans des domaines comme l'éducation, la recherche et autres efforts?*

Il n'a pas à avoir une attitude particulière: la participation à de telles entreprises est une affaire personnelle. Par contre, il ne doit pas dissuader les membres d'y participer à titre personnel s'ils font attention au nom des AA.

11. *Nous sommes conscients que l'organisation actuelle de notre club (ou hôpital), est contraire, d'une certaine manière, à l'expérience générale. Mais cela ne nous a pas encore causé beaucoup de problèmes. Devons-nous changer cette organisation pour nous conformer à la tradition des AA?*

Cette décision vous appartient. Si l'organisation actuelle fonctionne bien, peut-être ne vaut-il pas la peine d'en changer maintenant. Mais si elle est sévèrement critiquée par les membres de l'endroit, il serait peut-être préférable de faire l'essai des principes que notre vaste expérience globale juge les meilleurs.

12. *Quelle structure convient habituellement le mieux à une société?* La plupart des États et des pays ont diverses formes de société appelées associations, œuvres de bienfaisance, organisations charitables, etc. Faites confiance à votre avocat qui choisira ce qui convient le mieux. Mais insistez sur les points suivants. Si cela est humainement possible, éliminez « Alcooliques anonymes » du nom de votre société. (Ce nom devrait être la seule propriété du mouvement dans son ensemble.) Limitez le but de la société à un seul objectif simple. Limitez vos activités à un seul endroit ou à une seule adresse. N'essayez pas de couvrir un État ou un pays tout entier, sinon les membres des villes environnantes pourraient s'objecter.

Cet article avait pour but d'aider à éviter bien des complications qui ont surgi partout dans le mouvement au sujet des clubs, des hôpitaux et d'autres « entreprises extérieures ». Les principes mis de l'avant ici ne sont pas du tout infaillibles, mais ils sont inspirés néanmoins par une vaste expérience. Nous espérons grandement qu'ils aideront particulièrement nos centaines de nouveaux groupes. Ils pourraient contribuer à leur éviter bien des erreurs naturelles mais douloureuses que nous avons si souvent faites, nous, les anciens membres.

Première Tradition

Décembre 1947

Notre programme tout entier repose solidement sur le principe de l'humilité, c'est-à-dire la capacité de voir les choses comme elles sont. Ce qui suppose, entre autres, que nous avons des relations correctes avec Dieu et nos semblables, que nous nous voyons nous-mêmes comme nous sommes, «une petite partie d'un grand tout». Si nous voyons nos semblables dans la même perspective, nous connaîtrons l'harmonie collective. Voilà pourquoi nous pouvons en toute confiance déclarer dans notre Tradition: «Notre bien-être commun vient en premier lieu.»

Certains demanderont: «Cela veut-il dire que l'individu ne compte pas beaucoup dans le mouvement? Sera-t-il noyé dans le groupe, dominé par lui?»

Non, les AA ne semblent pas fonctionner ainsi. Il n'existe sans doute pas sur terre de société aussi soucieuse du bien-être personnel, aussi attentive à accorder à l'individu la plus grande liberté possible de croyance et d'action. Chez les Alcooliques anonymes, il n'y a pas d'obligations. Rares sont les groupes qui imposent des sanctions à quelqu'un qui ne se conforme pas. Nous suggérons, nous ne punissons pas. L'obéissance ou la désobéissance à un principe des AA est une affaire de conscience individuelle, chacun étant juge de sa propre conduite. Nous observons à la lettre les antiques paroles «tu ne jugeras point».

«Si le mouvement n'a pas l'autorité de gouverner ses membres ou ses groupes, ripostent certains, comment pourra-t-il jamais être certain que le bien-être commun passe réellement avant tout? Comment peut-on être gouvernés sans gouvernement? Si chacun peut faire comme il lui plaît, que peut-il résulter d'autre que l'anarchie?»

Disons qu'il semble que nous, Alcooliques anonymes, ne pouvons pas vraiment faire ce qui nous plaît, même si aucune autorité humaine ne nous en empêche. En réalité, de puissantes garanties protègent notre bien-être commun. Dès qu'un geste menace sérieusement celui-ci, l'opinion du groupe se mobilise pour nous rappeler à l'ordre: notre conscience commence à se plaindre. Le fauteur qui persiste peut être troublé au point de se soûler et de se retrouver battu par l'alcool. Le groupe lui dit qu'il déraille, sa propre conscience lui indique qu'il est totalement dans l'erreur, et s'il va trop loin, l'alcool se chargera de le convaincre.

Nous apprenons ainsi que pour toute question qui touche profondément le groupe dans son ensemble, « notre bien-être commun vient en premier lieu ». Nous cessons de nous rebeller, et nous commençons à collaborer parce que nous le devons. Nous nous sommes disciplinés nous-mêmes.

À la longue, bien sûr, nous collaborons parce que nous le souhaitons vraiment, car nous voyons que sans une solide unité, le mouvement des AA ne peut exister, et que sans le mouvement, il ne peut y avoir de rétablissement durable pour personne. C'est avec joie que nous mettons de côté nos ambitions personnelles chaque fois qu'elles peuvent nuire au mouvement. Nous avouons humblement que nous ne sommes « qu'une petite partie d'un grand tout ».

Deuxième Tradition

Janvier 1948

Tôt ou tard, chaque membre des AA finit par dépendre entièrement d'une Puissance supérieure. Il découvre que Dieu tel qu'il le conçoit n'est pas seulement source de force, mais aussi source d'orientation positive. Prenant conscience qu'une parcelle de cette ressource infinie est maintenant disponible, il voit sa vie changer du tout au tout. Il éprouve une nouvelle sensation de sécurité intérieure, un sens de sa destinée et de sa vie, comme jamais auparavant. Au fil des jours, le membre fait le bilan de ses erreurs et des vicissitudes de sa vie.L'expérience quotidienne lui montre les défauts qui persistent, et le rend encore plus disposé à les voir disparaître. C'est ainsi qu'il améliore son contact conscient avec Dieu.

Tout groupe des AA suit le même cycle de développement. Nous prenons conscience que chaque groupe, comme chaque individu, est une entité particulière, pas tout à fait semblable aux autres. Bien que les groupes soient fondamentalement tous les mêmes, chacun a son propre climat, chacun a atteint son propre stade de développement. Nous croyons que tous les groupes des AA ont une conscience, la conscience collective des membres, une conscience éclairée et dirigée par l'expérience quotidienne. Le groupe commence à reconnaître ses propres défauts et les élimine ou les atténue l'un après l'autre. En poursuivant cette démarche, le groupe arrive à être mieux éclairé dans la poursuite de ses affaires. C'est par tâtonnements que s'enrichit l'expérience du groupe, et c'est à partir des correctifs apportés à cette expérience que naît la coutume. Quand une façon coutumière de faire les choses se révèle la meilleure, elle devient une Tradition des AA. La Puissance supérieure s'exprime alors par la voix d'une conscience collective claire.

Nous espérons et nous croyons humblement que notre Tradition naissante exprimera la volonté de Dieu à notre égard.

Beaucoup de gens en viennent à penser que les Alcooliques anonymes représentent, jusqu'à un certain point, une nouvelle forme de société humaine. Dans notre étude de la Première Tradition, nous avons souligné que nous n'exerçons aucune autorité par la force. Puisque chaque membre possède nécessairement une conscience sensible et attentive, et puisque l'alcool punit sévèrement celui qui retombe dans l'erreur, nous découvrons que nous n'avons pas vraiment besoin de règles humaines. Il peut bien nous arriver de nous écarter de la ligne droite, mais nous sommes davantage en mesure de nous appuyer entièrement sur la stabilité à long terme du groupe lui-même. Pour ce qui est des affaires du groupe, la conscience collective se révélera avec le temps parfaitement fiable. Elle sera, en fin de compte, un guide plus infaillible pour les affaires du groupe que la décision d'un seul membre, peu importe sa compétence ou sa sagesse. C'est là une réalité saisissante et presque incroyable chez les Alcooliques anonymes. Par conséquent, nous pouvons en toute sécurité nous passer de ces exhortations et de ces punitions qui semblent si nécessaires à d'autres associations. Nous n'avons pas non plus à dépendre de dirigeants inspirés.

Puisque la direction de nos services peut vraiment se faire par alternance, nous jouissons d'une démocratie rarement possible ailleurs. À cet égard, nous sommes peut-être, dans une large mesure, uniques.

Par conséquent, nous, les Alcooliques anonymes, nous sommes convaincus qu'il n'y a qu'une seule autorité suprême, « un Dieu aimant, tel qu'il peut s'exprimer dans notre conscience collective ».

Troisième Tradition

Février 1948

La Troisième Tradition est vraiment une déclaration très générale qui embrasse un vaste horizon. Certains pourraient même la juger trop idéaliste pour être utile. Elle dit à tout alcoolique du monde entier qu'il peut devenir et demeurer membre des AA *dès qu'il le décide.* En d'autres termes, les Alcooliques anonymes n'ont pas de règles d'adhésion. Pourquoi en est-il ainsi? La réponse est simple et pratique. Même pour notre propre protection, nous ne voulons pas élever la moindre barrière entre nous et l'alcoolique qui souffre encore. Nous savons que la société exige qu'il se conforme à ses lois et à ses coutumes. Mais l'essence même de sa maladie est son incapacité ou son refus de se conformer aux lois humaines ou divines. En fait, l'alcoolique malade est un rebelle non conformiste. Comme cela nous connaît ! Chaque membre des Alcooliques anonymes a déjà été lui-même un rebelle. C'est pourquoi nous ne pouvons pas lui offrir de le rencontrer à mi-chemin. Nous devons le rejoindre dans son trou obscur et lui montrer que nous comprenons. Nous savons qu'il est vraiment trop faible et trop confus pour une course à obstacles; si nous élevions des obstacles, il pourrait rester en arrière et mourir. Ce serait lui refuser une chance qui n'a pas de prix.

Quand il demande: « Y a-t-il des conditions? » , c'est avec joie que nous répondons: « Non, aucune. » S'il doute et revient à la charge en disant: « Mais je dois sûrement faire des choses ou croire à des choses » , nous rétorquons aussitôt: « Chez les Alcooliques anonymes, il n'y a *aucune* obligation. » S'il est cynique, il demandera alors: « Combien tout cela va-t-il me coûter? » En riant nous lui répondons: « Rien du tout, ni cotisation, ni honoraires. » Voilà comment nous pouvons, en moins d'une heure, désarmer notre ami sceptique et rebelle. Il commence à ouvrir les yeux et découvre un monde nouveau d'amitié et de compréhension. Idéaliste en faillite, son idéal n'est plus un rêve. Après des années de recherche solitaire, il le voit apparaître au grand jour. La réalité du mouvement lui saute soudainement aux yeux quand les Alcooliques anonymes lui disent: « Nous avons pour toi quelque chose qui n'a pas de prix, si tu le veux. » Rien que cela. Mais pour notre nouvel ami, cela représente tout. Sans autre cérémonie, il devient l'un des nôtres.

Notre tradition sur l'adhésion contient pourtant une restriction d'une importance vitale. Elle a trait à l'utilisation du nom Alcooliques anonymes. Nous croyons que deux ou trois alcooliques, réunis pour leur abstinence, peuvent se dire un groupe des Alcooliques anonymes, pourvu qu'en tant que groupe, ils ne soient affiliés à personne. Là-dessus, notre but est clair et sans équivoque. Pour des raisons évidentes, nous souhaitons que notre nom ne soit associé qu'à des activités relevant du mouvement. Nous ne pouvons nous imaginer qu'un membre aimerait voir, par exemple, un groupe des AA prohibitionniste, et un autre antiprohibitionniste, ou un groupe républicain, et un autre communiste. À peu près personne ne souhaiterait voir nos groupes désignés par le nom d'une religion. Même indirectement, nous ne pouvons donner notre nom à aucune activité, si noble soit-elle. Ce serait nous compromettre et nous diviser à tout jamais. Nous croyons que le mouvement doit mettre son expérience à la disposition du monde entier, peu importe l'usage qu'il en fasse, mais pas son nom. C'est une certitude.

Soyons donc, nous, des Alcooliques anonymes, résolus à ne jamais exclure, mais à toujours accueillir, offrant tout ce que nous avons, sauf notre nom. Puissions-nous ainsi abattre tous les obstacles et préserver notre unité. Et puisse Dieu nous accorder une vie longue et utile !

Quatrième Tradition

Mars 1948

La Quatrième Tradition constitue une application particulière des principes généraux déjà définis dans les Première et Deuxième Traditions. La Première affirme que: « Chaque membre des Alcooliques anonymes n'est qu'une petite partie d'un grand tout. Notre mouvement doit survivre, sinon la plupart d'entre nous mourront sûrement. Par conséquent, notre bien-être commun vient en premier. Mais le bien-être individuel vient tout de suite après. » Et la Deuxième Tradition déclare: « En ce qui a trait à notre groupe, il n'y a qu'une seule autorité suprême: un Dieu aimant tel qu'il peut s'exprimer dans notre conscience collective. »

À la lumière de ces concepts, examinons de plus près la Quatrième Tradition. La première phrase garantit à chaque groupe son autonomie. Pour ses propres affaires, le groupe peut prendre n'importe quelle décision, adopter n'importe quelle attitude qu'il souhaite. Aucune autorité générale ou intergroupe ne devrait remettre en question ce privilège primordial. Nous croyons qu'il doit en être ainsi, même si le groupe peut parfois agir sans tenir compte de notre tradition. Un groupe qui le désire pourrait, par exemple, engager un prédicateur rémunéré et le faire vivre avec les recettes de la boîte de nuit du groupe. Une pratique aussi absurde serait très éloignée de notre tradition, mais « le droit de se tromper » du groupe ne serait pas violé. Nous sommes sûrs de pouvoir garantir aux groupes en toute sécurité ces privilèges extrêmes, car notre façon habituelle de procéder par essais et erreurs assurerait l'élimination rapide du prédicateur et de la boîte de nuit.

Les graves difficultés de croissance qui suivent invariablement tout manquement radical à la tradition des AA ne manqueront pas de ramener dans le droit chemin le groupe qui est dans l'erreur. Il n'est pas nécessaire de contraindre un groupe par aucun autre gouvernement humain que celui de ses membres. Leur expérience, de même que l'opinion des groupes environnants et l'inspiration de Dieu dans leur conscience collective, suffisent. Voilà ce que nous ont appris les dures souffrances de l'enfantement. C'est donc en toute confiance que nous pouvons dire à chaque groupe: « Vous ne relevez d'aucune autre autorité que celle de votre conscience. »

À noter toutefois qu'il y a une importante restriction. Une liberté de pensée et d'action aussi extrême ne s'applique *qu'aux affaires du groupe*. A juste titre, la Quatrième Tradition dit aussi: « Par contre, quand ses projets influent aussi sur le bien-être de groupes voisins, ceux-ci devraient être consultés. » Il est évident que tout individu, groupe ou comité régional qui, par son action, affecterait gravement le bien-être du mouvement dans son ensemble ou nuirait gravement aux groupes voisins, n'exercerait pas sa liberté, mais ferait preuve de licence pure et simple. Ce ne serait plus de la démocratie, mais de l'anarchie.

Par conséquent, nous, membres des AA, nous avons tous adopté le principe de la consultation. Cela signifie que le groupe qui souhaite poser un geste susceptible d'influer sur les groupes environnants doit les consulter ou bien en discuter avec le comité d'intergroupe de la région, s'il existe. De même, lorsqu'un groupe ou un comité régional souhaite poser un geste susceptible d'influer sur le mouvement tout entier, il consulte les administrateurs de la Fondation alcoolique, qui constituent notre comité de tous les services généraux. Par exemple, aucun groupe ou intergroupe ne devrait entreprendre, sans consultation, une campagne publicitaire susceptible d'influer sur le mouvement dans son ensemble. Il ne peut non plus prétendre représenter les Alcooliques anonymes en publiant et en distribuant une publication comme si elle émanait du mouvement. Le même principe s'applique à toute autre situation semblable. Sans être une obligation officielle, la coutume veut que toute entreprise de caractère général soit soumise à l'attention du siège social des AA.

C'est ce que l'on trouve résumé dans la dernière phrase de la Quatrième Tradition,: «À cet égard, c'est notre bien-être commun qui prédomine.»

Cinquième Tradition

Avril 1948

Comme dit le vieux proverbe: «À chacun son métier!» C'est banal, mais comme c'est vrai pour nous des AA. Nous devons à tout prix adhérer au principe selon lequel il vaut mieux faire une seule chose à la perfection que d'en faire plusieurs mal.

Puisqu'il est clair maintenant que seul un alcoolique rétabli peut vraiment aider un alcoolique malade, une énorme responsabilité nous incombe à tous, une obligation si importante qu'elle équivaut à un devoir sacré. Pour des gens comme nous, qui souffrent d'alcoolisme, le rétablissement est une question de vie ou de mort. L'association des Alcooliques anonymes ne peut donc pas – elle ne l'ose pas – se laisser distraire de son but premier.

Les tentations seront nombreuses d'agir autrement. À la vue des travaux qui se font dans le domaine de l'alcoolisme, nous serons fortement tentés de prêter le nom et l'influence des AA à ces entreprises. En tant que mouvement, nous serons tentés de financer ou d'appuyer d'autres causes. Si notre succès actuel se poursuit, les gens commenceront à affirmer que les AA représentent une nouvelle façon de vivre, peut-être une nouvelle religion, capable de sauver le monde. On nous dira qu'il est de notre devoir de montrer à la société moderne comment elle doit vivre.

Oh, l'attrait que peuvent exercer ces projets et ces idées! Comme il est flatteur d'imaginer que nous pourrions avoir été choisis pour réaliser l'antique promesse mystique: «Les premiers seront les derniers, et les derniers seront les premiers.» Grotesque, dites-vous? Pourtant, certains de nos admirateurs ont déjà commencé à tenir ce langage.

Heureusement, la plupart d'entre nous sont convaincus que ce sont là de dangereuses spéculations, les ingrédients séduisants d'un vin capiteux nouveau offert dans des bouteilles étiquetées « Succès » !

Puissions-nous ne jamais trop boire de ce cru subtil. Puissions-nous ne jamais oublier que c'est par la grâce de Dieu que nous vivons, que nous sommes en sursis, que l'anonymat vaut mieux que les acclamations, que la pauvreté vaut mieux que la richesse pour le mouvement.

Et puissions-nous voir, avec une conviction de plus en plus profonde, que nous sommes excellents uniquement lorsque nous nous conformons au but spirituel premier du mouvement: transmettre le message des AA à l'alcoolique qui souffre encore.

Sixième Tradition

Mai 1948

Le sixième point de la Tradition des AA est jugé si important qu'il énonce dans le détail les liens du mouvement avec l'argent et les biens matériels.

En substance, cette Tradition affirme que l'accumulation d'argent ou de biens matériels et que l'autorité personnelle indésirable qu'engendre si souvent la richesse constituent des risques graves contre lesquels un groupe des AA doit toujours se prémunir.

La Sixième Tradition recommande aussi au groupe de ne jamais se lancer en affaires et de ne jamais prêter le nom ou le crédit financier des AA à une entreprise « étrangère », si bonne soit-elle. Plusieurs sont d'avis que même les clubs ne devraient pas porter le nom des AA, qu'ils devraient être constitués en sociétés distinctes et administrés par les membres qui en ont besoin ou qui les désirent au point de les financer.

Ce serait ainsi séparer le spirituel du matériel, limiter le mouvement des AA à son seul but et nous assurer que notre association elle-même demeurera toujours pauvre (si riches que nous puissions devenir personnellement). Nous n'osons pas prendre le risque d'être distraits par la richesse d'une grande entreprise. Ces principes se trouvent confirmés hors de tout doute par des années d'expérience. Ils sont devenus pour nous des certitudes, des vérités absolues.

Dieu merci, nous, les Alcooliques anonymes, nous n'avons encore jamais été mêlés aux querelles religieuses ou politiques du monde moderne. Nous devons cependant admettre que nous nous sommes souvent disputés violemment pour des questions d'argent et de biens matériels, ou pour leur administration. L'argent, quand il y en a beaucoup, a toujours une influence maléfique sur la vie d'un groupe. Qu'un donateur bien intentionné offre à un groupe une somme importante, et il part à la dérive. Les problèmes ne se régleront pas tant que le groupe ne trouvera pas le moyen de se défaire de cet argent. Il s'agit d'une expérience presque universelle. « Mais, diront nos amis, n'est-ce pas là avouer sa faiblesse? D'autres organismes font beaucoup de bien avec de l'argent. Pourquoi pas les AA ? »

Bien sûr, nous sommes les premiers à dire que bien des entreprises font beaucoup de bien avec beaucoup d'argent. Pour elles, l'argent est habituellement d'une importance capitale, il est leur moteur. Par contre, l'argent n'est pas le moteur des Alcooliques anonymes; il est pour nous très secondaire. Même en petite quantité, il n'est guère plus qu'un mal nécessaire, dont nous souhaiterions pouvoir nous passer. Pourquoi en est-il ainsi?

C'est assez facile à expliquer: nous n'avons pas besoin d'argent. Le point central de notre méthode, c'est de laisser un alcoolique s'entretenir avec un autre alcoolique, que ce soit dans la rue, à la maison ou à une réunion. Ce qui compte, c'est le message et non l'endroit, c'est l'échange et non l'aumône. Voilà notre travail. Des endroits pour se rencontrer et se parler, c'est à peu près tout ce dont les AA ont besoin. À part ça, de petits bureaux, avec quelques secrétaires et quelques dollars pour les payer, que fournissent facilement les contributions volontaires. Nos dépenses sont vraiment peu importantes !

Aujourd'hui, le groupe répond ainsi aux amis qui lui veulent du bien: « Nos dépenses sont minimes. Comme nous gagnons bien notre vie, nous pouvons facilement les payer. Puisque nous n'avons pas besoin d'argent et que nous n'en voulons pas, pourquoi courir des risques inutiles? Nous préférons demeurer pauvres. Merci quand même ! »

Septième Tradition

Juin 1948

Notre croissance se poursuit et les revenus combinés de tous les membres atteindront bientôt l'incroyable total d'un quart de milliard de dollars par année. C'est la conséquence directe de notre appartenance au mouvement des AA. Sobres, nous pouvons maintenant faire ce qui était impossible quand nous étions ivres.

En comparaison, les dépenses globales du mouvement sont minimes.

Par exemple, le Bureau des Services généraux nous coûte actuellement 1,50 $ par membre annuellement. En fait, le bureau de New York demande aux groupes cette somme deux fois par année, car tous les groupes ne contribuent pas. Cela ne fait quand même qu'une très petite somme par membre. Dans les grandes villes où un bureau d'intergroupe est absolument nécessaire pour s'occuper des nombreuses demandes de renseignement et des hospitalisations, un membre des AA donne (ou devrait donner) environ 5 $ par année. Pour payer le loyer de la salle où se réunit son groupe, et aussi sans doute le café et les beignes, il mettra peut-être 25 $ par année dans le chapeau. Ou, s'il fait partie d'un club, ce pourrait être 50 $. Et s'il lit la revue *Grapevine*, il gaspille 2,50 $ de plus !

Par conséquent, le membre des AA qui prend vraiment ses responsabilités envers son groupe risque de débourser environ 5 $ par mois en moyenne, alors que son revenu, qui résulte directement de sa sobriété, se situe probablement entre 200 $ et 2 000 $ par mois.

« Mais, diront certains, nos amis veulent nous donner de l'argent pour meubler notre nouveau club. Notre groupe est nouveau et petit. Nous sommes encore sans le sou pour la plupart. Alors que faire? »

Je suis sûr que des milliers de membres répondraient aujourd'hui à ce nouveau groupe de la façon suivante: « Oui, nous savons ce que vous ressentez. Nous aussi, nous avons déjà sollicité de l'argent. Nous avons même fait appel au public. Nous pensions être capables de faire beaucoup de bien avec l'argent des autres. Mais nous avons trouvé cet argent trop dangereux, car il suscitait d'incroyables controverses. Ça n'en valait tout simplement pas la peine. De plus, cela a créé un précédent et plusieurs personnes ont été tentées de se servir du précieux nom des Alcooliques anonymes pour d'autres fins que celles du mouvement. Un petit prêt amical ne peut pas faire de tort, si votre groupe a vraiment l'intention de le rembourser, mais nous vous prions d'y penser à deux fois avant de demander un gros don à l'ami le mieux disposé. Vous êtes capables de payer vos propres dépenses, et vous y arriverez bientôt. Pour chacun d'entre vous, ces frais généraux ne représenteront guère plus par mois que le prix d'une bonne bouteille de whisky. Vous serez éternellement reconnaissants d'avoir rempli vous-mêmes cette petite obligation. »

En y réfléchissant, chacun d'entre nous devrait se dire ceci: « Nous, les AA, nous avons déjà été un fardeau pour tout le monde. Nous étions des « profiteurs ». Maintenant que nous sommes abstinents, que nous sommes devenus, par la grâce de Dieu, des citoyens responsables, pourquoi ne pas faire volte-face et commencer à être des « donneurs reconnaissants »? Il serait grandement temps ! »

Huitième Tradition

Juillet 1948

Les Alcooliques anonymes du monde entier mettent la Douzième Étape en pratique auprès de milliers de nouveaux candidats tous les mois. Un ou deux mille d'entre eux adhèrent dès la première rencontre, et l'expérience démontre que presque tous les autres reviennent plus tard. Presque sans organisation et sans aucune aide professionnelle, ce puissant courant spirituel passe maintenant des alcooliques rétablis aux alcooliques malades. Un alcoolique qui parle à un autre, tout simplement.

Ce grand face-à-face vital pourrait-il un jour devenir une activité professionnelle ou même organisée? Non, sûrement pas ! Les rares tentatives de donner un caractère professionnel au travail de la Douzième Étape ont toutes échoué rapidement. Aujourd'hui, aucun membre n'accepte que les AA puissent avoir des « thérapeutes » ou des « organisateurs » rémunérés. Aucun membre, non plus, n'aime se faire dire comment s'y prendre avec un nouveau candidat. Non, jamais les professionnels ou les bonnes âmes à salaire ne pourront endiguer ce grand courant de vie. Jamais le mouvement ne se coupera de sa propre bouée de sauvetage. Nous sommes unanimes sur ce point.

Par contre, ceux qui remplissent d'autres fonctions pour nous à temps plein, les cuisiniers, les concierges, les secrétaires d'intergroupes à salaire, sont-ils des « professionnels AA »?

Parce que nous n'avons pas d'idée claire à ce sujet, nous nous comportons souvent envers eux comme s'ils l'étaient. Subtilement, ils sont taxés de professionnalisme, de sorte qu'on entend souvent dire qu'ils « font de l'argent avec les AA » ou qu'ils font du mouvement un « organisme professionnel ». Apparemment, parce qu'ils prennent nos dollars, ils ne font pas vraiment partie du mouvement. Parfois, nous allons plus loin; nous les sous-payons, sous prétexte qu'ils devraient être contents de « cuisiner » à bas salaire pour les AA.

N'est-ce pas pousser un peu loin notre peur du professionnalisme? Si ces craintes augmentent trop, seul un saint ou un incapable pourra travailler pour les Alcooliques anonymes. L'offre de saints étant plutôt réduite, nous nous retrouverons sûrement avec moins de travailleurs compétents qu'il en faut.

Nous commençons à nous apercevoir que nos quelques employés remplissent seulement les tâches que nos bénévoles ne peuvent pas assurer en permanence. Et surtout, ils ne font pas de Douzième Étape. Ils se contentent de favoriser et d'accroître les possibilités d'en faire. Nos secrétaires à leur bureau constituent de précieux points de contact, des sources de renseignements et des agents de relations publiques. Elles sont payées pour cela, et pour rien d'autre. Elles aident à transmettre la bonne nouvelle du mouvement à l'extérieur et à nous mettre en contact avec nos nouveaux candidats. Il ne s'agit pas de « thérapie AA », mais d'un énorme travail, très nécessaire et souvent ingrat.

Alors changeons donc notre attitude envers ceux qui s'occupent de nos services. Traitons-les comme des associés, non comme des domestiques, payons-les équitablement et, surtout, ne les accusons pas de professionnalisme.

De plus, ne confondons pas « organiser le mouvement » et mettre en place, de manière raisonnablement efficace, quelques services essentiels pour les communications et pour la transmission du message. De cette façon, tout ira bien. Un million d'alcooliques encore malades pourront profiter de la même chance que les 60 000 membres des AA ont eue.

Donnons à nos « bureaux de service » le coup de main qu'ils méritent.

Neuvième Tradition

Août 1948

Le moins d'organisation possible, voilà notre grand idéal. Pas de cotisation, pas de droit d'entrée, pas de règle imposée à personne; un alcoolique aide un autre à se rétablir, voilà essentiellement ce que nous désirons le plus, n'est-ce pas?

Mais quelle est la meilleure manière d'atteindre cet idéal si simple?

C'est une question que nous nous posons souvent.

Nous avons, par exemple, le type de membre qui favorise la simplicité.

Terrifié à l'idée de toute organisation, il trouve que le mouvement devient trop compliqué. Selon lui, l'argent est source de problèmes, les comités engendrent la discorde, les élections entraînent des ambitions politiques, les salariés mènent au professionnalisme, et les clubs servent à dorloter les « rechuteurs ». Revenons, dit-il, à notre café et à nos gâteaux, au coin du feu. Si un alcoolique vient vers nous, occupons-nous-en. Cela suffit. La simplicité, voilà ce qu'il nous faut.

A l'opposé de cette vision simple et heureuse, il y a le type du promoteur. Il « remuerait ciel et terre », si on le laissait faire. Il rêve de millions pour les ivrognes, de grands hôpitaux AA, d'une armée d'organisateurs rémunérés, d'experts en publicité, avec un attirail dernier cri pour le son et le texte. « Oui, monsieur ! hurlerait-il. Avec mon plan de deux ans, nous aurons un million de membres en 1950 ! »

Personnellement, je suis content que nous ayons à la fois des conservateurs et des enthousiastes, car ils ont beaucoup à nous apprendre. Le conservateur veillera sûrement à ce que le mouvement ne devienne jamais trop organisé. Par contre, le promoteur continuera de nous rappeler notre énorme devoir envers le nouveau et envers les milliers d'alcooliques du monde entier qui attendent encore la bonne nouvelle des AA.

De toute évidence, nous allons choisir une solution intermédiaire, solide et sûre. Les AA se sont toujours vivement opposés à l'idée d'une organisation globale. Paradoxalement, ils ont toujours fortement insisté pour que certains *services spéciaux* soient organisés, surtout ceux qui sont absolument nécessaires à un travail de Douzième Étape efficace et abondant.

Par exemple, lorsqu'un groupe élit un secrétaire ou un comité, lorsque les membres d'une région forment un comité d'intergroupe, lorsque nous créons une fondation, un bureau général ou une revue, nous nous organisons pour pouvoir offrir des services. Notre livre et nos brochures, nos salles de réunions et nos clubs, nos banquets et nos assemblées régionales sont aussi des services. Nous ne pouvons pas non plus nous en remettre au seul hasard pour nouer de bonnes relations avec les hôpitaux, pour bien parrainer les nouveaux et pour avoir de bonnes relations publiques. Il faut nommer des gens pour s'occuper de cela, et parfois même les payer. C'est ainsi que nous obtenons des services spéciaux.

Aucun de ces services spéciaux n'a donné un caractère organisationnel ou professionnel à notre activité spirituelle et sociale, à ce grand courant qui circule entre les AA. Notre programme de rétablissement en a pourtant énormément bénéficié. Malgré leur importance, ces services sont minimes comparativement à notre principal travail.

Plus ces données et ces distinctions sont comprises, plus nous pouvons oublier notre peur d'une organisation néfaste ou d'une richesse dangereuse. En tant que mouvement, nous demeurerons confortablement pauvres, car nos dépenses pour les services sont minimes.

Rassurés, nous continuerons sans nul doute d'améliorer et d'étendre les liens vitaux de nos services spéciaux, de transmettre toujours mieux notre message à d'autres, de créer une association meilleure et plus grande et, si Dieu le veut, d'assurer aux Alcooliques anonymes une longue vie et une parfaite unité.

Dixième Tradition

Septembre 1948

La plupart d'entre nous considèrent que le mouvement des Alcooliques anonymes est maintenant aussi solide que le rocher de Gibraltar. Nous aimons croire qu'il sera bientôt aussi connu et tout aussi durable que ce point de repère célèbre. Nous entretenons cette agréable conviction, parce que rien n'est encore venu la troubler. Nous nous disons que nous devons rester ensemble ou mourir. Par conséquent, nous tenons pour acquis l'unité permanente de notre mouvement.

Avons-nous raison ? Il est vrai que Dieu nous a accordé de grandes faveurs et que nous sommes unis par des liens d'amour et de nécessité plus forts que dans la plupart des associations, mais est-il prudent de déduire que ces grandes faveurs et ces qualités sont automatiquement nôtres à jamais? Si nous les méritons, nous continuerons probablement d'en jouir. La vraie question est donc de savoir comment demeurer toujours dignes de nos bienfaits actuels.

Dans un tel contexte, nos Traditions sont des attitudes et des pratiques qui pourraient valoir à notre mouvement une vie longue et utile, et aucune ne saurait être plus importante que la Dixième, car elle traite des controverses, des controverses graves.

À l'autre bout du monde, il y a eu des millions de morts encore récemment à cause d'une querelle religieuse. Des millions d'autres sont morts à cause de controverses politiques. Cela n'est pas prêt de finir. Presque tout le monde est devenu réformateur. Chaque groupe humain, chaque association, chaque nation dit à l'autre: « Faites ce qu'on vous dit, sinon ... » Les controverses politiques et les réformes par la force ont atteint des sommets inégalés. Quant aux flammes des querelles religieuses, elles semblent éternelles.

Étant nous-mêmes des êtres humains, comment pouvons-nous espérer demeurer à jamais à l'abri de ces dangers ? C'est sans doute impossible. Viendra un temps où nous devrons tous les affronter. Nous ne pouvons les fuir et nous ne devons pas tenter de le faire. Si ces défis se présentent, nous saurons leur faire face avec joie et sans peur, j'en suis sûr. Ce sera là l'épreuve décisive pour prouver notre valeur.

Notre meilleure défensive? Elle réside sûrement dans l'élaboration d'une tradition si forte au sujet des controverses que ni les faiblesses personnelles, ni les tensions et querelles de notre époque troublée ne pourront faire de tort aux Alcooliques anonymes. Nous savons que le mouvement doit survivre, sinon plusieurs d'entre nous et de nombreux alcooliques du monde entier reprendront à coup sûr leur voyage sans espoir vers le néant. Cela ne doit pas arriver.

Comme mus par quelque instinct profond et irrésistible, nous avons jusqu'à maintenant évité toute controverse grave. À part quelques petites et saines douleurs de croissance, nous vivons en harmonie les uns avec les autres. Parce que nous nous en sommes tenus à notre but unique, le monde entier a de nous une opinion favorable.

Que Dieu donne la sagesse et la force d'âme de maintenir à jamais une unité indissoluble !

Onzième Tradition

Octobre 1948

C'est la Providence qui s'est occupée des relations publiques des Alcooliques anonymes. Il peut difficilement en être autrement. Le mouvement a maintenant plus de 12 ans, et il n'a presque jamais été critiqué ou ridiculisé. Nous avons réussi à échapper aux souffrances des controverses médicales ou religieuses, et nous avons de bons amis pour ou contre la prohibition, de gauche et de droite. Comme dans toute association, notre conduite est parfois scandaleuse, mais jamais encore en public. Les échos qui nous parviennent du monde entier ne parlent que de grande sympathie et de pure admiration. Nos amis de la presse et de la radio se sont surpassés. N'importe qui peut voir que nous sommes gâtés. Notre réputation dépasse déjà tellement notre vrai caractère !

Ces bienfaits prodigieux ont certainement un but caché. Sans aucun doute, ce but est de faire savoir à tous les alcooliques du monde que le mouvement leur est destiné, pourvu qu'ils désirent suffisamment être libérés. C'est pourquoi nos messages dans les médias n'ont jamais été déformés et nous n'avons pas été blessés par le moindre préjugé.

De bonnes relations publiques constituent des bouées de sauvetage que le mouvement tend à l'alcoolique qui ne nous connaît pas encore. Dans les années à venir, notre croissance dépendra sûrement de la force et de la quantité de ces bouées de sauvetage. S'il survenait un désastre dans nos relations publiques, des milliers se détourneraient de nous et périraient. Elles sont vraiment une question de vie ou de mort.

L'avenir ne nous pose guère de plus grand problème ou de plus grand défi que la préservation de nos relations amicales et vitales avec le monde qui nous entoure. Pour réussir, nous aurons grandement besoin de bons principes, d'une sage vigilance et du sens des responsabilités de chacun.

Rien de moins. Autrement, nos frères pourraient à nouveau se retrouver face à un mur à cause de notre inattention.

La Onzième Tradition est la sentinelle qui garde ces bouées de sauvetage. Elle déclare que nous n'avons pas besoin de nous vanter, qu'il vaut mieux laisser nos amis parler en notre faveur, et que toute notre politique de relations publiques, contrairement à la coutume, doit se fonder sur l'*at-*

trait plutôt que sur la réclame. Les méthodes fortes, comme les agences de publicité, les formules promotionnelles, les noms connus, ne nous conviennent pas. Les risques sont trop grands. Les résultats immédiats seront toujours trompeurs, car les raccourcis faciles vers la notoriété peuvent causer des dommages permanents.

Par conséquent, nous insistons de plus en plus sur le principe de l'anonymat personnel dans nos relations publiques. Nous attendons de chacun un très grand sens des responsabilités à cet égard. En tant que mouvement, nous avons déjà été tentés de profiter de la renommée de certains d'entre nous. Notre excuse était que d'autres associations, et des meilleures, font cela. À titre personnel, nous nous sommes dit parfois que l'utilisation de notre nom prouverait notre courage face à la honte, et renforcerait les nouvelles dans les actualités et les articles dans les magazines.

Pourtant, cela n'a plus le même attrait qu'autrefois. Nous voyons nettement qu'aucun membre ne doit décliner son nom en public à titre de membre des Alcooliques anonymes, même dans un but louable, de peur de créer un dangereux précédent qui pourrait amener d'autres personnes à faire la même chose, dans un but moins louable.

Nous découvrons qu'en manquant à l'anonymat dans la presse, à la radio ou au cinéma, chacun de nous peut facilement céder le précieux nom des Alcooliques anonymes à n'importe quelle entreprise ou le mêler à n'importe quelle controverse.

Nous en venons donc à adopter le code de conduite suivant: il y a des choses qu'un membre ne fait jamais, de peur d'écarter le mouvement de son seul but et de porter atteinte à nos relations publiques et, par conséquent, aux chances de nous rejoindre de ceux qui sont encore malades.

Aux millions d'alcooliques qui n'ont pas encore entendu notre histoire, nous devrions toujours dire ceci: « Vous êtes les bienvenus. Soyez assurés que les bouées de sauvetage que nous vous tendons seront toujours solides. Fasse le ciel que nous gardions foi en nos relations publiques. »

Douzième Tradition

Novembre 1948

On peut dire sans se tromper que l'anonymat est le fondement spirituel, la clé de toutes nos Traditions. Il est devenu synonyme de prudence et, surtout, d'humilité. Il constitue une réelle considération pour le nouveau qui désire taire son nom, une protection vitale contre toute mauvaise utilisation en public du nom des Alcooliques anonymes et le rappel constant, pour chacun de nous, que les principes passent avant l'intérêt personnel. Telle est la portée de ce principe qui recouvre tant de choses. C'est la pierre angulaire de la sécurité de notre mouvement, et à un niveau spirituel plus profond, c'est la voie vers un renoncement de soi encore plus grand.

Il suffit d'un coup d'œil sur nos Douze Traditions pour voir qu'elles se fondent toutes essentiellement sur le «renoncement». Chacune demande à l'individu ou au groupe de renoncer à quelque chose au profit de notre bien-être commun. La Première Tradition nous demande de faire passer le bien commun avant nos désirs personnels. La Deuxième Tradition nous demande d'écouter ce que nous dit Dieu par l'entremise de notre conscience collective. La Troisième Tradition exige que nous ne refusions à *aucun* alcoolique le droit d'adhérer au mouvement. La Quatrième Tradition veut que nous renoncions à toute idée de pouvoir ou de gouvernement centralisé, chaque groupe étant cependant enjoint de consulter les autres pour les questions qui nous touchent tous. La Cinquième Tradition donne au groupe un seul but, celui de transmettre notre message à d'autres alcooliques.

La Sixième Tradition montre l'influence corrosive de l'argent, des biens matériels et du pouvoir personnel, et nous demande de limiter au minimum cette influence en constituant des entreprises et des administrations distinctes pour nos services spéciaux. Elle nous met aussi en garde contre la tentation de donner notre appui ou de nous associer à d'autres. La Septième Tradition affirme que nous ferions mieux de payer nous-mêmes nos factures, que nous ne devrions pas accepter des contributions importantes ou comportant des obligations, et que toute sollicitation publique au nom des Alcooliques anonymes est vraiment dangereuse. La Huitième Tradition désavoue toute pratique professionnelle de la Douzième Étape, mais elle assure aux quelques employés dans nos services un statut incontestable d'amateurs. La Neuvième Tradition nous demande de renoncer à toute idée d'organisation coûteuse; il nous faut suffisamment d'argent pour permettre à nos services spéciaux de fonctionner efficacement, mais pas davantage. Cette Tradition respire la démocratie: nos chefs sont là pour servir et cèdent leur place à tour de rôle; nos rares titres ne confèrent jamais de pouvoir personnel arbitraire à leurs titulaires, qui sont autorisés à servir, et non à gouverner. La Dixième Tradition proscrit absolument toute controverse grave; elle incite chacun à ne pas vouer le mouvement aux feux des réformes ou des querelles politiques ou religieuses. La Onzième Tradition nous demande de nous méfier du sensationnalisme dans nos relations publiques, et affirme qu'il n'est pas nécessaire de nous vanter. Elle demande instamment l'anonymat personnel dans la presse, à la radio et au cinéma, pour éviter le piège de la vanité et la tentation de lier les AA à une autre cause en laissant tomber l'anonymat.

La Douzième Tradition, avec son message d'humble anonymat, englobe de toute évidence les 11 précédentes. Les 12 points de notre Tradition ne sont qu'une application de l'esprit de nos Douze Étapes de rétablissement à notre vie de groupe et à nos rapports avec la société. Les étapes de rétablissement guérissent le membre et l'unissent à Dieu; les 12 points nous unissent les uns aux autres et nous intègrent au monde qui nous entoure. Nous recherchons l'unité.

Nos Traditions sont, croyons-nous, ancrées solidement dans ces préceptes sages que sont la charité, la gratitude et l'humilité, sans oublier la prudence. Puissent ces vertus ressortir toujours clairement dans notre méditation, et puissent les Alcooliques anonymes servir Dieu, tous ensemble et heureux, aussi longtemps qu'il aura besoin d'eux!

Une demande et des excuses

Décembre 1948

À la suite de conférences récentes, des comptes-rendus dans la presse ont cité mon nom au complet.

Puisque 2 des 12 points de notre Tradition soulignent la grande importance de l'anonymat personnel dans la presse et à la radio, il va sans dire que je suis extrêmement embarrassé d'avoir été l'objet de ces manquements à l'anonymat. Je ne sais trop comment ou pourquoi ces erreurs ont été commises. Je croyais avoir pris les précautions nécessaires pour les prévenir. Peut-être sont-elles en partie dues au fait que j'ai omis de mettre en garde les reporters présents à ces rencontres.

Quoi qu'il en soit, je crois devoir à tous les membres des explications et des excuses sincères.

Partout, les journalistes se montrent coopératifs quand nous leur expliquons que l'anonymat constitue une protection essentielle au mouvement des Alcooliques anonymes. Par conséquent, je prie instamment tous les groupes de protéger avec soin mon anonymat partout où je prendrai la parole à l'avenir. De mon côté, je vais essayer de faire beaucoup plus attention.

Ne laissons jamais tomber ce principe essentiel.

Une suggestion pour l'Action de grâces

Novembre 1949

Il est question d'adopter la semaine de l'Action de grâces pour en faire une période de réunions et de réflexions sur les Traditions des Alcooliques anonymes. L'ami qui a eu cette idée raconte pourquoi il la croit bonne. Je suis tout à fait d'accord avec ce qu'il dit et j'espère que vous le serez aussi.

Avant le mouvement, nous, les alcooliques, nous réussissions parfois à atteindre un état incertain de « sobriété ». Seul Dieu ou l'alcoolique sobre sait à quel point cet état supposément vertueux peut être morne et vide. Pourquoi ? Tout membre des AA, bien sûr, sait pourquoi: rien n'a remplacé le verre de la victime qui est toujours en conflit et désaxée. Avec les Douze Étapes de rétablissement, un changement de la personnalité survient. Notre candidat, complètement à plat, se sent remonté et à nouveau d'une seule pièce. Nous savons exactement ce qu'il veut dire; il décrit un état d'unité, d'unité personnelle. Nous savons qu'il doit travailler pour maintenir cet état, sans lequel il ne peut survivre.

Le même principe ne s'applique-t-il pas au mouvement dans son ensemble ? N'est-il pas également vrai que l'alcoolique court un grand danger quand il tient sa sobriété pour acquise? Si la pratique vigilante de principes sains est pour lui une question de vie ou de mort, pourquoi cela ne s'appliquerait-il pas aussi au groupe et à notre vaste association ?

Pourtant, beaucoup d'entre nous considèrent toujours comme allant de soi l'unité fondamentale des Alcooliques anonymes. Nous semblons oublier que toute la société moderne vit une dangereuse et contagieuse « cuite ». Nous présumons évidemment que nous sommes si différents des autres hommes et des autres femmes que la désintégration ne peut nous toucher. Notre unité nous semble un don du ciel, dont nous pouvons jouir à jamais sans aucun effort.

Mon intention n'est pas de critiquer une telle attitude parce qu'elle est passablement naturelle. Elle vient de ce que notre association a bénéficié à ses débuts, plus qu'aucune autre, d'une protection providentielle contre la tentation et les événements fâcheux. Nous avons connu de petites difficultés, mais rien d'assez grave pour mettre à l'épreuve notre force adulte. Il n'est pas étonnant que nous soyons un peu suffisants et contents de nous. Ce n'est certainement pas céder à la peur ni manquer de foi que de prédire que des temps beaucoup plus difficiles pourraient survenir. Quand nous considérons notre situation, c'est ce que la prudence et la prévoyance nous disent.

Les Douze Traditions des Alcooliques anonymes sont le fruit de notre expérience de vie et de travail en commun. Elles permettent d'appliquer à la vie et à la sécurité du groupe l'esprit de nos Douze Étapes de rétablissement. Elles traitent de nos rapports les uns avec les autres, et avec le monde extérieur. Elles définissent notre attitude face au pouvoir et au prestige, face aux biens matériels et à l'argent. Elles nous épargnent les alliances tentantes et les grandes controverses. Elles élèvent les principes bien au-dessus des ambitions personnelles, et pour cela, elles demandent le maintien de l'anonymat personnel en public, pour protéger les AA et pour prouver que notre association entend faire preuve d'une véritable humilité.

Afin de mieux renseigner le grand public et d'instruire les nouveaux membres, les Douze Traditions viennent d'être publiées sous une forme « abrégée ». Nous espérons qu'elles seront autant lues et aussi bien comprises que les Douze Étapes de rétablissement. Dans ce cas, nos douleurs de croissance actuelles seront moindres, et nous pourrons commencer à faire provision d'assurance pour les années à venir.

Par conséquent, quoi de plus approprié que de consacrer la semaine de l'Action de grâces à l'étude de la valeur pratique et spirituelle des Traditions? Grâce à ce travail prudent, nous pourrons renforcer notre foi en l'avenir, et prouver que nous méritons le don inestimable de l'unité dont Dieu dans sa sagesse nous a si généreusement gratifiés, nous, les Alcooliques anonymes, dans les années fragiles de nos débuts.

DEUXIÈME SECTION

Autres écrits de cette période

Commentaires sur les idées de Wylie

Dans un article intitulé «Philip Wylie enfonce une petite aiguille dans la suffisance», le célèbre écrivain raconte qu'il est alcoolique et qu'il a cessé de boire sans aide. Puis il mentionne la psychiatrie et d'autres outils scientifiques qui l'ont aidé à demeurer abstinent. Voici la réaction de Bill.

Septembre 1944

L'article de Philip Wylie, dans ce numéro, vaudra à l'auteur l'amour de tous les AA. Pourquoi ? Eh bien, évidemment, parce qu'il est tellement alcoolique ! On ne peut non plus manquer de voir sa générosité et son abnégation. Oubliant son importance dans ce monde, il fait fi de l'opinion publique et risque sa réputation afin de partager avec nous son caractère. Voyageur parvenu seul à trouver son chemin hors des ténèbres, il nous dit comment il a trouvé un refuge. Nous ne pourrions souhaiter une meilleure tournure d'esprit. M. Wylie pourra devenir membre des Alcooliques anonymes quand il le voudra !

Nous avons l'habitude de laisser à chaque personne le droit absolu de s'exprimer comme elle l'entend sur n'importe quel sujet. Elle n'a pas à être d'accord avec qui que ce soit; elle peut même, si ça lui chante, être en désaccord avec tout le monde. Et c'est ce que font beaucoup de membres «ivres à sec» . Par conséquent, aucun membre ne devrait se troubler de ne pouvoir être entièrement d'accord avec le discours vraiment stimulant de M. Wylie. Nous devrions plutôt nous dire que les voies vers le rétablissement sont nombreuses, et que toute expérience ou théorie dans ce domaine, venant de quelqu'un qui est passé par là, comporte nécessairement une bonne part de vérité. En ce sens, l'article de M. Wylie est un panier rempli de fruits frais. Peut-être devrions-nous suivre le conseil de cette ménagère, quand elle dit: «Mangeons tant que nous pourrons et mettons le reste en conserve.»

Ce qui m'a le plus frappé dans cet article, c'est l'allusion à une expérience spirituelle «à la Jung», apparemment provoquée par une «technique psychologique scientifique» . Quelle aubaine pour nous qui devons nous battre quotidiennement avec le nouveau qui est incroyant! Si seulement nous pouvions lui administrer une bonne dose de ce «symbole transcendant» pour en finir au plus vite! Nous n'aurions pas à attendre tout ce temps qu'il finisse par avoir l'esprit assez ouvert pour accepter l'idée d'une Puissance supérieure.

Mais comme le fait généreusement remarquer M. Wylie, la manière dont se produit la transformation spirituelle importe peu, pourvu que chacun en expérimente une qui fonctionne. L'alcoolique doit parvenir à se voir d'un œil suffisamment objectif pour apaiser ses peurs et oublier sa vanité. S'il peut faire tout cela grâce à son intelligence et par la suite centrer sa vie sur un «symbole transcendant», grand bien lui fasse! La plupart des membres, cependant, trouveront cette recette plutôt inadéquate. Ils considèrent l'humilité pure et simple et la foi en la toute-puissance d'un Dieu vivant comme un remède bien plus fort. Le mouvement fait franchement appel à l'émotion et à la foi, alors que l'intellectuel savant préfère éviter le plus possible ces ressources. Pourtant, il arrive que ces techniques intellectuelles fonctionnent pour ceux qui pourraient être incapables d' avaler une médecine forte. D'ailleurs, quand nous nous montrons trop fiers de notre réussite, ils nous rappellent que les Alcooliques anonymes ne détiennent pas le monopole du rétablissement des alcooliques.

En fait, il est déjà évident que les scientifiques apprécient davantage nos méthodes que nous apprécions les leurs. À cet égard, ce sont eux qui commencent à nous enseigner l'humilité.

Revoyons une fois de plus la conclusion de notre ami Harry Tiebout, psychiatre, dans sa communication à l'Association psychiatrique américaine intitulée «Techniques de base des Alcooliques anonymes»: «Le message est clair pour les psychiatres, il me semble. Bien que nous nous occupions de troubles émotifs, en tant que groupe d'intellectuels, nous nous méfions trop des émotions. Nous sommes gênés et un peu honteux quand nous sommes forcés de nous en servir, et nous nous excusons toujours auprès de nos confrères quand nous croyons qu'ils peuvent avec raison juger nos méthodes trop émotives. Pendant ce temps, d'autres qui sont moins liés par la tradition, vont de l'avant et obtiennent des résultats qui nous sont refusés. Il est urgent que nous, scientifiques à l'esprit supposément ouvert, examinions prudemment et longuement le travail d'autres personnes dans notre discipline. Nos œillères sont peut-être plus grandes que nous le croyons.» Et puis, comme il le dit: «L'expérience religieuse ou spirituelle est *un acte par lequel nous cessons de nous en remettre à notre propre toute-puissance.*»

Comme nous, les Alcooliques anonymes, nous sommes supposés avoir complètement renoncé à notre «toute-puissance» personnelle, je suis convaincu que M. Wylie sera lu avec toute l'attention qu'il mérite!

Un rendez-vous avec le destin

Octobre 1944

Quelqu'un a dit un jour: «Peu importe la croissance que vous connaîtrez, peu importe le nombre de personnes qui se rétabliront, je crois que les effets secondaires du mouvement dépasseront le mouvement lui-même.»

Nous entendons maintenant ce genre de remarques partout, de la part de toutes sortes de gens. Les médecins songent à appliquer nos méthodes à d'autres névroses, les membres du clergé se demandent si notre humble exemple ne pourrait pas revivifier leur congrégation, les gens d'affaires trouvent que nous faisons de bons chefs du personnel et entrevoient une nouvelle démocratie industrielle, les éducateurs voient la force de notre façon de présenter la vérité en évitant la controverse, et nos amis disent, songeurs: «Nous aimerions bien être alcooliques, nous avons besoin des AA, nous aussi.»

Pourquoi tant d'enthousiasme? Cela signifie, j'en suis sûr, que nous sommes soudainement devenus bien autre chose que de simples alcooliques rétablis, de simples membres des AA. La société se met à espérer que nous allons nous servir dans notre vie de cette expérience miraculeuse qu'est notre retour, presque du jour au lendemain, du terrible pays du Néant.

Oui, nous voici redevenus des citoyens du monde. C'est un monde angoissé, fatigué et plein de doutes. Un monde qui a cru se suffire à lui-même et qui a échoué. Nous, les Alcooliques anonymes, nous avons déjà fait exactement la même chose, et cette philosophie ne nous a pas réussi. Notre exemple de rétablissement peut sans doute aider, de temps à autre. Nous avons une responsabilité personnelle, peut-être une double responsabilité. Ce pourrait être notre rendez-vous avec le destin.

Voici un exemple. Récemment, le docteur E.M. Jellinek de l'Université Yale est venu nous voir pour nous dire: « Comme vous le savez, Yale parraine un programme d'éducation populaire sur l'alcoolisme, en dehors de toute controverse. Nous aurions besoin de l'aide de beaucoup de membres. Nous ne pouvons songer à nous engager dans un projet d'éducation sur l'alcoolisme sans l'encouragement, l'expérience et l'assistance des AA. »

De même, quand a été fondé le Comité national d'éducation en alcoolisme [aujourd'hui le Conseil national sur l'alcoolisme], c'est l'une des plus anciennes et des meilleures d'entre nous, Marty M., qui a été nommée à sa tête. En tant que membre, elle s'intéresse toujours à nous; le mouvement demeure sa passion. Mais en tant que responsable du Comité national parrainé par Yale, elle s'intéresse aussi à l'éducation du grand public au sujet de l'alcoolisme. Sa formation chez les Alcooliques anonymes l'a merveilleusement bien préparée à occuper ce poste dans un domaine différent. L'éducation du public en matière d'alcoolisme est sa nouvelle vocation.

Un membre des AA pouvait-il faire ce travail? Au début, même Marty s'interrogeait. « Serai-je considérée comme une professionnelle ? », demandait-elle à ses amis membres. Voici leur réponse: « Marty, si tu étais venue nous dire que tu allais être thérapeute et vendre notre mouvement à des alcooliques contre des honoraires, nous aurions certainement qualifié cela de professionnalisme. C'est ce qu'aurait pensé tout le monde.

Mais le Comité national d'éducation en alcoolisme, c'est une toute autre chose. Tu vas te servir de tes talents naturels et de ton expérience chez les AA dans un domaine très différent. Nous ne voyons pas en quoi cela pourrait modifier ta position d'amateur dans le mouvement. Supposons que tu deviennes une travailleuse sociale, un chef du personnel, la directrice d'un centre de désintoxication, ou même une ministre du culte. Qui pourrait prétendre que ces activités font de toi une professionnelle des AA ? Personne, évidemment.

Il est vrai que nous espérons que le mouvement dans son ensemble ne déviera jamais de son but unique, qui est d'aider d'autres alcooliques. En tant qu'association, nous ne devrions exprimer aucune opinion, sauf au sujet du rétablissement des buveurs excessifs. Cette politique nationale très sage nous a déjà épargné bien des problèmes inutiles et préviendra sûrement dans l'avenir d'énormes complications.

Même si les AA en tant que mouvement ne doivent avoir qu'un seul objectif, nous croyons tout aussi fortement qu'*à titre individuel, les membres ne doivent se faire imposer aucune restriction, sauf par leur propre conscience.* Un membre a le droit absolu à ses idées et à ses activités à l'extérieur du mouvement. Si elles sont bonnes, tous les AA l'approuveront. Nous croyons, Marty, que c'est ce qui arrivera dans ton cas. Bien que ce soit Yale qui te parraine, nous sommes sûrs que tu recevras personnellement l'appui chaleureux de milliers de membres, partout où tu iras. Nous songerons tous à la chance qu'aura, grâce à toi, une nouvelle génération de jeunes alcooliques en puissance; nous songerons à quel point cela nous aurait aidés d'avoir des parents qui sachent réellement ce qu'est l' alcoolisme. »

Personnellement, je crois que les amis de Marty l'ont bien conseillée, qu'ils ont établi une distinction claire entre la portée limitée des AA en tant que mouvement et le vaste horizon du membre à titre individuel qui prend ses propres responsabilités. Je crois qu'ils ont sans doute tracé là une ligne juste entre ce que nous considérons comme professionnel et ce que nous considérons comme amateur.

Lettre à la mère d'un alcoolique

Décembre 1944

Chère mère de « J. »,

Je ne peux vous dire à quel point je suis ému par la lettre que vous avez envoyée à la revue *Grapevine*, au sujet de votre fils alcoolique. Il y a 10 ans, après des années de panique et de perplexité, ma propre mère a perdu espoir. Depuis longtemps buveur invétéré, j'étais arrivé au bout de mon rouleau. Un excellent médecin avait prononcé la sentence brutale: « Buveur obsessif, détérioration rapide, cas désespéré. » Le médecin parlait de mon cas à peu près dans ces termes: « Oui, Bill a des troubles de personnalité sous-jacents... grande sensibilité émotive, puérilité, sentiment d'infériorité. »

« Son sentiment d'infériorité bien réel est amplifié par sa sensibilité puérile, et cela engendre chez lui un désir insatiable et anormal d'autosatisfaction et de réussite aux yeux du monde. Toujours enfant, il demande la lune. Mais la lune, semble-t-il, ne veut pas de lui. »

« Il a découvert dans l'alcool beaucoup plus que ce que les gens normaux y trouvent. L'alcool n'est pas pour lui une simple détente. Il signifie délivrance, libération du conflit intérieur. Il semble libérer son esprit troublé. »

Le docteur poursuivait en disant: « Dans cette perspective, nous, les gens normaux, nous pouvons voir comment cette habitude compulsive peut devenir une véritable obsession; c'est ce qui est arrivé dans le cas de Bill. Parvenu à ce stade de l'obsession, l'alcool éclipse tout le reste. Bill semble maintenant totalement égoïste. Et immoral. Il ment, triche, vole, fait n'importe quoi pour arriver à ses fins de buveur. Évidemment, ses proches sont bouleversés et consternés, car ils croient qu'il agit de façon délibérée, ce qui est loin d'être le cas. En réalité, Bill est un idéaliste en faillite, ruiné par des rêves vains et enfantins de perfection et de pouvoir. Désormais victime de son obsession, il est un petit garçon qui pleure, seul dans une pièce inconnue et sombre, attendant dans l'angoisse que sa mère ou Dieu vienne allumer une chandelle. »

J'avoue, chère mère de « J. », que j'ai probablement prêté au médecin certaines de mes paroles. Mais c'est là la vie d'alcoolique que j'ai vécue. Est-ce que, en tant qu' alcoolique, j'avais un caractère déficient ? Bien sûr que oui. En tant qu'alcoolique, est-ce que j'étais aussi un homme malade ? Oui, très malade.

Je ne sais pas à quel point j'étais personnellement responsable de ma consommation d'alcool. Par contre, je ne cherche pas à m'excuser entièrement en disant que j'étais malade. J'avais sûrement eu dans les premières années une certaine liberté de choix. Mais j'ai fait mauvais usage de ce libre arbitre, pour le plus grand chagrin de ma mère et de bien d'autres. J'en éprouve une grande honte.

Comme vous me connaissez un peu, vous avez sans doute entendu dire comment, il y a 10 ans, un ami, lui-même alcoolique libéré, m'a apporté *la lumière* qui allait enfin me rendre la liberté.

Un jour, il en sera ainsi pour vous et votre fils, j'en suis certain.

Bien à vous,
Bill W.

Les barbituriques

Novembre 1945

La morphine, la codéine, l'hydrate de chloral, le luminal, le seconal, le nembutal, l'amytal, tous ces médicaments et d'autres du même genre ont tué de nombreux alcooliques. J'ai moi-même failli me tuer avec de l'hydrate de chloral. Je ne détiens d'ailleurs pas le monopole de l'expérience et des observations dans ce domaine, et bien des anciens membres peuvent parler avec force et ferveur des barbituriques.

À part quelque rare suicide, personne ne prend ces médicaments pour se tuer. Pour beaucoup d'alcooliques encore en phase active, ils représentent un remède béni contre le supplice du lendemain de la veille.

Certains d'entre nous, parfaitement abstinents depuis des mois ou des années, ont pris l'habitude des sédatifs pour combattre l'insomnie ou une légère irritabilité nerveuse. J'ai l'impression que nous nous en tirons, année après année, comme nous le faisions quand nous avons commencé à boire. Pourtant l'expérience démontre trop souvent que le consommateur de pilules, même s'il se «contrôle», peut perdre la maîtrise. Les mêmes justifications insensées qui accompagnaient sa consommation d'alcool gâchent à nouveau son existence. Si les pilules peuvent guérir l'insomnie, pense-t-il, elles le guériront peut-être de ses soucis.

Un mot sur l'usage que font les médecins de la morphine. Il arrive parfois qu'un généraliste fasse à son patient, sans savoir qu'il est déjà bourré de barbituriques, une injection de morphine. L'un de mes amis est mort comme ça. Abstinent depuis environ trois ans, il s'est retrouvé dans un marasme émotif. Les pilules l'ont conduit à l'alcool, et le mélange l'a poussé à prendre encore plus de pilules. Son médecin, trouvant son cœur agité, a sorti l'aiguille. Quelques heures plus tard, un très grand ami n'était plus. Un autre grand ami, abstinent depuis trois ans, a aussi connu de mauvais jours avec pilules et alcool. Au bout de trois semaines de ce régime, il est entré à la clinique. Personne n'a prévenu le médecin de garde qu'il était déjà bourré de pilules. On lui a fait une piqûre de codéine pour le «soulager». Il est mort avant l'aube.

Vers la fin de ma carrière de buveur, j'ai vécu moi aussi une expérience alarmante. Pour l'une de mes terribles gueules de bois, on m'avait prescrit de l'hydrate de chloral. Le médecin m'avait averti de m'en tenir strictement à la dose prescrite, mais j'avais la bouteille en ma possession. Pendant que ma femme dormait paisiblement à côté de moi, j'ai sorti le flacon de sous le matelas et j'ai tout avalé d'un trait. Il s'en est fallu de peu. La morale de cette histoire: si le médecin prescrit un sédatif pour des motifs valables, il ne faut pas laisser la bouteille à l'alcoolique.

En fait, nos amis les médecins sont rarement à blâmer pour les résultats funestes dont nous sommes si souvent victimes. Il est beaucoup trop facile pour des alcooliques de se procurer ces médicaments dangereux. Une fois qu'il les a en sa possession, le buveur est susceptible d'en faire un usage immodéré. Parfois, ce sont des amis, bien intentionnés et incapables de le voir souffrir, qui lui donnent eux-mêmes des pilules. C'est très dangereux.

Il est même dangereux d'offrir un verre à un alcoolique qui souffre, s'il est déjà bourré de pilules. Il y a bien des années, j'en ai fait l'expérience. Nous avions pris charge d'un alcoolique, que j'appellerai Slim. Il a fini par accepter de rentrer à l'hôpital. Il a pris quelques verres en chemin, mais c'était bien peu par rapport à sa consommation habituelle. Juste avant d'arriver à l'hôpital, sa voix est soudainement devenue pâteuse et il s'est évanoui. J'ai dû demander de l'aide pour le faire monter en taxi. Comme il pouvait avaler ses deux bouteilles par jour quand il buvait, je ne comprenais pas ce qui lui arrivait. Parvenus à l'hôpital, Slim était toujours affaissé dans son siège et je n'arrivais pas à le bouger. Notre bon ami le docteur Silkworth est sorti; il a jeté un coup d'œil par la portière, et cela a apparemment suffi. « Comment est son cœur? », me demanda-t-il. « Il a un cœur d'éléphant, répondis-je d'un ton confiant, il me l'a dit. Mais je me demande comment il a pu se soûler si vite, je lui en ai très peu donné. » Le docteur a sorti son stéthoscope, puis il m'a dit: « C'était pas la peine de nous l'emmener, il n'en a plus pour longtemps. Qu'est-ce qu'il a pris d'autre, à part l'alcool?» Abasourdi, je lui ai répondu: « Rien, à ma connaissance. »

Avec beaucoup de précautions, un infirmier a transporté Slim à l'intérieur. À nouveau le stéthoscope, puis le médecin a dit en secouant la tête: « Le pauvre est bourré de barbituriques depuis des jours. Le peu d'alcool que tu lui as donné a suffi à mettre le feu à la charge de sédatifs qu'il avait dans le corps. Tu vois comme il est bleu ? Son cœur fonctionne à peine. Les battements sont irréguliers, je ne peux même pas les compter. »

Le médecin a couru au téléphone pour appeler la femme de Slim, qui lui a confirmé, à ma grande horreur, que son mari prenait de fortes doses d'amytal depuis 10 jours. Le médecin lui a annoncé doucement qu'elle devait se dépêcher si elle ne voulait pas arriver trop tard. Puis il a appelé en consultation un cardiologue célèbre, en lui demandant de faire vite. On a monté Slim dans une chambre. Le grand spécialiste est arrivé et a sorti son stéthoscope. Il a pris tout de suite un air grave et nous a fait signe de le suivre dans le corridor. Il nous a dit qu'il allait faire une ordonnance, mais qu'il ne croyait pas que mon ami pourrait passer la nuit. Le docteur Silkworth était du même avis.

Pendant tout ce temps je priais, comme jamais auparavant. Après avoir écouté les deux médecins prononcer la sentence de mort de Slim, je leur ai parlé de mes prières, en leur expliquant, aussi joyeusement que possible, que j'avais lu ce livre d'Alexis Carrel, *L'Homme, cet inconnu*, où il est dit que la prière réalise des guérisons miraculeuses. Le grand spécialiste a pris congé et je suis descendu avec le docteur attendre le remède prescrit. Un garçon a apporté enfin deux capsules de la pharmacie. Le docteur les aregardées en disant qu'il détestait les administrer, parce qu'elles étaient très fortes. Nous sommes remontés et, en sortant de l'ascenseur, nous avons aperçu quelqu'un qui s'avançait avec désinvolture dans le corridor, en fumant une cigarette. « Salut, les gars ! a hurlé Slim, voulez-vous bien me dire ce que je fais ici? »

Jamais, je n'oublierai le soulagement et l'étonnement qui ont inondé le visage du médecin, alors qu'il s'empressait de prendre le pouls de Slim. Il s'est tourné alors vers moi en disant: « Son cœur bat normalement. Il y a 15 minutes, je ne pouvais pas compter les battements. Je croyais bien connaître le cœur des alcooliques, mais je n'ai jamais rien vu de tel, jamais. Je ne comprends pas. » Personne ne peut dire quel miracle a sauvé Slim. Il a quitté l'hôpital quelques jours plus tard sans souffrir de séquelles de son aventure.

Quant à moi, eh bien, je crois que ça m'a servi de leçon. Plus de barbituriques, sauf si le médecin les prescrits. Non merci. c'est pas pour moi !

La Publication du Gros Livre, une entreprise décourageante

Juillet 1947

À l'été 1938, nous avons fait appel aux contributions de gens influents pour financer notre toute nouvelle Fondation alcoolique. Une fois de plus, nous nous sommes butés à une étrange indifférence à l'égard des ivrognes. Personne n'était intéressé. Si je me souviens bien, nous n'avons pas eu un sou. Nous étions passablement découragés; apparemment, la Providence nous avait abandonnés. Avec l'épuisement de la modeste souscription de M. Rockefeller, l'hiver s'annonçait maigre. Il n'y aurait ni livre, ni bureau. À quoi pouvait servir, nous plaignions-nous, une Fondation alcoolique sans argent !

À cette époque, le texte qui constitue aujourd'hui les deux premiers chapitres du livre intitulé *Alcoholics Anonymous* était déjà ébauché. Notre ami Frank nous a envoyés voir un éditeur connu, qui parla de la possibilité de me verser d'avance des droits d'auteur pour me permettre de terminer le livre. Cela nous a semblé une bonne idée, jusqu'à ce que nous prenions conscience que si j'engloutissais beaucoup de droits d'auteur pendant la rédaction du livre, il n'y aurait plus de versements pendant un bon bout de temps par la suite. De plus, nous réalisions que mes 10% de droits d'auteur ne pourraient jamais subvenir aux dépenses de bureau qu'entraîneraient sûrement les demandes d'aide après la publication du livre. Un éditeur commercial, pressé de vendre, ne pourrait peut-être pas non plus annoncer notre livre comme nous le voulions.

Ces réflexions nous ont menés tout droit à un fantasme, typique d'un alcoolique ! Pourquoi ne pas publier nous-mêmes le livre ? Même si presque tous ceux qui connaissaient l'édition nous disaient que des amateurs produisaient généralement des fiascos, nous ne nous sommes pas laissés démonter. Cette fois, ce serait différent, rétorquions-nous. Nous savions maintenant que les frais d'impression ne représentaient qu'une fraction du prix de vente; par ailleurs, un magazine national à grand tirage nous avait offert de publier un article sur nous, une fois notre livre terminé. Ce fut l'argument décisif. Comment pouvions-nous nous tromper? Nous voyions déjà les livres se vendre par milliers et l'argent rentrer à flots !

Et quelle promotion ! Avec un ami membre, j'ai vite mis sur pied la Works Publishing Company. Puis mon ami Hank P. est allé acheter un bloc de titres dans une papeterie, et nous avons commencé tous les deux à vendre des actions à nos confrères alcooliques et à toute personne désireuse de profiter d'une aubaine au prix de 25 $ la part. Notre confiance était sûrement sans limites; non seulement nous vendions des actions pour un livre destiné à guérir des ivrognes, mais le livre lui-même n'était pas encore écrit. Curieusement, nous avons vraiment vendu des titres, pour 4 500 $ en tout, à des alcooliques de New York et du New Jersey et à leurs amis. Aucun des 49 premiers souscripteurs n'a investi plus de 300 $. Presque tous payaient par mensualités, étant trop fauchés pour faire autrement, sauf nos bons amis du Rockefeller Center.

Selon l'entente conclue, les souscripteurs de la Works Publishing Company seraient remboursés à même les premières recettes de la vente du livre. De plus, la Fondation alcoolique touchait les 10% de droits d'auteur que m'aurait normalement versés l'éditeur. Quant aux parts de la Works Publishing, les 49 souscripteurs devaient en recevoir un tiers, un autre tiers allant à mon ami Hank, et le dernier tiers à moi-même. Nous avons aussi obtenu un prêt de 2 500 $ de Charles B. Towns, propriétaire d'un hôpital pour alcooliques de réputation nationale. Tout un ami que celui-là, car il a dû attendre des années avant d'être remboursé.

Comme n'importe qui pouvait s'en rendre compte, tout était prêt, tout sauf la rédaction et la vente du livre ! Nous étions remplis d'espoir. Avec ce nouveau financement, nous pouvions maintenir un petit bureau à Newark, au New Jersey. C'est là que j'ai commencé à dicter le texte d'*Alcoholics Anonymous* à Ruth Hock (notre première secrétaire nationale). Avec optimisme, nous voyions rentrer des piles de dollars une fois le livre sorti de presse. Bien plus, nous nous attendions à ce que ce nouveau livre remette sur pied et aide à financer notre Fondation, en butte à la pauvreté; étrangement, c'est bel et bien ce qui s'est produit des années plus tard.

Enfin, en avril 1939, le livre était terminé. Des expériences de rétablissement, destinées à la section des témoignages, sont venues de Dr Bob et de ses camarades d'Akron. Des membres de New York et du New Jersey ont aussi fourni des témoignages. De plus, nous en avons reçu un de Cleveland, et un autre du Maryland. Nous avions lu et discuté les chapitres du livre lors de réunions. Je croyais être l'auteur du texte, jusqu'à ce que je m'aperçoive que j'étais seulement l'arbitre qui tranchait les différences d'opinion. Après des votes interminables au sujet du titre, nous avions décidé d'intituler notre livre « *The Way Out* ». Fitz M., notre alcoolique du

N.d.t. : «Le moyen de s'en sortir».

Maryland, a fait des recherches à la bibliothèque du Congrès et il a découvert que déjà 12 ouvrages portaient ce titre. Pas question que notre livre devienne le treizième ! Nous l'avons plutôt intitulé *Alcoholics Anonymous* ! Sans le savoir, nous venions de donner un nom à notre mouvement, un nom qui, par l'humilité et la modestie qu'il suppose, nous a donné notre précieux principe spirituel de l'anonymat.

Cinq mille exemplaires du livre *Alcoholics Anonymous* reposaient dans l'entrepôt de l'imprimeur, sauf quelques copies que nous avions joyeusement distribuées. Chaque actionnaire et chaque auteur de témoignage a eu droit à un exemplaire gratuit. Le *New York Times* nous a fait une bonne critique. Nous nous sommes précipités au magazine national pour leur dire que nous étions maintenant prêts pour l'article promis. Nous voyions déjà nos livres s'envoler par chargements entiers !

Quelle débâcle ! Au bureau de la grande revue nationale, nous nous sommes fait dire gentiment qu'on avait tout simplement oublié de nous prévenir, neuf mois auparavant, qu'on avait décidé de ne rien publier à notre sujet. Les rédacteurs étaient d'avis que les alcooliques étaient un sujet trop controversé ! Cette nouvelle renversante nous a abasourdis. Le mouvement des Alcooliques anonymes tout entier ne pouvait même pas acheter 100 livres, puisque nous n'étions que 100 membres; de toute façon, nous en avions donné 79 exemplaires gratuitement. Qu'allions-nous faire des milliers d'autres? Qu'allions-nous dire à l'imprimeur, dont nous n'avions pas payé la moitié de la facture? Et que dire de ce petit prêt de 2 500 $, et des 49 souscripteurs qui avaient investi 4 500 $ dans des actions de la Works Publishing? Comment leur annoncer l'affreuse nouvelle? Comment leur dire que, sans publicité, nous ne pouvions pas vendre de livres? Le livre des AA était, j'en ai bien peur, une entreprise très alcoolique !

C'est ainsi que la bible des Alcooliques anonymes est née dans la faillite. Des créanciers ont commencé à s'agiter, la police s'est même présentée au petit bureau de Newark. Les promoteurs étaient très déprimés, pas seulement financièrement. La banque a repris la maison que nous habitions à Brooklyn, ma femme et moi. Nous avons dû nous loger dans un chalet prêté par un ami membre, Horace C., et sa famille. Mon ami Hank était aussi mal pris. Les choses se présentaient mal. Nous n'étions toujours que trois groupes actifs et nous avions, en plus de la faillite de notre livre, une secrétaire impayée, mais fidèle, un minuscule Bureau central menacé de fermeture à tout moment, et une Fondation alcoolique sans fonds. Voilà où en étaient les Alcooliques anonymes après quatre ans.

Pourquoi ne pouvons-nous pas nous joindre aux AA, nous aussi ?

Octobre 1947

Chers membres AA,

Nous avons un problème, Dr Bob et moi, et nous aimerions vous en faire part franchement.

Le mouvement compte en fait une vingtaine de «fondateurs», des hommes et des femmes sans la contribution desquels notre association n'aurait probablement jamais vu le jour. Pourtant, d'une certaine manière, le titre de «fondateur» semble attribué presque uniquement à Dr Bob et à moi; ce phénomène est sans doute dû au manque généralisé d'informations sur nos débuts. Cette attention des membres, bien qu'elle les porte à nous ranger dans une catégorie à part, nous touche vraiment beaucoup, tous les deux. Nous avons certainement plus de raisons que quiconque d'être reconnaissants. Par contre, nous nous demandons si cette importance excessive qu'on nous attribue ne desservira pas le mouvement à la longue. Est-il vraiment sage de vouer autant d'attentions aux «fondateurs»?

Il se peut que les Alcooliques anonymes deviennent une nouvelle forme de société humaine. D'une manière encore jamais vue, le mouvement pourrait fonctionner par le seul pouvoir de ses principes fondamentaux, plutôt que grâce au prestige ou à l'inspiration d'un leadership très personnalisé. Le tout doit donc transcender par rapport à n'importe quelle partie. L'unité et la réussite constantes dépendent alors avant tout de Dieu tel que nous le concevons, à l'œuvre dans des milliers de cœurs, plutôt que de quelques membres.

Je crois que nous avons commencé, nous, les Alcooliques anonymes, dans notre for intérieur, à entrevoir cette magnifique possibilité. Nous sommes de plus en plus convaincus que le leadership doit être transitoire et s'exercer en alternance; que chaque groupe n'a de comptes à rendre qu'à sa propre conscience pour ses affaires; que nos comités et nos conseils d'administration sont là pour servir, et non pour mener; que le mouvement doit demeurer pauvre, évitant ainsi les risques de perturbation rattachés à la richesse; que nous devons, à titre de membres, demeurer anonymes face au grand public. Tels sont les signes et les présages d'un avenir unique. Ces concepts ne laissent assurément pas beaucoup de place à un leadership prestigieux.

« Mais, diront certains, comment réaliser dans les faits une telle vision, quand la plupart des associations dépendent tellement d'une bonne administration, de l'argent et d'un leadership réputé qui exerce une grande influence personnelle? » Pourtant, si incroyable que cela paraisse, nous commençons à voir notre vision prendre forme. Même si nous nous méfions toujours de toute accumulation importante d'argent ou de prestige personnel au nom des Alcooliques anonymes, notre croissance se poursuit malgré l'absence de ces facteurs parfois instables dont dépendent si souvent d'autres entreprises humaines.

Comment cela est-il possible? Est-ce parce que nous sommes supérieurs? Certainement pas! Loin d'être supérieurs à la moyenne, nous sommes certainement beaucoup plus susceptibles de nous tromper. Étrangement, notre force collective semble venir de nos faiblesses individuelles toujours latentes. Nous sommes des alcooliques. Aujourd'hui, nous sommes rétablis, mais la possibilité d'un nouveau désastre personnel n'est jamais très loin. Chacun sait qu'il doit avoir une forte dose d'honnêteté, d'humilité et de tolérance, sans quoi il boira à nouveau. Pour nous, les AA, boire, c'est mourir; aimer Dieu et notre prochain, c'est vivre.

À cause de cet état de choses, l'impossible est devenu possible. Quand la vie d'un membre dépend littéralement de son service désintéressé auprès des autres, quand l'orgueil, l'apitoiement sur soi et l'égoïsme malsain entraînent presque toujours une punition cruelle par la bouteille, chacun n'a guère besoin de règlements humains ou de dirigeants inspirés pour rester sur la bonne voie. Il ne risque pas non plus de nuire longtemps à l'unité du mouvement. Il sait bien que nous, les Alcooliques anonymes, nous devons demeurer unis ou mourir seuls! Acceptant au début une vie spirituelle parce qu'il y est obligé, il la vit bientôt parce qu'il le veut bien. C'est la situation vraiment providentielle dans laquelle nous nous retrouvons, et voilà pourquoi nous apercevons dans le mouvement de nouvelles valeurs. Nous découvrons en notre sein un *royaume spirituel* que ne troublent pas facilement les distractions de la richesse et des intérêts personnels égocentriques.

Dans ce contexte, voyons à nouveau qui nous sommes, Dr Bob et moi. Plus le mouvement grandit, plus on semble vouloir insister sur notre rôle particulier dans sa fondation et son maintien. Nous conservons une position exceptionnelle. Presque tous les autres pionniers se sont depuis longtemps retirés dans les coulisses, où l'on va souvent les consulter s'ils ont su garder la confiance de tous. À l'unanimité, nous avons fait d'eux nos conseillers officieux, et nous nous tournons vers leur vaste réservoir d'expérience dans les moments difficiles. De nouvelles équipes représentent maintenant l'école où ils ont été formés. À leur tour, celles-ci vont pouvoir jouer, pour finalement se retirer. C'est ainsi, croyons-nous, que les choses doivent se passer.

Dr Bob et moi pensons que cette sage doctrine devrait aussi s'appliquer à nous. Il n'y a pas de raison pour que «les fondateurs» soient une exception. Plus nous continuerons d'occuper le milieu de la scène, plus nous donnerons le dangereux exemple d'une direction très personnalisée et permanente. N'est-ce pas exactement ce que nous devrions soigneusement éviter pour assurer l'avenir du mouvement? Il n'est évidemment pas question, pour Dr Bob et moi, de rejeter toutes les responsabilités dont nous sommes encore chargés. Bien au contraire, notre principale mission aujourd'hui est sans doute d'aider les AA à se donner une solide tradition. Alors comment, par exemple, défendre le principe de l'alternance de l'autorité si nous laissons se répandre l'idée que nous devrions nous-mêmes constituer une exception permanente? C'est évidemment impossible.

Prenez mon cas. On apprend que ma santé s'est récemment améliorée et que je vais bientôt me rendre à une grande conférence régionale. Aussitôt affluent les invitations, chaleureuses, mais pressantes, de prendre la parole partout en Amérique du Nord. Comme la plupart des membres sont bons vendeurs, la pression est énorme.

Il est merveilleux de se sentir si désiré, mais ces invitations me placent devant un dilemme grave, déchirant même. Comment, en toute justice, prendre la parole à 10 repas d'anniversaire et en refuser 90 autres? Comment réaliser des enregistrements spéciaux ou des entretiens téléphoniques pour toutes ces occasions? Ou encore, comment répondre à tout le courrier que je reçois, aux centaines de personnes et de groupes qui me demandent conseil sur leurs problèmes particuliers? C'est physiquement impossible. Et même si je trouvais le moyen de faire toutes ces choses, et si je demeurais ainsi indéfiniment au centre de l'action, est-ce que ce serait mieux pour le mouvement à la longue? Certainement pas, vous en conviendrez.

Notre problème, au Dr Bob et à moi, se résume donc ainsi: nous allons devoir déterminer les rares choses que nous sommes encore en mesure de faire pour le mouvement et, dans la mesure où notre santé le permet, nous les ferons.

Personnellement, j'ai l'impression que je devrais écrire bien davantage: plus d'articles dans *Grapevine*, plus de brochures et peut-être un nouveau livre sur cette question vitale de l'unité des AA. Ces écrits devraient surtout porter sur le développement de nos Traditions et sur notre centre de services généraux qui est mal compris. J'aimerais me rendre à l'occasion aux grands rassemblements régionaux, dans le but de discuter de ces questions avec le plus grand nombre possible de membres.

D'ici deux ou trois ans, il sera souhaitable d'élargir la base de notre centre de services généraux, à New York, de manière à ce qu'il puisse y avoir une rencontre annuelle entre les membres de l'extérieur de la ville, d'une part, et les administrateurs de la Fondation alcoolique, le personnel du bureau et les rédacteurs du magazine, d'autre part; cette rencontre s'appellerait la Conférence des Services généraux des Alcooliques anonymes. Mettre sur pied une telle Conférence sera une tâche énorme qui nous obligera sans doute à visiter plusieurs de nos grands centres AA dans tout le pays.

Pour le bien du mouvement dans son ensemble, ce sont là les projets qui semblent les plus nécessaires. Si nous voulons les mener à terme, nous ne devons rien entreprendre d'autre. Pour réussir, nous aurons besoin d'une vraie liberté de décision et de peu de distractions. C'est pourquoi nous implorons votre entière collaboration.

Bien qu'il reste encore ces tâches à faire, Dr Bob et moi allons maintenant vous avouer un grand désir. À titre de simples membres, nous voudrons souvent aller et venir parmi vous comme n'importe qui, sans aucune attention particulière. Nous éprouverons toujours une grande satisfaction d'avoir été au nombre des initiateurs du mouvement, mais nous espérons être considérés simplement comme des pionniers, non comme des « fondateurs ».

Pouvons-nous, nous aussi, faire partie du mouvement ?

Bien à vous,
Bill

DEUXIÈME PARTIE

1950-1958

L'année 1950 marque deux grands événements dans l'histoire des Alcooliques anonymes. En juillet, les Douze Traditions sont adoptées au premier Congrès international, à Cleveland. Quatre mois plus tard, le 16 novembre, Dr Bob meurt.

Pendant les cinq années suivantes, Bill, le seul cofondateur restant, concentre surtout ses énergies sur l'avenir du mouvement, en raffermissant la structure des services. En 1950, il passe six semaines en Europe avec Lois, visitant les membres de plusieurs pays. Le mouvement gagne du terrain en Europe, mais les divergences dans les pratiques des membres d'un pays à l'autre confirment Bill dans son opinion qu'il faut à l'association une structure qui lui permette de se maintenir. Il revient en Amérique, convaincu qu'il faut mettre les publications à la disposition des membres, favoriser une direction nationale et étendre les services.

À cette fin, Bill signale, dans *Le Mouvement des AA devient adulte*, que, « stimulé par l'approbation des administrateurs et du Dr Bob, je fis la tournée du pays pour parler en faveur du plan de Troisième Héritage ... ». La première Conférence des Services généraux a lieu en avril 1951 et amorce une période expérimentale de cinq ans. Lors du Congrès du 20e anniversaire du mouvement, à St. Louis, en juillet 1955, la responsabilité des services mondiaux des Alcooliques anonymes, qui jusque-là reposait entre les mains des membres fondateurs, est léguée à l'ensemble de l'association.

PREMIÈRE SECTION

Le mouvement atteint la maturité

La maturité est proche

Octobre 1949

Le mouvement des Alcooliques anonymes a 14 ans. Cela ne veut pas dire que nous sommes encore dans l'adolescence. Au contraire, nous approchons de la maturité. Par conséquent, nos problèmes et nos responsabilités s'accroissent. Il est évident que nous ne pourrons demeurer indéfiniment à l'abri des terribles pressions qui déchirent la société moderne. Comme d'autres associations d'hommes et de femmes, nous serons sans doute tentés de nous lancer dans de graves controverses. Peut-être certains d'entre nous chercheront-ils la gloire et la fortune aux dépens des Alcooliques anonymes. Nous serons tentés d'attaquer ceux qui s'en prennent à nous. Nous aspirerons à nous allier à de puissants amis. Nous souhaiterons rédiger des lois, nous lançant ainsi dans la politique. Il nous sera difficile de demeurer neutres dans le conflit qui oppose la science à la religion. Certains souhaiteront peut-être voir le mouvement des Alcooliques anonymes se diviser en sectes. Et avec la renommée, il y aura sûrement des offres de grosses subventions menant à notre destruction. Nous pourrions bien oublier notre résolution de demeurer pauvres. Tels pourraient être les problèmes cruciaux de notre maturité. Même aujourd'hui, on les voit déjà poindre.

Néanmoins, je suis profondément et ardemment convaincu que les Alcooliques anonymes surmonteront tous les revers et toutes les épreuves aussi longtemps que Dieu aura besoin de nous. Ma foi en l'avenir repose sur certains éléments de notre expérience.

D'abord, nous contemplons maintenant avec humilité 80 000 miracles personnels de rétablissement, et nous voyons comment chacun de nous a pu, par la grâce de Dieu, réaliser l'impossible. Dans chacune de ces vies, l'harmonie a largement supplanté l'ancien chaos. Chacun ayant reçu personnellement ce don de Dieu, nous pouvons certainement espérer, si nous nous en montrons dignes, la même harmonie pour le mouvement tout entier.

En second lieu, nous sommes sûrs qu'il doit y avoir un million d'alcooliques qui seraient prêts à se joindre dès demain aux Alcooliques anonymes, si seulement ils connaissaient notre action. Nous sommes profondément convaincus que toute désunion fondamentale entre nous pourrait désillusionner d'un seul coup des milliers de gens qui se retrouveraient à nouveau face à un mur. Par conséquent, nous devons toujours nous tenir à l'écart des perturbations qui découlent en général de la richesse, du pouvoir et de la controverse. Beaucoup trop mourraient parmi le « million de ceux qui ne savent pas encore ».

C'est pourquoi notre Cinquième Tradition affirme: « Chaque groupe des AA devrait être une entité spirituelle *n'ayant qu'un seul but primordial*: transmettre son message à l'alcoolique qui souffre encore. »

Aussi longtemps que nous serons reconnaissants de ce qui nous est arrivé, aussi longtemps que cette Tradition au but noble et unique demeurera gravée dans nos cœurs, notre destin sera assuré. Nous serons dignes de la Providence divine.

Nous sommes devenus adultes

Septembre 1950

Au 15e anniversaire du mouvement des Alcooliques anonymes, il était évident que nous avions grandi. Cela ne faisait plus aucun doute. Les membres, leurs familles, leurs amis, 7 000 personnes en tout ont passé trois journées exaltantes et impressionnantes avec nos bons hôtes de Cleveland.

La chanson thème de notre Conférence était la gratitude; son idée maîtresse, la certitude que nous étions maintenant soudés en un tout dans le monde entier. Comme jamais auparavant, nous nous sommes voués à notre but unique, qui est de transmettre la bonne nouvelle des AA aux millions qui ne la savent encore pas. En proclamant les Traditions des Alcooliques anonymes, nous avons demandé de rester parfaitement unis dans la grâce de Dieu aussi longtemps qu'il aurait besoin de nous.

Qu'avons-nous fait au juste? Eh bien, nous avons tenu des réunions, beaucoup de réunions. Par exemple, une réunion sur la médecine. Notre premier grand ami, le docteur Silkworth, n'a pu venir, mais son adjoint de l'hôpital Knickerbocker de New York, le docteur Meyer Texon, a su combler cette absence en nous disant comment l'hôpital général pouvait le mieux se lier avec nous. Pour faire valoir son point de vue, il a soigneusement décrit la manière dont 5 000 alcooliques, depuis quatre ans, ont été parrainés, traités à l'hôpital, puis confiés au mouvement. Cela s'est fait à la grande satisfaction de tous les intéressés, surtout de l'hôpital; le conseil d'administration est enchanté des résultats et apprécie particulièrement le fait que ses modestes frais sont immanquablement payés, rubis sur l'ongle. Qui a jamais entendu parler de 5 000 ivrognes qui paient fidèlement leurs comptes?

Puis, le docteur Texon nous a communiqué les dernières données sur la maladie de l'alcoolisme, telle qu'elle est vue à l'hôpital Knickerbocker; il s'agit d'un trouble de la personnalité, lié à un besoin physique insatiable. Pour la plupart d'entre nous, ces paroles étaient le bon sens même. Le médecin a vraiment donné la frousse aux éventuels «rechuteurs» simplement en parlant du foie. C'est un organe patient, a-t-il-dit, qui va sûrement souffrir d'abcès ou de cirrhose galopante si la beuverie reprend. Il a parlé aussi d'une nouveauté, l'eau salée; selon lui, tout alcoolique actif souffre d'une grande déficience en sel, ce qui augmente encore sa soif. Donnez-lui de l'eau salée, a-t-il-dit, et vous la calmerez tout de suite. Nous nous sommes dit: « Pourquoi ne pas mettre tous les ivrognes à l'eau salée plutôt qu'au gin ? Le problème mondial de l'alcool serait réglé en un rien de temps. » Cette idée était de nous, pas du docteur Texan, que nous remercions mille fois !

À la réunion sur l'industrie, deux membres ont d'abord parlé, Jake H. de la U.S. Steel et Dave M. de la DuPont. M. Louis Seltzer, rédacteur en chef du journal *Cleveland Press*, a conclu la séance et soulevé un tonnerre d'applaudissements. Jake, en tant que cadre de la U.S. Steel, nous a dit ce que pensait son entreprise des Alcooliques anonymes, uniquement des bonnes choses. Il a souligné notre immense capacité de gains collectifs, entre un quart et un demi milliard de dollars par année. Au lieu de constituer un poids financier épuisant pour la collectivité, nous étions maintenant, pour la plupart, des employés de premier ordre, capables de verser annuellement en moyenne 4 000 $ par personne pour le bien-être de notre pays. Dave M., qui travaille au service du personnel, porte une attention particulière aux problèmes d'alcool de DuPont. Il nous a raconté ce que ce « nouveau regard » sur l'alcoolisme a apporté à son entreprise et aux travailleurs à tous les niveaux. Selon Dave, DuPont croit fortement au mouvement.

Le témoignage le plus émouvant de ce séminaire sur l'industrie a probablement été celui de Louis Seltzer. Parlant comme employeur, citoyen et journaliste aguerri, M. Seltzer a exprimé de la façon la plus émouvante que nous ayons jamais entendue une confiance totale à l'égard des Alcooliques anonymes. C'était presque trop beau, et nous étions un peu effarés de la portée de ce discours. Comment nous, membres faillibles, pourrions-nous jamais être à la hauteur du grand espoir que plaçait M. Seltzer en notre avenir ? Nous commencions à nous demander si la réputation du mouvement n'était pas très surfaite.

Puis il y a eu une merveilleuse séance sur les prisons. Notre grand ami, le directeur [Clinton] Duffy nous a raconté l'histoire renversante de notre premier groupe à San Quentin. Son récit des cinq ans du mouvement dans cette prison s'accompagnait d'un prélude émouvant. Nous avons entendu un enregistrement qui passera bientôt à la radio et qui est une dramatisation passionnante d'un incident réel de la vie d'un AA à l'intérieur. Un prisonnier alcoolique réagit avec amertume à son emprisonnement et déploie des trésors d'ingéniosité pour trouver de l'alcool. Mais il devient vite trop ingénieux. Il découvre dans l'atelier de peinture un liquide plein de promesses qu'il partage avec ses compagnons alcooliques. Il s'agit en fait d'un poison mortel. Suivent des heures angoissantes et plusieurs d'entre eux meurent. L'atmosphère est tendue dans la prison pendant que s'allonge la liste des décès. Seules des transfusions de sang rapides pourraient sauver ceux qui vivent encore. Tout le groupe des AA de San Quentin se porte aussitôt volontaire. Les membres passent le reste de cette longue nuit à se dévouer comme jamais auparavant. Les AA n'ont pas été très populaires jusque-là, mais le moral de la prison a atteint un sommet inégalé et se maintient. Plusieurs survivants se sont joints au groupe. Le premier groupe des AA en prison a fait sa marque, et le mouvement est à San Quentin pour y rester.

Le directeur Duffy a ensuite pris la parole. Apparemment, à l'extérieur, nous ignorons la résistance que notre message rencontre dans les prisons. À San Quentin, le scepticisme des gardiens et des prisonniers était énorme. Ils croyaient sans doute que le mouvement était un racket ou une religion de cinglés. Pourquoi tenter la providence, s'objectait le conseil d'administration, en laissant les prisonniers se mêler aux gens de l'extérieur, surtout à des femmes alcooliques? Ce sera le chahut assuré. Mû par une conviction profonde, notre ami le directeur tenait aux AA. Jusqu'à maintenant, a-t-il-dit, pas un seul règlement de la maison n'a été enfreint à une réunion des AA, même si des centaines de prisonniers ont assisté à des centaines de réunions, presque sans surveillance. On pourrait presque se passer de ce gardien solitaire et sympathique qui est assis dans la dernière rangée.

M. Duffy a dit aussi que la plupart des directeurs d'établissements des États-Unis et du Canada partagent ses vues au sujet des Alcooliques anonymes. Auparavant, les quatre cinquièmes des prisonniers en liberté conditionnelle devaient être remis en prison. Selon de nombreuses institutions, cette proportion est réduite de moitié, et même des deux tiers aujourd'hui. Le directeur Duffy a fait 2 000 milles pour être avec nous à Cleveland. Nous avons vite compris pourquoi. C'est un être humain merveilleux. Une fois de plus, nous étions là à nous demander si notre réputation n'était pas surfaite.

Il y a eu une réunion des femmes alcooliques, à laquelle naturellement les hommes n'ont pu assister. Nous ne doutons pas qu'elles ont trouvé des moyens de combattre le poids de la honte qui écrase toujours celles qui ont succombé à la bouteille. Peut-être ont-elles aussi discuté de la manière de tenir à distance le don Juan qui se présente à l'occasion. Pas du tout, m'a assuré notre consœur qui transcrit cet article d'un ton cassant, rien de tel n'a été discuté. Elle m'a dit que ce fut une réunion merveilleusement constructive, à laquelle ont assisté environ 500 femmes. Imaginez un peu. Le mouvement avait déjà quatre ans quand nous avons enfin réussi à en dessoûler une. La vie n'est pas une sinécure pour la femme alcoolique.

Nous n'avons pas oublié non plus les autres groupes de personnes souffrantes, comme les secrétaires rémunérées de nos intergroupes, les autres secrétaires, nos rédacteurs, les femmes et les maris d'alcooliques, que nous appelons parfois nos «oubliés». Je suis sûr que nos secrétaires sont arrivées à la conclusion que, même si elles n'étaient pas toujours appréciées à leur juste valeur, elles n'en aimaient pas moins chaque minute de leur travail. Je n'ai pas eu vent de ce qu'avaient décidé les rédacteurs, mais à en juger par leur travail efficace, au fil des ans, il est fort probable qu'ils ont pondu nombre d'idées ingénieuses.

Tout le monde s'est entendu pour dire que la réunion des épouses (et des époux) a été une révélation. Certains se rappelaient comment Anne S., dans les premiers temps, à Akron, avait été la bonne compagne et la conseillère d'épouses en détresse. Elle voyait clairement dans l'alcoolisme un problème familial. Pendant ce temps, nous, les membres, nous nous attaquions de toutes nos forces à la tâche de dessoûler les ivrognes qui nous arrivaient par milliers. Nos bonnes épouses semblaient complètement perdues dans cet incroyable tourbillon. Dans beaucoup de nouvelles localités, il n'y avait que des réunions réservées aux alcooliques, comme si les AA voulaient exclure les autres. Cette tendance s'est soudainement renversée, ces dernières années. Nos partenaires incorporent de plus en plus les Douze Étapes à leur propre vie. J'en veux pour preuve le travail de Douzième Étape qu'elles font auprès des maris et des femmes de nouveaux membres, et ces réunions d'épouses qui surgissent maintenant partout. À leur réunion de Cleveland, elles nous ont invités, nous, alcooliques, à venir écouter. De nombreux sceptiques parmi nous sont ressortis de cette séance convaincus que nos « oubliées » tenaient là vraiment quelque chose. C'est ainsi qu'un alcoolique a pu dire: « J'ai ressenti une grande compréhension et une spiritualité incroyable dans cette réunion d'épouses. »

Il n'y a pas eu seulement des réunions à la Conférence de Cleveland, loin de là. Parlons du banquet par exemple, ou plutôt des banquets. On avait à l'origine prévu juste assez de personnes pour remplir la salle Rainbow de l'hôtel Carter, mais il y a eu beaucoup plus de dîneurs que ça. Les convives ont vite débordé de la salle, et la cafétéria Carter et le Petit Café ont finalement dû être fermés au public pour accueillir le flot de participants. Deux orchestres ont été recrutés, et ces excellents artistes se sont aperçus qu'ils devaient faire leur numéro deux fois, en haut et en bas. Personne n'était soûl, mais il fallait entendre chanter ces AA. Ils étaient, heureux et insouciants, et avec raison. Pourtant, c'est avec une note de sérieux sous-jacente que nous avons rendu hommage aux absents. C'est un membre des Iles Marshall qui, le premier, nous a rappelé les absents; bien qu'il soit tout seul là-bas, il continue d'affirmer que son groupe se compose de trois membres, à savoir: « Dieu, le livre *Les Alcooliques anonymes*, et moi. » La première étape de son périple de 7 000 milles en direction de Cleveland l'avait amené à Hawaï, d'où il nous avait rapporté, avec beaucoup de soins et de réfrigération, les célèbres colliers de fleurs des îles. L'un de ces tributs floraux venait de nos membres lépreux de Molokai, ces isolés qui seront toujours des nôtres, sans jamais être avec nous.

Nous avons aussi eu la gorge serrée à la pensée du Dr Bob, seul à la maison, gravement malade. Un hommage fut également rendu à un autre membre qui désirait tellement être à Cleveland au moment où nous allions atteindre notre majorité. Malheureusement, il n'a jamais pu se rendre à la réunion sur les Traditions, car il a été emporté par une crise cardiaque dans la nuit précédant cette réunion et le banquet d'anniversaire. Néanmoins, la gaieté a fini par reprendre le dessus, et nous avons dansé jusqu'à minuit. Nous étions sûrs que c'est ce qu'auraient voulu nos absents.

Plusieurs milliers d'entre nous se sont entassés dans le Cleveland Music Hall pour la réunion sur les Traditions, que la plupart des membres considéraient comme le point culminant de notre Conférence. Six fidèles de la première heure, venant d'endroits aussi éloignés que Boston et San Diego, ont merveilleusement passé en revue nos années d'expérience qui ont conduit à la rédaction de nos Traditions. Puis on m'a invité à résumer, et je l'ai fait en ces mots:

« Pour toute question liée à l'unité des AA, notre bien-être commun doit passer en premier; le mouvement ne reconnaît aucun pouvoir humain, mais le seul pouvoir de Dieu tel qu'il s'exprime dans notre conscience collective; nos chefs ne sont que des serviteurs de confiance, ils ne gouvernent pas; tout alcoolique peut devenir membre des AA, du moment qu'il le dit, nous n'excluons personne; tout groupe des AA peut administrer ses propres affaires à sa guise, pourvu que les groupes environnants n'en souffrent pas; nous, Alcooliques anonymes, n'avons qu'un seul but, transmettre notre message à l'alcoolique qui souffre encore; par conséquent, nous ne pouvons prêter notre argent, notre appui ou le nom des Alcooliques anonymes à aucune autre entreprise, peu importe son mérite; le mouvement doit demeurer pauvre, de peur que les problèmes de biens matériels, d'administration ou d'argent ne nous distraient de notre unique but; nous devons nous autofinancer, payant nous-mêmes avec joie nos petites dépenses; le mouvement doit à jamais demeurer non professionnel, la pratique de la Douzième Étape ne devant jamais être rémunérée; notre association ne doit jamais être organisée, mais nous pouvons néanmoins créer des conseils ou des comités de services responsables, afin de nous assurer une meilleure propagation et un meilleur parrainage, et nous pouvons engager, dans nos bureaux, des employés à temps plein pour certaines tâches spéciales; nos relations publiques doivent adopter le principe de l'attrait plutôt que la réclame, et il est préférable de laisser à nos amis le soin de parler en notre faveur; l'anonymat personnel doit être rigoureusement maintenu dans la presse, à la radio et au cinéma, et constituer notre meilleure protection contre la tentation du pouvoir ou de l'ambition personnelle; enfin, l'anonymat face au grand public est la clé spirituelle de toutes nos Traditions; il nous rappelle sans cesse que nous devons toujours faire passer les principes avant les personnalités, que nous devons faire preuve d'une véritable humilité, afin de ne jamais être corrompus par les grands bienfaits reçus et afin de vivre à jamais dans la reconnaissance et la contemplation de celui qui nous gouverne tous. »

Ayant ainsi résumé les Douze Traditions des Alcooliques anonymes, j'ai alors demandé aux personnes présentes si elles avaient des objections à formuler. En l'absence d'objection, j'ai proposé que les Traditions soient adoptées. Avec un ensemble impressionnant, la foule s'est levée. C'est ainsi que s'est achevée cette heure merveilleuse au cours de laquelle nous, les Alcooliques anonymes, avons pris notre destin en main.

Dimanche matin, nous avons écouté un groupe de quatre membres tracer le portrait spirituel du mouvement, tel qu'ils le concevaient. À cause de ceux qui vont à l'église et des fêtards lève-tard, le comité organisateur de la Conférence était loin de se douter que cette séance serait si courue. Ceux qui étaient allés à l'église étaient déjà revenus, et à peu près personne n'était resté couché. La salle de bal de l'hôtel Cleveland était déjà pleine une heure avant le début. Des centaines de personnes qui ne pouvaient approcher se sont entassées dans les couloirs et dans le hall d'entrée. Ceux qui craignent que le mouvement se désintéresse des choses spirituelles auraient dû être là.

La foule s'est tue tout à coup, et il y a eu un moment de silence. Puis ce furent les conférenciers, tous sérieux et soigneusement préparés. Je ne me rappelle pas d'une réunion des AA où l'attention a été plus grande et la dévotion plus profonde. Pourtant, de l'avis de certains, ces excellents orateurs ont involontairement, dans leur enthousiasme, soulevé un léger problème. Il semble qu'ils soient allés trop loin dans les comparaisons, discussions et interprétations religieuses, alors que depuis longtemps la tradition veut que les AA laissent toujours ces questions à la croyance de chacun des membres. Un membre s'est levé pour conseiller la prudence. En l'entendant, je me suis dit: « Quelle chance ! Comme nous allons bien nous rappeler que le mouvement ne doit jamais être perçu comme une religion ! Avec quelle fermeté nous insisterons pour dire que l'adhésion aux AA ne peut relever d'aucune croyance particulière, que nos Douze Étapes ne contiennent aucun article de foi religieuse, sauf la foi en Dieu tel que chacun d'entre nous le conçoit ! Avec quel soin nous allons dorénavant éviter toute situation qui puisse nous amener à discuter de sujets qui concernent les croyances religieuses personnelles ! » Quel beau dimanche matin ce fut !

Cet après-midi-là, nous avons empli l'auditorium Cleveland pour le grand événement, la venue de Dr Bob. Nous avions cru qu'il ne pourrait jamais venir, lui qui était si gravement malade. Le revoir une fois de plus a été pour les 7 000 personnes présentes une expérience inoubliable. Il a parlé pendant dix minutes, d'une voix forte et assurée, nous laissant un merveilleux héritage, un héritage qui nous aidera sûrement à grandir. Le legs d'un homme abstinent depuis le 10 juin 1935, d'un homme qui a permis à notre premier groupe de réussir, d'un homme qui, pendant ces 15 années, a aidé, comme médecin et comme membre des AA, 4 000 affligés au bon hôpital St. Thomas d'Akron, lieu de naissance du mouvement. Simplicité, dévouement, ténacité et fidélité, tels sont les traits de caractère que Dr Bob a su si bien inculquer à tellement d'entre nous. Personnellement, je me rappelais avec gratitude que, pendant toutes ces années où nous avons travaillé ensemble, nous n'avons jamais échangé un seul mot de colère. Toutes ces pensées nous venaient à l'esprit en observant Dr Bob.

Pendant une heure, j'ai tenté ensuite de récapituler notre Conférence, mais je ne pouvais rien ajouter à tout ce que nous avions vu, entendu et senti pendant ces trois merveilleux jours. Avec soulagement et certitude, nous avions découvert que le mouvement ne pourrait jamais devenir exhibitionniste ou se lancer en affaires, que nous lui avions vraiment conservé son humilité et sa simplicité du début, que nous faisions toujours attention d'attribuer le succès de notre chère association à Dieu et non à nous-mêmes.

À ce propos, j'ai fait part de la vision du mouvement que Lois et moi avions eue sur une plage lointaine, là-bas, en Norvège. Il y avait d'abord un membre qui écoutait la voix de sa conscience et vendait tous ses biens. George, Américain d'origine norvégienne, est venu nous voir à Greenwich, au Connecticut, il y a cinq ans. Ses parents, en Norvège, n'avaient pas eu de ses nouvelles depuis 20 ans. Puis, il leur a écrit pour leur parler de sa liberté nouvelle, mais les nouvelles qu'il a reçues, par retour du courrier, étaient très inquiétantes. Ses parents lui ont appris que son frère unique était dans une situation désespérée, sur le point de tout perdre à cause de l'alcool. Que faire? Ce membre de Greenwich a eu une longue conversation avec sa femme et, ensemble, ils ont pris la décision de vendre leur petit restaurant, leur seul bien, pour aller aider ce frère en Norvège. Quelques semaines plus tard, un avion les a déposés à Oslo. Après être allés rapidement de l'aéroport à la ville, ils ont parcouru 25 milles le long d'un fjord, jusqu'à la maison du frère malade. Il était vraiment en piteux état. Malheureusement, tout le monde s'en apercevait, sauf lui. Et il ne voulait rien savoir des AA, de ces sottises américaines. Lui, un alcoolique? Allons donc! Notre homme de Greenwich avait déjà entendu de telles objections, mais, il avait du mal à accepter ce discours si familier. Peut-être avait-il vendu tout ce qu'il possédait en pure perte. Il persista, mais finit par admettre que c'était inutile. Ayant quand même décidé de fonder un groupe des AA en Norvège, il est allé voir des membres du clergé et des médecins d'Oslo. Mais rien ne se produisit, personne n'avait le moindre candidat à lui proposer. Découragés, sa femme et lui ont décidé qu'il était grand temps de rentrer au Connecticut.

Mais la Providence s'en est mêlée. Le Norvégien rebelle a eu la bonne idée de se lancer dans une de ses formidables cuites périodiques. Aux prises avec une terrible gueule de bois, il a demandé à son frère de Greenwich: « Parle-moi encore de ces Alcooliques anonymes. Oh, mon frère, que vais-je faire ? » Avec une grande simplicité, George a raconté à nouveau l'histoire des AA. Après, il a rédigé à la main, dans un norvégien qu'il croyait avoir oublié, la traduction d'une brochure publiée par un groupe de White Plains, dans l'État de New York, et qui contenait, bien sûr, les Douze Étapes de rétablissement. Le couple du Connecticut est retourné ensuite chez lui. Le frère norvégien, typographe de son métier, a commencé à mettre de toutes petites annonces dans les journaux d'Oslo, expliquant qu'il était un alcoolique rétabli et qu'il désirait aider les autres. Un candidat s'est enfin présenté. En entendant l'histoire des AA et en lisant la brochure de White Plains, il est lui aussi tout de suite devenu abstinent. Et les futurs fondateurs ont publié d'autres annonces.

Trois ans plus tard, Lois et moi sommes descendus au même aéroport, pour apprendre que la Norvège compte maintenant des centaines de membres. Et des bons. Les hommes d'Oslo ont déjà transmis la nouvelle vivifiante dans d'autres villes norvégiennes, et ces phares brillent avec éclat. Cela s'est passé aussi simplement que cela - et aussi mystérieusement.

Pour terminer cette conférence historique, il semblait approprié de lire un extrait du chapitre onze des *Alcooliques anonymes*. Voici les mots que nous avons rapportés avec nous à la maison: « Abandonnez-vous à Dieu tel que vous le concevez. Reconnaissez vos fautes devant lui et devant vos proches. Déblayez votre passé de ses débris. Donnez généreusement ce que vous avez découvert et joignez-vous à nous. Nous serons avec vous dans la communion de l'Esprit, et nul doute que vous croiserez quelques-uns des nôtres lorsque, courageusement, vous marcherez sur le chemin de l'Heureux Destin. D'ici là, que Dieu vous garde et vous bénisse ! »

Le mouvement n'est pas une grande entreprise

Novembre 1950

L'Action de grâces approche. Ce sera donc bientôt la Semaine des Traditions, et je n'ai jamais été aussi heureux.

Nos Traditions sont couchées sur papier, mais elles sont d'abord inscrites dans nos cœurs. En effet, chacun de nous sait instinctivement, je crois, que nous ne pouvons disposer du mouvement à notre guise. Nous ne sommes que des gardiens chargés de préserver sa qualité spirituelle, de le garder uni pour ceux qui viendront après nous et auront besoin de ce qui nous a été si généreusement donné.

Au sujet de l'argent, nous avons appris notre leçon de bonne heure. Nous avons évité une organisation rigide, de peur de nous durcir et de nous autodétruire, en tant que mouvement! Mais en même temps, nous avions l'obligation morale et humanitaire de rendre notre programme immédiatement disponible à toute personne intéressée. Des gens sont venus vers nous en nombre croissant.

Il est vrai que nous avons eu besoin d'argent et que nous avons dû offrir des services. Par contre, nous avons résolu de ne jamais laisser l'argent ou l'administration de ces services nécessaires éclipser notre but spirituel. Un Dieu aimant nous a montré dans sa sagesse divine qu'un ivrogne désespéré et tremblant, qui cherche gauchement une pièce pour appeler à l'aide, est plus important que toute organisation que nous pourrions avoir ou dont nous pourrions avoir besoin!

À Cleveland, en juillet dernier, 7 000 membres ont approuvé les Douze Traditions des Alcooliques anonymes. Nous avons pris notre destin en main. Le mouvement est devenu adulte.

Trois de ces Traditions définissent les services des Alcooliques anonymes ainsi que notre responsabilité collective à leur égard, une responsabilité administrative et une responsabilité financière. Les Traditions disent aussi que nos serviteurs de confiance ne gouverneront jamais, qu'ils devront toujours rendre des comptes directement à ceux qu'ils servent.

Le mois dernier, je vous ai lancé, à vous, membres des Alcooliques anonymes, un appel urgent. Je vous implorais de prendre l'entière responsabilité financière du siège social du mouvement, la Fondation alcoolique et le Bureau des Services généraux à New York. Nous, qui y travaillons, sommes enchantés du résultat. Des groupes qui n'avaient jamais contribué l'ont fait. De nouveaux groupes, des petits groupes, des groupes dans des établissements, ont fait des sacrifices sans y être obligés. Si ça continue, le déficit du siège social sera chose du passé. Jamais je n'ai vu d'un aussi bon œil l'avenir de nos services. C'est dans ce contexte de générosité et de sens des responsabilités que je vais maintenant vous annoncer une nouvelle.

Pendant 12 ans, avec l'aide chaleureuse de merveilleux amis, Dr Bob et moi avons veillé sur votre siège social. Nous avons administré pour vous ces avoirs précieux que sont votre Bureau des Services généraux, votre livre *Alcoholics Anonymous*, votre principale revue, *AA Grapevine*, vos relations publiques, votre fonds collectif. Nous ne vous avons jamais demandé d'en être directement responsables. Mais les temps ont changé. Le mouvement est devenu adulte. Ses fondateurs ne sont pas éternels. Nous ne pourrons pas toujours être vos gardiens.

L'heure est donc venue pour vous de prendre ces choses sous votre garde. Nous vous demandons de bien les protéger, car l'avenir des Alcooliques anonymes pourrait dépendre en grande partie de la manière dont vous préserverez et soutiendrez ces services qui donnent la vie.

Prévoyant que vous accepterez avec joie cette nouvelle responsabilité, les administrateurs, Dr. Bob et moi vous proposons la création de la Conférence des Services généraux des Alcooliques anonymes.C'est une entité formée de représentants des États et des provinces qui siégera chaque année, guidée traditionnellement par les administrateurs de la Fondation. Nous y travaillons depuis longtemps et nous vous présenterons bientôt un plan détaillé pour la réalisation de ce grand changement.

Le mouvement des Alcooliques anonymes a bel et bien atteint sa majorité. Quelle belle Action de grâces !

Votre troisième legs

Une note précédait la première publication de l'article et se lisait ainsi: « Voici une proposition en vue de la création de «La Conférence des Services généraux des Alcooliques anonymes», corps restreint de délégués AA des États et des provinces, qui se réunira chaque année et assumera directement la responsabilité de la conduite du siège social des services généraux des AA à New York. »

Décembre 1950

Nous, les membres les plus anciens du mouvement des Alcooliques anonymes, nous vous léguons, à vous, les plus jeunes, ce triple héritage: les Douze Étapes du rétablissement, les Douze Traditions, et maintenant, les services généraux des Alcooliques anonymes. Vous avez déjà depuis longtemps la garde de deux de ces legs: les Douze Étapes qui nous ont permis de nous rétablir de l'alcoolisme et les Douze Traditions qui nous permettent d'atteindre une grande unité.

Puisque nous devons mourir un jour, Dr Bob et moi, nous désirons maintenant remettre aux membres leur troisième legs qui, depuis 1938, était administré par nous et nos amis. Il s'agit des services des Alcooliques anonymes: la Fondation alcoolique, le Gros Livre, la revue *Grapevine* et le bureau central. Ce sont là les principaux services qui ont permis à notre association de fonctionner et de se développer.

Au nom de tous, Dr Bob et moi vous demandons, à vous, les membres, d'assumer la conduite de ces services et de bien les protéger. La croissance future du mouvement, et même sa survie, pourraient bien un jour dépendre de l'administration prudente de ces services dans les années à venir.

Permettez-nous de partager avec vous une page d'histoire. Il y a 12 ans, avec l'aide chaleureuse de merveilleux amis, Dr Bob et moi avons établi un siège social pour notre association encore inconnue. Peu de temps après, nous l'avons confié à la Fondation alcoolique, qui était un petit conseil d'administrateurs dévoués à notre cause. Ce conseil se compose d'alcooliques et d'amis non alcooliques, et aujourd'hui, ils sont au nombre de 15. Quand est née notre Fondation, au printemps de 1938, le mouvement n'avait que trois ans, nous n'avions que 50 membres, et le livre *Alcoholics Anonymous* n'était encore qu'une idée. Personne alors n'aurait pu soupçonner la magnificence du don que la Providence avait commencé à nous faire.

Pendant les 12 années qui se sont écoulées depuis, les 50 membres du début ont essaimé et sont 120 000 de plus. Le mouvement s'étend dans le monde entier. Le monde religieux et le monde médical nous ont acceptés et nous ne sombrons plus dans un *no man's land* entre les deux. Nous n'avons pas d'ennemis et nos amis sont innombrables. Comme d'étincelantes îles de corail, nos milliers de groupes poussent les uns sur les autres et émergent de l'océan de l'alcool. Quel don divin, quel miracle !

Pendant notre enfance plutôt fébrile, la Fondation alcoolique a tranquillement joué, à l'insu de beaucoup, un rôle important dans la formation et la croissance de notre association bien-aimée, à l'aide de notre bureau général, du livre *Alcoholics Anonymous* et, plus récemment, de la revue *Grapevine.* Nous lui devons une bonne moitié de notre croissance et de notre efficacité, en qualité comme en quantité. Cela ne fait aucun doute.

Supposons que nous ayons été privés de ces services pendant toutes ces années. Où serions-nous aujourd'hui, sans notre livre et nos publications courantes qui sortent maintenant de notre siège social au rythme de trois tonnes par mois ? Si nos relations publiques avaient été laissées au hasard ? Si personne n'avait été chargé d'encourager la bonne publicité et de décourager la mauvaise ? Si aucune information précise au sujet du mouvement n'avait été diffusée ? Imaginez nos délicats rapports avec les médecins et le clergé laissés à la chance. Et puis, où seraient aujourd'hui nos milliers de membres si le bureau général n'avait pas été là pour répondre à leurs lettres frénétiques et pour les référer à des membres ? (Notre bureau de

New York a reçu l'an dernier 28 000 lettres de toutes sortes auxquelles il a répondu.) Et dans quel état seraient aujourd'hui ces centaines de groupes éloignés si le bureau ne les avait pas aidés à débuter, en leur écrivant ou en leur envoyant des membres en voyage? Comment aurions-nous pu nous débrouiller sans un annuaire mondial des groupes? Et que dire de ces groupes, dans vingt-huit pays étrangers, qui réclament des traductions, notre expérience éprouvée et des encouragements? Pourrions-nous publier notre livre à Oslo, en Norvège, et à Londres, en Angleterre? Et ces membres isolés, en haute mer ou dans des coins reculés de la planète, ces prisonniers, ces malades dans les asiles, ces vétérans encore dans l'armée ou à l'hôpital? Où risquerions-nous de nous retrouver si nous n'avions pas la revue *Grapevine*, notre miroir de la vie des AA et notre principal forum écrit? Comme nous sommes reconnaissants envers ces secrétaires, ces rédacteurs en chef bénévoles, et ces administrateurs amis qui ont pris soin pendant toutes ces années de nos affaires! Où serions-nous sans tout cela? Vous vous en doutez, nous ne serions nulle part, c'est certain.

Nous nous sommes donc rétablis grâce aux Étapes, nous nous sommes unifiés grâce aux Traditions, et nous avons pu, grâce aux services de notre siège social, fonctionner en tant que mouvement.

« La Fondation doit évidemment continuer, pourraient répondre certains. Nous paierons sûrement cette petite dépense. Mais pourquoi ne pas en laisser la direction à Dr. Bob, à Bill et à leurs amis les administrateurs, comme nous l'avons toujours fait? Pourquoi viennent-ils maintenant nous ennuyer avec ces affaires? Pourquoi compliquer le mouvement? » Ce sont là de bonnes questions. Mais les réponses aujourd'hui sont passablement différentes de ce qu'elles ont déjà été.

Voyons les faits.

Premièrement, Dr Bob et Bill vont mourir un jour. Ils ne sont pas éternels.

Deuxièmement, leurs amis les administrateurs sont presque des inconnus dans le mouvement.

Troisièmement, on ne voit pas comment nos administrateurs pourraient fonctionner dans les années à venir sans être guidés directement par le mouvement. Quelqu'un doit les conseiller. Quelqu'un ou quelque chose doit remplacer Dr Bob et Bill.

Quatrièmement, les Alcooliques anonymes sont sortis de l'enfance. Le mouvement a grandi, est devenu adulte, et il a maintenant le droit et le devoir d'assumer lui-même la responsabilité de son siège social.

Cinquièmement, si la Fondation n'est pas solidement liée au mouvement qu'elle sert par l'entremise des représentants des États et des provinces, notre siège social s'écroulera inévitablement un jour. Une fois les pionniers disparus, la Fondation livrée à elle-même ne pourrait pas survivre à une erreur ou à une controverse grave. La moindre tempête la jetterait par terre. Il ne serait pas facile de la remettre sur pied, peut-être même impossible. La Fondation étant isolée, comment pourrait-on y arriver? Comme une belle voiture sans essence, elle serait immobilisée.

Sixièmement, il y a un autre grand problème: le mouvement n'a jamais eu à affronter de crise grave, mais cela viendra un jour. Les affaires humaines étant ce qu'elles sont, nous ne pouvons nous attendre à rester à l'abri des difficultés sérieuses. Sans appui direct à leur disposition, sans un échantillon fiable de l'opinion des AA, comment nos lointains administrateurs pourraient-ils se tirer d'affaires dans une situation urgente et périlleuse? Ce «trou» béant dans notre structure actuelle entraînerait à coup sûr la débâcle. Nous n'aurions plus confiance en la Fondation. «Qui a autorisé ces administrateurs à parler en notre nom? demanderaient les membres. Qui leur dit qu'ils avaient raison?» Les liens que sont nos services étant emmêlés ou coupés, qu'arriverait-il aux millions de personnes qui ne connaissent pas notre message? Elles continueraient de souffrir ou mourraient, parce que nous aurions oublié la vertu de la prudence. Il ne faut pas que cela arrive.

Voilà pourquoi les administrateurs, Dr Bob et moi vous proposons maintenant la Conférence des Services généraux des Alcooliques anonymes. Voilà pourquoi nous avons un urgent besoin de votre aide directe. Nos principaux services doivent survivre, et nous croyons qu'un organisme comme la Conférence des Services généraux des Alcooliques anonymes le garantira.

Servir, c'est vivre

Juin 1951

Notre première Conférence des Services généraux des Alcooliques anonymes s'est réunie à New York en avril 1951. Elle était composée de 37 délégués des États-Unis et du Canada, du personnel du bureau central et des administrateurs. Son seul but était de servir les AA du monde entier.

Cette simple déclaration revêt aujourd'hui un sens profond pour tous ceux qui étaient présents. Nous en sommes venus à croire que l'avenir du mouvement était assuré. Nous avons acquis la certitude que les AA pourraient vivre aussi longtemps que Dieu aurait besoin de nous.

Pourquoi ce sentiment aussi profond chez chacun des participants à cette Conférence? Je vois deux raisons. Nous avons entendu pour la première fois s'exprimer la conscience collective de tous les Alcooliques anonymes. De plus, nous nous sommes rendu compte, comme jamais auparavant, du danger de la « la foi sans les œuvres ». Pour la première fois, la conscience collective du mouvement s'est donc sentie appelée à servir.

Pour expliquer cela clairement, considérons pendant un moment un simple membre des AA. La foi seule ne le sauvera pas. Il doit agir, faire quelque chose. Il doit transmettre son message à d'autres, mettre en pratique les principes du mouvement dans tous les domaines de sa vie. Autrement, il retombera, dépérira et mourra. Maintenant, considérons un groupe des AA. La foi pure, la simple croyance en un principe juste, en une tradition saine, peuvent-elles assurer sa survie ? Pas du tout. Chaque groupe, doit agir lui aussi, faire quelque chose. Il doit remplir la fonction qui est la sienne, sinon il dépérira et se désintégrera.

Nos délégués à la Conférence ont pu appliquer ce principe à tout le mouvement des AA. Ils ont regardé bien au-delà du seul membre et de son groupe. En un éclair, ils ont compris un fait brutal: le mouvement dans son ensemble doit continuer de fonctionner, sinon il pourrait bien subir les conséquences habituelles de la foi sans les œuvres, c'est-à-dire l'effritement. Une illusion confortable s'est envolée; si chaque groupe AA s'occupe strictement de ses propres affaires, il n'est plus certain que Dieu récompensera notre imprévoyance en se chargeant seul de protéger le mouvement dans son ensemble, notamment notre siège social, nos relations publiques et le bien-être des millions qui ne connaissent pas encore notre existence. Les délégués ont compris que ce serait là avoir la foi sans les œuvres, sans les responsabilités. Il ne pourra jamais en être ainsi. Bien sûr, il y aura toujours beaucoup de travail. De nombreuses personnes devront prendre beaucoup de responsabilités. Chaque membre devra donner un peu au mouvement tout entier.

Maintenant adulte, notre association doit commencer à s'occuper de ses propres services vitaux, qui ne peuvent être laissés inconsidérément à la seule garde d'un conseil d'administrateurs, isolés, inconnus et sans aide. Le travail de notre Fondation et du siège social des AA doit être compris de tous et soutenu directement par le mouvement. Pour les délégués, cela était l'évidence même. Par conséquent, la prochaine fois que vous rencontrerez votre représentant à la Conférence, il se peut que vous l'entendiez s'exprimer à peu près dans ces termes:

« Merci de m'avoir envoyé à New York. Je viens de passer trois jours au siège mondial du mouvement. Nos administrateurs ainsi que le personnel du Bureau et de Grapevine nous ont tout montré pour nous faire voir le passé, le présent et l'avenir des AA. Ce que nous avons vu et ressenti est saisissant.

Nous avons senti tout à coup ce qu'était le mouvement dans son ensemble. Nous avions sous les yeux une association d'une unité incomparable, qui ne voit jamais le soleil se coucher, une communauté mondiale quatre mille fois plus grande qu'un seul groupe AA.

Nous avons alors compris que nous devions cette merveille au service dévoué de quelques-uns, ces travailleurs du siège social qui nous ont permis, pendant plus d'une décennie, de recueillir dans nos champs éloignés ces 120 000 compagnons de souffrance et de mettre cette moisson à l'abri au milieu du respect affectueux du monde entier. Nos serviteurs invisibles de la Fondation ont fait tout cela parce que Dr Bob et Bill le leur ont demandé.

Pourtant, ils nous disaient maintenant, à nous, les délégués: «Vous devrez bientôt donner un coup de main. Voici les services des AA, voici nos Traditions, venez nous aider à les administrer. Les temps ont changé; nous, les anciens, nous ne sommes pas éternels. Voici votre legs du service. Acceptez-le et prenez-en soin.»

La scène de la Conférence, dimanche après-midi à notre dernière réunion, demeurera un souvenir précieux dans les annales du mouvement. Nous pouvions tous entendre dans ce rassemblement historique la voix des Alcooliques anonymes qui disait: «Servir le mouvement, c'est vivre. Nous acceptons avec joie notre troisième legs. Puissions-nous en prendre soin et nous en servir avec sagesse. Dieu fasse que ce legs du service soit toujours en sécurité sous notre garde.»

À ce moment-là, le flambeau du service a bel et bien changé de mains; nous, les plus vieux, vous l'avons transmis à vous, les plus jeunes. Il est passé à toutes les générations à venir de ces enfants de la nuit qui verront, si Dieu le veut, l'obscurité bannie au sein des Alcooliques anonymes pendant toutes ces belles années que nous réserve à coup sûr le destin.

Le mouvement fonctionne grâce aux services

Novembre 1951

Une cafetière qui mijote dans la cuisine, un hôpital qui dessoûle un malade gravement atteint, le message des AA qui est diffusé par le siège social, nos services qui s'étendent aux quatre coins du monde. Tout cela symbolise les AA en action. Car l'action est la formule magique des Alcooliques anonymes. Tous les services des AA prouvent chaque jour que des activités soi-disant «matérielles» peuvent produire de magnifiques résultats spirituels.

À une certaine époque, toutes les réunions des AA avaient lieu dans des maisons privées. Il n'y avait alors aucun comité et personne ne donnait un sou. Nous n'avions même pas de nom, et pas de fondateurs non plus. Tout était si simple.

Pourtant, nous avions bel et bien un «service» fort précieux: nos femmes faisaient des gâteaux et du café fort pour nous, les alcooliques réunis dans le salon, craignant toujours que notre nouveau programme ne fonctionne pas au bout du compte. L'encouragement de nos femmes aplanissait les difficultés et allégeait le poids de nos doutes. Dès le tout début, donc, c'est cet aimable service qui faisait fonctionner le mouvement.

Bientôt, les réunions ont grossi et nos salons sont devenus trop petits. Nous avons dû déménager dans des salles. Ces lieux de réunion étant rarement gratuits, nous devions donc payer un loyer. Les propriétaires n'étaient pas le moins du monde intéressés par les avantages spirituels de notre pauvreté collective. Quelqu'un passait donc le chapeau et nous y mettions de l'argent de plein gré; nous savions que nous ne pourrions pas autrement nous réunir et fonctionner en tant que groupe. À contrecœur, nous avons appris que le loyer était nécessaire à l'abstinence, que notre dividende spirituel était la vie elle-même.

L'obligation de payer un loyer a aussi donné naissance au premier «responsable»; celui que nous avions choisi pour passer le chapeau est vite devenu notre trésorier. Par la suite, il a fallu répondre au téléphone, écrire des lettres, commander et distribuer de la documentation. La fonction de secrétaire de groupe, aujourd'hui bien connue, a fait son apparition. Bientôt, il a fallu donner des interviews dans les journaux, s'adresser aux pasteurs et aux médecins, traiter avec les hôpitaux, organiser des banquets. Ces tâches ne pouvaient être confiées à n'importe qui. Il fallait choisir quelqu'un de particulier, et ce «quelqu'un» est devenu le président des services du groupe.

Comme de raison, toutes ces activités étaient ennuyeuses, car elles troublaient parfois notre sérénité imparfaite. Nous avons commencé à nous chamailler, nous avons entendu de sombres pronostics sur notre avenir, et nous mourions tous d'envie de retourner dans nos salons. Nous ne l'avons pas fait parce que nous ne le pouvions pas. Nous avons compris qu'il nous fallait des comités de services, sinon nous ne pourrions pas fonctionner, et peut-être même allions-nous nous désagréger complètement. Il nous fallait en fait *organiser des services pour que le mouvement reste simple.*

Nous avons vite découvert que les hôpitaux n'aimaient pas les ivrognes. Nous étions bruyants, nous dérangions, nous omettions de payer nos factures et nous nous rétablissions rarement. Pourtant, nous constations aussi que de nombreux alcooliques ne pourraient jamais s'en sortir avec les AA s'ils n'étaient pas hospitalisés. Que faire alors?

Au début, nous avons opté pour le sevrage progressif à la maison. Mais au lieu de diminuer progressivement, nos nouveaux clients en profitaient habituellement pour se remettre à boire et s'en retournaient tout droit dans les bars. Des groupes ont essayé de mettre sur pied des « hôpitaux AA », avec des médecins à leur disposition. C'était aller trop loin; ces groupes se retrouvaient en affaires. Toutes ces tentatives du début ont été des fiascos. Nous avons fini par apprendre que chaque groupe des AA devrait être avant tout une entité spirituelle, non une entreprise commerciale. Puis des membres et leurs amis ont commencé à fonder des maisons de rétablissement et des centres de désintoxication, à titre d'entreprises privées.C'était beaucoup mieux, mais ça ne suffisait pas.

Finalement, les médecins sont venus à notre secours. Partageant notre certitude chèrement acquise — les soins médicaux devaient être laissés aux médecins — ils ont entrepris de nous aider à établir des liens avec les hôpitaux. Nos premières tentatives de collaboration avec les hôpitaux, dans les zones urbaines, ont souvent créé une confusion nuisible. N'importe qui parrainait n'importe qui, et les factures d'hôpital n'étaient pas toujours payées. Des membres pleins de suffisance voulaient montrer aux médecins comment diriger leurs salles. Ces relations sans queue ni tête avec les hôpitaux n'aidaient pas à garder le mouvement simple. La confusion régnait, jusqu'à ce que certains hôpitaux demandent carrément aux groupes de la région métropolitaine de nommer des membres responsables avec qui ils feraient affaires. Sinon... Personne, disaient les autorités des hôpitaux, ne pouvait collaborer dans l'anarchie.

Les AA ont alors compris que la responsabilité du groupe devait s'étendre au-delà du seuil de la salle de réunion, les seuls mardis et jeudis soirs. Sans quoi, le nouveau à la porte pourrait rater l'occasion et perdre la vie.

Lentement et à contrecœur, les groupes des zones populeuses ont dû se rendre à l'évidence; ils devaient former des associations, ouvrir de petits bureaux, embaucher quelques secrétaires à temps plein. Un grand tollé s'est élevé. Pour beaucoup, cela était synonyme d'organisation destructrice, de politique, de professionnalisme, de grosses dépenses, de bureaucratie dirigeante, de gouvernement. « Vous verrez, disaient-ils, un bureau central local pourrait coûter à chaque membre de la région métropolitaine 50 cents par mois. Cela pourrait devenir un impôt individuel. Et notre Tradition qui dit « ni cotisation, ni droit d'entrée ».

Évidemment, ces craintes exagérées ne se sont jamais concrétisées. Nous comptons maintenant plusieurs bons intergroupes soutenus financièrement par des contributions volontaires. Le nouveau a de meilleures chances et les hôpitaux sont satisfaits. Le bureau d'une grande association de groupes a parrainé et hospitalisé 7 000 alcooliques. Un service rapide d'entrevue et d'écoute téléphonique aide à semer la graine du rétablissement chez des milliers d'autres. Des répertoires de réunions locales sont publiés, quelqu'un s'occupe des relations publiques, et des rassemblements et des dîners régionaux sont organisés. Nous nous sommes rendu compte que ces services ne pouvaient être laissés à quiconque avait envie d'accorder une interview ou d'imprimer une série de billets ou de dépliants. Bref, les intergroupes accomplissent dans une région les tâches que ne peut accomplir un membre ou un groupe. Ils unissent les régions. Ils font fonctionner le mouvement.

En 1937, certains d'entre nous ont réalisé qu'il fallait de la documentation sur les AA. Un livre était nécessaire. Transmis oralement, notre programme pouvait être déformé; nous risquions la dissension au sujet de nos principes fondamentaux, ce qui ruinerait nos relations publiques. À moins de mettre nos connaissances par écrit, nous ne pouvions remplir notre devoir envers l'alcoolique qui n'avait pas encore entendu parler de nous.

Tous n'étaient pas d'accord, et beaucoup avaient peur à cette idée. Elle exigeait une certaine quantité d'argent. Il y aurait de grosses disputes au sujet de la paternité du texte, des droits d'auteur, des profits, des prix et du contenu même du livre. Certains croyaient sincèrement que ce projet, apparemment téméraire, ferait voler en éclats notre petite association. « Évitons les ennuis, disaient-ils, restons simples. »

Eh bien, il y a eu de violentes querelles au sujet de la rédaction et de la diffusion de ce livre des AA. En fait, il a fallu attendre cinq ans pour que les clameurs s'apaisent. Si certains membres s'imaginent que les anciens qui ont produit le Gros Livre méditaient sereinement, vêtus de robes blanches, ils font mieux d'oublier cette image. L'inspiration que les lecteurs disent aujourd'hui trouver dans ce livre doit s'y trouver par la seule grâce de Dieu !

Pourtant, voyez ce qui est arrivé. En 1951, 2 000 exemplaires du livre des AA diffusent silencieusement notre message dans le monde entier et éclairent la route du progrès de presque tous les nouveaux membres. Il ne fait pas de doute que ce livre constitue le pivot de notre unité et qu'il a incroyablement *simplifié* notre tâche. Sa rédaction a été en partie une entreprise très « matérielle », mais les douleurs de l'enfantement ont contribué à façonner notre association et à la faire fonctionner. Ses résultats spirituels, sous l'angle de la sobriété, du bonheur et de la foi, sont incalculables.

Tous ces services du siège social permettent au mouvement de fonctionner comme un tout. Les personnes qui y travaillent protègent nos Traditions, publient notre documentation de base, veillent à nos relations publiques et nous rattachent très bien au monde extérieur. Ils servent d'intermédiaires dans nos disputes et nous guident dans nos décisions. Ces services indispensables sont les principales bouées que lance le mouvement aux millions qui ne le connaissent pas.

C'est ce centre mondial de services qui constitue le principal élément du troisième legs que nous avons récemment annoncé. wdes Services généraux des Alcooliques anonymes, corps formé de représentants des États et des provinces, a assumé la direction et l'orientation des principaux services du mouvement en avril dernier.

Cet événement a marqué, pour Dr Bob, moi-même et nos amis, la transmission aux membres des Alcooliques anonymes de la responsabilité de nos services mondiaux. Prenez grand soin de cet héritage; la vie et le bonheur de millions de personnes, la survie même du mouvement pourraient bien dépendre de la manière dont vous vous acquitterez de vos nouvelles obligations.

Donnons à nos services l'envergure nécessaire. Mettons-les au même rang que nos Douze Étapes de rétablissement et que les douze principes de notre Tradition. Oublions notre peur d'une super organisation; rappelons-nous que le mouvement tout entier ne peut pas être organisé, mais que nous devons organiser et financer nos services spéciaux pour que notre mouvement puisse fonctionner. Oublions notre peur du professionnalisme, de l'accumulation de richesse et d'un gouvernement. Notre expérience, renforcée maintenant par nos Traditions, nous assure déjà qu'aucun de ces maux ne risque de fondre sur nous.

Changeons surtout notre vieille attitude au sujet de l'argent. Ensemble, les membres gagnent d'énormes revenus, grâce à leur sobriété, une manne d'un demi-milliard de dollars chaque année. Ne pouvons-nous pas réinvestir avec sagesse, gratitude et humilité, une minuscule fraction de cette somme énorme dans les services vitaux qui font fonctionner le mouvement ? Je crois que nous le pouvons et je crois que nous le ferons. Car nous avons vu, dans notre propre vie, la sobriété engendrer de l'argent, et dans nos services AA, un peu d'argent engendrer des dividendes spirituels incalculables. Réfléchissons bien à tout cela encore une fois.

Grâce à nos Douze Étapes, nous nous sommes rétablis; grâce à nos Douze Traditions, nous nous sommes unis; grâce à notre troisième legs, les services, nous porterons le message des AA dans les époques futures. J'en suis assuré.

Une vision de l'avenir

Janvier 1952

Une vision claire de l'avenir ne peut venir que d'un regard sincère sur le passé. C'est pourquoi nous, les Alcooliques anonymes, nous faisons notre inventaire personnel. C'est pourquoi ce numéro de *Grapevine* nous invite à faire notre inventaire annuel et à méditer sur les grands événements de l'année 1951.

Tous les membres seront d'accord pour dire que nous venons de vivre 12 mois incroyables, qui ont façonné notre destin.

Le plus grand événement, à mon avis, a été la prise en charge par le mouvement de son troisième legs, les services. Devenu adulte, notre mouvement a pu pour la première fois exprimer son opinion, assumer la direction de ses principales entreprises et la garde de ses Traditions. Avec notre troisième legs, nous avons pu abandonner pour de bon les querelles mesquines de l'enfance au profit d'une gestion beaucoup plus adulte. Sur notre cathédrale spirituelle, la flèche fermement ancrée de nos services pointe vers le ciel. Elle s'élève au-dessus des grandes dalles qui symbolisent notre rétablissement, au-dessus des murs protecteurs qui montrent notre unité, pour appeler les millions qui ne nous connaissent pas encore. C'était le dernier élément de notre structure. Tel est, croyons-nous, le sens profond de notre première Conférence des Services généraux des Alcooliques anonymes, réunie en avril dernier à New York.

D'autres grands événements se sont produits, venant de l'extérieur. Nous n'avons jamais été approchés par autant de théologiens, de philosophes, de sociologues, d'employeurs et de spécialistes des sciences politiques; tous voulaient voir comment les principes et la structure des AA pourraient s'adapter à leur domaine de réflexion ou de travail. Jamais non plus, autant de membres réputés du clergé ont proclamé que les Douze Étapes des AA pouvaient s'appliquer à presque tous les problèmes humains.

Le monde s'est attaqué davantage au problème global de l'alcoolisme, notamment la célèbre Organisation mondiale de la santé. En Amérique du Nord, les États et les provinces ont alloué de grosses sommes aux hôpitaux, aux cliniques et à l'éducation. On a trouvé de nouveaux médicaments pour soulager tous les maux de l'alcoolique, des tremblements à la névrose. Dans toutes ces entreprises, les AA sont toujours fortement recommandés. Une grande compagnie d'assurance-vie, la Metropolitan, nous a approuvés chaleureusement dans sa publicité. Sans jamais prêter notre nom à ces entreprises, nous avons collaboré avec joie avec certaines et nous sommes reconnaissants envers toutes.

L'intérêt que nous porte le public a atteint un point culminant avec la publication du numéro très spécial de février 1951 du magazine *Fortune*. On retrouvait, au milieu de ce numéro, des milliers de remarques louangeuses à l'égard du mouvement, dans un article au titre significatif: « Un phénomène typiquement américain ». Il a été si populaire que la Fondation en a expédié des dizaines de milliers de réimpressions.

L'année 1951 s'est achevée sur un autre coup d'éclat. Le monde de la science, par la voix de l'Association américaine de la santé publique, a accordé de façon retentissante son approbation totale au mouvement des Alcooliques anonymes. Le 30 octobre dernier, la scène historique de l'Opéra de San Francisco était remplie de grands noms de la médecine et des affaires publiques. C'est là que le mouvement des Alcooliques anonymes a reçu le très précieux prix Lasker que beaucoup comparent au prix Nobel. Non seulement nous a-t-on louangés pour notre réussite dans le domaine de l'alcoolisme, mais on s'est même aventuré dans des prédictions. « Les historiens, disait-on en conclusion, pourraient un jour montrer que les Alcooliques anonymes ont obtenu beaucoup plus qu'un succès considérable avec l'alcoolisme et la honte qui s'y rattache. Ils pourraient reconnaître dans ce mouvement une œuvre sociale avant-gardiste qui a façonné un nouvel instrument d'action sociale, une nouvelle thérapie fondée sur les liens d'une souffrance commune, une thérapie qui a un vaste potentiel pour les autres multiples maux de l'humanité. »

Voilà le compte rendu spectaculaire de l'année 1951, l'une des plus belles pages du passé dans l'histoire du mouvement.

En réfléchissant à ces événements étonnants, les membres s'exclameront sûrement avec humilité: « Quelle belle œuvre divine! » Si quelqu'un était tenté de rêver que le mouvement est devenu grand, puissant et peut-être destiné à sauver le monde, qu'il relise l'avant-propos de *La Tradition des AA* , où l'on trouve ces mots: « Si, comme membres des AA, nous pouvons tous refuser le prestige public et renoncer à tout désir de pouvoir personnel; si, comme mouvement, nous insistons pour demeurer pauvres ... si nous rejetons résolument toute alliance politique, confessionnelle ou autre, nous éviterons la division interne ou la notoriété publique défavorable; si, comme mouvement, nous demeurons une entité spirituelle, ayant pour seule préoccupation la transmission de notre message à nos semblables qui souffrent... alors seulement pourrons-nous remplir notre mission le plus efficacement possible. »

Ce qui, en fait, revient à cette prière: « Ne nous conduis pas à la tentation » - ne nous laisse pas nous corrompre. »

En effet, tant que nous méditerons humblement dans cet esprit sur les grands moments de notre passé, Dieu nous donnera une vision de l'avenir.

Notre dernière grande décision

Juin 1954

L'an prochain, le 10 juin 1955, nous célébrerons le vingtième anniversaire des AA. Mais ce ne sera pas tout, puisqu'en 1955, notre mouvement prendra, je crois, sa dernière grande décision au sujet de sa forme et de sa composition définitives.

Quelle sera exactement cette grave décision?

En avril, cette année, la Conférence des Services généraux s'est réunie à New York pour sa quatrième et dernière rencontre expérimentale.

Comme le savent la plupart d'entre nous, la Conférence est un instrument qui nous permet d'espérer que le mouvement, dans le monde entier, sera bientôt capable d'assumer la direction et le plein contrôle de l'ensemble de ses services et de ses principales entreprises; depuis longtemps, le pivot de tous ces services essentiels est notre Fondation, notre Bureau des Services généraux et nos maisons de publication, AA Publishing et *AA Grapevine.*

Dans le cadre d'une expérience de quatre ans pour diriger le mouvement par l'entremise de sa conscience collective, des délégués de tous les États américains et de toutes les provinces canadiennes se sont réunis avec nos administrateurs et les membres du personnel, ici à New York, afin de déterminer si le mouvement tout entier peut vraiment fonctionner et prendre désormais en main en toute sécurité notre troisième legs des services.

Nous qui avons vu avec anxiété notre Conférence naissante faire ses premiers pas, nous qui l'avons vue prendre forme, se développer et se renforcer, nous avons aujourd'hui totalement confiance. Nous croyons que fermement reliée à d'autres conférences semblables dans tous les pays éloignés, notre Conférence pourra garantir, de façon absolue, la survie, l'unité et le fonctionnement des AA dans le monde entier. Nous sommes absolument certains que le nouveau phare des services pourra résister à toutes les tempêtes et à tous les périls qui peuvent surgir au cours des années. Pour la première fois, nous sommes sûrs que le mouvement est à l'abri et en sécurité.

Par conséquent, le grand événement de 1955 sera notre décision de faire de cette nouvelle Conférence des Services généraux une partie intégrante permanente de la vie des AA. Cette étape irrévocable marquera l'achèvement de la structure des AA — le Rétablissement, l'Unité et maintenant le Service. Elle marquera le jour où nous déclarerons devant Dieu et devant les hommes que nous sommes pleinement responsables et adultes.

Notre troisième et dernier legs, celui du Service, passera des mains des anciens - comme Dr Bob et moi - à vos mains à vous, qui êtes les Alcooliques anonymes d'aujourd'hui et de demain.

Voilà pourquoi l'année 1955 sera si importante. Elle marquera le jour de notre vingtième anniversaire et de la dernière décision des AA.

Souhaitons que nous obéissions ainsi à la volonté de Dieu à notre égard, amen !

Lettre aux groupes

Juillet 1954

À la récente Conférence des Services généraux, après des discussions attentives, nous avons adopté une résolution demandant l'abolition de tous les rabais consentis aux groupes des États-Unis et du Canada à l'achat du Gros Livre et du livre *Les Douze Étapes et les Douze Traditions.*

Cette résolution a rallié une forte majorité (68 contre 7) qui représente un échantillonnage précis de l'opinion des membres. Il a aussi été suggéré que je vous écrive pour vous expliquer pourquoi cette décision était jugée nécessaire.

Notre expérience au siège social du mouvement pendant les 15 années de son existence nous montre clairement, sans l'ombre d'un doute, que la Fondation doit constamment disposer d'un fonds de réserve substantiel afin de combler les fréquents manques à gagner et de se préparer à l'éventualité d'une récession ou d'une forte inflation; elle peut garantir ainsi en toutes circonstances le maintien de nos services mondiaux.

Il ne s'agit pas d'un principe théorique. Pendant ses deux premières années d'activités, le siège social a payé toutes ses dépenses à même les ventes de livres et de brochures. Puis, en 1941, les groupes ont commencé, par des contributions volontaires, à supporter ces dépenses. Depuis cette date, par contre, les contributions des groupes n'ont réussi que cinq fois en 13 ans à payer la facture complète du Bureau des Services généraux des AA. À deux occasions, les profits des ventes de livres, mis de côté par la Fondation, ont empêché le Bureau de fermer ou de réduire gravement ses services.

Je me rappelle une période où il manquait, de la part des groupes, environ 2 000 $ par mois pour payer les dépenses du bureau. En même temps, *Grapevine* perdait 1 000 $ par mois. Les pertes se sont maintenues à ce rythme pendant à peu près deux ans. C'est seulement grâce aux recettes des livres gardés par la Fondation que *Grapevine* n'a pas fermé ses portes. Notre Bureau des Services généraux aurait pu subir de sévères restrictions au moment même où notre association grandissait rapidement et avait besoin d'une augmentation et non d'une diminution des services.

Grâce à la Conférence des Services généraux, à l'activité des délégués et des membres de ses comités, et grâce à votre meilleure compréhension des services nécessaires, nous sommes évidemment dans une bien meilleure situation en ce moment. L'an dernier, Grapevine a fait un très léger profit, et grâce à une hausse des contributions des groupes, les dépenses du Bureau des Services généraux ont pu être à peu près toutes payées.

Pourtant, il restait un déficit global d'environ 10 000 $, à cause d'un manque à gagner dans les contributions spéciales des groupes pour payer les dépenses de la Conférence des Services généraux.

Encore une fois, c'est l'argent des livres et des brochures qui a permis de tenir cette Conférence, en dépit de l'amélioration constatée récemment. Ces faits font partie de notre histoire et montrent que la Fondation doit à tout moment disposer d'un fonds de réserve sûr qui garantisse le fonctionnement des services mondiaux des AA, quoi qu'il arrive.

À cause d'une hausse des dépenses et de l'inflation depuis quelques années, notre fonds de réserve n'équivaut plus maintenant qu'à neuf mois des dépenses d'exploitation du Bureau des Services généraux.

Étant donné la période incertaine que nous traversons, la Conférence a jugé cette réserve beaucoup trop basse et pas du tout sécuritaire. Elle a pris conscience qu'une baisse d'à peine 15 ou 20 pour cent des contributions des groupes et des ventes de publications pourrait à nouveau nous mettre dans une situation difficile.

C'est ce qui explique cette résolution de la Conférence de suspendre tout rabais sur l'achat de livres, tant que la réserve de la Fondation n'aura pas atteint un montant équivalant au moins à deux ou trois ans de dépenses d'exploitation du Bureau des Services généraux.

Par conséquent, AA Publishing va maintenant demander aux groupes canadiens et américains 3,50 $ pour le Gros Livre et 2,75 $ pour *Les Douze Étapes et les Douze Traditions*. Il a été stipulé de façon expresse que la Fondation devait placer cet argent additionnel dans son fonds de réserve à la banque. Si ce fonds atteint les 300 000 $ dans les cinq prochaines années, il a été entendu que les rabais sur les livres seront rétablis pour les groupes. Quand nous songeons à la taille et au rayonnement du mouvement, ces 300 000 $ ne constituent qu'un très petit montant, un investissement permanent de seulement 2 $ par membre pour que le centre même du mouvement ne s'effondre jamais, peu importe les circonstances.

Cette résolution de la Conférence m'a donné énormément de satisfaction et m'a apporté un grand soulagement, car elle signifie que notre siège social est désormais à l'abri de la récession et des dangers.

Je crois que tous les groupes verront la nécessité de cette réserve protectrice, tout en continuant à verser leurs contributions volontaires, qui servent à financer les dépenses courantes de notre Bureau des Services généraux.

Merci mille fois à vous tous !

La signification du congrès de St. Louis

Avril 1955

L'été prochain, cela fera 20 ans que j'ai posé les yeux pour la première fois sur le Dr Bob, 20 ans que l'étincelle qui allait devenir les Alcooliques anonymes a été allumée, et que le premier groupe des AA s'est formé et développé à Akron.

En juillet 1955, nous fêterons cet anniversaire à St. Louis, nous tous qui pourrons nous y rendre, sans doute dix ou vingt mille membres. Quant à ceux qui ne pourront être présents, ils nous accompagneront sûrement par la pensée et ne pourront faire autrement que de partager avec nous ces heures excitantes et pleines de signification quand ils liront les rapports.

À St. Louis, ce ne sera pas n'importe quel anniversaire, pour la simple raison qu'il ne pourra jamais y avoir une autre occasion comme celle-ci dans toute notre histoire à venir.

Comme lors des anniversaires passés, nous remercierons Dieu de nous avoir délivrés de l'esclavage; nous rendrons un hommage reconnaissant à tous nos proches, à ceux qui nous sont chers et qui ont traversé la grande nuit spirituelle avec nous; nous nous rappellerons avec reconnaissance nos amis de l'extérieur, dont les idées, la bienveillance et le travail généreux ont tant contribué à faire du mouvement ce qu'il est aujourd'hui. Nous nous saluerons tous avec une chaleur rarement vue ailleurs. Nous échangerons nos expériences, nous admettrons que notre association a ses défauts, et nous demanderons à Dieu de nous indiquer la manière de les éliminer. Nous réfléchirons au sens de notre histoire, courte mais excitante, et nous accepterons d'une foi confiante le destin que nous réserve la providence. Voilà ce que nous ferons à St. Louis.

De plus, nous ferons certaines choses qui ne pourront plus jamais être faites: nous affirmerons que l'enfance et l'adolescence de notre association appartiennent désormais au passé, un passé incroyable et presque miraculeux, que notre association est maintenant adulte, que nous nous proposons désormais de nous approprier pleinement et d'assumer l'entière responsabilité de l'héritage qui nous vient des premières années du mouvement, ces legs vitaux du Rétablissement, de l'Unité et du Service. L'unité et le fonctionnement de notre mouvement ne dépendront plus jamais de ses parents, de ses aînés ou de ses fondateurs. Ce sera là la signification unique du congrès de St. Louis.

Ceci veut dire que tous ensemble nous sommes maintenant entièrement prêts à assumer pleinement la garde de nos Traditions qui garantissent notre unité future, et aussi à prendre la responsabilité complète des services mondiaux qui nous permettent de fonctionner collectivement et qui constituent des principales bouées de sauvetage pour ces millions de personnes dans le monde qui ont encore besoin des AA.

Ce texte semble peut-être vague, abstrait ou visionnaire, mais il ne l'est pas du tout. Au fond, il part d'une idée simple et pratique. Il vient un temps dans une famille où les parents doivent dire à leurs enfants, garçons ou filles: « Maintenant que vous avez grandi, voici votre héritage. Faites-en ce que vous voudrez. Nous veillerons, nous vous aiderons, mais nous ne pouvons plus décider à votre place, agir à votre place ou vous protéger. À partir de maintenant, vous êtes responsables de votre propre vie et de votre bien-être. Prenez donc votre destin en main, et puisse Dieu vous aimer. » C'est ce que doivent faire de bons parents. À un certain moment, ils doivent tous « lâcher prise et laisser agir Dieu ». C'est exactement ce que nous, les anciens, nous allons vous proposer à St. Louis. C'est en tout cas ce que je projette de faire, car je crois qu'une telle décision est saine et juste, et qu'elle vient à point.

Sur la grande scène de l'Auditorium de St. Louis, vous allez voir vos représentants élus, les membres de la Conférence des Services généraux des Alcooliques anonymes. Parmi eux, il y aura vos administrateurs et le personnel des services mondiaux. Dans les derniers instants de notre congrès, je vais, au nom des anciens...

Zut ! me voilà en train de gâcher la surprise !
En espérant, Lois et moi, vous voir tous à St. Louis ...

Le développement des services mondiaux
Première partie

Les trois articles suivants comprennent la version originale de la partie historique du Manuel du service chez les AA. Certaines portions du texte, qui contiennent des éléments depuis longtemps périmés et qui n'apparaissent plus dans Le Manuel du service, sont retenues ici, pour des raisons historiques.

Mai 1955

Un jour, on écrira l'histoire des Alcooliques anonymes. À ce moment-là, la plupart d'entre nous comprendront enfin quel rôle ont joué l'ensemble des services, nationaux et internationaux, dans notre société, à quel point il a été difficile de les mettre sur pied et à quel point il est vital de les conserver à l'avenir.

Un certain jour de 1937, dans la maison du Dr Bob, à Akron, nous faisions le bilan, lui et moi, de près de trois années de travail. Pour la première fois, nous avons constaté qu'il était possible d'envisager le rétablissement massif des alcooliques. Nous disposions alors de deux groupes, modestes mais solides, l'un à New York, l'autre à Akron, sans compter quelques membres éparpillés ici et là. Comment ce petit nombre d'alcooliques abstinents allait-il pouvoir porter la bonne nouvelle aux millions d'autres dans le monde entier? C'était là le problème.

Sans attendre, le Dr Bob et moi avons rencontré 18 membres du groupe d'Akron à la résidence de T. Henry Williams, un infatigable ami non alcoolique. Certains membres du groupe d'Akron pensaient toujours qu'il valait mieux nous en tenir à la méthode du bouche à oreille, mais la majorité croyait qu'il nous fallait désormais nos propres hôpitaux avec un personnel rémunéré, et surtout, dans l'intérêt des autres alcooliques, il nous fallait un livre pour leur expliquer nos méthodes et leurs résultats. Ces projets allaient exiger des sommes considérables, des millions de dollars sans doute. Nous ne savions pas, à l'époque, que les millions auraient encore mieux assuré notre ruine que la plus parfaite indigence. Alors, l'assemblée d'Akron m'a mandaté pour lancer une collecte de fonds à New York. De retour à la maison, j'ai trouvé le groupe de New York en parfait accord avec ce projet. Certains des nôtres se mirent aussitôt au travail.

Par l'entremise de mon beau-frère le docteur L.V. Strong, nous sommes entrés en contact avec Willard S. Richardson, un associé de longue date et un ami de la famille Rockefeller. M. Richardson ne tarda pas à s'enflammer et il gagna bientôt l'intérêt d'un certain nombre de ses propres amis. À l'hiver de 1937, une réunion fut convoquée au bureau de John D. Rockefeller junior. M. Richardson et son groupe étaient présents, de même que le Dr William D. Silkworth, quelques alcooliques d'Akron et de New York, le Dr Bob et moi-même. Au terme d'une longue discussion, nous avions convaincu nos nouveaux amis que nous avions un urgent besoin d'argent – et en grosse quantité, par surcroît.

L'un d'entre eux, Frank Amos, se rendit peu après à Akron pour se renseigner sur le groupe local. (En passant, Frank, à ce jour, est demeuré un ami et un administrateur des Alcooliques anonymes.) Il revint de l'Ouest avec un rapport très enthousiaste sur la situation d'Akron, dont M. Richardson prépara sans délai un résumé pour le présenter à John D. Rockefeller junior. Cela se passait au début de 1938. Bien qu'il fût très impressionné, M. Rockefeller refusa néanmoins de verser un montant considérable, de peur que notre association ne prenne une allure professionnelle. Il fit toutefois un don de 5 000 $. Cela nous a permis de vivre, le Dr Bob et moi, pendant l'année 1938. Nous étions encore loin de nos rêves d'hôpitaux, de missionnaires, de publications et de prospérité. À l'époque, cela nous semblait dur à prendre, mais pour le mouvement, c'était sans doute la plus belle chance qui lui ait jamais été offerte.

Les idées de M. Rockefeller ne nous ont pas empêchés de redoubler d'efforts pour persuader ses amis que nous avions désespérément besoin d'argent. Ils ont finalement reconnu qu'il nous en fallait davantage, ou en tout cas suffisamment pour préparer un manuel sur nos méthodes et notre expérience.

Cette décision a entraîné, au printemps de 1938, la formation de ce que nous avons alors appelé la Fondation alcoolique. Le premier conseil d'administration était composé de trois de nos nouveaux amis: M. Richardson, M. Amos et le Dr L.V. Strong. Les alcooliques y étaient représentés par le Dr Bob et par un membre de New York. Nos nouveaux amis nous ayant fourni une liste de candidats, nous, les alcooliques de New York, avons commencé à solliciter des fonds. Puisque la Fondation alcoolique, considérée comme une organisation de bienfaisance, était exempte d'impôts, nous pensions que les riches allaient être prodigues de leur argent. Mais il n'en fut rien. Après des mois de campagne, nous avons échoué dans notre tentative de recueillir le moindre sou. Que faire, alors ?

À la fin du printemps de 1938, j'avais achevé le premier jet de ce qui correspond aujourd'hui aux deux premiers chapitres du livre Alcoholics Anonymous. Nous en utilisions des exemplaires polycopiés pour les annexer au prospectus de notre vaine campagne de financement. Aux réunions du conseil, qui se tenaient presque mensuellement, nos amis non alcooliques compatissaient à notre insuccès. Près de la moitié des 5 000 $ consentis par M. Rockefeller avaient été appliqués au paiement de l'hypothèque grevant la maison du Dr Bob. Et le reste, que nous devions nous partager tous les deux, n'allait évidemment pas faire long feu. L'avenir s'annonçait vraiment très sombre.

C'est alors que Frank Amos pensa à un vieil ami, Eugene Exman, responsable des livres religieux à la maison d'édition Harper. Il m'envoya chez Harper, où je fis voir à M. Exman les deux chapitres du livre que nous voulions publier. À ma grande joie, M. Exman fut impressionné. Il croyait que la maison Harper pourrait m'avancer 1 500 $ de droits d'auteur pour compléter le travail. Pour les fauchés que nous étions, c'était une fortune.

Mais notre enthousiasme à cette proposition s'est vite refroidi. D'abord parce qu'une fois le livre terminé, nous aurions une dette de 1 500 $ envers la maison Harper. Et si, comme nous le souhaitions, ce livre devait amener beaucoup de publicité au mouvement, nous n'arriverions jamais à engager le personnel nécessaire pour répondre aux demandes d'information qui ne manqueraient pas d'affluer, sans doute par milliers.

De plus, il y avait un autre problème, sérieux celui-là. Si notre livre devait devenir le manuel de base des Alcooliques anonymes, des mains étrangères en seraient propriétaires. Il ne faisait aucun doute que notre association devait être le propriétaire et l'éditeur de ses propres publications. Aucun éditeur, si compétent fut-il, ne devait détenir notre actif le plus précieux.

Pourtant, dès que fut abordée cette idée, une opposition s'éleva de tous côtés. Des amateurs ne devraient jamais se lancer dans une entreprise de publication, affirmait-on, car elle n'est presque jamais couronnée de succès. Mais il s'en trouvait quelques-uns parmi nous qui continuaient d'y croire. Nous avions découvert que le coût d'impression d'un livre ne représentait qu'une fraction du prix de vente. Si notre société se développait, il en irait de même pour la vente du livre. Avec une telle marge bénéficiaire, nous allions sûrement faire beaucoup d'argent. (Bien sûr, ça nous arrangeait d'oublier tous les autres coûts élevés qu'impliquent la production et la distribution d'un livre !) Tel était le débat. L'opposition est sortie perdante, car la Fondation n'avait pas d'argent et n'était apparemment pas sur le point d'en avoir. C'était là un argument irréfutable.

Alors deux membres du groupe ont pris les devants. Un ami et moi avons acheté des formulaires de certificats d'actions sur lesquels nous avons écrit: «Works Publishing, valeur nominale: 25 $». Mon ami Hank P. et moi proposions aux alcooliques de New York et à leurs amis d'acheter des actions de cette nouvelle société d'édition. Mais ils se moquaient de nous. Qui, disaient-ils, acceptera d'acheter des actions d'un livre encore à écrire?

Il fallait trouver le moyen de persuader ces acheteurs craintifs. Nous sommes donc allés chez *Reader's Digest*, où nous avons raconté au rédacteur en chef l'histoire de notre association naissante et de notre projet de livre. Comme l'idée lui a beaucoup plu, il nous a promis qu'au printemps de 1939, date à laquelle nous pensions que notre livre serait terminé, sa revue publierait un article sur les A A – sans oublier, bien sûr, d'y mentionner notre livre.

Voilà qui allait faire mousser les ventes. Avec un pareil coup de pouce, notre livre en préparation allait se vendre à la tonne. C'était inévitable. Les alcooliques de New York et leurs amis ne tardèrent pas à changer d'avis sur les actions de la Works Publishing, et ils commencèrent à en acheter, à tempérament dans la plupart des cas. Notre plus important souscripteur investit 300 $, et à la fin, nous avions réussi à récolter 49 donateurs. En neuf mois, nous avons recueilli 4 500 $, et nous avons aussi obtenu un prêt de 2 500 $ de Charles B. Towns, à qui appartenait l'hôpital où je m'étais souvent rendu. Ceci nous a permis, à Hank, à moi et à une secrétaire du nom de Ruth, de tenir le coup jusqu'à ce que tout soit terminé.

Ruth tapait à la machine, pendant que je dictais lentement le texte de notre nouveau livre. Pendant des mois, les réunions des groupes de New York et d'Akron furent alimentées par de violentes discussions entourant ces ébauches et leur contenu. Je jouais bien plus le rôle d'arbitre que celui d'auteur. Entre-temps, les membres d'Akron et de New York, ainsi que deux membres de Cleveland (28 en tout), se mirent à rédiger le récit de leur vie. Dans l'ouest, le Dr Bob a reçu l'aide précieuse d'un membre journaliste pour réunir ces récits, et ici, à New York, Hank P. et moi ne cessions de pousser dans le dos des auteurs amateurs.

Lorsque notre projet de livre fut sur le point d'être terminé, nous nous sommes rendus chez le rédacteur en chef du *Reader's Digest* pour lui demander l'article promis. Il nous regarda, l'air interdit, nous reconnaissant à peine. Puis la bombe éclata. Il nous raconta que, plusieurs mois auparavant, il avait soumis notre proposition à son conseil éditorial et qu'il avait été carrément débouté. Se confondant en excuses, il admit qu'il avait platement oublié de nous en informer. C'était le coup de massue.

Entre-temps, dans notre optimisme, nous avions commandé 5 000 exemplaires du nouveau livre, à même des ressources de rien du tout. Comme nous, l'imprimeur avait compté sur l'article du *Reader's Digest*. Il se retrouverait bientôt avec 5 000 livres dans son entrepôt, mais sans clients pour les acheter.

Le livre a finalement paru en avril 1939. À notre demande, le *New York Times* publia une critique. Le Dr Harry Emerson Fosdick nous en prépara une également très favorable, mais rien n'y fit. Le livre ne se vendait tout simplement pas. Nous étions criblés de dettes. Le shérif nous rendit visite dans les locaux de Newark où nous étions en train de travailler, et le propriétaire vendit la maison où nous habitions, Lois et moi. Nous nous retrouvions donc à la rue, au crochet de nos charitables amis du mouvement. Nous avons songé à laisser l'imprimeur, Cornwall Press, reprendre le livre, mais son président, Edward Blackwell, ne voulait pas en entendre parler. Contre toute attente, il continuait de croire en nous, ce qui n'était pas le cas de certains des alcooliques qui détenaient des actions. Ceux-ci avaient parfois des paroles dures, pas du tout flatteuses. Telle était la triste situation dans laquelle se trouvait notre entreprise de publication.

Je ne saurai jamais comment nous avons pu passer à travers l'été de 1939. Hank dut reprendre un emploi. Notre fidèle Ruth se contenta, pour tout salaire, de quelques actions de la défunte société d'édition. Un de nos amis du mouvement nous offrit son chalet d'été, un autre nous fournit une voiture. Nous faisions des démarches auprès des rédacteurs de magazine, nous efforçant avec acharnement de faire publier quelque chose sur notre société et sur son livre.

En septembre 1939, la chance nous sourit pour la première fois. La magazine *Liberty*, alors dirigé par Fulton Oursler, qui allait devenir un de nos grands amis, publiait, sous la plume de Morris Markey, un article intitulé « Les alcooliques et Dieu ». La réaction fut instantanée. Une avalanche de quelque 800 lettres venant d'alcooliques et de leurs familles s'abattit sur nous. Ruth répondit à chacune d'entre elles, prenant soin d'inclure un feuillet publicitaire sur notre livre, *Alcoholics Anonymous*. Peu à peu, le livre commença à se vendre. Puis le journal *Plain Dealer* de Cleveland fit paraître une série d'articles sur les Alcooliques anonymes. Aussitôt, les groupes de Cleveland se mirent à pousser comme des champignons, et le nombre de membres passa d'une vingtaine à plusieurs centaines. Les ventes continuèrent d'augmenter de sorte que, petit à petit, nous avons pu passer tant bien que mal à travers cette année difficile.

Depuis le début de 1938, M. Rockefeller n'avait pas donné de nouvelles. Mais en février 1940, il effectua un retour spectaculaire. Son ami, M. Richardson, se présenta à une de nos réunions du conseil avec un large sourire, pour nous annoncer que M. Rockefeller voulait donner un banquet en l'honneur des Alcooliques anonymes. La liste des invités comprenait une impressionnante brochette de notables. Tous ensemble, d'après nos calculs, ils devaient bien valoir au moins un milliard de dollars. M. Richardson nous raconta que John D. junior avait suivi avec beaucoup de satisfaction nos progrès et qu'il était maintenant prêt à nous donner un coup de main. Finis nos soucis d'argent; du moins, c'est ce que nous pensions.

Le banquet eut lieu le mois suivant, au club Union League de New York. Le Dr Harry Emerson Fosdick fit notre éloge, suivi en cela par l'éminent neurologue, le Dr Foster Kennedy. Puis le Dr Bob et moi avons présenté à l'auditoire un exposé sur le mouvement. Des membres d'Akron et de New York, dispersés parmi les convives, répondaient aux questions. Tout ce beau monde manifestait une sympathie et un intérêt grandissants. Ça y est, pensions-nous, nos problèmes d'argent sont réglés !

Nelson Rockefeller se leva alors pour parler au nom de son père, retenu par la maladie. Son père était heureux, dit-il, que les invités à ce banquet aient pu être témoins des débuts prometteurs de cette nouvelle association des Alcooliques anonymes. Rarement, poursuivit Nelson, son père avait-il manifesté autant d'intérêt envers quoi que ce soit. Mais de toute évidence, puisque cette association était une œuvre de pure bonne volonté, où chacun transmet le message à son voisin, il ne fallait que peu ou pas d'argent. À ces mots, notre enthousiasme tomba. Quand M. Rockefeller eut fini de parler, tous les invités, cette brochette de capitalistes évaluée à un milliard de dollars, se levèrent de table et partirent sans laisser un sou.

Le lendemain, M. Rockefeller écrivait à tous les convives du banquet, et même à ceux qui ne s'étaient pas présentés. Il leur redisait son entière confiance et son vif intérêt pour le mouvement, répétant à nouveau qu'il ne lui fallait que peu d'argent. Puis, tout à la fin de sa lettre, il annonçait tout bonnement qu'il faisait un don de 1 000 $ aux Alcooliques anonymes !

Quand parut dans la presse la nouvelle du banquet de M. Rockefeller, le public se rua dans les librairies pour se procurer le livre des Alcooliques anonymes. Les administrateurs de la Fondation sollicitèrent une contribution des invités du banquet. Ces derniers, connaissant le montant du don de M. Rockefeller, agirent en conséquence. Nous avons recueilli environ 3 000 $, un don que nous n'avons pu, en fin de compte, solliciter et recevoir que pendant quatre autres années.

Ce n'est que beaucoup plus tard que nous avons compris le véritable service que nous avait rendu M. Rockefeller. Au risque de se rendre ridicule, il s'était levé à la face du monde pour proclamer son appui à une modeste société d'alcooliques en difficultés. Il avait, pour tous ces inconnus, pris un risque considérable. Il s'était sagement montré peu prodigue de son argent, mais il avait donné généreusement de sa personne. À ce moment précis, John D. Rockefeller venait de nous épargner les périls du professionnalisme et de la gestion de grands biens. Il n'aurait pas pu faire davantage.

Suite à ces événements, à la fin de 1940, le nombre de membres avait atteint environ 2 000. Le Dr Bob et moi avons commencé à toucher 30 $ par semaine, provenant des contributions qui résultaient du banquet, ce qui nous a grandement soulagés. Lois et moi sommes allés demeurer dans une toute petite chambre du premier club AA, au 334½ de la 24e Rue Ouest, à New York.

Surtout, la vente croissante du livre a rendu possible l'établissement d'un siège social pour l'ensemble du pays. Nous avons quitté le 75, rue William, à Newark au New Jersey, là où s'était écrit le livre des AA, pour emménager au 30, rue Vesey, juste au nord du secteur de Wall Street, à New York. Nous avons loué un modeste bureau de deux pièces en face de l'annexe du bureau de poste de la rue Church. C'est là que se trouvait la fameuse boîte postale 658, toute prête à recevoir les milliers de demandes d'information qui allaient bientôt affluer. C'est alors que Ruth Hock est devenue notre première secrétaire nationale, pendant que je devenais une sorte d'homme à tout faire du siège social.

Pendant toute l'année 1940, la vente du livre constitua le seul soutien financier de notre bureau, toujours en difficulté. Tous les revenus servaient, jusqu'au dernier sou, à payer le travail effectué dans ce bureau. Chaque demande d'aide obtenait une réponse écrite, chaleureuse et personnelle. Si les alcooliques ou leurs proches continuaient de manifester de l'intérêt, nous poursuivions la correspondance. Grâce à ces lettres et au livre *Alcoholics Anonymous,* de nouveaux groupes ont commencé à se former.

Mieux encore, nous avions des listes de candidats dans plusieurs grandes et petites villes des États-Unis et du Canada. Nous remettions ces listes à des membres faisant partie de groupes déjà établis et qui voyageaient pour affaires. Grâce à ces courriers, nous entretenions la correspondance, et eux fondaient sans cesse de nouveaux groupes. Nous avons même, à l'intention de ces voyageurs, établi un répertoire des groupes.

Bientôt fut mis sur pied un service auquel nous n'avions pas pensé. Comme les groupes récemment formés ne voyaient que rarement leurs parrains voyageurs, ils consultaient notre bureau de New York au sujet de leurs innombrables problèmes. Par courrier, nous leur retransmettions l'expérience des groupes plus anciens. Un peu plus tard, comme nous le verrons, ce service allait devenir une de nos principales activités.

Dans l'intervalle, certains actionnaires de la société d'édition Works Publishing commençaient à s'impatienter. Ils se plaignaient de ce que tous les profits du livre étaient consacrés au travail de bureau des AA. Quand allait-on leur remettre leur argent, s'ils devaient jamais le revoir ? Et puis il fallait aussi trouver moyen de rembourser à M. Towns ses 2 500 $. Par ailleurs, nous avons pris conscience que le livre *Alcoholics Anonymous* devait devenir la propriété du mouvement dans son ensemble. À l'époque, il appartenait, pour un tiers, aux 49 souscripteurs, pour un autre tiers à mon ami Hank, et pour le dernier tiers à moi-même.

Pour commencer, nous avons fait vérifier les livres de la Works Publishing et l'avons juridiquement constituée en société. Puis Hank et moi avons versé nos actions à la Fondation alcoolique. C'était là des actions que nous avions prises en paiement des services rendus. Mais les 49 autres souscripteurs avaient réellement versé de l'argent. Il fallait donc les rembourser en espèces, eux et M. Towns. Mais où diable trouver cet argent?

L'aide dont nous avions besoin se présenta en la personne de A. LeRoy Chipman. Il était lui aussi un ami et associé de M. John D. Rockefeller, et nous l'avions récemment nommé au conseil d'administration de la Fondation. Il persuada M. Rockefeller, deux de ses fils et quelques invités du banquet de prêter 8 000 $ à la Fondation, ce qui nous permit de rembourser rapidement M. Charles B. Towns, de régler quelques autres dettes et de rembourser au pair les 49 souscripteurs originaux, qui remirent leurs actions à la Fondation. Deux ans plus tard, le livre avait eu tellement de succès que nous étions en mesure de rembourser entièrement le prêt. Impressionnés par cette belle preuve de notre sens des responsabilités financières, M. Rockefeller, ses fils et quelques-uns des invités du dîner de 1940 redonnèrent la moitié de la somme à la Fondation.

Telles sont les transactions qui nous ont permis de léguer le livre *Alcoholics Anonymous* à notre association. Par l'intermédiaire de sa Fondation, le manuel de base des AA était maintenant la propriété du mouvement tout entier, exception faite des droits d'auteur qui étaient versés au Dr Bob et à moi. Comme les recettes du livre constituaient toujours la seule façon de soutenir financièrement notre siège social, les administrateurs ont tout naturellement pris charge de l'administration du bureau des AA, rue Vesey. Déjà à ce moment-là, la structure des services mondiaux des AA commençait à prendre forme et à se développer.

Le printemps de 1941, nous apporta le gros lot. Ayant décidé de publier un reportage sur les Alcooliques anonymes, le *Saturday Evening Post* y affecta Jack Alexander, un de ses rédacteurs vedettes. Comme il venait de terminer un reportage sur le crime organisé au New Jersey, Jack nous prenait un peu à la blague. Mais il se « convertit » très vite aux AA, même s'il n'était pas un alcoolique. Il passa un mois complet avec nous, travaillant du matin au soir. Le Dr Bob, moi et les anciens d'Akron, de New York, de Cleveland, de Philadelphie et de Chicago ne comptions plus les heures passées avec lui. Une fois pénétré de son sujet jusqu'à la moelle des os, il se mit en frais d'écrire son article, qui ébranla les alcooliques et leurs proches dans tout le pays. L'article faisait la une en gros titre de l'édition du 1er mars 1941 du *Saturday Evening Post*.

Ce fut alors le déluge. Les appels au secours au nombre de 6 000 affluèrent au bureau de New York, en provenance d'alcooliques et de leurs familles. Au début, nous pigions au hasard dans cette avalanche de lettres, qui tantôt nous faisaient rire, tantôt nous faisaient pleurer. Comment répondre à toutes ces missives si émouvantes? Il allait de soi que Ruth et moi ne pourrions jamais y arriver seuls. Nous ne pouvions nous contenter de formules uniformes. Il nous fallait répondre à chacune d'elles avec une attention personnelle.

Des bénévoles, équipés de machines à écrire, débarquèrent donc au vieux Club de la 24e Rue, à New York. Ils ne savaient rien de la manière de vendre le mouvement par courrier et, tout naturellement, ils croulèrent sous l'avalanche. Seul un personnel rémunéré et à temps plein pouvait faire face à cette situation critique. Malheureusement, les recettes du livre n'allaient pas pouvoir payer les frais. Encore une fois, où trouver l'argent?

Peut-être les groupes eux-mêmes pouvaient-ils nous aider. Nous ne leur avions encore jamais rien demandé, mais cette fois, ça les concernait, sûrement plus que quiconque. Il y avait un énorme travail de Douzième Étape à accomplir, et il fallait agir vite. Tous ces appels à l'aide ne devaient pas finir dans la corbeille à papier. Il nous fallait de l'argent.

Nous avons donc fait part de la situation aux groupes, et ils ont bien réagi. À cette époque, la *contribution volontaire* annuelle était fixée à un dollar par membre. Les administrateurs de la Fondation ont accepté de gérer ces fonds et les ont placés dans un compte spécial réservé aux seules dépenses du bureau. Cela n'a pas donné, au début, tous les résultats escomptés, mais ce fut quand même suffisant. Le bureau embaucha deux personnes à temps plein et au bout de plusieurs semaines, nous étions parvenus à rattraper le retard.

Mais ce n'était qu'un début. Bientôt, la carte murale de notre bureau fut remplie d'épingles indiquant que les groupes poussaient comme des champignons. La plupart d'entre eux fonctionnaient sans aucune expérience, et ils connaissaient d'innombrables problèmes. Les « quêteux » quêtaient, les cœurs solitaires languissaient, les comités se disputaient, les nouveaux clubs avaient des casse-tête inconnus jusque-là, les orateurs péroraient, des groupes se déchiraient, certains membres devenaient des professionnels et vendaient le mouvement, des groupes entiers parfois se soûlaient, les relations publiques locales se détraquaient ... telle était notre effarante situation.

Puis il y eut cette rumeur incroyable voulant que la Fondation, le bureau de New York et le livre *Alcoholics Anonymous* ne soient qu'une autre de ces escroqueries, à laquelle s'était bêtement laissé prendre John D. Rockefeller. C'en était presque trop.

Nous avions sans doute fait la preuve que les AA pouvaient dessoûler les alcooliques, mais nous étions encore loin d'avoir démontré que les alcooliques pouvaient travailler ensemble ou même demeurer abstinents, dans un contexte aussi nouveau et incroyable.

Comment le mouvement pourrait-il demeurer uni, comment pourrait-il jamais fonctionner ? Telles étaient les inquiétudes de notre adolescence. Il a fallu encore 10 ans d'expérience avant de trouver à ces questions les réponses sûres que nous avons aujourd'hui.

Le développement des services mondiaux
Deuxième partie

Juin 1955

Nous avions entrepris l'année 1941 avec 2 000 membres, mais nous l'avons terminée avec 8 000. Ces chiffres donnent une idée du grand impact produit par l'article du *Saturday Evening Post*. Ce n'était cependant que le début d'un flot continu d'appels à l'aide qui déferle encore aujourd'hui au Bureau des Services généraux en provenance de plusieurs milliers de personnes et de nouveaux groupes, un peu partout dans le monde.

Cette expansion phénoménale soulevait un autre problème, et il était de taille. Les feux de l'actualité étant désormais braqués sur nous, il nous fallait apprendre le métier des relations publiques à grande échelle. Une opinion publique défavorable risquait de freiner notre croissance, sinon de la figer tout à fait. Au contraire, la confiance enthousiaste du public pouvait gonfler nos rangs au-delà de toute espérance, comme en faisait foi l'article du *Post*. C'était un problème à la fois important et délicat. Des bourdes pouvaient susciter des préjugés et coûter des vies. Il fallait donc élaborer et appliquer une politique de relations publiques mûrement réfléchie.

Nos relations avec les mondes de la médecine et de la religion demeuraient de la plus haute importance, car il ne fallait sous aucun prétexte entrer en concurrence avec eux. Si nous apparaissions comme une nouvelle secte religieuse, c'en serait fait de nous à coup sûr. Si nous nous lancions dans le domaine de la médecine proprement dite, le résultat serait le même. Nous avons donc commencé à insister sur le fait que le mouvement est un mode de vie qui ne s'oppose aux croyances religieuses de personne. Nous avons dit aux médecins à quel point nous avions besoin des hôpitaux, et nous avons dit et redit aux psychiatres et aux centres de désintoxication les avantages qu'il y avait à collaborer avec nous. En tout temps, la religion demeurait le domaine des membres du clergé et la pratique médicale, le domaine des médecins. Nous n'étions que des profanes, qui fournissent à la chaîne le maillon manquant.

Maintenues pendant toutes ces années, ces attitudes nous ont procuré des résultats réconfortants. Aujourd'hui, nous jouissons du soutien inconditionnel de presque toutes les confessions religieuses. La plupart des médecins qui comprennent réellement les AA nous envoient leurs patients alcooliques. Il arrive souvent que des membres prennent la parole dans des assemblées religieuses ou devant des associations médicales. De la même manière, on rencontre souvent des représentants de la médecine et de la religion dans nos grandes réunions ouvertes à tous.

Si importantes qu'elles soient, la médecine et la religion ne constituaient qu'une petite partie du domaine global des relations publiques.

Comment améliorer notre collaboration avec la presse, la radio, le monde du cinéma et, plus récemment, la télévision ? Que répondre aux employeurs qui recherchaient une aide spécialisée ? Quelle attitude adopter face aux domaines de l'éducation, de la recherche et de la désintoxication, dans le secteur privé ou public ? Que répondre aux autorités des prisons et hôpitaux qui désiraient des groupes AA dans leurs murs ? Et que dire à nos membres qui se lançaient dans certains de ces domaines et qui étaient tentés de se servir publiquement du nom des AA pour faire leur publicité ou recueillir des fonds ? Que devions-nous dire ou faire si jamais le mouvement était publiquement attaqué, diffamé ou exploité par des personnes de l'extérieur ? Il fallait trouver à tous ces problèmes, et à beaucoup d'autres, des réponses et des solutions pratiques, sinon les AA en souffriraient.

Trouver les bonnes réponses à tous nos problèmes de relations publiques fut une entreprise de longue haleine. Au terme de nombreuses expériences, parfois marquées d'erreurs coûteuses, nous avons découvert les attitudes et les méthodes qui nous réussissaient le mieux. Les plus importantes se retrouvent aujourd'hui dans nos Traditions. Observer l'anonymat le plus complet dans les communications publiques, ne jamais prêter le nom des AA à d'autres causes, si nobles soient-elles, ne jamais cautionner ces causes ni nous y associer, nous en tenir au seul but des Alcooliques anonymes, ne pas verser dans le professionnalisme, établir nos relations publiques sur l'attrait plutôt que sur la réclame, telles sont quelques-unes des leçons que nous avons durement apprises.

Notre conseil d'administration et notre siège social devinrent donc le pôle autour duquel furent façonnées les Traditions. En 1945, l'ordre a surgi de ce qui avait été le chaos dans nos relations publiques. De tous côtés, nos leaders faisaient appel à l'expérience et aux lumières du bureau de New York, dans ce domaine. Nos efforts ont si bien réussi que les membres, en général, ont toujours tenu pour acquis l'excellent dossier de nos relations publiques. C'était normal, puisque ces services demeuraient à peu près invisibles à leurs yeux. Pourtant, toute cette activité de relations publiques, qui s'est déroulée à leur insu, est sûrement pour une bonne part à l'origine de la croissance phénoménale du mouvement.

Jusqu'ici, dans l'histoire de nos services, nous avons fait état de la Fondation, du livre des AA, de la multiplication des brochures de documentation, des réponses aux nombreux appels à l'aide, des solutions apportées aux problèmes soumis par les groupes, des merveilleux débuts de nos relations publiques, autant de faits et gestes qui ont fait partie du nombre croissant de services dispensés à la grandeur du mouvement. Enfin, notre association commençait vraiment à fonctionner *comme un tout*.

Mais les années 1941-1945 nous réservaient des rebondissements encore plus importants. Notre bureau de la rue Vesey se transporta au 415, avenue Lexington, juste en face de la célèbre gare Grand Central, et nous avions une nouvelle boîte postale: Box 459, Grand Central Annex, New York. Nous avons déménagé pour satisfaire le besoin pressant de desservir les nombreux voyageurs qui passaient par New York. Sitôt installés près de la gare, nous avons été assaillis par des visiteurs qui, pour la première fois, se prenaient à rêver d'une mission mondiale pour les Alcooliques anonymes. Ce n'était là que l'avant-garde des milliers de membres, de proches, d'amis, de membres du clergé, de médecins et d'employeurs qui ont visité les bureaux de New York depuis.

Par ailleurs, après avoir marqué à jamais notre association de son dévouement, Ruth nous quitta en 1941 pour se marier. Sa remplaçante, Bobbie B., allait, par son zèle immense, au cours des dix années suivantes, faire la connaissance de plusieurs milliers de membres. Ses services ont marqué l'époque passionnante de notre adolescence, alors que nous nous demandions si nous pouvions travailler ensemble, ou même simplement vivre ensemble.

L'expansion des Alcooliques anonymes se poursuivit de façon renversante. Atteignant maintenant le Canada, les possessions américaines et nombre de pays étrangers, nous roulions à plein régime. Mais ce développement à l'étranger provoqua toute une série de nouveaux problèmes. Chaque nouvelle tête de pont devait passer par sa propre période de tâtonnements et de découvertes, comme nous aux États-Unis. Nous heurtant à des barrières linguistiques, nous devions traduire de plus en plus de documentation.

De plus, nos amis de l'étranger soulevaient des doutes que nous n'avions jamais connus. Les AA n'étaient peut-être qu'une invention yankee qui ne servirait à rien en Irlande, en Angleterre, en Hollande, en Scandinavie, en Australie et dans le Pacifique. Leur pays était très différent, et peut-être aussi leurs alcooliques. Le mouvement fonctionnerait-il dans leur culture ?

Une fois de plus nous avons dû nous en remettre à une abondante correspondance. Nous avions parfois l'aide de membres américains qui pouvaient traduire pour nous. Nous recherchions des membres qui partaient en voyage à l'étranger et nous les mettions au courant. De cette manière, nous avons fait des progrès, peu à peu. Il nous restait pourtant encore beaucoup de chemin à faire avant de prendre conscience que le mouvement pouvait avec certitude vaincre toutes les barrières de distance, de race, de croyance et de langue. Aujourd'hui, la carte du mouvement montre que nous sommes présents dans 52 pays et possessions américaines. Cela dit tout. Ce n'est plus maintenant qu'une question de temps pour que tous les alcooliques du monde aient comme nous, en Amérique, la chance de survivre et d'être heureux. Le service aux groupes étrangers est donc devenu une activité importante, même si nous commencions à peine à effleurer le problème dans son ensemble. Si le siège social des AA n'avait rien fait d'autre, cet effort à lui seul valait bien des fois ce qu'il coûtait.

Le mouvement grandissait si vite que son siège social devait aussi se développer. Les contributions des groupes et la hausse des ventes de documentation ont vite requis les services d'un teneur de livres à temps plein. Les classeurs et les fichiers commencèrent à s'aligner. Le répertoire des groupes commençait à ressembler à un annuaire téléphonique de banlieue. D'autres alcooliques furent embauchés. Avec la spécialisation du travail, des unités de service distinctes commencèrent à se créer. Aujourd'hui, le bureau en compte beaucoup: services aux groupes, relations publiques et internationales, Conférence, administration du bureau, courrier, expédition, comptabilité, secrétariat, et services aux hôpitaux et prisons.

Heureusement, le bureau n'a pas eu à grandir aussi rapidement que le mouvement. Autrement, nous n'aurions jamais pu en payer le coût. Notre mouvement était tellement grand que nous n'arrivions pas à informer tous nos membres de nos activités. C'est ce qui explique que bien des groupes ne nous aidaient pas du tout. Moins de la moitié d'entre eux nous envoyaient une contribution. Nous avions constamment des déficits, que nous étions heureusement en mesure de combler grâce aux ventes du Gros Livre. Ce livre ne faisait pas que sauver des alcooliques, il sauvait aussi régulièrement notre siège social !

En 1944, il s'est produit un autre événement d'une portée immense. À Greenwich Village, dans un grenier, sans doute, quelques membres des AA versés dans la littérature et le journalisme ont entrepris la publication d'une feuille mensuelle, appelée « *The Grapevine* ». Ce n'était pas, bien sûr, le premier bulletin ou magazine local des AA, mais celui-ci était si bien fait qu'il connut un succès national immédiat. Après un certain temps, il est devenu le reflet de la pensée et de l'action des AA dans tout le pays. Il était une sorte de tapis volant sur lequel nous pouvions tous prendre place et visiter l'un après l'autre les avant-postes éloignés du mouvement. Il est devenu un merveilleux moyen d'échanger nos pensées et notre expérience.

Après un certain temps, les fondateurs du magazine *Grapevine* s'aperçurent qu'ils tenaient un ours par la queue. Il leur était toujours agréable de recevoir des articles et de les corriger, mais ils n'arrivaient plus à coller tous ces timbres et à mettre à la poste ces milliers d'exemplaires.

Ils sont donc venus nous voir à la Fondation pour nous demander de prendre le relais. Les administrateurs ont demandé aux groupes s'ils voulaient faire de la revue *Grapevine* leur magazine national, et la réponse fut un « oui » catégorique. Aussitôt, la revue fut constituée en société, sous l'appellation de The AA Grapevine, Inc. L'entreprise avait un conseil de cinq membres, dont deux administrateurs de la Fondation en plus des rédacteurs. Le fonds de réserve de la Fondation permit d'éponger le déficit croissant, et il fallut, évidemment embaucher des travailleurs spécialisés. Mais les rédacteurs et ceux qui leur ont succédé ont toujours été jusqu'à maintenant des bénévoles sans rémunération. En dix ans, le nombre d'abonnements dans le monde entier a atteint les 30 000. C'est ainsi qu'est né et s'est développé un autre des services mondiaux du siège social.

Déjà, en 1945, la correspondance pour concilier et conseiller les groupes imposait une quantité énorme de travail au bureau. La plupart des dossiers des grands centres où il y avait des AA étaient épais de plusieurs pouces. On aurait dit que tous les protagonistes, dans toutes les disputes de groupe, aux quatre coins du monde, avaient choisi cette période pour nous écrire.

Toute cette correspondance et notre expérience grandissante en relations publiques nous ont inspiré les grandes lignes des Traditions des Alcooliques anonymes. À la fin de 1945, un bon ami membre suggéra de dégager de toute cette masse d'expériences un ensemble de principes généraux. Rédigés simplement, ces principes présenteraient des solutions éprouvées aux divers problèmes vécus par les AA dans leur effort pour vivre et travailler ensemble, et pour rattacher notre association au monde extérieur. Si nous avions été capables de définir nos positions avec assez d'assurance sur des points tels que les conditions d'adhésion, l'autonomie des groupes, la poursuite d'un objectif unique, le refus d'endosser d'autres entreprises, de verser dans le professionnalisme, d'engager des controverses publiques et de déroger à l'anonymat, nous devions être capables de rédiger ce recueil de principes. Ce recueil de traditions ne pourrait évidemment pas devenir un règlement formel, mais il pourrait guider nos administrateurs, le personnel du siège social et surtout les groupes vivant de graves crises de croissance. Comme nous étions au siège social et au cœur de l'action, c'est à nous qu'incombait cette tâche. Avec l'aide de mes collègues, je me suis mis au travail. Il en est résulté les Traditions des Alcooliques anonymes qui furent publiées pour la première fois dans une version dite intégrale, dans le numéro d'avril 1946 de la revue *Grapevine*. Je rédigeai ensuite d'autres articles pour les expliquer de façon détaillée dans des numéros ultérieurs de la revue.

Pendant ce temps, à la Fondation, nous avions pris une autre décision importante qui fut tout de suite incorporée dans ces Traditions. En 1945, nous avions écrit à M. Rockefeller et aux invités du banquet de 1940 pour leur dire que nous n'avions désormais plus besoin de leur aide financière. Les droits d'auteur pouvaient assurer notre sécurité, à Dr Bob et à moi, et les contributions des groupes pouvaient payer les dépenses du Bureau des Services généraux. Depuis ce jour où nous avons affirmé notre autonomie financière, le siège social des AA a toujours refusé les dons de l'extérieur.

L'accueil fait aux Douze Traditions était à la fois intéressant et amusant. Le moins qu'on puisse dire, c'est que les réactions étaient partagées. Seuls les groupes aux prises avec de très graves difficultés les prirent au sérieux. Dans certains milieux, la réaction fut violente, surtout chez les groupes qui avaient une longue liste de statuts et règlements pour leur « protection ». Ailleurs, c'était souvent l'indifférence. Plusieurs de nos « intellectuels » clamaient avec force que les Traditions ne reflétaient rien d'autre que la somme de mes espoirs et de mes craintes pour les Alcooliques anonymes.

J'ai donc entrepris de voyager pour promouvoir le plus possible les nouvelles Traditions. Au début, les gens m'accordaient une attention polie, même s'il est arrivé, je dois l'avouer, que certains s'endorment au cours de mes premières harangues. Puis, après un certain temps, on m'a écrit pour me dire des choses comme ceci: « Bill, nous serions enchantés que tu viennes nous adresser la parole. Viens nous raconter où tu cachais tes bouteilles, de même que les détails de l'extraordinaire coup de foudre spirituel que tu as connu. Mais, pour l'amour du ciel, ne nous parle plus de ces satanées Traditions ! »

Mais la situation a changé avec le temps. À peine cinq ans plus tard, plusieurs milliers de membres, réunis au congrès de Cleveland, en 1950, affirmaient que les Traditions des AA, dans la version abrégée que nous connaissons maintenant, étaient le programme le plus apte à faire évoluer notre association et à la conserver dans l'unité pour toujours. Il était devenu évident que les Douze Traditions allaient être aussi nécessaires à la vie de notre société que les Douze Étapes l'étaient dans la vie de chaque membre. Aux yeux des participants au congrès de Cleveland, les Traditions constituaient la clé de notre unité, de notre utilité et même de notre survie à tous.

Je me suis, bien sûr, rendu compte que je n'étais pas vraiment l'auteur des Traditions. Je n'avais fait que reprendre des principes déjà forgés à l'enclume de l'expérience de milliers de groupes AA. De même, il ne faisait aucun doute que c'était le siège social du mouvement, ses administrateurs et son personnel qui avaient rendu possible l'élaboration de ces principes essentiels. Si l'administration centrale n'avait pas été là pour faire le point sur nos problèmes, les Douze Traditions n'auraient jamais pu être écrites.

À cette époque, les AA recevaient un accueil des plus favorable dans le monde de la médecine. Deux des principales associations médicales des États-Unis créèrent un précédent. En 1944, la Société médicale de l'État de New York m'invita à présenter un exposé lors de son assemblée annuelle. À l'issue de ma présentation, trois des nombreux médecins présents se levèrent pour manifester leur plein appui. C'était le docteur Harry Tiebout, le premier de nos amis psychiatres, le docteur Kirby Collier, un psychiatre lui aussi et un des premiers promoteurs du mouvement, et le docteur Foster Kennedy, neurologue de réputation internationale. La Société médicale alla encore plus loin. Elle nous autorisa à publier, sous forme de brochure, mon exposé et les avis favorables des trois médecins. D'énormes quantités de cette brochure ont été distribuées dans le monde entier, donnant partout aux médecins l'assurance que les AA étaient valables du point de vue médical.

En 1949, l'expérience fut répétée, cette fois par l'Association psychiatrique américaine. Je fus invité à prendre la parole lors de sa réunion annuelle à Montréal. Mon allocution parut dans l'*American Journal of Psychiatry*, et on nous accorda la permission de la reproduire dans une brochure intitulée « The Society of Alcoholics Anonymous ». Cela contribua énormément à renforcer notre réputation auprès des psychiatres. Ces causeries médicales ont particulièrement aidé les groupes des pays étrangers, leur épargnant les années que nous avions mises, ici en Amérique, à persuader le monde de la psychiatrie de l'importance des AA.

Pendant que nous y sommes, nous devrions aussi parler du rôle qu'a joué notre administration centrale dans le domaine de l'hospitalisation.

Nous le savons tous, de nombreux hôpitaux hésitaient à nous accepter pendant les courtes périodes de soins qu'il faut habituellement avant que nos parrains obtiennent des droits de visite. Ils hésitaient aussi à collaborer avec nos associations intergroupes.

Au cours des années 40, deux hôpitaux répondirent à tous ces besoins urgents et donnèrent un exemple éclatant de la collaboration possible entre le monde médical et les AA. À l'hôpital St. Thomas d'Akron, le Dr Bob et la merveilleuse sœur Ignatia, avec le concours du personnel de l'hôpital, prirent en charge une unité consacrée aux alcooliques. À la mort du Dr Bob, en 1950, 5 000 alcooliques y avaient déjà reçu des soins. À New York, l'hôpital Knickerbocker confia une unité de soins à notre premier ami du monde de la médecine, le docteur William Duncan Silkworth. Il était assisté d'une infirmière rousse, du nom de Teddy, membre des AA.

En 1954, dix mille alcooliques avaient été confiés, par l'Intergroupe de New York, aux soins de cette unité de l'hôpital Knickerbocker, la plupart d'entre eux en route vers la liberté. C'est dans ces deux hôpitaux et grâce à ces pionniers que furent mises au point les meilleures techniques alliant le monde médical et les AA.

La disponibilité de soins hospitaliers convenables était et demeure l'une de nos grandes préoccupations; c'est pourquoi le siège social de New York a fait connaître à tous les groupes du monde ces premières expériences dans le milieu hospitalier, de même que les nombreux rebondissements ultérieurs. C'est là un autre service fondamental.

Pendant ce temps, la grande vague de soutien du public continuait à déferler. Elle était due surtout à la collaboration de nos amis de la presse, de la radio et, plus récemment, de la télévision. Depuis longtemps, le bureau était abonné à différentes agences de coupures de presse. Des articles de magazine et un flot ininterrompu de nouvelles à notre sujet venaient constamment alimenter notre album. Des auteurs nous demandaient de vérifier leurs manuscrits. Les membres qui devaient, anonymement, passer à la radio ou à la télé recevaient de l'aide. À Hollywood, on désirait faire des films. Plus que jamais, les relations publiques étaient devenues une activité essentielle au bureau de New York. Dieu seul sait combien de vies ce travail a permis de sauver, combien d'années de misère ont été épargnées à des milliers d'alcooliques et à leur famille.

À peu près à la même époque survint une grave menace à la préservation de notre bien-être. Des membres généralement bien intentionnés commencèrent un peu partout à manquer à l'anonymat. Parfois, ils voulaient utiliser le nom des AA pour annoncer et aider d'autres causes. D'autres voulaient simplement voir apparaître leur nom et leur photo dans le journal. Être photographié en compagnie du gouverneur ne manquerait pas d'aider le mouvement, pensaient-ils. (J'avais moi-même commis la même erreur auparavant.) Mais nous avions enfin compris l'effroyable menace que représenterait pour le mouvement tous nos promoteurs impulsifs, s'ils pouvaient s'en donner à cœur joie sur les tribunes publiques. Plusieurs dizaines en étaient déjà à ce stade.

Notre siège social s'est donc mis à l'ouvrage. Nous avons adressé des remontrances, délicates, il va sans dire, à chaque contrevenant. Puis nous avons commencé à adresser, à peu près tous les deux ans, des avis à presque tous les journaux et postes de radio, leur expliquant pourquoi les membres des AA devaient demeurer anonymes dans les communications publiques. Nous ajoutions que nous évitions aussi de solliciter des fonds, que nous payions nous-mêmes nos frais.

En quelques années le nombre des manquements à l'anonymat fut réduit à presque rien. Un autre important service de l'administration centrale était né.

Pour garder actif ce réseau sans cesse croissant de services vitaux, nos bureaux ont dû continuer à prendre de l'expansion. En 1950, nous déménagions au 141 de la 44e Rue Est. toujours près de la gare Grand Central. Aujourd'hui, le bureau est dirigé, à temps partiel, par Henry G., surnommé «Tout-de-suite», et nous avons nos cinq merveilleuses employées, Helen, Lib, Marian, Eve et Ann, que des milliers de membres ont vues et entendues lors de tournées de conférences, et qui sont souvent invitées aux grandes rencontres régionales. On compte aussi parmi les employés 12 non-alcooliques qui, stimulés par Grace et Dennis, s'occupent de tâches comme la comptabilité, le classement et la sténographie. Dolores, notre réceptionniste enthousiaste, accueille le visiteur à l'entrée, où les murs sont couverts de cartes montrant l'avance de notre association dans le monde. On aperçoit également sur une table une Victoire ailée, symbole du célèbre prix Lasker attribué au mouvement en 1951 par l'Association américaine de la santé publique.

Au même étage se trouvent les bureaux de la rédaction de la revue *Grapevine*. C'est ici que se réunissent les rédacteurs bénévoles, sous la direction de Don G., avec la directrice à temps plein, Louise, ainsi que son adjointe, Sarah, afin de sortir le magazine à temps chaque mois. Ailleurs au centre-ville, où les loyers sont moins chers, nous avons un grand bureau, où Kitty et son personnel s'occupent des 30 000 abonnés de la revue et voient à leurs besoins ainsi qu'à leurs plaintes !

À trois pâtés de maison du bureau principal, nous avons un assez grand atelier sous les toits pour l'expédition des colis et du courrier. Six jeunes hommes très occupés y travaillent toute la journée. L'an dernier, ils ont expédié environ 40 000 livres, des centaines de milliers de brochures, certaines d'entre elles nouvellement conçues et produites. Ils ont mis environ 30 000 lettres et bulletins à la poste, et ont fait d'énormes quantités de polycopies. Tout comme dans nos trois autres bureaux, on retrouve là de l'équipement très moderne, et ce n'est pas un luxe !

D'un côté de la grande pièce où se fait l'emballage, les tablettes vont jusqu'au plafond. C'est là qu'on retrouve, dans des boîtes, les tonnes de vieux dossiers de notre siège social, depuis l'époque du bureau de la rue Vesey. Toute l'histoire des AA dans le monde attend dans ces boîtes qu'on vienne la déterrer. C'est un travail de deux ans, que nous venons juste d'entreprendre. Dans un bureau cloisonné près de ces dossiers, deux assistants infatigables Ed et Nell, fouillent l'histoire des Alcooliques anonymes. J'espère un jour pouvoir écrire cette histoire. Quoi qu'il en soit, nous sommes maintenant assurés que l'histoire du mouvement ne pourra jamais être déformée. C'est notre plus récent service vital.

Financièrement, cet ensemble de services peut sembler une grosse entreprise, aux yeux de certains. Mais quand on songe à l'ampleur et au rayonnement du mouvement aujourd'hui, on s'aperçoit qu'il n'en est rien. En 1940, par exemple, nous avions un employé rémunéré pour 1 000 membres. En 1947, la proportion était de un pour 3 000, et aujourd'hui un employé du bureau sert 6 000 membres. II semble donc bien certain que nous n'aurons jamais à porter le fardeau d'une organisation coûteuse et bureaucratique.

Voici d'autres données qui illustrent à quel point les services mondiaux du siège social sont matériellement et financièrement très limités. Un de mes amis membres possède, dans une ville de banlieue, un garage, un poste d'essence et une petite concession automobile. Ses locaux font 100 pieds sur 50, soit à peu près la même superficie que le siège social. Sa salle de démonstration ne peut contenir que deux voitures, ses mécaniciens travaillent à l'arrière, et en avant se trouvent quatre pompes à essence. Ce n'est pas ce que j'appellerais une grosse entreprise.

Pourtant, mon ami m'assure qu'avec la vente de voitures, les réparations, l'essence et l'huile, son commerce fait entrer et sortir annuellement plus d'argent que tous les services du mouvement, soit *AA Grapevine*, AA Publishing et le Bureau des Services généraux réunis.

Par conséquent, on ne peut pas dire que notre siège social soit une grosse entreprise. Le garage de mon ami dessert une petite communauté, mais le siège social dessert 150 000 membres et près de 6 000 groupes. Bien tenus, ces services continueront de faire la différence entre la maladie et la santé, et même entre la vie et la mort, pour les innombrables alcooliques et leurs proches qui n'ont pas encore rencontré les AA. II est donc temps de cesser de parler de grosses dépenses et de grosse entreprise à propos de notre bureau de New York.

Quand nous avons ouvert un bureau rue Vesey, il suffisait d'un dollar par membre par année pour que tout le travail soit fait. À cette époque, un dollar valait un dollar, mais aujourd'hui, il ne vaut plus que cinquante cents. Si tous les membres que nous avons maintenant nous envoyaient vraiment un dollar chaque année, nous aurions assez d'argent pour faire fonctionner notre siège social malgré la dépréciation du dollar. De plus, nous pourrions payer toutes les dépenses de la Conférence des Services généraux. Pourtant, nous devons demander aux groupes qui contribuent de donner *deux dollars par membre annuellement*, pour une triste raison; c'est qu'à peu près seulement la moitié des groupes des AA fournissent un appui quelconque à leurs services mondiaux. En fait, les contributions volontaires des groupes n'ont réussi à payer entièrement les dépenses de bureau que cinq fois au cours des 15 dernières années; c'est la réserve constituée à partir de l'« argent des livres » qui a dû combler le déficit les 10 autres années. Notre croissance a été si rapide que la plupart des membres ont perdu contact et ne comprennent plus ni le bureau de services mondiaux ni son action. J'espère donc sincèrement que le portrait de la situation que je viens de présenter, ainsi que le travail fantastique des délégués de la Conférence et des membres des comités régionaux, seront assez clairs pour susciter chez ceux qui ne contribuent pas le désir constant de nous aider. En fait, je suis sûr qu'il en sera ainsi.

Jusqu'en 1951, un danger plus grave encore menaçait en permanence notre siège social. Ce danger persistait, et si le problème n'était pas résolu, notre structure de services mondiaux tout entière menaçait de s'écrouler complètement un jour.

Voici de quoi il s'agissait. Pendant nos années d'enfance et d'adolescence, les administrateurs, tous des amis du Dr Bob et de moi-même, avaient eu l'entière responsabilité des services du mouvement, des services auxquels nous devions au moins la moitié de la croissance du mouvement et une bonne partie de son unité. Dès 1945, certains d'entre nous croyaient que nos administrateurs, pratiquement inconnus, devaient être fermement reliés aux AA. Seule une toute petite fraction de nos membres savaient qui étaient leurs administrateurs. Le principal lien entre le siège social et le mouvement était le Dr Bob et moi, et nous n'étions pas immortels. Le conseil d'administration constituait une île perdue au milieu de l'océan de notre association, qui couvrait maintenant 52 pays. Nous avons donc commencé à discuter des avantages à créer un genre de conseil consultatif des AA. Peut-être nous fallait-il plutôt une Conférence réunissant un plus grand nombre de membres élus par les AA eux-mêmes, des personnes qui inspecteraient annuellement le siège social, un organisme de qui relèveraient les administrateurs, une conscience qui guiderait toutes nos activités mondiales.

Le projet était constamment en butte à des objections, et il ne se produisit rien pendant plusieurs années. Une telle entreprise coûterait cher, disait-on. Pire encore, elle pourrait plonger les AA dans une activité politique destructrice au moment de l'élection des délégués à la Conférence. Ces objections avaient énormément de poids; par conséquent, le projet fut mis de côté jusque vers 1948. À ce moment-là, les contributions des groupes n'arrivaient absolument pas à financer la croissance du bureau. *Grapevine* perdait 1 000$ par mois, et les arriérés des contributions volontaires pour les dépenses du bureau s'élevaient à un effroyable 2 000 $ par mois.

Puis le Dr Bob est tombé malade, atteint d'une maladie mortelle. En 1950, les administrateurs, aiguillonnés par l'implacable logique de la situation, nous autorisèrent enfin, le Dr Bob et moi, à mettre au point le plan dont traite cette plaquette. C'était le plan d'une Conférence des Services généraux des Alcooliques anonymes, qui permettait à notre société d'assumer en permanence l'entière responsabilité de la conduite de ses services les plus importants.

Qu'est-ce que le troisième legs?

Juillet 1955

Notre Douzième Étape – la transmission du message – constitue le service de base de notre association; elle est notre but principal et notre raison d'être essentielle. Par conséquent, le mouvement est plus qu'un ensemble de principes; il est une association d'alcooliques en action. Nous devons transmettre le message, sinon nous dépérirons, et ceux qui n'auront pas connu la vérité mourront.

Par conséquent, un service des AA est *tout* ce qui permet de tendre la main à un de nos semblables qui souffre; ces services peuvent comprendre la Douzième Étape proprement dite, un appel téléphonique qui coûte quelques sous et une tasse de café, jusqu'aux activités nationales et internationales du Bureau des Services généraux des AA. C'est la somme de tous ces services qui constitue notre troisième legs.

Les services englobent les lieux de réunion, les clubs, les hôpitaux et les bureaux des intergroupes. Ce sont aussi les brochures, les livres et la bonne publicité sous toutes ses formes. Ils font appel à des comités, à des délégués, à des administrateurs et à des Conférences. Sans oublier qu'ils nécessitent les contributions volontaires des membres.

Tous ces services, qu'ils soient offerts par des membres, des groupes, des régions ou le mouvement tout entier, sont absolument essentiels à notre existence et à notre croissance. Nous ne pouvons pas simplifier le mouvement en les supprimant. Ce serait plutôt courir après les complications et la confusion.

Peu importe le service, une seule question s'impose: « Ce service est-il vraiment nécessaire ? » Si oui, il nous faut le maintenir, car autrement, nous échouerons dans notre mission auprès de ceux qui recherchent les AA.

Le groupe des services les plus vitaux pour les AA, et pourtant les moins bien compris, sont ceux qui nous permettent de fonctionner comme un tout, à savoir le Bureau des Services généraux, AA Publishing, Inc., AA Grapevine, Inc., et le conseil d'administration des AA, récemment rebaptisé le Conseil des Services généraux des Alcooliques anonymes. Notre unité dans le monde et une grande partie de notre croissance depuis le début remontent directement à ce noyau d'activités vitales localisées depuis 1938 à New York.

Jusqu'en 1950, ces services généraux relevaient seulement de quelques vieux membres AA, de différents amis non alcooliques, du Dr Bob et de moi-même. Pendant toutes les années d'enfance du mouvement, nous, les anciens, nous nous étions nommés administrateurs des Alcooliques anonymes.

Nous nous sommes finalement rendu compte que le mouvement avait grandi et qu'il était maintenant en mesure d'assumer ces responsabilités à notre place. Une autre raison urgente exigeait ce changement. Les anciens n'étant pas éternels, il faudrait bientôt nommer de nouveaux administrateurs qui seraient virtuellement inconnus des groupes répartis maintenant dans le monde entier. Sans un lien direct avec le mouvement, les futurs administrateurs ne pourraient jamais fonctionner seuls.

C'est pourquoi il nous fallait former une Conférence représentative des membres qui rencontrerait annuellement nos administrateurs à New York et assumerait ainsi la responsabilité directe de la garde des Traditions des AA et de la direction de nos principaux services. Sans quoi, un conseil d'administrateurs pratiquement inconnus et les services du siège social mal compris nous mèneraient un jour à l'effondrement.

Supposons que les futurs administrateurs, laissés à eux-mêmes, fassent une erreur grave. Supposons qu'ils tentent, sans lien direct avec le mouvement, de parler en son nom en période de grande difficulté ou de crise. Comment le pourraient-ils sans être directement guidés par l'ensemble des AA ? L'effondrement de nos principaux services serait alors inévitable. Dans de telles conditions, si nos services mondiaux s'écroulaient vraiment, comment pourrions-nous jamais les reconstruire ?

En 1950, les administrateurs, Dr Bob et moi avons enfin compris que nous ne pouvions plus courir ce risque épouvantable. Il fallait établir un lien direct entre nous et le mouvement.

Ce sont les conclusions qui menèrent à la formation de la Conférence des Services généraux des Alcooliques anonymes, un organisme d'environ 75 délégués élus qui représentent les états et les provinces des États-Unis et du Canada. D'abord à titre expérimental, ces délégués ont commencé en 1951 à siéger à New York avec nos administrateurs et notre personnel des Services généraux.

La Conférence des Services généraux des Alcooliques anonymes s'est révélée un immense succès. Ses réalisations, pendant cette période d'essai de quatre ans, ont été tout à fait convaincantes.

Par conséquent, nous qui sommes les pionniers du mouvement, nous sommes maintenant prêts à confier les principaux services des Alcooliques anonymes à la garde permanente de ce corps de membres des AA qui a fait ses preuves.

À partir de notre 20e anniversaire en 1955, le troisième legs des Services mondiaux sera désormais sous la garde de tous les membres des Alcooliques anonymes, aussi longtemps que Dieu voudra bien prêter vie à notre association.

LA CONFÉRENCE EST NÉE

C'était une chose d'admettre la nécessité d'une Conférence des Services généraux, mais il fallait dresser un plan qui la rende viable. La question des coûts d'organisation d'une telle Conférence était facile à régler. Même si chaque réunion annuelle pouvait coûter 20 000 $, ce montant ne représenterait jamais que 0,15 $ de plus par membre des AA, et il en valait vraiment la peine. Qui refuserait de donner si peu pour s'assurer que le mouvement ne s'effondre pas un jour, en son centre, en période de grand besoin ou de crise?

Par contre, comment allions-nous empêcher la politicaillerie, avec ses inévitables courses au prestige et aux vains honneurs? Combien faudrait-il de délégués, et d'où viendraient-ils? Une fois à New York, quelle position adopteraient-ils par rapport au conseil d'administration? Quels seraient exactement leurs devoirs et leur pouvoir? Peu importe le plan adopté, il fallait qu'il soit assez solide pour fonctionner dès la première tentative. Nous ne pouvions nous permettre aucune bourde assez grosse pour entraîner un fiasco.

Gardant à l'esprit toutes ces lourdes préoccupations, et non sans inquiétude, j'entrepris d'esquisser un plan, avec la collaboration de Helen B., membre du personnel du bureau.

Même si la Conférence était appelée un jour à inclure des membres de tous les pays du monde, nous avons cru préférable que les premiers délégués ne viennent que des États-Unis et du Canada. Chaque État et chaque province pouvait avoir un délégué, quitte à augmenter ce nombre dans les régions comprenant beaucoup de membres. Afin d'assurer une certaine continuité, les délégués seraient répartis en groupes. Ceux du Groupe 1, élus pour deux ans, seraient invités la première année, en 1951, et ceux du Groupe 2, élus pour deux ans, siégeraient en 1952. Par la suite, il y aurait chaque année un groupe de délégués sortants et un groupe de délégués nouvellement élus, ce qui assurerait la rotation des représentants à la Conférence. L'élection des délégués et des membres des comités des États et des provinces pourrait se faire dans les grandes villes de chaque État et de chaque province. Ou bien, par mesure d'économie, ces assemblées des représentants des groupes pourraient avoir lieu lors des congrès annuels des États ou des provinces.

Mais comment ces assemblées des représentants des groupes pourraient-elles choisir les membres du comité et leur délégué en évitant les terribles frictions politiques? Nous qui avions souvent été témoins de la pagaille dans les groupes et des querelles dans les intergroupes, nous tremblions de peur. Nous avons eu alors une heureuse inspiration. Nous nous sommes rappelés que les problèmes aux élections résultaient généralement des mises en candidature, qu'elles viennent de la salle ou de quelque comité prenant des décisions en coulisse. Les élections serrées, chaudement disputées, constituaient une autre source importante de problèmes et laissaient presque toujours une forte minorité mécontente.

Nous avons donc pensé à un système permettant de choisir les membres du comité dans les assemblées de groupe par bulletin de vote, sans aucune mise en candidature personnelle. Les membres du comité feraient alors face à l'assemblée, qui pourrait choisir parmi eux son délégué à la Conférence de New York. Mais cette élection allait sûrement devenir le point le plus délicat ! Comment réduire l'inévitable fièvre électorale? Pour cela, nous avons prévu que le candidat au poste de délégué devrait obtenir les deux tiers des votes. Avec une pareille majorité, la contestation aurait peu de prise. Mais que faire si cette majorité n'était pas atteinte et si les candidats se suivaient de près? Eh bien, on pourrait peut-être placer dans un chapeau le nom des deux candidats ayant reçu le plus de votes, ou des trois responsables du comité, ou même de tous les membres du comité. Un nom serait tiré au hasard et le gagnant de cette inoffensive loterie deviendrait le délégué. Puisque les principaux candidats à l'élection seraient tous bons, cette méthode garantirait à coup sûr de bons délégués.

Mais une fois rassemblés à New York, quelle serait la fonction de ces délégués? Nous avons pensé qu'ils souhaiteraient avoir une véritable autorité. Dans les statuts de la Conférence, nous avons donc prévu que par un vote ralliant les deux tiers des voix, ils pourraient donner des directives formelles aux administrateurs. Même une majorité simple des voix devait être considérée comme une très forte suggestion. Par la suite, les administrateurs devaient adopter une autre tradition, celle de soumettre à l'approbation de la Conférence le nom de tous les candidats au poste de membres du conseil. Cette pratique allait permettre à la Conférence de participer activement au choix des administrateurs.

Nous avons rédigé ces idées et les détails de leur mise en application, de même qu'un plan temporaire pour le financement de la Conférence dans une brochure intitulée « L'héritage des services des AA ». Nous en avons expédié à peu près 50 000 exemplaires aux groupes en leur demandant de former des assemblées en vue de l'élection de membres du comité et de délégués.

Avec l'approbation de Dr Bob, j'ai parcouru les régions pour parler du plan du Troisième legs, m'adressant à de vastes auditoires et assistant, dans plus de 24 États et provinces, à l'élection du comité et du délégué.

Comme je me rappelle d'un premier essai à Boston ! Les Irlandais étaient venus en nombre. À notre grande surprise, la séance s'est déroulée sans aucun remous, même si on n'arrivait pas, tour après tour, à une majorité des deux tiers pour élire le délégué. L'assemblée a finalement décidé de tirer au sort parmi les membres du comité, et c'est le nom d'un excellent délégué qui est sorti du chapeau ! Tout le monde était bien content, et la fièvre était passée. Si les Irlandais pouvaient élire un délégué sans se battre, qui ne le pouvait pas? C'est à ce moment-là que nous avons pris conscience que le mouvement était en train de passer de la politique partisane à l'art de se gouverner.

C'est à peu près ce qui est arrivé dans tous les autres endroits où nous nous sommes arrêtés. Environ un tiers des délégués choisis étaient des anciens. Les autres étaient des membres actifs, abstinents depuis quatre à huit ans. La grande majorité a été élue aux deux tiers des voix, et seulement quelques élections ont été tranchées par un tirage au sort, comme à Boston. Dans chacun de ces rares cas, il n'y a jamais eu de rancœur, ce qui était extrêmement encourageant.

La première Conférence a eu lieu en avril 1951. À leur arrivée, les délégués ont inspecté nos bureaux de la cave au grenier, rencontré tout le personnel et donné la main aux administrateurs. Le même soir, nous leur avons donné une séance d'information sous le titre: « Qu'est-ce qui vous préoccupe? » Nous avons répondu à des questions de toutes sortes. Les délégués commençaient à se sentir à l'aise et rassurés. Nous étions encouragés en voyant leur compréhension et leur confiance. Chacun de nous sentait que quelque chose d'important était en train de se produire. Puis, ce fut la série des séances épuisantes de la Conférence. Les délégués ont examiné nos finances à la loupe. Après avoir entendu les rapports du conseil d'administration et des différents services, ils ont engagé une discussion animée mais cordiale sur plusieurs questions de principe. Les administrateurs ont aussi demandé l'avis de la Conférence sur plusieurs problèmes graves.

Trouvant tout le monde trop poli, nous avons instauré ce que nous avons appelé « la boîte des rouspéteurs ». Croyez-le ou non, on y a déposé uniquement des bonnes questions, personne n'était en colère au sujet de quoi que ce soit.

Les réunions ont succédé aux réunions, matin, midi et soir. Les délégués ont analysé plusieurs questions embarrassantes que nous ne savions comment résoudre au bureau, et ils nous ont parfois offert des solutions qui ne coïncidaient pas avec les nôtres. Sur presque tous les points, nous avons reconnu qu'ils avaient raison. La preuve était faite, comme jamais auparavant, que la Deuxième Tradition des AA était juste. La conscience collective peut sans danger jouer le rôle d'autorité souveraine et de guide éclairé chez les Alcooliques anonymes.

Aucune des personnes présentes ne pourra jamais oublier la dernière séance de la première Conférence. Nous savions que l'impossible s'était réalisé, que jamais le mouvement ne pourrait s'effondrer, que les Alcooliques anonymes étaient enfin à l'abri de toute tempête éventuelle.

En retournant chez eux, les délégués emportaient avec eux la même conviction.

Conscients de la nécessité d'améliorer nos finances et de mieux diffuser nos publications, certains délégués ont un peu trop insisté sur ces deux points; d'autres se sont sentis un peu déprimés de voir que leurs camarades ne partageaient pas leur ferveur. Ils oubliaient qu'ils avaient eu le privilège d'assister à la Conférence, mais pas leurs frères alcooliques. Néanmoins, tant à New York que dans leur région, les délégués ont produit bien plus d'effet qu'ils ne le soupçonnaient. L'intérêt d'un grand nombre de groupes s'est accru au cours des quatre années qui se sont écoulées depuis.

Encore ébahis par la tournure des événements, les participants à la Conférence ont convenu qu'il fallait remplacer le nom de Fondation alcoolique par celui de Conseil des Services généraux des Alcooliques anonymes, ce qui fut fait. Le mot « Fondation » évoquait la charité, le paternalisme, et peut-être même la richesse. Les AA n'avaient que faire de ces choses; désormais, nous allions assumer toutes nos responsabilités et payer nous-mêmes nos dépenses.

Devant tous ces événements, je fus bientôt convaincu que les Alcooliques anonymes étaient enfin protégés, même contre moi.

Les 12 dernières années de ma vie ont été presque entièrement consacrées à la construction de nos Services généraux. C'est là que bat mon cœur, et c'est là qu'il battra toujours. Cela montre l'importance qu'a pour moi le siège social des AA. Quand viendra le moment, à St. Louis, de vous remettre cette dernière grande portion de l'héritage des AA, je ressentirai une grande tristesse à l'idée de ne plus jamais être l'homme à tout faire de votre bureau central. Par contre, je ressentirai aussi une grande joie de voir que le mouvement des Alcooliques anonymes est maintenant adulte et qu'il peut, en toute confiance, prendre son destin en main grâce à sa grande Conférence.

Par conséquent, mes chers amis, vous venez de lire mon dernier rapport sur les services mondiaux des Alcooliques anonymes.

Notre Conférence des Services généraux, gardienne des AA

Avril 1958

Chaque membre des AA veut s'assurer qu'il survivra à l'alcoolisme pour ensuite trouver le bien-être spirituel. Il ne saurait en être autrement. Il souhaite aussi faire son possible pour assurer la survie et le bien-être de ses compagnons alcooliques. Il ne peut donc faire autrement que de s'intéresser au plus haut point à la permanence et au bien-être du mouvement.

Dans chaque groupe, tout bon membre a cela à cœur. Il sait que la providence, après nous avoir donné le miracle de l'abstinence, s'attend à nous voir nous mettre à l'œuvre et nous développer, à faire notre part pour garder les bienfaits reçus. Nous ne pouvons nous attendre à un miracle perpétuel, sans aucun effort ni engagement de notre part. Nous savons tous que le prix à payer pour notre survie individuelle et collective est l'empressement et l'esprit de sacrifice, la vigilance et le travail.

Ce qui est si vrai pour chaque membre et chaque groupe l'est aussi nécessairement pour le mouvement tout entier. Pourtant, beaucoup parmi nous n'ont jamais accordé à cette évidence l'attention qu'elle mérite. Nous sommes portés à croire que le mouvement durera à jamais, sans aucune attention ou contribution particulière de notre part. À part un élan de fierté, à l'occasion, devant la taille et le rayonnement de notre mouvement, la moitié peut-être des membres et des groupes ne se préoccupent guère de son bien-être global. Il ne s'agit pas de négligence de leur part. Ils n'en voient tout simplement pas la nécessité.

Il y a deux bonnes raisons à cela. D'abord, le mouvement dans son ensemble ne s'est jamais attiré d'ennuis. Ensuite, jusqu'à tout récemment, c'est un petit groupe de vieux membres qui ont joué en quelque sorte le rôle de parents et se sont occupés des problèmes et des périls de notre mouvement sans vraiment consulter les membres.

Nous n'avons jamais connu de problème qui nous divise. Le public nous admire, et nos amis nous aiment. Nous avons comme alliés la religion et la médecine. Personne n'a sérieusement abusé de nous. Nous avons évité les controverses publiques. Les querelles politiques du monde ne nous ont pas atteints. Nous n'avons même jamais eu une vraie chicane de famille. Bien que les membres et les groupes aient connu à peu près tous les malheurs possibles, le mouvement dans son ensemble a été épargné. Voilà le miracle de nos 23 années d'existence.

Pas surprenant qu'il y en ait tant qui croient sincèrement que rien ne peut nous arriver !

Le fait d'avoir été si longtemps exempts des souffrances que doivent endurer toutes les nations et sociétés devrait nous inspirer la plus profonde gratitude. Pourtant, il ne faudrait pas présumer que cet agréable phénomène durera à jamais. Personnellement, je ne crois pas qu'il devrait durer. Nous ne pouvons prétendre être « adultes » tant que nous n'aurons pas lutté contre toutes ces tentations et difficultés qui assaillent invariablement tous les grands groupements d'hommes et de femmes. Ce sera pour nous un grand bienfait, j'en suis sûr.

Nous pourrions avoir un jour à résister à la pression d'un monde enclin à la destruction, dans ce siècle le plus fou et le plus dangereux de toute l'histoire de l'humanité. En tant qu'association, nous devrons toujours consentir tous les sacrifices nécessaires à l'unité, aux services et à la survie du mouvement, *peu importe les circonstances*. Voilà pourquoi je vous écris aujourd'hui pour vous parler de la Conférence des Services généraux des AA, la gardienne de notre avenir.

Jusqu'à récemment, nous nous sommes comportés comme une famille encore jeune. Comme toutes les familles, la nôtre a eu des parents. Nos parents, ce sont ceux qu'on appelle les vieux membres et les créateurs du mouvement. J'ai eu le bonheur d'être un de ceux-là. Depuis le début, nous avons été des parents préoccupés surtout du bien-être futur des AA. Dans les régions, les anciens s'occupaient de tout. À l'échelon national et international, jusqu'à tout récemment, Dr Bob et moi faisions la même chose, assistés par de dévoués amis, alcooliques et non alcooliques.

En tant que parents des AA, nous devions protéger notre progéniture en pleine croissance d'elle-même et du monde extérieur. Très tôt, il a fallu donner à notre famille des principes de vie et l'éduquer selon ces principes. Il nous fallait, si nous voulions croître aussi bien en quantité qu'en qualité, répandre au loin la bonne nouvelle des AA. C'étaient là nos responsabilités.

En 1937, Dr Bob et moi avons commencé à voir ce qu'il fallait faire. Nous savions qu'il nous fallait un énoncé des principes et des méthodes des AA. D'autres anciens étaient du même avis. En 1939, nous avons publié avec beaucoup d'aide le Gros Livre, qui venait éliminer tout doute quant aux méthodes des AA. Les 300 000 exemplaires vendus à ce jour représentent le programme de rétablissement sur lequel repose notre association tout entière.

Puis nous nous sommes rendu compte qu'il faudrait au mouvement beaucoup de publicité – et pas n'importe laquelle. Nous nous sommes donc attaqués à ce problème. La moitié des membres actuels doivent sans doute leur vie et leur fortune au travail efficace de la presse et des autres médias.

De 1940 à 1950, nous avons été aux prises avec les problèmes des groupes, des problèmes de toutes sortes terriblement complexes. C'est à partir de ces problèmes que nous avons façonné les Douze Traditions des AA, les Traditions qui nous protègent maintenant de nous-mêmes et du monde extérieur. Tout ce travail, qui a exigé du bureau énormément de correspondance et d'expérience, a fini par engendrer de nouveaux documents sur l'unité et les services du mouvement, ce qui nous a permis de nous raffermir.

La bonne nouvelle a commencé à se répandre dans le monde et le mouvement a finalement atteint 70 pays. Mais cela a entraîné une foule de nouveaux problèmes et il a fallu publier notre documentation dans plusieurs langues. Il a fallu aussi rejoindre et aider les membres dans les prisons et les hôpitaux, les membres isolés et les marins en mer. Nos services d'aide devaient aller partout. Il nous fallait aussi un magazine mensuel. Aujourd'hui, la revue *Grapevine* compte 40 000 abonnés, auxquels s'ajoutent chaque mois plusieurs milliers d'autres lecteurs.

Voilà quels ont été nos devoirs et nos privilèges, en tant que parents, dans le monde entier. Nous nous sommes efforcés de protéger le mouvement afin qu'il grandisse sans ennuis. Pour ne pas inquiéter notre famille qui grandissait avec ces problèmes critiques, nous nous disions que « papa est meilleur juge ». Dans les premiers temps, c'était aussi simple que cela. Il était beaucoup trop tôt pour écraser notre mouvement sous le poids des responsabilités.

Dès le début, nous nous sommes rendu compte, Dr Bob et moi, que nous avions besoin d'une aide spéciale. Nous avons donc demandé à certains non-alcooliques dévoués de nous donner un coup de main et ensemble nous avons créé une fiducie pour les Alcooliques anonymes. Cela se passait en 1938, et nous avons appelé le nouveau conseil la Fondation alcoolique (que nous avons depuis rebaptisée le Conseil des Services généraux des Alcooliques anonymes). En 1940, le conseil faisait l'acquisition du livre des AA et assumait l'entière responsabilité des fonds du mouvement, de son bureau des services mondiaux, de son magazine et de ses relations publiques.

C'est à ce groupe d'administrateurs – alcooliques et non-alcooliques – que revient presque tout le mérite de notre siège social, tel que nous le connaissons aujourd'hui. Je me réjouis de voir dans ce numéro de *Grapevine* la photo de deux de nos distingués présidents non alcooliques, des hommes dont la fermeté nous a permis de traverser une longue période de labeurs et de périls. On peut lire leur caractère sur le visage de Leonard Harrison et Bernard Smith. On peut aussi lire, dans le nouveau livre *Le mouvement des AA devient adulte*, ce que ces deux hommes, et d'autres comme eux, ont fait pour nous à nos débuts, alors que se déroulait le drame émouvant des Alcooliques anonymes.

Pendant l'année 1948, ceux qui travaillaient au siège social ont reçu un choc terrible : Dr Bob était atteint d'une maladie mortelle qui le consumait lentement. Cette nouvelle a provoqué une grave crise, car nous étions forcés d'admettre que nous, les anciens, les parents de notre association, n'étions pas éternels.

Nous avons été remplis d'appréhension en constatant la fragilité des liens qui reliaient notre siège social à la vaste organisation qu'elle desservait. Nous avions, bien sûr, notre petit groupe d'administrateurs, mais pas un membre sur mille n'était capable de nommer la moitié d'entre eux. Au bureau, il y avait Bobbie, Ann et Charlotte, Dr Bob et moi-même. Ces quelques personnes étaient à peu près les *seuls liens* avec les AA du monde !

Pendant ce temps, des milliers de nos membres vaquaient sereinement à leurs affaires, ignorant tout, ou presque, des problèmes globaux du mouvement. Ils s'imaginaient vaguement que Dieu, avec l'aide bien modeste de Dr Bob et de moi-même, allait tout simplement continuer à s'en occuper. Ainsi, ils ignoraient totalement notre véritable situation et ne soupçonnaient pas l'épouvantable risque d'effondrement qui nous guettait.

C'était un atroce dilemme. D'une manière ou d'une autre, le mouvement dans son ensemble allait devoir assumer l'entière responsabilité des AA. Cela ne faisait aucun doute. Les groupes allaient devoir élire de nombreux délégués et les envoyer chaque année à New York pour rencontrer et guider les administrateurs. C'est seulement à ce prix qu'on pouvait mettre fin à l'isolement croissant des administrateurs face au mouvement. Seul ce type d'organisme pourrait prendre des décisions qui engagent les administrateurs lors d'éventuelles crises.

Quand nous avons pour la première fois parlé de notre plan d'une Conférence conjointe réunissant les administrateurs et les délégués, ce fut un tollé à la grandeur du pays. Au début, on aurait dit que la famille AA refusait d'assumer cette responsabilité nouvelle et inattendue. Aux yeux des membres, l'expression « délégués AA », évoquait de la politicaillerie, de la controverse, de la confusion. « Gardons le mouvement simple ! », s'écriaient-ils.

Pourtant, après deux ans d'agitation et de sensibilisation, les AA ont clairement compris que cette ultra-simplicité des débuts n'avait plus sa place. Il fallait que la famille prenne elle-même ses responsabilités, sinon le mouvement des AA allait s'écrouler au centre. Les anciens, les pères du mouvement, les fondateurs, devaient être dégagés de leur responsabilité et remplacés par des délégués. Il n'y avait pas moyen de faire autrement. La famille devait « devenir adulte » sinon elle le payerait chèrement.

Nous avons donc fait venir quelque 75 délégués des États-Unis et du Canada. Avec les administrateurs et le personnel de *Grapevine* et du bureau, ils constituaient la Conférence des Services généraux des Alcooliques anonymes. C'était en 1951 .

Au début, il s'agissait purement et simplement d'une expérience. Si elle réussissait, cela voudrait dire que le mouvement des AA était vraiment « devenu adulte » et pouvait s'occuper de ses propres affaires. Par l'entremise de la Conférence, il devenait le gardien de son avenir et le protecteur des services, nos bouées de sauvetage.

Notre Conférence a été un succès. Ses résultats, Dieu merci, ont dépassé toutes nos espérances. Au bout d'une période expérimentale de cinq ans, nous savions qu'elle pouvait devenir une partie intégrante et permanente de notre association.

En juillet 1955, lors du 20e anniversaire des AA, je me suis présenté devant le grand congrès de St. Louis, avec un groupe toujours plus restreint d'anciens. En leur nom, j'ai remis le destin des AA entre les mains de leurs représentants élus, réunis dans la Conférence des Services généraux des Alcooliques anonymes. Je ne me rappelle pas de jour plus heureux dans ma vie. Un gouffre béant avait été comblé; le mouvement était enfin en sécurité.

Certains s'interrogent encore. La famille AA saura-t-elle envoyer ses meilleurs délégués à la Conférence? Allons-nous continuer de nommer des administrateurs compétents et avisés? Pour appuyer leurs représentants à la Conférence, leurs administrateurs et leurs services mondiaux, les membres des AA auront-ils suffisamment de fonds, d'intérêt et de compréhension?

Pour moi , ces questions ne se posent plus. L'histoire du mouvement rappelle que chaque fois que surgit un grand besoin, il est toujours satisfait. Je suis passablement certain qu'à cet égard l'histoire continuera de se répéter. En fait, j'en suis convaincu.

Je crois aussi que ma propre influence au siège social devrait continuer de s'atténuer. Grâce à la Conférence, c'est maintenant le mouvement qui possède toute l'autorité et toutes les responsabilités. Un père qui joue trop longtemps son rôle ne peut que gêner le développement de ses enfants. C'est ce que je ne dois pas faire. Ma place sera bientôt dans les coulisses d'où je vous encouragerai, vous, les nouveaux qui prendrez le relais. Notre famille est maintenant pleinement adulte et elle devrait savoir me le rappeler, si jamais je suis à nouveau tenté de la mener.

Pour toutes ces raisons incontournables, l'avenir vous appartient, mes amis. Empressez-vous d'accepter ces nouvelles responsabilités, ne craignez rien, et la grâce de Dieu sera vôtre.

DEUXIÈME SECTION

Ayons de l'amitié envers nos amis

Les psychiatres

Juillet 1957

Cela se passait il y a des années, à l'époque de nos premiers contacts avec les hôpitaux psychiatriques. L'un d'eux était un établissement du New Jersey qui venait de libérer sur parole deux alcooliques, membres du mouvement et abstinents depuis six mois. Tous les deux avaient été considérés comme des cas désespérés. En dépit des méthodes inhabituelles des AA, les psychiatres étaient impressionnés.

Plein de zèle, le groupe des AA du voisinage commença aussitôt à bombarder l'hôpital de demandes de droits de visite. Il voulait apporter la bonne nouvelle à tous les alcooliques de l'endroit, sans délai. Les médecins n'étaient pas convaincus que c'était là la meilleure chose à faire.

Ils demeuraient plutôt prudents et avec raison.

« Eh bien ! dirent les membres du comité des AA, pourquoi ne viendriez-vous pas, vous, les médecins, à une réunion ? » Deux psychiatres concédèrent que ce serait une bonne idée, et décidèrent d'aller la semaine suivante visiter le groupe des AA de New York.

Si je me rappelle bien, nous, les New-Yorkais, nous nous réunissions à cette époque dans un salon de Steinway Hall. C'est avec plaisir que nous avions appris le pèlerinage projeté par les médecins du New Jersey. Le soir de la réunion arriva enfin. Dans l'intervalle, ma mémoire m'avait joué un tour. J'avais complètement oublié ces psychiatres. Tout de suite après le début de la réunion arriva, rayonnante, le délégation des membres du New Jersey, qui prit place dans la dernière rangée. Leur arrivée aurait dû me rafraîchir la mémoire, mais rien n'y fit. J'étais loin de me douter que j'allais bientôt connaître l'un des moments les plus gênants de ma vie, et aussi l'une de mes plus grandes leçons.

Le premier conférencier raconta une belle histoire, à la fois triste et inspirante. On aurait pu entendre une mouche voler. C'était tout simplement fantastique.

Puis Jack se leva et nous raconta qu'il avait déjà été une étoile montante dans l'industrie du cinéma, où il touchait le modeste traitement de 50 000$ par année. Étant donné ses talents tant vantés, ce ne pouvait être là qu'un début. Mais le démon du rhum a commencé à lui nuire. Inquiet, le studio pour lequel il travaillait lui envoya un psychiatre. À contrecœur, Jack accepta les traitements. Les résultats furent nuls et on fit venir d'autres psychiatres, mais son ego, ses ressentiments et sa consommation d'alcool demeurèrent aussi exagérés. Il finit par faire son propre malheur et se retrouva à la porte du studio, ce qui n'avait rien de surprenant. Mais il était maintenant membre des AA et sobre depuis des mois.

Cependant, il devint vite apparent que Jack avait encore une dent contre les psychiatres qu'il blâmait pour sa chute. Sachant fort bien que deux d'entre eux se trouvaient dans la salle, il vit là la chance de sa vie. C'était à son tour de se défouler, et à eux de s'asseoir et d'écouter !

Il entreprit donc d'attaquer la psychiatrie et ses méthodes. Comme conférencier, Jack savait assener de durs coups et il avait un humour cynique ce talent le servait maintenant à la perfection. L'un après l'autre, il tailla en pièces ses différents psychiatres, avant de s'en prendre à tous les membres de la profession, à leurs théories et à leurs philosophies. Il les traita de « chercheurs de vers ». Il était absolument tordant, même si les neuf dixièmes de sa causerie n'étaient qu'inventions et inepties, il nous offrait un spectacle exceptionnel. L'auditoire se tordait, et je crois bien n'avoir jamais autant ri. Jack est finalement retourné s'asseoir au milieu des applaudissements.

Après la réunion, les AA du New Jersey se sont frayé un chemin jusqu'à la tribune. Ils semblaient à la fois dégoûtés et ulcérés, et ils l'étaient réellement. Dans un murmure confus, leur porte-parole nous a présenté nos « invités d'honneur », les deux psychiatres !

Je sentis alors mon cœur se serrer dans ma poitrine. Juste à ce moment, Jack, de toute évidence fier de lui, s'avança et donna une tape amicale dans le dos d'un de nos invités, en lui lançant: « Alors, docteur, comment avez-vous aimé les "pommes" que je viens de vous refiler? » C'en était trop. J'aurais voulu mourir de honte.

Pourtant, les deux psychiatres encaissèrent le coup, le sourire aux lèvres. Ils insistèrent pour dire que la réunion les avait merveilleusement aidés. Après tout, affirmèrent-ils, ils devaient accepter de se faire mettre en boîte de temps à autre. Ils avaient trouvé la causerie de Jack franchement drôle et très instructive.

Quelle extraordinaire preuve d'amitié et de compréhension ! Dans une situation éprouvante, ces deux hommes calomniés présentaient l'autre joue. Ils avaient accueilli la tirade de Jack avec courtoisie, gentillesse, bonne humeur et gratitude même. Voilà une leçon de patience, de tolérance et de charité chrétienne que j'espère ne jamais oublier.

Aussitôt que possible, je pris les deux médecins à part et me mis en frais de m'excuser. En fait, j'étais humilié. L'un d'eux me regarda et me dit: « Oubliez ça, Bill. Comme vous pouvez le voir, *certains* alcooliques sont plus inadaptés que d'autres. Nous comprenons parfaitement ! »

Moins d'un mois plus tard, ce médecin exceptionnel ouvrait son hôpital aux visiteurs AA, et un groupe commençait à se former à l'intérieur. Depuis ce jour, les psychiatres n'ont jamais cessé de soutenir les AA. Je dirais même que c'est souvent leur compréhension et leur tolérance, plus que la nôtre, qui ont rendu cette heureuse situation possible.

Voici deux autres exemples. En 1949, l'Association psychiatrique américaine m'a invité à présenter une communication sur les AA, à son assemblée annuelle. Poussant plus loin son esprit de collaboration, l'Association publia mon texte dans son journal officiel et autorisa le mouvement à le reproduire, sous la forme d'une brochure destinée au public. À lui seul, ce geste généreux nous a valu depuis des avantages sans précédent. Encore récemment, on a fait à Los Angeles un sondage pour savoir ce que les psychiatres de la ville et des environs pensaient du mouvement. On me dit qu'il n'y a pas de problème, que 99% d'entre eux nous appuient !

Bien sûr, comme dans toute histoire, il y a quelques exagérations. Aujourd'hui, de nombreux membres considèrent la psychiatrie avec sympathie, mais nul doute également que de nombreux psychiatres, qui ne savent rien de nous ou ne connaissent que nos échecs, nous sont toujours hostiles. Là n'est pas la question. Je cherche simplement à montrer que nous, les AA, nous devrions toujours, en toutes circonstances, essayer de nous montrer amicaux envers tous.

Et qu'est-il arrivé à mon vieil ami Jack? Eh bien, il n'a pas réussi, même s'il a beaucoup essayé. Il est mort d'alcoolisme il y a trois ans. Peut-être qu'il n'a jamais pu comprendre ce qu'est la vraie amitié.

Les médecins

Août 1947

À la télévision, récemment, j'ai vu l'Association médicale américaine accueillir son nouveau président lors de son congrès. Croyant d'abord que ce serait une simple cérémonie de routine, j'ai failli regarder plutôt un film policier. Aujourd'hui, je suis content de ne pas l'avoir fait, car ces médecins m'ont fait passer une heure mémorable très émouvante.

Le nouveau président s'est levé pour prononcer son discours inaugural. Il avait peu de choses à dire sur la science médicale. À ma grande surprise, il s'adressa, comme nous le faisons dans le mouvement, aux nouveaux venus, dans ce cas-ci aux jeunes médecins commençant tout juste à exercer. Il leur dit qu'aucun médecin, peu importe sa formation scientifique, ne pouvait aller loin sans d'abord faire en sorte que les malades se sentent considérés comme des êtres humains, et que tout médecin digne de ce nom devait faire preuve du plus grand dévouement et de la foi la plus profonde. C'était le thème de son discours, et comme il l'a bien développé ! Il a vraiment « transmis le message » et j'ai vu, comme rarement auparavant, que les AA n'avaient certainement pas le monopole de la pratique de la Douzième Étape.

Puis l'association rendit hommage à plusieurs personnes, dont un profane pour son travail exceptionnel auprès des infirmes et des invalides du pays. Il avait démontré à des milliers de malades qu'ils n'étaient ni émotionnellement ni spirituellement handicapés, qu'ils pouvaient toujours faire un travail utile et enrichissant. Faisant remarquer que l'apitoiement sur son sort est le mal le plus répandu parmi les handicapés, il cita ces paroles d'un Persan sans chaussures: « J'ai pleuré de n'avoir pas de chaussures, jusqu'à ce que je voie un homme qui n'avait pas de pieds ! » Cet homme rayonnant derrière le lutrin savait de quoi il parlait, car lui-même n'avait plus de jambes; depuis des années, il déambulait sur des membres artificiels. De toute évidence, il s'en était remis au dévouement, au courage et à la foi. Voilà ce qui lui avait mérité l'insigne reconnaissance de l'AMA.

Le climat spirituel de ce rassemblement de médecins me rendit songeur. J'eus soudain le sentiment profond que la médecine était d'abord une vocation spirituelle, et que la grande majorité des médecins choisissaient cette profession pour se mettre au service de leurs semblables.

Nous sommes prompts, nous, les AA, à nous allouer la cote « triple A », à nous-mêmes et à notre mouvement. Mais quand je me rappelle le nom de certains médecins qui se sont dévoués pour nous à nos débuts, je me demande combien d'entre nous auraient pu rivaliser avec leur humilité et leur dévouement.

Mon propre médecin, par exemple, le docteur William D. Silkworth. Dans le livre que j'écris sur notre histoire, *Le Mouvement des AA devient adulte*, je trace de lui le portrait suivant:

« En évoquant ainsi nos débuts à New York, nous apercevions souvent l'image de ce petit médecin plein de douceur, qui aimait les alcooliques. William Duncan Silkworth était à l'époque médecin-chef de l'hôpital Charles B. Towns de New York, et nous nous rendons compte aujourd'hui à quel point il fut un des fondateurs du mouvement. C'est lui qui nous a appris la nature de notre maladie. C'est lui qui nous a fourni les outils qui nous permettent de dégonfler le pire ego alcoolique, ces expressions renversantes avec lesquelles il décrivait notre maladie: l'*obsession mentale* qui nous force à boire, et l'*allergie physique* qui nous condamne à la folie ou à la mort. Sans ces mots de passe indispensables, le mouvement n'aurait peut-être jamais fonctionné. Le Dr Silkworth nous a montré comment retourner la terre noire de notre désespoir, où a fleuri chaque réveil spirituel qu'a connu notre société à ce jour. En décembre 1934, cet homme de science s'était assis humblement près de mon lit pour me rassurer, à la suite de mon réveil spirituel soudain et irrésistible. "Non, Bill, ce ne sont pas des hallucinations, me dit-il. Mais peu importe ce que c'est, tu ferais mieux de t'y accrocher. Ce qui t'arrive est certainement préférable à ce que tu vivais il y a une heure à peine." C'étaient là des paroles merveilleuses pour les AA qui allaient venir. Qui d'autre aurait pu les dire?

Quand j'ai voulu travailler auprès des alcooliques, il m'a emmené voir ceux de son propre hôpital, mettant ainsi en jeu sa réputation professionnelle.

Pendant six mois, j'ai tenté en vain de dessoûler des alcooliques, puis ce fut le docteur Silkworth, encore une fois, qui m'a rappelé la remarque du professeur William James, à savoir que les expériences spirituelles vraiment valables sont presque toutes fondées sur le malheur et l'échec.

"Cesse de leur prêcher, me dit-il, et commence par leur présenter la dure réalité médicale. Ils pourraient être impressionnés au point de vouloir tenter n'importe quoi pour se rétablir. Ils seront alors en mesure d'accepter ces principes de psychologie morale qui sont les tiens, et même l'idée d'une Puissance supérieure."

Quatre ans plus tard, le docteur Silkworth avait contribué à faire de M. Charles B. Towns, le propriétaire de l'hôpital, un grand enthousiaste du mouvement. Il l'avait aussi encouragé à nous prêter 2 500 $ pour entreprendre la rédaction du livre *Alcoholics Anonymous*. (En passant, cette somme a dépassé plus tard les 4 000 $.) Puis, étant à l'époque notre seul ami médecin, le bon docteur a hardiment rédigé l'introduction de notre livre. Elle s'y trouve encore aujourd'hui, et nous entendons bien qu'elle y reste toujours.

Jamais aucun autre médecin ne se dévouera sans doute autant que le docteur Silkworth auprès de tant d'alcooliques. On estime qu'il en a examiné, pendant sa vie, le nombre incroyable de 40 000. Dans les années qui ont précédé sa mort en 1951, en étroite collaboration avec le mouvement et avec notre rousse et dynamique infirmière Teddy, il a soigné près de 10 000 alcooliques au seul hôpital Knickerbocker de New York. Aucun de ceux qui ont reçu ses soins n'oubliera cette expérience et la plupart d'entre eux sont abstinents aujourd'hui. »

Le docteur Silkworth a donc « mis en pratique la Douzième Étape » 40 000 fois. Des milliers d'alcooliques ont reçu ses soins bien avant que le mouvement n'existe, alors que leurs chances de rétablissement étaient minces. Pourtant, il était convaincu qu'on trouverait un jour un traitement. Il ne se lassait jamais des ivrognes et de leurs problèmes. Homme pourtant frêle, il ne se plaignait jamais de la fatigue. Il a gagné à peine de quoi vivre tout au long de sa carrière. Il ne cherchait pas les honneurs, le travail était sa récompense. Il était cardiaque, mais n'en a pas tenu compte dans les dernières années de sa vie et il est mort en travaillant avec nous, les alcooliques, fidèle au poste.

Combien parmi nous, membres des AA, peuvent rivaliser avec la fiche du docteur Silkworth ? Qui a autant de courage, de foi et de dévouement que lui ?

Vingt-trois ans après avoir été soigné par lui pour la dernière fois, quand j'ai vu, entendu et senti l'esprit de cette grande rencontre de l' AMA, j'ai remercié Dieu de nous avoir donné les médecins, un des meilleurs groupes d'amis que le mouvement peut avoir.

Les membres du clergé

Septembre 1957

Toute rivière a une source. Ainsi en est-il des AA. La première source a jailli d'un ecclésiastique, Samuel Shoemaker. Il y a très longtemps, en 1934, c'est lui qui nous a enseigné les principes et les attitudes à partir desquels se sont épanouies les Douze Étapes de rétablissement des AA.

S'il y eut jamais une source de vie pour les alcooliques, ce fut lui. Nous avons pris la coupe de la grâce des mains de Sam et nous y avons bu, sans oublier de la passer aux autres. Notre gratitude va à celui dont la grâce remplit toujours cette coupe et à Sam qui nous l'a offerte le premier.

Mais il faut aux rivières des affluents, sans quoi elles ne peuvent aller loin, ni grossir beaucoup. Le fleuve spirituel toujours plus profond, sur lequel les AA voguent vers des jours meilleurs, compte maintenant des myriades d'affluents qui alimentent le grand courant de vie de notre association tout entière. Les plus nombreuses et les plus importantes de ces rivières de dévouement et de service nous sont toujours venues de nos amis du clergé.

Laissez-moi vous donner un exemple. Peu de gens savent qu'un pasteur ajoué le rôle le plus important dans la formation du premier conseil d'administration des AA qui allait devenir le gardien de nos services mondiaux. Je pense ici à Willard S. Richardson, un ami et associé des Rockefeller. En 1937, nous avons fait appel à M. Richardson pour qu'il nous aide à trouver beaucoup d'argent pour l'œuvre des AA. À la place, il nous a aidés à nous trouver nous-mêmes. Nous devons en grande partie à sa gentillesse, à sa compréhension, à son dévouement et à son dur labeur la formation du premier conseil d'administration des AA et la rédaction du Gros Livre. Il se donnait sans compter. Dieu seul saura jamais à quel point nos 7 000 groupes actuels sont redevables à « l'oncle Dick » Richardson, qui était un ecclésiastique.

Au banquet donné par M. Rockefeller, en 1940, il Y avait un autre membre du clergé, nul autre que Harry Emerson Fosdick. Parlant au nom des non-alcooliques présents, il a été le premier représentant du monde religieux à nous féliciter publiquement. Je m'étonne souvent de la compréhension, de l'amour et du pur courage qu'il lui a fallu pour poser ce geste généreux. Après tout, nous n'étions qu'une bande de soi-disant anciens buveurs pratiquement inconnus. Je tremble encore à la pensée du fou rire qui aurait pu s'emparer de l'Amérique si deux ou trois d'entre nous s'étaient présentés ivres sous les projecteurs de ce fameux banquet ! Le pasteur Fosdick a pris de gros risques pour nous. Nous nous en souviendrons toujours.

Par centaines sûrement, et probablement par milliers, nos amis du clergé continuent depuis à prendre des risques. Ils accueillent nos réunions dans leurs sous-sols et dans leurs salles. Ils ne se mêlent pas de nos affaires et se contentent de s'asseoir en arrière, répétant qu'ils sont venus pour apprendre. Le dimanche, leurs sermons portent sur nous. Ils nous envoient des candidats et s'émerveillent de leurs progrès. Quand nous leur demandons parfois de nous adresser la parole, invariablement ils s'excusent de leur propre incompétence auprès des alcooliques. Ils font sûrement preuve d'humilité, peut-être un peu trop.

Pour ce qui est de la patience et de la tolérance, ils donnent leur pleine mesure. Ils se rendent vite compte que les AA peuvent parfois être pompeux et champions de la justification, même s'ils ont arrêté de boire. Nous savons aussi nous montrer insouciants et irresponsables. Ils ne protestent pas quand nous leur expliquons (par déduction) à quel point notre mouvement est supérieur ! Il leur arrive parfois d'entendre aux réunions des histoires et un vocabulaire qui feraient rougir à peu près n'importe qui. Pourtant, ils ne bronchent pas. Ils ne se laissent pas troubler par nos bêtises, mais affichent parfois la patience de Job. Ils savent que nous essayons vraiment de grandir et ils cherchent à nous aider.

Ces témoignages émouvants et constants de nos amis religieux laissent beaucoup d'entre nous songeurs. « Étant donné tout ce que ces prêtres et ces pasteurs ont fait pour nous, qu'avons-nous fait pour eux, nous? » Voilà une bonne question.

Bien que ça ne regarde pas strictement le mouvement, je ne peux m'empêcher de relater ici ce que prêtres et pasteurs ont fait pour beaucoup d'entre nous, individuellement. Certains membres disent: « Je n'ai pas besoin de la religion. Les AA sont ma religion. » En fait, j'ai déjà adopté cette attitude, moi aussi.

Après avoir conservé pendant quelques années cette opinion simple et rassurante, j'ai fini par comprendre qu'il pourrait bien y avoir d'autres sources d'enseignement, de sagesse et de conviction spirituelle en dehors des AA. Je me suis rappelé que le pasteur Sam avait sans doute beaucoup à voir dans l'expérience spirituelle vitale qu'avait été mon premier don de la foi. Il m'avait aussi enseigné des principes qui me permettaient de survivre et de continuer. Les AA m'avaient procuré un foyer spirituel dans lequel je me sentais accueilli et où je pouvais me rendre utile. Tout allait pour le mieux.

Pourtant, j'ai fini par me rendre compte qu'il me fallait davantage. Avec raison, les AA n'essayaient pas de répondre à toutes mes questions, même si elles étaient importantes à mes yeux. Comme tout adolescent, j'avais commencé à m'interroger. « Qui suis-je? D'où est-ce que je viens? Pourquoi suis-je ici? Quel est le vrai sens de la vie? Quand j'aurai passé par les pompes funèbres, est-ce que je serai toujours vivant ou non? Est-ce que j'irai quelque part après? Où? » Ni la science ni la philosophie ne semblaient capables de me donner des réponses convaincantes. J'ai donc naturellement commencé à regarder ailleurs et je pense avoir obtenu quelques résultats.

Tout en demeurant très craintif à l'égard des ecclésiastiques et de leur théologie, je suis finalement retourné les voir, eux qui avaient été à l'origine des AA. Ils avaient pu m'enseigner les principes me permettant de me rétablir, peut-être pourraient-ils maintenant m'en apprendre davantage sur la croissance dans la compréhension et la foi.

Il m'avait été facile de devenir abstinent, mais il était plus difficile de grandir. La croissance émotive et la croissance spirituelle ont toujours été très difficiles pour moi. Il fallait de toute urgence que j'apprenne à mieux me comprendre et à mieux connaître Dieu et sa volonté à mon égard. Je me disais que les membres du clergé détenaient certainement toute la sagesse accumulée au fil des ans, en matière de morale et de théologie. Je me suis donc lié d'amitié avec eux, cette fois pour écouter et non pour argumenter.

Je suis heureux de dire aujourd'hui que l'un de ces ecclésiastiques s'est révélé le meilleur ami, professeur et conseiller que j'aurai jamais. Au fil des ans et petit à petit, j'ai trouvé auprès du père Ed [Dowling] une grande part de la grâce et de la compréhension qui me permettent de grandir. Il est le plus bel exemple vivant de la spiritualité que je connaisse. Il m'a souvent remis sur le droit chemin, m'évitant ainsi des « cuites sèches » qui auraient pu durer indéfiniment. Fait à remarquer, pendant toutes ces années, il ne m'a jamais demandé de faire partie de son Église.

C'est donc avec une profonde gratitude que je rends compte ici de la dette des AA à l'égard des membres du clergé. Sans leur dévouement, le mouvement n'aurait peut-être jamais vu le jour. Presque tous nos principes nous viennent d'eux. Nous avons fait nôtres leur exemple, leur foi et, dans une certaine mesure, leurs croyances. Chaque membre des AA leur doit presque littéralement sa vie, sa fortune et le salut qu'il a pu trouver.

Voilà certainement une dette éternelle !

La presse, la radio et la télévision

Octobre 1957

Nous étions à l'été de 1939. Quelques mois auparavant, notre Fondattion alcoolique, qui affichait fièrement une bonne centaine de membres, avait publié un livre intitulé *Alcoholics Anonymous*. Puis, tout s'était arrêté. Les 5 000 exemplaires de notre livre dormaient dans l'entrepôt de l'imprimeur, Cornwall Press. Nous n'arrivions pas à en vendre un seul.

L'article tant attendu du *Reader's Digest*, qui aurait pu renseigner le public sur le mouvement et sur son livre, ne s'était pas matérialisé. Pris de panique, nous nous sommes précipités d'un magazine national à l'autre, implorant de l'aide, mais en vain. Works Publishing, la petite société d'édition que nous avions mise sur pied pour lancer notre livre, était sans le sou, comme nous tous d'ailleurs. Nous ne savions plus à qui nous adresser.

Mais la providence veillait. Au moment où nous touchions à nouveau le fond, Fulton Oursler, alors rédacteur en chef du magazine *Liberty*, reçut un appel d'un journaliste à la pige du nom de Morris Markey. Celui-ci avait entendu, de la bouche de Charlie Towns, propriétaire de l'hôpital dont j'avais déjà été un si bon client, toute l'histoire sur des AA, et c'est cette histoire qu'il était en train de répéter au rédacteur en chef Oursler, l'un des hommes les plus perspicaces que j'aie connus. Celui-ci vit en un clin d'œil le filon. Il dit: « Morris, j'ai un travail pour toi. Apporte-nous cette histoire et nous la publierons en septembre. »

Ce furent les paroles du premier ami du mouvement dans le milieu de la presse. Elles devaient sauver notre livre de la faillite et elles signifiaient que le public aurait enfin un premier aperçu des Alcooliques anonymes.

Comme promis, l'article de Morris Markey « Les alcooliques et Dieu » fut publié dans le magazine *Liberty*. Les résultats furent immédiats et électrisants. Plus de 800 demandes d'aide arrivèrent au bureau du magazine. Nous avons répondu avec soin à chacune d'elles, sans oublier d'inclure un bon de commande du livre. Les commandes commencèrent à affluer, et grâce aux lettres expédiées par notre petit bureau de la rue Vesey et à l'aide des membres des AA en voyage, de nouveaux groupes se formèrent.

D'autres rédacteurs ne tardèrent pas à suivre l'exemple d'Oursler. Un mois plus tard, le rédacteur en chef plein de civisme du *Plain Dealer* de Cleveland demanda à l'auteur Elrick B. Davis de faire un reportage sur les AA et de ne ménager aucun effort. Jour après jour, des articles sur les AA en général et sur les AA de Cleveland en particulier firent la une du *Plain Dealer*.

Parallèlement à ces articles, la rédaction publiait des messages qui disaient: «Les AA, c'est bon et ça fonctionne. À vous de vous en servir.» Une fois de plus, ce fut le déluge et le petit groupe de Cleveland fut submergé. Heureusement il s'en remit, et en quelques mois le nombre de ses membres atteignait plusieurs centaines. Le mouvement des Alcooliques anonymes avait commencé l'année 1939 avec moins de 100 membres et il la terminait avec plus de 800.

En février 1940, nous avons eu un autre bon coup de pouce, cette fois grâce au fameux banquet de M. Rockefeller qui nous a présentés à ses amis et a montré le mouvement au monde. Une fois de plus, la presse a fait son travail. Cette fois-ci, de nombreux journaux, même les tabloïdes, ont parlé en bien de nous et les grandes agences de presse ont répandu la nouvelle dans le monde entier. En 12 mois, le nombre de membres est passé de 800 à plus de 2 000.

Au printemps de 1941 ,le même phénomène s'est reproduit, mais à une bien plus grande échelle. Après avoir vu les AA à l'œuvre à Philadelphie, M. Curtis Bok, propriétaire du *Saturday Evening Post* pressa la rédaction de faire appel à Jack Alexander pour un grand reportage. L'apparition en kiosque de cet article provoqua une avalanche d'appels au secours. Deux ans plus tard, le nombre de membres touchait les 10 000.

En quatre ans, en racontant notre histoire au public américain, ces quelques amis de la première heure ont centuplé le nombre de nos membres, ils ont fait des AA une institution nationale et ils ont jeté les bases d'une association qui, depuis, a connu une croissance extraordinaire.

Aujourd'hui, nos amis de la presse, de la radio et de la télévision sont légion. Notre siège social est abonné à un service de coupures de presse et chaque semaine, une masse de coupures de journaux illustrent ce que font et disent nos amis de la presse. C'est un flot ininterrompu et toujours plus fort d'un sang vivifiant qu'ils injectent ainsi dans nos artères mondiales.

Le bouche à oreille et les contacts personnels nous ont amené beaucoup de nouveaux, mais comment pourrions-nous oublier que la plupart d'entre nous doivent à nos amis des médias – par le texte, la voix ou l'image – la chance de leur rétablissement? Grâce à eux, les AA comptent aujourd'hui 200 000 membres actifs.

On entend parfois des membres se plaindre de la presse, comme si elle se servait de nous pour trouver des articles et en tirer un profit. «Ces journalistes, disent-ils, gagnent bien leur vie avec leurs reportages et leurs journaux sont rentables. Mais qu'y a-t-il de si extraordinaire à cela? Après tout, ils ne font que leur travail.»

Toutefois, la plupart d'entre nous savent que ces affirmations ne sont qu'un pâle reflet de la réalité.

Presque tous les auteurs et rédacteurs en chef que nous connaissons sont allés bien au-delà de leur devoir ou de leur désir de trouver des histoires émouvantes.

Il y a des années, nous avons demandé aux médias de respecter l'anonymat de nos membres. C'était beaucoup demander, car un journaliste n'envisage généralement pas de faire son travail sans connaître les noms au complet et sans photos. Pourtant, quand nous leur avons expliqué les raisons de notre anonymat – nous n'osions pas laisser aucun de nous jouer les « gros bonnets » – ils ont tout de suite compris. Depuis, ils se mettent en quatre pour se conformer à cette nécessité, malgré bien des tentations de faire la promotion personnelle de membres connus nationalement. Certains de ces membres ont eux-mêmes, à quelques reprises, laissé tomber leur anonymat, mais c'était rarement la faute de la presse. En fait, il est arrivé souvent que des rédacteurs en chef doivent retenir des membres trop empressés qui souhaitaient rendre publique leur appartenance au mouvement.

Dans leur enthousiasme constant pour les AA, beaucoup de ces amis ont fait encore plus et se sont consacrés personnellement à notre cause. Ainsi, Jack Alexander est devenu l'un des administrateurs du mouvement et nous a donné un fier coup de main pour nos publications. Il ne ratait jamais une occasion de parler de nous, de vive voix ou par écrit.

La relation que nous avons entretenue avec Fulton Oursler est moins connue. Pourtant, il a donné un exemple éclatant de son dévouement personnel à la cause des Alcooliques anonymes.

En 1944, nous avons pris la décision de doter le mouvement d'un magazine mensuel. À cette époque, Fulton avait vu de près les AA à l'œuvre, car une de ses connaissances s'était rétablie de façon admirable. Dès qu'il eut entendu parler de notre projet, Fulton offrit ses services; sans avoir jamais été un alcoolique, il devint membre de la rédaction et l'un des fondateurs de la revue *Grapevine*. Il paya de sa poche certains frais d'établissement, prodigua ses conseils, parcourut rapidement les manuscrits et écrivit dans l'un des premiers numéros un article intitulé: « Les alcooliques sont des personnes charmantes » (« Charming Is the Word for Alcoholics »). Par la suite, nous l'avons bien taquiné au sujet de ce titre. Il souriait en disant que le titre aurait dû être: « Certains alcooliques sont des personnes charmantes » !

Dans les années qui ont suivi, j'en suis venu à très bien connaître notre ami Fulton. Je n'ai jamais vu d'homme aussi occupé. Peu importe à quelle heure il se couchait, seule une pneumonie aurait pu l'empêcher d'être au bureau à cinq heures du matin, où il écrivait jusqu'à 11 heures. Sa journée ne faisait alors que commencer. Ses nombreux amis et ses activités l'occupaient tard dans la nuit, et j'étais parfois celui qui le retenait jusqu'à minuit.

Le mouvement connaissait alors les tempêtes de l'adolescence. Notre siège social commençait à peine à prendre forme et à assumer ses responsabilités. Nous avions besoin de conseils, surtout dans le domaine des relations publiques, et c'est souvent vers Fulton que je me tournais. À cette époque, il est devenu rédacteur principal de la revue *Reader's Digest*, et il nous a été d'un précieux secours en nous accordant beaucoup de reportages.

Puis, nous avons voulu faire de Fulton l'un de nos administrateurs. Sachant à quel point il était submergé de travail, j'hésitais beaucoup à le lui demander. Mais je n'avais pas à avoir peur, car lorsque je lui ai enfin posé la question, son visage s'est illuminé, et il m'a répondu: « Mais bien sûr! Quand est-ce que je commence? » Fulton ne pouvait pas toujours assister à nos réunions, mais il était toujours disponible. Je me souviens un jour de l'avoir interrompu en plein travail pour lui demander de nous aider à Hollywood, où nous nous étions mis dans le pétrin avec un producteur de film. Il a aussitôt laissé tomber son travail pour décrocher le téléphone. Moins d'une heure plus tard, il me rappelait pour dire que tout était arrangé et que nous n'avions plus à nous inquiéter.

Quelques mois avant sa mort, nous passions une fois de plus la soirée ensemble. Il m'a raconté à cette occasion ce que les AA avaient signifié pour lui. Il m'a décrit très humblement sa vie antérieure d'agnostique orgueilleux et blasé qui l'avait mené dans un cul-de-sac; puis, il m'a raconté comment l'exemple des AA l'avait touché, comment il avait finalement décidé de se joindre à une Église de son choix, et comment ces deux influences lui avaient inspiré un texte sur la Bible, « The Greatest Story Ever Told ». Ce qu'il avait fait pour le mouvement, ajoutait-il, ne représentait qu'une fraction de ce que le mouvement avait fait pour lui, un non-alcoolique.

Ce sont des histoires comme celles-là, et bien d'autres encore, qui nous montrent l'importance du dévouement des gens de la presse, de la radio et de la télévision, hommes et femmes. Dans presque toutes les villes où s'épanouit aujourd'hui le mouvement, nos amis des médias suivent les traces de Jack Alexander et de Fulton Oursler.

Soyons à jamais reconnaissants d'avoir ces messagers de bonne volonté et montrons-nous toujours dignes de leur amitié.

Sur le front de l'alcoolisme

Mars 1958

On dit qu'il y a en Amérique quelque 4 500 000 alcooliques. Jusqu'à maintenant, les AA en ont aidé à peu près 250 000 à devenir abstinents, c'est-à-dire environ un sur 20, ou 5% du total. C'est un beau début, d'une grande portée et plein d'espoir pour tous ceux qui souffrent encore. Pourtant, ces chiffres indiquent que nous ne faisons qu'entamer ce grand problème mondial de la santé. Il y a encore des millions de malades, et des millions d'autres les rejoindront bientôt.

Ces faits sur l'alcoolisme devraient nous amener à réfléchir et à faire preuve d'humilité. Nous pouvons certainement éprouver de la reconnaissance pour toute méthode ou action visant à résoudre le problème de l'alcoolisme, qu'il s'agisse de la médecine, de la religion, de l'éducation ou de la recherche. Nous devons avoir un esprit ouvert à l'égard de ces efforts et faire montre de sympathie quand l'un d'entre eux, moins judicieux, échoue. Nous devons nous rappeler que le mouvement lui-même, pendant des années, a fonctionné à tâtons. Individuellement, nous pouvons et nous devons, nous, membres des AA, collaborer aux efforts susceptibles de mener à un succès, même mitigé.

Par ailleurs, nous ne devons pas laisser nos convictions ou nos préjugés personnels étouffer le bon sens et la bonne volonté. Par exemple, beaucoup parmi nous croient que l'alcoolisme est principalement un problème spirituel. Nous éprouvons donc peu de sympathie pour les biochimistes qui voudraient nous amener à croire que les alcooliques boivent surtout parce qu'ils sont affligés d'un mauvais métabolisme. De même, nous sommes prompts à nous mettre en colère quand les psychiatres écartent du revers de la main toutes ces questions du bien et du mal, et insistent pour dire que le vrai problème de l'alcoolique tourne toujours autour de ses compulsions névrotiques, acquises malgré lui dans l'enfance à cause d'une inadaptation due à des parents fautifs. Quand des travailleurs sociaux nous disent que les vraies causes de l'alcoolisme résident dans de mauvaises conditions sociales, nous nous énervons facilement et nous nous exclamons: « Mais on s'en fiche des causes ! Les AA n'ont pas besoin de les connaître pour s'occuper des ivrognes. »

De la même manière, certains d'entre nous s'appliquent à décrier la moindre thérapie, à l'exception de la nôtre. Nous accusons des cliniques et des organismes de ne pas avoir accompli grand-chose, nous nous plaignons des sommes énonnes gaspillées par l'État et le secteur privé. Nous rejetons sommairement tout médicament expérimental qui ne donne pas de bons résultats. Nous dénigrons les efforts des hommes et des femmes, dans le monde religieux, qui tentent de s'occuper des ivrognes. Nous croyons qu'une solide éducation sur l'alcool est une bonne chose, mais nous sommes prompts à croire qu'indirectement, le mouvement en fait plus que les autres dans ce domaine.

Ce texte ressemble peut-être à une confession des péchés des AA, et jusqu'à un certain point, c'en est une. C'est aussi l'aveu qu'à un moment ou l'autre, j'ai moi-même souscrit à beaucoup de ces opinions et préjugés à courte vue. Je m'empresse d'ajouter que ce que je viens de dire s'applique beaucoup plus aux AA d'autrefois qu'à ceux d'aujourd'hui.

Aujourd'hui, la grande majorité des alcooliques accueillent favorablement tout éclairage nouveau jeté sur cette maladie mystérieuse et déroutante qu'est la nôtre. Nous ne nous soucions guère de savoir si ces connaissances, nouvelles et importantes, viennent d'une éprouvette, du divan d'un psychiatre ou d'une enquête sociale révélatrice. Nous nous réjouissons de tout genre de sensibilisation qui renseigne le public de façon précise et modifie son attitude séculaire envers l'alcoolique. De plus en plus, nous considérons tous ceux qui œuvrent dans le vaste domaine de l' alcoolisme comme nos compagnons de route, sur le chemin qui conduit de la noirceur à la lumière. Nous nous apercevons que nous pouvons faire ensemble ce que nous ne pouvions accomplir dans la division et la rivalité.

Je dois avouer que j'ai accordé trop peu d'attention au problème global de l'alcoolisme, préoccupé que j'étais par le mouvement et son administration. J'en ai quand même un aperçu et je voudrais vous en faire part.

Ces 4 500 000 alcooliques d'Amérique, par exemple, où en sont-ils aujourd'hui ? Que fait-on pour eux, et que pourrait-on faire? Qu'en sera-t-il de la prochaine génération, 4 000 000 de plus, qui ne sont encore que des enfants ou des adolescents ? Si on excepte ce que peut faire le mouvement, deviendront-ils des victimes, eux aussi ?

Commençons par le bas de la pyramide. Nos hôpitaux psychiatriques sont remplis de psychopathes profonds et de patients souffrant de lésions cérébrales. De rares cas s'en tirent. La plupart ont dépassé le point de non-retour, et leur meilleur espoir se situe dans l'autre monde. Pourtant, une augmentation des recherches sur leur état pourrait améliorer nos connaissances sur la prévention et en aider d'autres qui sont au bord du gouffre. On trouve aussi de nombreux alcooliques dans les prisons. Il se peut que l'alcool les ait mis directement dans les bourbiers qui les ont menés en prison, ou qu'ils aient dû boire pour obéir à leur compulsion et commettre des crimes. Dans ce cas, des recherches médicales, psychiatriques et sociales s'imposent de toute évidence. Les AA ne peuvent s'en occuper, mais d'autres ont déjà bien entrepris ce travail.

Toutes les grandes villes ont leur quartier mal famé, où les « épaves » alcooliques se comptent sans doute par milliers. Certains sont tellement psychopathes et amoindris que l'asile les attend. Les innombrables hommes et femmes qui restent engorgent les registres de police, les tribunaux, les prisons et les hôpitaux. Ce qu'ils paient en souffrances est incalculable et ce que la société paie en argent surtout est énorme. Beaucoup d'entre eux, qui ne sont pas encore considérés par la loi comme des aliénés, sont ainsi condamnés à tourner en rond, sans espoir. Peut-on faire quelque chose pour eux? Selon toute vraisemblance, oui. Peut-être pourrions-nous placer ces malades dans des centres où ils seraient « en quarantaine » et travailleraient suffisamment pour assurer leur subsistance, pour acquérir une meilleure santé et pour épargner à leurs municipalités beaucoup d' argent et de problèmes. Cette expérience et d'autres du même genre sont prometteuses dans le cas des clochards. Les membres des AA offrent leur aide, mais l'essentiel du travail et de l'argent doit venir d'ailleurs.

Par contre, qu'en est-il des millions d'alcooliques qui n'ont pas encore abouti dans les prisons, les asiles ou les quartiers mal famés ? On nous dit qu'ils constituent la vaste majorité. Pour le moment, leur meilleur espoir semble résider dans le mouvement. Si tel est le cas, pourquoi ces millions d'alcooliques ne sont-ils pas encore venus nous voir ? Ou pourquoi n'ont-ils pas essayé de se rétablir d'une autre manière ?

N'importe quel membre pourrait vous donner une réponse rapide et précise: « Ils ne sont pas prêts. Ils ne savent pas vraiment à quel point ils sont malades. S'ils le savaient, ils accoureraient en foule pour se faire soigner, exactement comme s'ils avaient le diabète ou le cancer. » Le problème consiste donc à leur faire connaître les faits qui les convaincront qu'ils sont gravement malades.

La solution semble résider avant tout dans l'*éducation*. L'éducation dans les salles de classe, dans les écoles de médecine, parmi les membres du clergé et les employeurs, dans les familles et dans le public en général. Du berceau au cercueil, l'ivrogne et l'alcoolique potentiel devront être complètement entourés d'une réelle et profonde compréhension et constamment soumis à un flot de renseignements sur la maladie, ses symptômes et sa terrible gravité. Pourquoi un alcoolique devrait-il attendre d'avoir 55 ans et d'être terriblement amoindri pour s'apercevoir qu'il est très malade, quand une éducation bien faite aurait pu l'en convaincre à 30 ou 35 ans ?

L'histoire démontre que les sermons, les leçons de morale et les autres formes de réprimande, en dépit de leurs mérites, n'ont jamais beaucoup impressionné les alcooliques en général. Par contre, une information qui repose sur des faits et renseigne sur la maladie offre beaucoup d'espoir depuis quelques années. Déjà, nous constatons qu'un grand nombre de personnes qui arrivent chez les AA sont plus jeunes, et cela est directement attribuable à l'abondance des informations qui circulent depuis quelque temps sur la maladie.

Les membres des AA sont à l'origine d'une bonne part de cette éducation, et nos amis de l'extérieur en ont fait encore davantage. Environ un demi-million d'alcooliques des États-Unis tentent actuellement de se rétablir – ou y songent sérieusement – soit par leurs propres moyens, soit en se faisant soigner. Peut-être ce chiffre est-il trop élevé, mais il n'est absolument pas fantaisiste. Il apparaît clairement qu'une solide formation sur l'alcoolisme, abondante à tous les niveaux, rapportera beaucoup.

Non seulement cette formation se reflétera-t-elle dans le nombre de malades soignés, mais les dividendes seront peut-être encore plus élevés du côté de la prévention. C'est pourquoi il faut présenter les faits correctement aux enfants et aux adolescents, à la maison et à l'école. Jusqu'à maintenant, l'éducation a porté surtout sur l'immoralité de l'ivrognerie plutôt que sur la maladie de l'alcoolisme.

Nous, les AA, nous savons de quoi nous parlons. La plupart de nos enfants ont été bloqués émotivement par notre comportement alcoolique et sont devenus des « inadaptés». Beaucoup devraient déjà être des buveurs immodérés aujourd'hui, mais il n'en est rien. L'alcoolisme, même en devenir, est un phénomène rare parmi les enfants des AA. Pourtant, nous ne leur avons pas interdit de boire, et nous ne leur avons pas fait la morale s'ils buvaient. Ce qu'ils ont vu et ce qu'ils ont entendu leur a appris que l'alcoolisme est une maladie terrible et qu'ils ont une chance sur 15 de l'attraper s'ils boivent. La plupart ne boivent pas. Certains boivent avec modération. Les autres, après s'être retrouvés dans de mauvais pétrins, sont capables d'arrêter de boire, et ils le font rapidement. Cela semble être de la formation préventive à son meilleur.

Il est donc tout à fait possible d'appliquer beaucoup de méthodes et d'attitudes des AA à tous les enfants.

Qui doit se charger de cette éducation ? De toute évidence, cela regarde à la fois la communauté et les spécialistes. Les AA peuvent aider individuellement, mais le mouvement ne peut pas et ne doit pas intervenir directement dans ce domaine. Nous devons nous en remettre à d'autres moyens, à nos amis de l'extérieur qui sont prêts à fournir beaucoup d'argent et d'efforts; ces moyens permettront, comme jamais auparavant, d'amener l'alcoolique à se faire soigner, et éviteront que la maladie se développe chez des millions d'enfants prédisposés qui autrement prendront la route que nous connaissons si bien.

Comme le montre l'histoire qui suit, la recherche, les soins, la désintoxication et la formation ont fait beaucoup de progrès prometteurs en dehors du mouvement. Il se trouve que j'ai été témoin des débuts des méthodes modernes dans ces domaines. Voici ce que j'ai vu.

Je me souviens du docteur H.W. Haggard, professeur à l'université Yale. En 1930, quatre ans avant que je devienne abstinent, cet excellent médecin se demandait de quoi souffraient les alcooliques. Il voulait entreprendre des recherches, d'abord en laboratoire, pour connaître leur chimie. Cela a tellement amusé certains de ses collègues que la trésorerie de l'université n'a pas dégagé de fonds pour lui. Mais le docteur Haggard se sentait investi d'une mission. Il puisa à même ses revenus personnels et implora ses amis d'en faire autant. Une fois son projet lancé, il se mit au travail avec un associé, le docteur Henderson.

Plus tard, en 1937, un physiologiste de renom, Anton Carlson, de même qu'un groupe de scientifiques intéressés, formèrent un organisme subsidiaire, le Conseil de recherche sur les problèmes d'alcool, qui devait être une entreprise plus générale. Certains des premiers membres des AA de New York ont assisté aux réunions de ce Conseil, parfois pour les encourager, parfois, je l'avoue, pour les railler. (Voyez-vous, les AA de cette l'époque croyaient qu'ils détenaient le monopole du traitement des alcooliques !)

Le Conseil de recherche trouva bientôt quelqu'un d'énergique, E.M. Jellinek. Celui-ci n'était pas médecin, mais il était docteur dans à peu près tous les autres domaines. Pour lui, apprendre tout sur les alcooliques signifiait seulement se mettre à jour dans ses lectures. Bien qu'il fût un grand savant, il n'en était pas moins extrêmement populaire auprès des alcooliques. Nous l'appelions l'« alcoolique sec », parce qu'il s'identifiait totalement à nous. Même son sobriquet était attachant. Son père hongrois l'avait surnommé « Bunky », ce qui, dans sa langue, signifiait « petit radis ». Le « petit radis » n'a pas tardé à se mettre au travail.

À la fin, Bunky et le docteur Haggard joignirent leurs efforts et commencèrent la publication, en 1940, du *Quarterly Journal of Studies on Alcohol*; cette revue publiait des articles couvrant tous les domaines de recherche et d'étude de l'alcoolisme. Elle fit de Jellinek un partenaire et un proche associé de Haggard.

En 1943, jugeant qu'un laboratoire et qu'un journal spécialisé ne pouvaient aller bien loin sans un public plus vaste, les deux hommes fondèrent à Yale l'École d'études sur l'alcoolisme. Ils avancèrent l'idée que l'École devrait accueillir des représentants de tous ceux qui étaient en contact avec des alcooliques ou avec le problème de l'alcool.

Au début, on vit se rassembler une foule étrangement mêlée. Je me rappelle du vénérable M. Corbin, qui avait déja été le candidat des prohibitionnistes à la présidence des Etats-Unis. À l'autre extrémité de ces prises de position radicales se trouvaient certains représentants de l'industrie des spiritueux. Entre ces deux pôles, on retrouvait des membres du clergé, des travailleurs sociaux, des juges, des policiers, des agents de probation, des éducateurs et un certain nombre d'alcooliques. Chacun avait ses intérêts et ses convictions immuables. C'est à peine si les partisans et les adversaires de la prohibition se parlaient. Chacun recherchait l'appui des alcooliques. Nous en étions très flattés, mais naturellement, nous adoptions une attitude indépendante et nous n'étions d'accord avec pratiquement personne !

Haggard et Jellinek devaient mettre de l'ordre dans ces idées disparates. Ils devaient convaincre les antiprohibitionnistes qu'ils ne pouvaient ignorer le problème de l'alcoolisme, et les prohibitionnistes qu'ils ne pouvaient continuer à faire peur à tous les buveurs en brandissant sous leurs yeux des foies cirrhotiques. Quant à nous, les alcooliques, il nous fallait constater l'énormité du problème global de l'alcoolisme et admettre que nous ne pourrions sans doute pas désintoxiquer tout le monde du jour au lendemain. L'École présenta les résultats de ses recherches, et les autres apportèrent les connaissances qu'ils avaient ou croyaient avoir. Bunky nous montra finalement que nous devions considérer la réalité tous ensemble et, de plus, avoir une attitude amicale. Il se montra fin diplomate, et ce fut sans doute la première tentative en Amérique d'aborder de façon globale et stratégique le problème de l'alcoolisme.

L'année suivante, en 1944, il y eut deux événements remarquables. Le groupe de Yale ouvrit une clinique où pourraient être étudiés et soignés expérimentalement quantité d'alcooliques bien réels. C'est là que Ray McCarthy, son premier administrateur, a commencé à éprouver une méthode clinique avec un premier lot d'alcooliques.

Puis se présenta Marty. En tant que pionnière du mouvement, elle savait qu'il fallait changer l'attitude du public, enseigner aux gens que l'alcoolisme est une maladie et qu'on peut venir en aide aux alcooliques. Elle voulait créer un organisme qui mènerait un vigoureux programme de sensibilisation publique et qui formerait des comités de citoyens dans tout le pays. Elle vint me montrer son projet. Je fus enthousiasmé, mais comme je jugeais l'appui du monde scientifique indispensable, le projet fut envoyé à Bunky qui vint nous rencontrer. Il nous dit que le projet était solide, que le moment était venu et qu'il croyait, comme moi, que Marty était la personne toute désignée pour ce travail.

Financée au départ par l'infatigable Haggard et ses amis, Marty entreprit cette lourde tâche. Je ne peux décrire en détail ici tout ce que cette femme et ses associés ont accompli au sein de ce qui est aujourd'hui le Conseil national sur l'alcoolisme. Mais je suis convaincu qu'aucun organisme n'a fait davantage pour sensibiliser le public, faciliter l'hospitalisation des alcooliques et lancer toutes sortes de projets constructifs. Ses problèmes de croissance ont été nombreux, mais les résultats que connaît aujourd'hui le CNA sont éloquents.

En 1945, Selden Bacon, l'éminent sociologue, fut nommé à la tête du premier programme financé par le secteur public, la Commission sur l'alcoolisme du Connecticut. Cette première collaboration d'un État résultait directement du travail de M. Bacon et du groupe de Yale. Notre ami Selden a depuis mis son immense énergie et toute la sensibilité de sa profession au service des alcooliques. Il est certainement l'une des plus grandes autorités que nous connaissions dans le domaine de la sociologie.

Comme je souhaiterais pouvoir vous présenter un à un les nombreux autres amis dévoués de cette époque de pionniers ! D'autres les ont suivis et ils sont aujourd'hui légion. À tous, je redis la gratitude éternelle des Alcooliques anonymes.

Leurs efforts réunis, souvent suscités par des AA, ont donné aujourd'hui bien des fruits. Quatre universités ont ouvert des écoles sur le modèle de celle de Yale. Trois mille hôpitaux publics et privés accueillent des alcooliques. Le monde de l'industrie est en train de transformer radicalement son attitude envers les employés alcooliques. Les établissements pénitentiaires, les policiers et les juges ont repris courage. De très nombreux comités de citoyens s'attaquent maintenant au problème global dans différentes communautés. Plus de 30 États américains et la majorité des provinces canadiennes ont des programmes de désintoxication et de traitement. Plusieurs groupes d'ecclésiastiques informent leurs collègues. La recherche et les soins psychiatriques font des progrès remarqués. Les passionnés de l'éprouvette travaillent avec espoir dans leurs laboratoires. L'Association médicale américaine a officiellement annoncé que l'alcoolisme est une maladie chronique, et elle a mis sur pied son propre comité sur l'alcoolisme. Les écoles de médecine commencent à intégrer ce sujet dans leurs cours. À l'initiative de Bunky, l'Organisation mondiale de la santé répand maintenant toutes ces bonnes nouvelles dans le monde entier. On modernise les manuels scolaires. Pour sensibiliser le grand public, la presse, la radio et la télévision diffusent quotidiennement des tonnes d'information. Tout cela s'est produit dans les 28 ans qui ont suivi la décision du docteur Haggard de découvrir comment fonctionne un alcoolique.

Chacun de ces pionniers dans le domaine de l'alcoolisme vous dira avec générosité qu'il n'aurait pas pu continuer sans la preuve vivante de rétablissement que donnaient les AA. Le mouvement a été l'étoile d'espoir et d'aide qui les a guidés et les a amenés à persévérer.

Travaillons donc parallèlement à tous ces projets prometteurs afin de hâter le rétablissement des millions d'alcooliques qui n'ont pas encore réussi à s'en sortir. Nous n'avons pas besoin d'appuyer officiellement ces diverses œuvres, mais seulement de leur offrir une main secourable à titre personnel, chaque fois que c'est possible.

TROISIÈME SECTION

Autres écrits de cette période

Salut au Canada

Mai 1951

Félicitations et remerciements au Canada, où le mouvement est à son meilleur. Notre vaste mouvement a cette étrange propriété d'être partout le même, et pourtant nulle part semblable. Les membres des AA, eux, sont tous pareils, d'une région à l'autre, d'une nation à l'autre, comme il se doit.

Nos membres qui reviennent d'un voyage au Canada racontent tous à quel point ils rapportent de ce pays beaucoup plus que ce qu'ils y ont apporté.

Nous n'oublions pas que le Canada a contribué à l'heureux succès que connaissent aujourd'hui les groupes familiaux AA [maintenant Al-Anon] et à la grande faveur qu'ont trouvée ces groupes auprès de ceux qui ont entendu leurs témoignages à Cleveland, l'été dernier. Lois et moi conservons aussi un souvenir radieux de ce jour à Montréal, où nous avons entendu la prière de la Sérénité récitée en français et en anglais. C'était notre première réunion bilingue.

Nous sommes infiniment reconnaissants envers ces amis sûrs, de Halifax à Vancouver; ils n'ont pas changé et tissent avec dévouement la grande toile que le mouvement forme aujourd'hui et formera demain !

Voici nos administrateurs non alcooliques

Novembre 1951

Pourquoi retrouve-t-on huit administrateurs non alcooliques au conseil de la Fondation alcoolique des AA? Quel est leur rôle et comment sont-ils venus là ? Il existe de très bonnes réponses à ces questions souvent entendues.

Tout a commencé comme ceci. En 1937, nous nous imaginions que nous avions besoin de beaucoup d'argent. Nous songions à nous lancer dans les soins hospitaliers et à déployer une sorte d'armée de missionnaires AA rémunérés. Nous étions aussi convaincus qu'il fallait publier un livre. Mais comme nous n'avions pas d'argent, nous avons dû en chercher. Ces besoins, réels et imaginaires, nous ont amenés à rechercher des gens qui n'étaient pas alcooliques et qui avaient de l'argent, ou qui pouvaient nous en trouver.

Beaucoup m'ont déjà entendu raconter comment, grâce à mon beau-frère le docteur Leonard V. Strong, nous avions rencontré M. Willard S. Richardson, l'un des meilleurs amis que connaîtra jamais le mouvement. Aux abois comme nous l'étions alors, cet homme représentait un grand espoir pour nous, car voyez-vous, il était un ami personnel et un associé de M. John D. Rockefeller. Il s'intéressa tout de suite à nous avec enthousiasme. Nos problèmes d'argent étaient réglés, nous en étions sûrs. Grâce à la providence, il n'en fut rien. Néanmoins, M. Richardson a vite rassemblé un groupe de non-alcooliques, à qui il a communiqué son enthousiasme pour notre action. Ces premiers amis, Dick Richardson, Leonard Strong, Frank Amos, A. LeRoy Chipman et Albert Scott, apparaîtront certainement au premier plan de toute histoire des Alcooliques anonymes qu'on écrira un jour.

Au début, pourtant, ils nous ont plutôt déçus. En effet, ils n'étaient pas convaincus que nous avions besoin de beaucoup d'argent, et cette opinion était encore plus catégorique chez John D. Rockefeller, à qui nous nous sommes adressés plus tard. Nous étions loin de nous douter que la sagesse de ces nouveaux amis allait bientôt empêcher les Alcooliques anonymes de tomber dans le piège du professionnalisme et de succomber aux périls de la richesse.

Au printemps de 1938, toutefois, la plupart de nos bienfaiteurs en arrivèrent à la conclusion qu'un peu d'argent ne nous ferait pas de tort. Nos idées grandioses d'hôpitaux et de missionnaires s'étaient évanouies, mais nous restions certains de la nécessité d'un livre pour relater notre expérience de rétablissement. Plus tôt cette année-là, M. Rockefeller avait mis de côté une somme d'argent pour venir en aide au Dr. Bob et à moi, mais nous en voyions maintenant la fin. Il nous fallait absolument des fonds pour le livre projeté.

C'est à ce moment-là que la Fondation alcoolique prit forme. En mai 1938, un projet d'entente fut élaboré et les personnes nommées précédemment, à l'exception de MM. Scott et Rockefeller, sont devenues nos administrateurs. Nous pouvions déjà compter sur leur bon jugement et leur enthousiasme constant. De plus, les AA avaient désespérément besoin d'amis qui puissent se lever publiquement et dire ce qu'ils pensaient de nous. C'est exactement ce que fera M. Rockefeller lui-même, deux ans plus tard.

Je conserve un souvenir amusant de la création de cette Fondation. Aucun des membres alcooliques de ce nouveau conseil n'était sûr de pouvoir demeurer abstinent. Qui allait veiller sur notre argent si tous les alcooliques se soûlaient? C'est en pensant à cette catastrophe possible que nous avons ajouté dans notre entente une clause voulant que le nombre de non-alcooliques du conseil dépasse toujours de un le nombre d'alcooliques. Au cas où ...

Tout au long de l'été 1938, munis des meilleures recommandations, nous avons sollicité de l'argent pour notre Fondation toute neuve, sans le moindre résultat. À l'automne, sous le nom de Works Publishing, Inc., les alcooliques de New York et leurs amis (49 personnes en tout) ont recueilli des fonds pour la publication du livre des AA. La Fondation elle-même n'a pratiquement pas eu d'argent jusqu'en 1940, quand M. Rockefeller organisa pour les Alcooliques anonymes ce banquet qui reçut tant de publicité. Il en résulta un don d'à peu près 3 000 $ annuellement pendant cinq ans. Plus tard, la famille Rockefeller prêta de l'argent pour rembourser les souscripteurs, ce qui permit de faire de la Fondation la seule propriétaire du livre. C'est le seul argent provenant de sources extérieures qu'ait jamais eu la Fondation.

À ce moment-là, la Fondation a commencé à se modifier. Après avoir acquis le livre, les administrateurs ont successivement été chargés des relations publiques des AA, des contributions des membres destinées au financement du Bureau, et récemment de la revue *Grapevine*, fondée par un groupe indépendant de membres des AA journalistes à New York.

Comme vous le voyez, ce qui était au départ un simple comité destiné à venir en aide au Dr Bob et à moi-même est devenu le conseil des services des AA, le gardien de nos principales entreprises. Chargé au début uniquement de nos problèmes financiers, le conseil s'occupe aujourd'hui surtout de nos orientations globales et de l'administration du Bureau des Services généraux des AA et de Grapevine.

Nous oublions facilement à quel point la Fondation est isolée des groupes des AA; cette situation n'a pu être corrigée qu'en avril dernier, avec la création de la Conférence des Services généraux. Même cet organisme ne se réunira qu'une fois par année. Dans ce contexte unique d'isolement, les non-alcooliques ont maintes et maintes fois prouvé à quel point ils étaient précieux pour les AA. Étant totalement désintéressés, ils ont souvent fait montre d'un meilleur jugement que nous, alcooliques changeants et remplis de préjugés. Ils ont non seulement stabilisé notre siège social, mais ils ont certainement sauvé la Fondation du désastre à plusieurs reprises. Quel plus grand hommage pourrions-nous leur rendre?

Veuillez saluer nos administrateurs non alcooliques, que voici:

Jack Alexander est l'auteur de cet article du *Saturday Evening Post* en 1941, qui a fait des AA une institution nationale et a procuré la liberté à des milliers d'alcooliques. Comme nous l'aimons, notre Jack!

Frank Amos, publicitaire et propriétaire de journal, réside aujourd'hui à Cambridge, en Ohio. Nous nous rappellerons toujours avec gratitude l'intérêt inlassable et les patients conseils de cet homme, depuis les premiers jours.

A. LeRoy Chipman, un associé de M. Rockefeller, a été un des premiers membres du conseil, un trésorier vigilant et consciencieux, dont nous devrions tous connaître et apprécier davantage le grand dévouement à notre cause.

Frank Gulden est nouveau à la Fondation. Grand pratiquant, il est membre du conseil de l'hôpital St. Johns (qui travaille en étroite collaboration avec les AA de Brooklyn) et propriétaire de la célèbre entreprise alimentaire qui porte son nom. Nous avons beaucoup de chance de pouvoir compter sur son grand discernement.

John Norris est médecin chef de la firme Eastman Kodak. Nouveau membre de la Fondation, il possède une grande réputation dans le domaine de la médecine industrielle. Sa connaissance des alcooliques est remarquable et nous lui devons les merveilleux rapports existant entre Eastman Kodak et les Alcooliques anonymes.

Fulton Oursler est rédacteur principal chez *Reader's Digest* et jouit d'une réputation internationale à titre d'auteur et de spécialiste des relations publiques. Des milliers d'alcooliques ont lu *The Greatest Story Ever Told* et les AA n'ont pas de plus sympathique et fervent admirateur que lui.

Bernard Smith, président du conseil de la Fondation, est un avocat d'entreprise et un ami d'une clairvoyance et d'une bienveillance exceptionnelles. Son constant plaidoyer en faveur d'une Conférence des Services généraux, dès le moment où l'idée fut proposée, lui valent aujourd 'hui notre gratitude éternelle.

Le docteur Leonard V. Strong, grâce à ses relations avec M. Willard Richardson, a contribué à la création de la Fondation dont il a été le secrétaire pratiquement tout ce temps-là. Personne n'a assisté à plus de réunions ni travaillé davantage que lui afin de faire de la Fondation ce qu'elle est aujourd'hui. Cet homme est aussi mon beau-frère. Dans les derniers temps de mon alcoolisme, sa confiance indéfectible et ses soins médicaux m'ont probablement sauvé la vie.

Willard Richardson est administrateur honoraire. Ce bon ami, maintenant à la retraite, occupe une tendre place dans la mémoire de tous ceux qui ont siégé au conseil avec lui. Dès le départ, il a insufflé une merveilleuse spiritualité et une belle sagesse aux activités de notre Fondation. À son insu, nous l'appelons « l'oncle Dick », ce qui en dit long ...

Leonard V. Harrison complète notre liste. Il a présidé le conseil de la Fondation à l'époque incertaine de l'adolescence du mouvement, alors que nous tremblions à la pensée d'être emportés par des forces qui nous déchireraient. En cette période de grande tension, notre ami a tenu la barre de notre Fondation d'une main sûre, lui évitant plus d'un écueil. Nous lui disons ici notre gratitude infinie.

Vous connaissez maintenant nos administrateurs non alcooliques. Sans eux, où seraient les AA aujourd'hui? Personnellement, je préfère ne pas y penser.

Une parcelle d'histoire : l'origine des Douze Étapes

Juillet 1953

Les membres n'arrêtent pas de demander: « D'où viennent les Douze Étapes? » En dernière analyse, il se peut que personne ne le sache, mais certains des événements qui ont conduit à leur formulation m'apparaissent aussi clairement que s'ils s'étaient produits hier. Pour ce qui est des personnes, il y a trois grandes sources d'inspiration des Étapes: les Groupes d'Oxford, le docteur William D. Silkworth de l'hôpital Towns, et le célèbre psychologue William James que certains considèrent comme le père de la psychologie moderne. La manière dont ces courants d'idées se sont rejoints et ont conduit à la rédaction des Douze Étapes constitue un histoire passionnante et par moments tout simplement incroyable.

Beaucoup se souviennent des Groupes d'Oxford comme d'un mouvement évangélique moderne, qui s'est épanoui dans les années 20 et au début des années 30 sous la direction de Frank Buchman, ancien pasteur luthérien. À cette époque, les Groupes d'Oxford insistaient énormément sur le travail personnel, un membre en aidant un autre. Cette pratique vitale est à l'origine de la Douzième Étape des AA. Une honnêteté absolue, une pureté absolue, une générosité absolue et un amour absolu, constituaient le code moral des « G.O. ». Ils pratiquaient aussi un genre de confession appelée le « partage ». Ils appelaient « réparation » l'amende honorable faite pour les torts qu'ils avaient causés. Ils croyaient beaucoup aux « moments de quiétude », c'est-à-dire à la méditation que pratiquaient les groupes et les individus, pour rechercher la volonté de Dieu dans tous les domaines de leur vie, grands et petits.

Ces idées fondamentales n'étaient pas nouvelles et on aurait pu les retrouver ailleurs. Mais le point crucial pour nous, les premiers alcooliques qui sommes entrés en contact avec ces Groupes, c'est l'accent qu'ils ont mis sur ces principes. Ce qui nous a bien servis, c'est qu'ils faisaient attention de ne pas se mêler des opinions religieuses personnelles. Leur mouvement, comme le nôtre plus tard, sentait le besoin de demeurer strictement non confessionnel.

À la fin de l'été 1934, mon ami alcoolique et camarade de classe bien-aimé, Ebbie, s'était rallié à ces gens de bien et était vite devenu abstinent. Étant un alcoolique plutôt obstiné, il n'avait pas été capable de « gober » toutes les idées et attitudes des Groupes d'Oxford. Pourtant, leur grande sincérité le touchait et il leur était très reconnaissant de leurs soins qui, pour le moment, lui enlevaient son obsession de boire.

En arrivant à New York à la fin de l'automne 1934, Ebbie a tout de suite pensé à moi. Il sonna chez moi un jour triste de novembre et peu après, il me regarda de l'autre côté de la table de la cuisine, au 182 de la rue Clinton, à Brooklyn. Je me souviens de notre conversation; Ebbie répétait constamment des phrases telles que: « Je me suis rendu compte que je ne pouvais pas mener moi-même ma vie », « Je devais devenir honnête avec moi-même et avec quelqu'un d'autre », « Je devais réparer les torts que j'avais causés », « Je devais demander à Dieu de me guider et de me donner de la force, même si je n'étais pas sûr que Dieu existe », « Après avoir fait tout cela de mon mieux, je me suis rendu compte que je n'avais plus envie de boire ». Ebbie répétait aussi: « Bill, ce n'est pas du tout comme si tu décidais de ne boire que de l'eau. Tu n'as plus à combattre le désir de boire; tu en es simplement délivré. Je n'ai jamais ressenti ça avant. »

Voilà en substance l'enseignement qu'Ebbie avait tiré de ses amis des Groupes d'Oxford et qu'il m'a transmis ce jour-là. Ces idées simples n'étaient pas nouvelles, mais elles ont certainement eu sur moi un impact énorme. Aujourd'hui, nous savons tous pourquoi: un alcoolique avait parlé à un autre alcoolique, comme personne d'autre ne peut le faire.

Deux ou trois semaines plus tard, le 11 décembre exactement, j'entrais en titubant à l'hôpital Charles B. Towns, le célèbre centre de désintoxication sur Central Park ouest, à New York. Comme ce n'était pas la première fois, je connaissais et j'aimais le médecin chef, Silkworth. C'est lui qui allait bientôt avancer une très grande idée, sans laquelle les AA n'auraient jamais pu réussir. Depuis des années, il déclarait que l'alcoolisme est une maladie, une obsession mentale doublée d'une allergie physique. Je savais maintenant que c'était mon cas. Je voyais aussi à quel point ces deux ogres pouvaient former un couple mortel. J'avais déjà espéré être parmi les rares victimes qui échappent à leur vengeance, mais ce faible espoir s'était maintenant envolé. J'étais sur le point de toucher le fond. Il ne me manquait plus que ce verdict scientifique: une obsession qui me condamnait à boire et une allergie qui me condamnait à mourir. Voilà comment la médecine est entrée en scène, en la personne de ce bon petit docteur. Maniée par un alcoolique s'adressant à un autre alcoolique, cette vérité à double tranchant devenait un argument massue, capable de fracasser en profondeur l'ego résistant d'un alcoolique et de le rendre réceptif à la grâce de Dieu.

Dans mon cas, ce fut bien sûr le docteur Silkworth qui brandit la massue, alors que mon ami Ebbie m'avait transmis les principes et la grâce qui ont causé mon soudain réveil spirituel à l'hôpital, trois jours plus tard. J'ai tout de suite su que j'étais un homme libre. Avec cette expérience ahurissante, j'ai éprouvé la merveilleuse certitude que de très nombreux alcooliques connaîtraient peut-être un jour le don inestimable qui m'avait été accordé.

C'est à ce moment-là qu'une troisième influence est entrée dans ma vie, par le truchement du livre de William James, *Varieties of Religious Experience*, que quelqu'un m'avait apporté à l'hôpital. Après ma soudaine expérience, le docteur Silkworth s'était appliqué à me convaincre que je n'étais pas victime d'hallucinations. Mais William James allait encore plus loin. Selon lui, non seulement les expériences spirituelles pouvaient rendre les hommes et les femmes sains d'esprit, mais elles pouvaient les transformer de telle façon qu'ils pouvaient faire, sentir et croire des choses qui leur avaient été interdites jusque-là. Peu importe que ces réveils spirituels soient soudains ou graduels, leur variété était pratiquement infinie. Le plus grand bienfait de ce livre célèbre fut le suivant: dans presque toutes les expériences décrites, les personnes transformées étaient désespérées. Dans un domaine déterminant de leur vie, elles avaient connu la défaite totale. C'était bien mon cas ... Complètement battu et sans aucun espoir, j'avais fait appel à une Puissance supérieure. J'avais franchi la Première Étape du programme actuel des AA («Nous avons admis que nous étions impuissants devant l'alcool et que nous avions perdu la maîtrise de notre vie»). J'avais aussi franchi la Troisième Étape («Nous avons décidé de confier notre volonté et notre vie aux soins de Dieu tel *que nous le concevions*»). C'est ainsi que j'ai été libéré. Aussi simplement et aussi mystérieusement que cela.

Ces découvertes étaient tellement passionnantes que je me suis immédiatement joint aux Groupes d'Oxford. Ils étaient consternés de voir que je voulais me consacrer exclusivement aux alcooliques. Cela les perturbait pour deux raisons. D'abord, parce qu'ils voulaient sauver le monde entier. Ensuite, parce qu'ils avaient eu peu de succès auprès des alcooliques. À mon arrivée parmi eux, ils venaient de s'occuper d'un groupe d'alcooliques qui s'étaient révélés une réelle déception. La rumeur voulait que l'un d'eux ait cavalièrement lancé sa chaussure dans un vitrail de grande valeur de l'église épiscopale, voisine du bureau principal des G.O. De plus, ils n'aimaient pas m'entendre répéter que ça ne prendrait pas beaucoup de temps pour désintoxiquer tous les ivrognes du monde. Avec raison, ils ont déclaré que j'étais encore d'une immense vanité.

Après quelque six mois extrêmement épuisants passés auprès de nombreux alcooliques que je trouvais dans une mission des environs ou à l'hôpital Towns, il semblait bien que les Groupes avaient raison. Je n'avais désintoxiqué personne. À Brooklyn, notre maison était toujours pleine de buveurs; parfois, jusqu'à cinq d'entre eux vivaient avec nous. Un jour, en rentrant de travailler, ma brave femme Lois en trouva trois passablement éméchés. Les deux autres étaient encore pires, se rossant à coups de « madriers ». De tels incidents me démontaient quelque peu, mais je m'obstinais à croire malgré tout qu'il existait un moyen de devenir abstinent. Il y avait tout de même une chose encourageante: mon parrain Ebbie continuait de s'accrocher tant bien que mal à l'abstinence qu'il venait de trouver.

Pourquoi tous ces fiascos? Si Ebbie et moi réussissions à demeurer abstinents, pourquoi les autres n'arrivaient-ils pas à en faire autant? Certains de ceux avec qui nous avions travaillé voulaient vraiment se rétablir. Nous passions nos jours et nos nuits à nous demander pourquoi nos efforts n'avaient pas donné grand-chose. Peut-être ne pouvaient-ils pas soutenir la cadence spirituelle des quatre principes absolus des Groupes d'Oxford, l'honnêteté, la pureté, la générosité et l'amour. Selon certains d'entre eux, c'était vraiment le problème. La pression qui les poussait à devenir bons du jour au lendemain leur donnait des ailes pendant quelques semaines, puis ils tombaient lamentablement. Ils se plaignaient aussi d'une autre contrainte que les Groupes d'Oxford appelaient « des conseils pour les autres ». Une « équipe » de membres non alcooliques s'asseyait avec un alcoolique et, après un « moment de quiétude », lui présentait des instructions précises sur la manière de diriger sa vie. Même si nous avions beaucoup de reconnaissance envers nos amis des G.O., ces conseils étaient difficiles à accepter. Ils ont joué un rôle dans le grand dérapage qui a suivi.

Pourtant, ce n'était pas là la seule raison de nos échecs. Au bout de plusieurs mois, je me suis rendu compte que j'étais la principale cause des problèmes. J'étais devenu très agressif, trop sûr de moi. Je parlais beaucoup de mon expérience spirituelle soudaine, comme s'il s'agissait de quelque chose de très spécial. Je jouais le double rôle de professeur et de prédicateur. Dans mes exhortations, j'avais oublié l'aspect médical de notre maladie et la nécessité de dégonfler l'ego en profondeur, nécessité sur laquelle insistait tellement William James. Nous ne nous servions pas de cet argument massue de la médecine que nous avait si providentiellement fourni le docteur Silkworth.

Un jour, celui-ci m'a finalement ramené les deux pieds sur terre. « Bill, m'a-t-il dit, tu devrais arrêter de parler de ton expérience spirituelle. Ça ne fait pas sérieux. Je suis convaincu qu'une meilleure moralité aidera les alcooliques à se rétablir vraiment, mais je crois que tu mets la charrue devant les bœufs. Les alcooliques n'obéiront pas à toutes tes exhortations morales tant qu'ils ne seront pas convaincus qu'ils n'ont plus le choix. À ta place, je commencerais par leur parler de l'aspect médical. Personnellement, je n'ai jamais réussi en leur disant qu'ils étaient atteints d'une maladie mortelle, mais ce pourrait être très différent si la mauvaise nouvelle leur était annoncée par un ancien buveur sans espoir comme toi. Parce que tu t'identifies naturellement aux alcooliques, tu pourras sans doute les atteindre alors que je ne le peux pas. Parle-leur de la question médicale d'abord et ne les ménage pas. Ils seront peut-être suffisamment ébranlés pour accepter les principes qui pourront vraiment les aider à se rétablir.»

Peu après cette conversation historique, je me suis retrouvé à Akron, en Ohio, pour une affaire qui n'a pas marché. Seul dans cette ville, j'avais une peur bleue de me soûler. Je n'étais plus ni professeur ni prédicateur; j'étais seulement un alcoolique conscient d'avoir besoin d'un autre alcoolique autant que celui-ci pouvait avoir besoin de moi. Animé de ce désir ardent, je rencontrai bientôt Dr Bob. Je m'aperçus tout de suite qu'il en savait beaucoup plus que moi sur les choses spirituelles. Il avait connu lui aussi les Groupes d'Oxford à Akron. Pourtant, il n'arrivait pas à rester abstinent. Je suivis le conseil du docteur Silkworth et je me servis de l'argument médical. Je lui rappelai ce qu'était l'alcoolisme et à quel point cette maladie pouvait être fatale. Cela a eu l'air de le toucher. Le 10 juin 1935, Dr Bob est devenu abstinent et il n'a plus jamais bu par la suite. Quand il a publié pour la première fois, en 1939, son histoire dans le livre *Alcoholics Anonymous*, il a mis un paragraphe en italique, où il disait, en parlant de moi: «*Mais ce qui est beaucoup plus important encore, c'est que pour la première fois de ma vie, j'étais en face d'un être humain qui savait, par expérience, de quoi il parlait quand il s'agissait d'alcoolisme.*»

En fait, le docteur Silkworth nous avait fourni le chaînon manquant sans lequel la chaîne des principes forgés aujourd'hui dans nos Douze Étapes n'aurait jamais été complète. C'est là qu'a jailli l'étincelle qui allait donner naissance aux Alcooliques anonymes.

Pendant les trois années qui suivirent le rétablissement de Dr Bob, nos groupes d'Akron, de New York et de Cleveland mirent au point ce qu'on a appelé le programme du bouche à oreille des débuts. Nous avons commencé à former une association distincte des Groupes d'Oxford et à établir nos propres principes, qui étaient à peu près les suivants:

1. Nous avons admis que nous étions impuissants devant l'alcool.
2. Nous avons été honnêtes envers nous-mêmes.
3. Nous avons été honnêtes avec une autre personne, à qui nous nous sommes confiés.
4. Nous avons réparé les torts faits aux autres.
5. Nous avons travaillé auprès d'autres alcooliques sans en attendre ni prestige ni argent.

6. Nous avons prié Dieu de nous aider à faire ces choses de notre mieux.

C'était là l'essentiel du message que nous adressions aux nouveaux jusqu'en 1939, quand nous avons mis par écrit nos Douze Étapes actuelles, même si chacun de nous agissait selon ses goûts et ses penchants personnels, et même si les membres d'Akron et de Cleveland tenaient toujours aux quatre principes absolus (honnêteté, pureté, générosité et amour) des Groupes d'Oxford.

Je me rappelle le soir où les Douze Étapes ont été rédigées. J'étais au lit, dégoûté et souffrant encore d'un ulcère imaginaire. Quatre chapitres du livre *Alcoholics Anonymous* avaient déjà été ébauchés et lus aux réunions d'Akron et de New York. Nous nous sommes vite rendu compte que tout le monde voulait être auteur. Nous avions de terribles bagarres au sujet de ce qui devrait entrer dans notre livre. Par exemple, certains voulaient un livre purement psychologique afin d'attirer les alcooliques sans leur faire peur. Il serait toujours temps, par la suite, de leur parler de « l'affaire de Dieu ». Quelques-uns, ayant à leur tête notre merveilleux ami du sud Fitz M., voulaient un livre plutôt religieux, qui s'inspire de certains dogmes que nous avions recueillis dans les églises et les missions qui avaient tenté de nous aider. Plus le ton montait, plus je me retrouvais entre les deux partis. Il semblait bien que je n'allais pas être un auteur, mais seulement un arbitre qui décidait du contenu du livre. Cela ne veut pas dire que le projet ne soulevait pas d'enthousiasme. Chacun d'entre nous était très excité à l'idée de transmettre notre message aux innombrables alcooliques qui ne le connaissaient pas encore.

Parvenus au chapitre 5, nous trouvions qu'il était temps d'énoncer ce qu'était vraiment notre programme. Je me souviens que je repassai dans ma tête les phrases que nous nous transmettions de bouche à oreille à l'époque. Mises par écrit, elles constituaient les six principes cités précédemment. Puis, j'ai pensé que notre programme devrait être énoncé avec plus de précision et de clarté. Il fallait une série de principes précis pour les lecteurs éloignés. Étant donné le côté raisonneur des alcooliques, le texte devrait être à toute épreuve. Le lecteur ne devait pas trouver la plus petite échappatoire. D'ailleurs, un énoncé complet serait utile dans les chapitres à venir, où il nous faudrait décrire de façon précise le fonctionnement de notre programme de rétablissement.

À la fin, je me suis mis à écrire sur une tablette de papier jaune bon marché. J'ai divisé notre programme en parties plus petites, tout en élargissant considérablement sa portée. Je ne me sentais pas inspiré, mais j'ai été surpris d'avoir pris si peu de temps, peut-être une demi-heure, pour établir un certain nombre de principes qui, au bout du compte, étaient au nombre de 12. Pour une raison qui m'échappe, j'avais parlé de Dieu dans la

Deuxième Étape, au tout début. De plus, j'avais généreusement mentionné le nom de Dieu dans les autres Étapes. J'avais même suggéré, dans l'une d'elles, que le nouveau se mette à genoux.

Quand les membres de notre réunion de New York ont vu ce document, il y a eu de nombreuses et véhémentes protestations. Nos amis agnostiques n'étaient pas du tout d'accord avec l'idée de s'agenouiller. D'autres se plaignaient que nous parlions beaucoup trop de Dieu. Et puis pourquoi Douze Étapes, là où il n'y en avait que cinq ou six auparavant? « Gardons ça simple », disaient-ils.

Ces débats animés ont duré des jours et des nuits, mais ils ont été avantageux pour les Alcooliques anonymes. Les agnostiques, menés par Hank P. et Jim B., nous ont finalement convaincus qu'il fallait leur faciliter un peu les choses par l'emploi d'expressions comme « une Puissance supérieure » ou « Dieu tel que nous le concevons ». Nous savons aujourd'hui que ces formules ont été des bouées de sauvetage pour plus d'un alcoolique. Elles ont permis à des milliers d'entre nous de faire un premier pas qui aurait été impossible si nous avions laissé les Étapes comme je les avais d'abord écrites. Fort heureusement, il n'y eut pas d'autres changements dans la version originale et le nombre des Étapes est resté 12. Nous étions loin de nous douter que nos Douze Étapes allaient bientôt être largement approuvées par les membres du clergé de toute confession et même par les psychiatres, nos amis plus récents.

Cette parcelle de notre histoire devrait convaincre les plus sceptiques que personne n'a inventé le mouvement des Alcooliques anonymes. Il s'est simplement développé, par la grâce de Dieu.

Une autre parcelle d'histoire : sœur Ignatia et Dr Bob

Février 1954

C'était le 13 décembre 1953. Nous fêtions le premier anniversaire du Rosary Hall, une salle nouvellement aménagée pour les alcooliques, au célèbre hôpital de St. Vincent Charity de Cleveland. Nous avions eu une merveilleuse réunion AA. Le petit auditorium, comme les balcons, était bondé d'alcooliques et d'amis. Un millier de personnes se levaient maintenant pour applaudir à tout rompre.

Une religieuse en habit gris, toute menue, s'est approchée en hésitant du lutrin et du microphone. Le tumulte redoubla, puis se calma soudain quand la petite religieuse commença à rendre grâce. Elle était gênée. N'avait-elle pas en effet aidé à rédiger le programme de cet événement, qui disait expressément que « les sœurs de la Charité et les membres des Alcooliques anonymes qui les ont aidées refusent tout remerciement personnel ». La tentative de sœur Ignatia de demeurer anonyme venait d'échouer, car personne dans l'assistance n'entendait la laisser s'en tirer aussi facilement. De toute façon, dans ce coin de notre univers AA, elle était à peu près aussi anonyme que les Indiens de Cleveland au baseball. Cela faisait des années qu'on souhaitait lui rendre cet hommage.

En regardant cette scène, je me rappelais comment Dr Bob avait dû lutter pour mettre sur pied le premier groupe des AA à Akron, et comment l'action de cette chère religieuse et de ses sœurs de la Charité de Saint-Augustin avait rendu cela possible. J'essayais d'imaginer les répercussions immenses qui ont découlé depuis de ces premiers efforts. Cherchant à hospitaliser ses nouveaux candidats, Dr Bob avait supplié l'un après l'autre tous les établissements d'Akron de les recueillir. Deux hôpitaux avaient essayé pendant un certain temps, mais avaient fini par y renoncer au profit des jambes cassées, des vésicules biliaires en mauvais état... des vrais malades, quoi !

En désespoir de cause, le bon docteur avait pensé à sœur Ignatia, cette religieuse timide mais rayonnante qui s'occupait des admissions à l'hôpital St. Thomas d'Akron, où il avait opéré à l'occasion. De façon un peu furtive, il l'a abordée pour lui faire part de sa proposition. En un rien de temps, il obtint des résultats. Ce couple peu commun fit tout de suite entrer en douce un alcoolique tout tremblant, qu'ils installèrent dans une chambre à deux lits. Comme le nouveau patient rouspétait violemment contre ce manque flagrant de discrétion étant donné sa situation délicate, sœur Ignatia le déménagea dans la salle des fleurs. C'est là que Bob, cofondateur des AA, et sœur Ignatia se sont occupés du nouveau, qui a bientôt quitté son lit pour retrouver le monde extérieur afin de s'amender et de raccommoder sa vie.

Grâce à sœur Ignatia et à Bob, Dieu avait réuni la médecine, la religion et les Alcooliques anonymes dans une divine conspiration qui allait rendre l'abstinence accessible à plus de 5 000 alcooliques qui sont passés par la salle des alcooliques de St. Thomas, jusqu'à la mort de Dr Bob en 1950. Mais au moment où ce premier patient se remettait en tremblant dans cette salle des fleurs en 1939, les administrateurs de l'hôpital ne se doutaient pas que St. Thomas allait devenir le premier établissement religieux à ouvrir ses portes aux AA.

Peu avant le décès de Dr Bob, on m'a demandé une inscription pour une plaque qui serait accrochée en permanence dans la salle des alcooliques de l'hôpital, pour commémorer les grands événements qui s'y sont produits.

Deux ans après la mort du Dr Bob, sœur Ignatia fut transférée par sa communauté à l'hôpital Charity de Cleveland.

Cependant, l'histoire des activités des établissements religieux de la région de Cleveland ne saurait être complète sans la mention des années qui ont précédé l'arrivée de sœur Ignatia à cet hôpital.

Les vieux membres se rappelleront la merveilleuse publicité que nous avait faite le *Plain Dealer* de Cleveland à l'automne de 1939. À l'époque où ces articles furent publiés, il n'y avait pas 20 membres des AA dans toute la ville. Paraissant en première page et accompagnés d'éditoriaux énergiques pendant environ dix jours consécutifs, ces articles ont suscité beaucoup d'excitation dans la ville. Le petit groupe d'alcooliques, certains d'entre eux abstinents depuis quelques mois seulement, fut inondé de centaines d'appels téléphoniques frénétiques pour demander de l'aide. La publicité du *Plain Dealer* disait aux gens de Cleveland: « À vous de vous en servir ! » Eh bien, ils s'en sont servis.

Cet événement surprenant inaugura une nouvelle phase pour le mouvement. Sa période de tâtonnements se prolongeait depuis 1935, et le livre des AA était déjà sorti. Par contre, la croissance à Akron et à New York était d'une lenteur démoralisante. À Cleveland, une poignée d'alcooliques avaient cessé de boire au contact des gens d'Akron, mais ils ne commencèrent à tenir leur propre réunion qu'au début de 1939. On pensait généralement à l'époque que seules les « vieilles barbes » pouvaient s'occuper des nouveaux. Mais le nombre de membres d'expérience à Cleveland était très bas. Que pouvaient faire ces quelques membres pour les centaines d'alcooliques qui s'abattaient maintenant sur eux comme une nuée? Était-il possible de produire de l'abstinence en série?

Eh bien, ces pionniers de Cleveland firent la preuve que c'était possible. Des clients étaient placés, bon gré mal gré, dans tous les hôpitaux de la ville. Personne ne savait s'ils allaient payer la facture ... Un membre se présentait au chevet du nouveau, l'enlevait et l'emmenait à une réunion. Le nouveau se précipitait ensuite au chevet d'un autre avec la bonne nouvelle. C'est ainsi qu'on s'aperçut que les tout nouveaux pouvaient, presque aussi bien que n'importe qui, semer la première graine chez un nouveau candidat. De cette ruée confuse sortit bientôt l'idée merveilleuse d'un système de parrainage individuel pour tout nouveau, homme ou femme.

Pendant ce temps, le nombre de membres de Cleveland atteignait en quelques mois les centaines. C'est là, pendant l'hiver de 1939, qu'on a fait l'heureuse démonstration de la production de l'abstinence en série. C'est ce qui distingue de façon éclatante le groupe des pionniers de Cleveland.

Pourtant, dans cet effort prodigieux, il a fallu l'aide des hôpitaux de la ville. On n'aurait pas pu autrement obtenir des résultats aussi étonnants. Tout comme à Akron, une fois passées les premières heures d'exaltation, certains hôpitaux se sont lassés des ivrognes, mais pas l'hôpital Charity de Cleveland. Depuis 1940, cet établissement accueille des alcooliques dans une salle qui leur est réservée. Même s'il manquait à Cleveland un « Dr Bob », la salle des alcooliques n'en a pas moins prospéré magnifiquement sous la direction et les soins attentifs de sœur Victorine et du père Nagle, l'aumônier de l' hôpital. Tous deux ne pouvaient consacrer qu'une fraction de leur temps aux alcooliques et le père Nagle souffrait constamment de mauvaise santé; mais ils persévérèrent et obtinrent des résultats tels que leur œuvre brillera toujours comme un phare dans les annales du mouvement. Il y a aussi l'hôpital St. John de Cleveland qui, pendant un certain temps, a mis deux lits à la disposition des alcooliques sous les soins attentifs de sœur Merced. Mais celle-ci fut finalement transférée à Akron où elle travailla avec sœur Ignatia et Dr Bob.

Quand sœur Ignatia est arrivée à l'hôpital Charity de Cleveland en 1952, beaucoup d'autres choses ont commencé à se produire. Tout à coup, des milliers de membres, venus de près ou de loin et qui avaient trouvé la sobriété dans ces merveilleux établissements, ont commencé à prendre conscience qu'ils avaient depuis longtemps une dette de reconnaissance. Ils obtinrent la permission de moderniser entièrement la vieille salle délabrée du Charity. Aidée des autorités de l'hôpital et des sœurs de sa communauté, et soutenue par un comité de membres des AA enthousiastes, sœur Ignatia se mit au travail. L'argent afflua, ainsi que bien d'autres dons. Munis de dispenses spéciales de leur syndicat, des membres des AA menuisiers, plombiers et électriciens travaillèrent pendant de longues nuits. Quand ils eurent terminé, la salle reluisait, équipée de tous les appareils modernes. On n'avait pas oublié, non plus, deux autres lieux indispensables, la chapelle et la cafétéria! Un inspecteur en plomberie résuma bien la situation quand il observa, après avoir vu ce résultat étonnant: « Ce n'est pas un travail purement professionnel. Les travailleurs y ont mis leur cœur. » On consacra à ce pressant labeur d'amour plus de 60 000 $ en argent et en travail de nuit.

À peine un an après l'arrivée de sœur Ignatia au Charity, un millier d'alcooliques avaient vu la lumière d'un jour nouveau. Restant en contact avec beaucoup d'entre eux, sœur Ignatia croit qu'environ 700 sont abstinents aujourd'hui.

Dans ces conditions, faut-il se surprendre que l'anniversaire de l'ouverture de la salle du Rosaire se soit transformée en un témoignage d'amour pour sœur Ignatia et ses œuvres? Si notre inspecteur en plomberie avait été présent à cette grande réunion, il se serait exclamé une fois de plus: « Ce n'est pas un travail purement professionnel. Ça vient du cœur. »

La correspondance de Bill W. avec l'université Yale

Février 1978

Au début de 1954, Bill W. a refusé un doctorat honorifique en droit que lui offrait l'université Yale. Voici la correspondance échangée entre Bill et Reuben A. Holden, alors secrétaire de l'université. Cet échange de lettres faisait suite à une visite que MM. Holden et Selden Bacon avaient faite à Bill en janvier 1954.

Le 21 janvier, 1954

Cher Monsieur W...,

Vous trouverez ci-joint un projet de texte qui pourrait accompagner le 7 juin la remise du doctorat honorifique que nous vous proposons.

Si vos administrateurs l'approuvent, j'aimerais le soumettre à l'attention du conseil de l'Université.

La forme peut en être considérablement améliorée et nous y travaillerons dans les mois à venir, mais nous nous assurerons toujours d'obtenir votre entier accord.

Nous vous remercions de votre hospitalité de mardi et de l'attention que vous avez bien voulu accorder à notre invitation.

Très sincèrement,
Reuben A. Holden

W.W.,

Cofondateur des Alcooliques anonymes. Depuis 20 ans, cette association rend de grands services à l'humanité. La victoire a été acquise par la capitulation, la célébrité a été obtenue par l'anonymat; des dizaines de milliers de personnes ont retrouvé leur moi émotif, physique et spirituel et sont nées à nouveau. Ce mouvement non professionnel, surgi des profondeurs d'une intense souffrance et d'une honte généralisée, a non seulement montré la voie de la victoire sur une maladie du corps, de l'esprit et de l'âme, mais vivifié la vie individuelle, sociale et religieuse de notre époque.

L'université Yale est fière de rendre hommage à cette grande assemblée anonyme d'hommes et de femmes en vous conférant, à vous, digne représentant de son grand objectif, le diplôme de docteur en droit, ainsi que tous les droits et privilèges qui s'y rattachent.

Le 2 février 1954

Cher Monsieur Holden,

Je désire exprimer ma profonde gratitude aux membres du conseil de l'université Yale qui m'ont jugé digne de recevoir le diplôme de docteur en droit.

Cependant, après avoir longuement consulté mes amis et ma conscience, je me vois dans l'obligation de décliner une telle distinction.

Si je l'acceptais, les avantages à court terme pour les Alcooliques anonymes et pour les légions qui souffrent encore de notre maladie seraient sans doute considérables dans le monde entier. Je suis sûr qu'un appui aussi puissant hâterait grandement partout l'approbation du public à l'égard du mouvement. Par conséquent, seule une raison très forte me pousse à priver les Alcooliques anonymes de ces avantages.

Voici cette raison. La Tradition des Alcooliques anonymes, notre seule forme de gouvernement, enjoint à chaque membre d'éviter toute forme de publicité ou d'honneurs personnels susceptibles de lier aux yeux du public son nom à notre association. La Douzième Tradition des AA se lit ainsi: « L'anonymat est la base spirituelle de toutes nos Traditions et nous rappelle sans cesse de placer les principes au-dessus des personnalités. »

Puisque nous possédons déjà une vaste expérience concrète de ce principe vital, chaque membre sérieux pense aujourd'hui que l'anonymat, s'il est pratiqué de façon absolue dans les années à venir, assurera notre efficacité et notre unité en restreignant fortement ceux pour qui les distinctions et les honneurs publics ne sont que des tremplins naturels vers la domination et le pouvoir personnel.

Comme d'autres hommes et femmes, les AA considèrent avec beaucoup d'appréhension la grande lutte pour le pouvoir qui se déroule autour de nous, une lutte qui prend toutes sortes de formes, qui touche tous les niveaux et qui déchire la société. Les AA ont la chance d'être profondément conscients qu'il ne faudra jamais que de telles forces en viennent à régner parmi nous, de peur d'en périr tous.

La Tradition de l'anonymat personnel et du refus des honneurs publics est pour nous un bouclier protecteur. Nous n'osons pas affronter sans protection la tentation du pouvoir.

Bien sûr, nous sommes très conscients de la grande importance des honneurs en dehors de notre association. Nous sommes toujours stimulés lorsque nous voyons d'autres les mériter et les recevoir avec humilité, comme autant de marques de reconnaissance pour un travail et des services remarquables. Tout ce que nous disons, c'est que dans notre situation particulière, nous serions imprudents de les accepter pour ce que le mouvement des AA a fait.

Ma propre vie, voyez-vous, s'est résumée pendant des années à une poursuite implacable de la richesse, de la gloire et du pouvoir, pour aboutir presque à un naufrage dans un océan d'alcool. J'ai survécu à cette triste mésaventure, mais je sais que le germe redoutable et contagieux de l'obsession du pouvoir a lui aussi survécu. Il sommeille, prêt à se multiplier de nouveau, à me déchirer et à déchirer le mouvement. Des milliers de mes frères AA ont le même tempérament que moi. Heureusement, ils le savent et je le sais. C'est ce qui explique notre Tradition de l'anonymat. C'est ce qui explique également l'obligation dans laquelle je me trouve de refuser cet insigne honneur, de même que la satisfaction immédiate et les avantages qui auraient pu en découler.

Sans doute ce splendide texte que vous me proposez et dans lequel vous m'appelez « W.W. » protège-t-il pour le moment mon anonymat. Néanmoins, le fait que j'aurais reçu un LL. D. apparaîtrait sûrement dans des documents historiques ultérieurs, et le public serait alors au courant. Par conséquent, je pourrais peut-être accepter aujourd'hui ce diplôme en me conformant à la lettre de la Tradition des AA, mais je paverais sûrement la voie à la violation de son esprit demain. Ce serait, j'en suis sûr, un dangereux précédent.

Bien que cela constituerait sans doute une nouvelle façon d'agir, je me demande si le Conseil de l'université Yale ne pourrait pas envisager de décerner au mouvement lui-même la distinction, tout en omettant de me remettre un diplôme. Dans ce cas, c'est avec joie que je me présenterai n'importe quand pour recevoir cette distinction au nom de notre association. Si vous désirez discuter de cette possibilité, je me rendrai tout de suite à New Haven.

Bien à vous,
William G. W ...

Le 8 février 1954

Cher Monsieur W ... ,

J'attendais pour répondre à votre lettre du 2 février que le comité des diplômes honorifiques se soit réuni. Cette réunion a maintenant eu lieu et je dois vous annoncer, au nom des membres du comité, qu'après avoir pris connaissance de votre magnifique lettre, ils souhaitent plus que jamais pouvoir vous décerner le diplôme, bien que, croyons-nous, ce ne soit sans doute pas une solution satisfaisante pour vous.

Tous les membres du comité me prient de vous dire avec le plus de sincérité possible à quel point ils apprécient que vous ayez considéré notre invitation avec autant de sérieux, d'attention et de générosité. Nous comprenons parfaitement vos sentiments et aimerions trouver une façon de vous montrer tout le respect que nous éprouvons pour vous et pour les AA. L'occasion se présentera sûrement un jour.

Entre-temps, je dois dire que les membres du comité pensent aussi qu'un diplôme honorifique, comme le titre de chevalier, ne peut être accordé qu'à un individu. À cause de cette tradition, il semble logique de rechercher d'autres moyens qu'un diplôme honorifique pour le type de reconnaissance que nous souhaitons accorder à votre organisme, conformément à ce que vous mentionnez dans le dernier paragraphe de votre lettre. J'espère que cela sera possible.

Je vous transmets les plus sincères salutations du président de l'université et de tout le conseil, et vous redis toute notre admiration et nos vœux pour que votre contribution au bien-être du pays se poursuive.

Sincèrement,
Reuben A. Holden

Le 1 er mars 1954

Cher Monsieur Holden,

C'est avec grand soulagement et gratitude que j'ai lu votre lettre du 8 février, dans laquelle vous faites part des sentiments du conseil de l'université concernant mon refus du diplôme de docteur en droit. Je la conserverai précieusement.

Votre compréhension prompte et touchante de la nécessité vitale pour notre mouvement de ne pas favoriser ceux qui recherchent le pouvoir, la bonne opinion que vous avez de moi et l'espoir que vous exprimez que le conseil de l'université puisse bientôt trouver le moyen de donner au mouvement des Alcooliques anonymes une reconnaissance publique appropriée, sont pour moi des sources de grande satisfaction.

Veuillez transmettre au président de l'université et aux membres du conseil, mes sentiments durables.

Votre tout dévoué,
Bill W ...

Pourquoi les Alcooliques anonymes sont anonymes

Janvier 1955

Comme jamais auparavant, la lutte pour le pouvoir, l'influence et la richesse est en train de déchirer la civilisation. L'homme se dresse contre l'homme, les familles contre les familles, les groupes contre les groupes, les nations contre les nations.

Presque tous ceux qui sont engagés dans cette compétition féroce déclarent que leur but est la paix et la justice, pour eux-mêmes, leur voisin et leur nation. « Donnez-nous le pouvoir, disent-ils, et nous aurons la justice; donnez-nous la célébrité, et nous donnerons un grand exemple; donnez-nous l'argent, et nous serons à l'aise et heureux. » Des gens du monde entier y croient fermement et agissent en conséquence. Et cette incroyable « cuite sèche » semble pousser la société en titubant dans un cul-de-sac. Le panneau d'arrêt est clair. On y lit: « Désastre ! »

Mais quel rapport cela a-t-il avec l'anonymat et les Alcooliques anonymes?

Nous, membres des AA, nous devrions le savoir. Nous avons presque tous croisé ce même sentier qui conduit à l'impasse. Propulsés par l'alcool et les justifications, plusieurs d'entre nous ont poursuivi les fantômes de la suffisance et de l'argent, tout droit jusqu'à la limite du désastre. Puis ce furent les AA. Nous avons fait volte-face et nous nous sommes retrouvés sur une grand-route où la nouvelle signalisation routière ne faisait aucune mention du pouvoir, de la célébrité et de la richesse, mais indiquait plutôt « Direction santé mentale et sérénité – péage: abnégation. »

Notre nouvelle publication *Les Douze Étapes et les Douze Traditions* affirme que « l'anonymat est la plus grande protection que puisse avoir notre association ». Elle dit aussi que « la substance spirituelle de l'anonymat est le sacrifice ». Considérons les 20 ans d'expérience des AA et voyons comment nous en sommes arrivés à cette conviction, désormais exprimée dans nos Onzième et Douzième Traditions.

Au début, nous avons sacrifié l'alcool. Il le fallait, sinon il nous aurait tués. Mais nous ne pouvions nous débarrasser de l'alcool sans faire d'autres sacrifices. Il fallait laisser tomber notre mentalité de gros bonnets et de poseurs. Il nous fallait jeter par la fenêtre l'autojustification, l'apitoiement et la colère. Il nous fallait abandonner cette folle compétition pour le prestige personnel et les gros comptes de banque. Il nous fallait admettre que nous étions responsables de notre piteux état et cesser d'en blâmer les autres.

Était-ce là des sacrifices ? Bien sûr. Afin d'acquérir suffisamment d'humilité et de respect de soi, simplement pour rester en vie, il nous fallait renoncer à ce qui avait vraiment été nos possessions les plus chères: nos ambitions et notre orgueil injustifié.

Mais même cela ne suffisait pas. Le sacrifice devait aller beaucoup plus loin. Il fallait aussi que d'autres en profitent. Alors nous nous sommes mis à pratiquer la Douzième Étape – nous avons commencé à transmettre le message des AA. Pour ça, nous avons sacrifié notre temps, notre énergie et notre argent. Nous ne pouvions conserver ce que nous avions, à moins de le donner.

Demandions-nous quoi que ce soit à nos recrues en retour ? Leur demandions-nous le pouvoir de contrôler leur vie, la reconnaissance pour notre beau travail, ou quelques sous ? Pas du tout. Nous avons découvert que si nous exigions l'une ou l'autre de ces choses, notre travail de Douzième Étape ne donnerait rien. Il fallait donc sacrifier ces désirs naturels sans quoi nos recrues acquerraient peu de sobriété ou pas du tout, comme nous d'ailleurs.

Ainsi, nous avons découvert que le sacrifice devait procurer un double bénéfice, sinon il ne valait pas la peine. Nous avons commencé à découvrir le don de soi, celui qui est gratuit.

Après que fut formé le premier groupe des AA, nous avons vite appris davantage de choses encore. Nous avons appris que chacun d'entre nous devait faire des sacrifices spontanés pour le groupe lui-même, pour le bien-être commun. En retour, le groupe a appris qu'il devait sacrifier plusieurs de ses prérogatives pour la protection et le bien-être de chacun de ses membres et pour AA dans son ensemble. Il le fallait, sinon AA n'aurait pas pu continuer à vivre.

C'est à partir de ces expériences et de ces découvertes que les Douze Traditions des Alcooliques anonymes ont commencé à prendre corps.

Graduellement, nous nous sommes rendu compte que l'unité, l'efficacité et même la survie des AA dépendraient toujours de notre perpétuel empressement à sacrifier nos ambitions et nos désirs personnels au profit de la sécurité et du bien-être communs. Tout comme le sacrifice était synonyme de survie pour l'individu, il était synonyme d'unité et de survie pour le groupe et pour le mouvement dans son ensemble.

Vues sous cet angle, les Douze Traditions des AA apparaissent comme une liste de sacrifices qu'une expérience de 20 ans nous a enseigné à faire absolument, comme individus et comme groupes, si nous voulons que le mouvement lui-même reste en vie et en santé.

Dans nos Douze Traditions, nous nous élevons contre presque toutes les grandes tendances du monde extérieur.

Nous refusons les gouvernants, le professionnalisme et le droit de dire qui seront nos membres. Nous renonçons aux «bonnes œuvres», aux réformes et au paternalisme. Nous refusons la charité, préférant assurer notre propre subsistance. Nous sommes prêts à collaborer avec pratiquement tout le monde, mais nous refusons de marier les AA avec qui que ce soit. Nous évitons les controverses publiques et les querelles intestines sur les sujets qui déchirent tant la société: la religion, la politique et la réforme. Nous n'avons qu'un seul but: transmettre le message des AA à l'alcoolique malade qui le désire.

Si nous adoptons ces attitudes, ce n'est certainement pas parce que nous nous targuons d'une vertu ou d'une sagesse particulière; nous faisons ces choses parce qu'une rude expérience nous a enseigné qu'elles étaient nécessaires à la survie du mouvement, dans le monde affolé d'aujourd'hui. Nous abandonnons aussi des droits et faisons des sacrifices parce que nous le devons - ou mieux encore parce que nous le voulons. Le mouvement est une force supérieure à n'importe qui d'entre nous; il doit continuer à vivre, sinon des centaines de milliers de nos semblables mourront sûrement. Ça, nous le savons.

Où donc se situe l'anonymat dans ce tableau? Et d'abord qu'est-ce que l'anonymat? Pourquoi pensons-nous que c'est la plus grande protection que puissent avoir les AA? Pourquoi est-ce notre principal symbole de sacrifice personnel, la clé spirituelle de toutes nos Traditions et de notre mode de vie tout entier?

Voici une parcelle de l'histoire des AA qui fournira, je le souhaite vivement, la réponse que nous cherchons tous.

Il y a des années, un célèbre joueur de baseball devint abstinent grâce au mouvement. Son retour fut si spectaculaire que la presse l'acclama et qu'une bonne part du crédit en revint aux AA. Des millions de partisans virent le nom et la photo le présentant comme membre des AA. Cette publicité nous a rendu service: les alcooliques accouraient en grand nombre. Nous étions contents. J'étais particulièrement enthousiaste, car cela me donnait des idées.

Bientôt, je pris la route, me prêtant de bon cœur aux interviews et aux photos. À mon grand plaisir, j'ai découvert que je pouvais, tout comme lui, faire la première page. De plus, il ne pouvait pas maintenir ce rythme de publicité, mais moi, je le pouvais. Je n'avais qu'à continuer à voyager et à parler, les groupes et les journaux locaux faisant le reste. J'ai été stupéfait, récemment, en regardant ces vieux articles de journaux. Je crois que j'ai été, pendant deux ou trois ans, le plus grand « briseur d'anonymat » du mouvement.

Je ne peux donc blâmer aucun membre AA qui s'est placé sous les projecteurs. J'ai moi-même donné le meilleur exemple, il y a des années.

À cette époque, cette façon de faire semblait appropriée. Ainsi justifié, j'en ai profité. Quel enthousiasme j'ai ressenti quand j'ai vu, sur deux colonnes, avec nom au complet et photo, « Billie courtier », le gars qui sauvait les ivrognes par milliers !

Et puis quelques nuages sont apparus dans ce beau ciel. On entendit quelques murmures de la part de membres sceptiques qui disaient: « Ce Bill s'accapare la réussite; il n'en reste plus pour Dr Bob. » Ou encore: « Et si toute cette publicité lui montait à la tête et s'il se soûlait sur notre dos ? »

Cela m'a blessé. Comment pouvaient-ils me harceler, moi qui faisais tant de bien ? J'ai répondu à mes critiques que nous étions en Amérique et qu'au cas où ils ne le savaient pas, j'avais liberté de parole. Ce pays et tous les autres n'étaient-ils pas dirigés par des chefs aux noms célèbres? L'anonymat était sans doute valable pour le membre ordinaire, mais on devait faire exception pour les cofondateurs. Le public avait sûrement le droit de savoir qui nous étions.

Les membres AA en mal de pouvoir (des affamés de prestige, des gens comme moi) n'ont pas mis de temps à comprendre. Eux aussi allaient être des exceptions. Ils disaient que l'anonymat face au grand public était pour les gens timides, que les braves et les audacieux comme eux devaient affronter les caméras et déclarer ouvertement leur position. Ce genre de courage viendrait vite à bout de la honte de l'alcoolique. Le public verrait tout de suite à quel point des ivrognes rétablis pouvaient être de bons citoyens. Ainsi, de plus en plus de membres rompirent leur anonymat pour le bien des AA. Un ivrogne est *photographié* en compagnie du gouverneur d'un État ? Et après ? Ils méritaient bien tous les deux cet honneur, n'est-ce pas ? Nous foncions donc en trombe sur la route de l'impasse !

Puis il y eut un autre cas de manquement à l'anonymat, qui parut encore plus beau. Une de mes grandes amies du mouvement désirait se lancer dans l'éducation sur l'alcool. Un département d'une grande université qui s'intéressait à l'alcoolisme lui demandait d'aller dire au grand public que les alcooliques étaient des malades et qu'on pouvait beaucoup pour les aider. Mon amie était une conférencière et une écrivaine de première classe. Pouvait-elle dire au public qu'elle était membre des AA ? Pourquoi pas? En utilisant le nom des Alcooliques anonymes, elle obtiendrait une excellente publicité pour une bonne sorte d'éducation sur l'alcool, ainsi que pour AA. Je trouvai l'idée excellente et, par conséquent, je donnai ma bénédiction.

Le nom des AA commençait déjà à être célèbre et important. S'appuyant sur ce nom et sur sa grande habileté personnelle, cette amie obtint des résultats immédiats. Très vite, son nom au complet et sa photo, ainsi que d'excellents comptes rendus sur son projet d'éducation et sur les AA, parurent dans presque tous les grands journaux d'Amérique du Nord. La compréhension du public à l'égard de l'alcoolisme s'accrut, la honte qui pesait sur les ivrognes diminua et le mouvement accueillit de nouveaux membres. Il ne pouvait sûrement pas y avoir de mal à cela.

Pourtant, il y en avait. Pour obtenir un avantage à court terme, nous étions en train d'hypothéquer lourdement et dangereusement notre avenir.

Bientôt, un membre des AA se mit à publier un magazine en faveur de la prohibition. Selon lui, les Alcooliques anonymes devaient aider à rendre le monde absolument « sec ». Il révéla son appartenance au mouvement, dont il utilisait librement le nom pour s'en prendre au mal que représentaient le whisky et ceux qui le fabriquaient et le buvaient. Il fit remarquer qu'il était, lui aussi, un « éducateur » et que « sa sorte » d'éducation était la bonne. Quant à jeter le mouvement dans la controverse publique, il était d'avis que c'était exactement sa place. Il s'appliqua donc à utiliser le nom des AA justement à cette fin. Bien sûr, il rompit son anonymat dans le but d'aider cette cause qu'il chérissait.

Puis, il y eut la proposition d'une association de commerçants de spiritueux, qui voulait qu'un membre des AA fasse de l'« éducation ». Il devrait dire aux gens qu'il était mauvais pour n'importe qui de boire trop d'alcool et que certaines personnes - les alcooliques - ne devraient pas boire du tout. Qu'y avait-il à redire à cela?

Le hic, c'est que notre ami AA devait rompre son anonymat: toute publicité ou information devait porter son nom au complet, à titre de membre des Alcooliques anonymes. Cela n'allait sûrement pas manquer de créer dans le public la nette impression que le mouvement favorisait « l'éducation » style commerce des spiritueux.

Même si ces deux projets n'ont jamais pu aller vraiment loin, leur portée fut énorme. Ils nous mettaient les points sur les « i ». En s'alliant à une autre cause et en révélant ensuite au grand public son appartenance au mouvement, un membre avait le pouvoir d'associer les Alcooliques anonymes pratiquement à n'importe quelle entreprise ou polémique, bonne ou mauvaise. Plus le nom des AA allait prendre de la valeur, plus la tentation allait devenir grande.

Des preuves supplémentaires ne tardèrent pas à se manifester. Un autre membre commença à nous impliquer dans le domaine de la publicité. Il avait été chargé par une société d'assurance-vie de donner une série de 12 « conférences » sur les Alcooliques anonymes sur un réseau radiophonique national. Ce serait une publicité pour l'assurance-vie et pour les AA – et, naturellement, pour notre ami lui-même –, le tout dans un bel emballage unique.

Au siège social du mouvement, nous avons lu les textes projetés qui se composaient à peu près moitié-moitié des principes du mouvement et des convictions religieuses personnelles de notre ami. Cela pouvait créer une fausse image de nous dans le public et susciter des préjugés religieux contre les AA. Nous nous sommes donc objectés.

Notre ami nous répondit aussitôt avec une lettre enflammée, disant qu'il se sentait « inspiré » pour ces conférences et que nous n'avions pas à nous opposer à sa liberté de parole. Même s'il devait toucher des honoraires pour son travail, il n'avait rien d'autre en tête que le bien-être du mouvement; si nous ne savions pas ce qui était bon pour nous, eh bien, tant pis! Nous et le conseil d'administration des AA pouvions bien aller au diable, les conférences seraient entendues sur les ondes.

C'était un vrai casse-tête. Rien qu'en rompant l'anonymat et en se servant du nom des AA à ses propres fins, notre ami pouvait s'emparer de nos relations publiques, nous jeter dans une controverse religieuse, nous lancer dans le monde de la publicité et, pour tout ce beau travail, toucher une jolie somme en honoraires de la firme d'assurances.

Cela signifiait-il que n'importe quel membre malavisé pouvait ainsi mettre en danger notre association, n'importe quand, n'importe où, juste en manquant à l'anonymat et en se disant qu'il allait nous faire du bien? Nous imaginions chaque publicitaire dans le mouvement se cherchant un commanditaire, se servant du nom des AA pour vendre n'importe quoi, des bretzels au jus de pruneau.

Il fallait faire quelque chose. Nous avons écrit à notre ami que le mouvement aussi avait droit à la liberté de parole. Nous n'allions pas nous opposer à lui publiquement, mais nous étions prêts à lui garantir que son commanditaire recevrait des milliers de lettres de protestation de membres des AA si son émission passait à la radio. Notre ami abandonna son projet.

Mais la digue de notre anonymat continuait de fuir. Certains membres commencèrent à nous mêler à la politique. Ils se mirent à dire aux assemblées législatives des États – publiquement, bien sûr – ce que voulaient exactement les AA du point de vue rétablissement, argent et lois éclairées.

Ainsi, avec leur nom au complet et souvent avec des photos, certains entrèrent dans des groupes de pression. D'autres siégèrent avec les juges des cours municipales, faisant des recommandations au sujet des ivrognes qui devaient être envoyés aux AA et de ceux qui devaient être envoyés en prison.

Puis, il y eut des complications financières reliées au bris d'anonymat. À cette époque, la plupart des membres étaient d'avis que nous devions cesser de solliciter des fonds publiquement au profit du mouvement. Pendant ce temps, l'entreprise d'éducation de mon amie qui était parrainée par une université poussait comme un champignon. Elle avait un besoin tout à fait réel et légitime d'argent, et il lui en fallait beaucoup. Elle en demanda donc au public, organisant des campagnes à cette fin. Puisqu'elle était membre des AA et continuait de s'afficher comme telle, beaucoup de donateurs étaient embrouillés. Ils crurent que le mouvement œuvrait dans le domaine de l'éducation ou encore amassait des fonds pour lui-même alors qu'évidemment, il n'en était rien et que ce n'était pas son intention.

On utilisait donc le nom des AA pour solliciter des fonds au moment même où nous tentions de dire aux gens que le mouvement ne voulait pas d'argent de l'extérieur.

En voyant ce qui se passait, mon amie, merveilleuse membre des AA, essaya de retrouver son anonymat. Comme elle avait reçu tellement de publicité, la tâche fut difficile et demanda des années. Mais elle a fait ce sacrifice et je veux ici lui exprimer mes remerciements les plus sincères, en notre nom à tous.

Ce précédent mit en branle toutes sortes de campagnes des AA auprès du public pour demander de l'argent -pour des fermes de désintoxication, des services de Douzième Étape, des pensions, clubs et autres entreprises du même genre. Ces campagnes reposaient en grande partie sur le manquement à l'anonymat.

Ensuite, nous avons été consternés d'apprendre que nous avions été entraînés dans la partisanerie politique, cette fois au profit d'un seul individu. Briguant les suffrages dans une élection à un poste officiel, un membre mit en tête de sa publicité politique son titre de membre des AA, laissant entendre qu'il était sobre comme un juge! Comme le mouvement était populaire dans son État, il croyait que cela allait l'aider à gagner l'élection.

Mais la meilleure histoire est probablement celle au sujet de l'utilisation du nom des AA dans une poursuite en diffamation. Une membre, dont le nom et la profession sont connus sur trois continents, mit la main sur une lettre qui, selon elle, portait atteinte à sa réputation professionnelle. Elle pensa qu'il fallait réagir et son avocat, lui aussi membre des AA, fut du même avis. Ils crurent que le public et le mouvement seraient en colère, et à juste titre, si les faits étaient connus. Aussitôt, différents journaux titrèrent que le mouvement des Alcooliques anonymes soutenait l'une de ses membres -dont on donnait le nom au complet, bien sûr -dans une poursuite en diffamation. Peu après, un célèbre annonceur de la radio racontait la même chose à un auditoire estimé à 12 millions de personnes. Cela démontrait une fois de plus qu'on pouvait utiliser le nom des AA à des fins purement personnelles, à l'échelle nationale cette fois.

Les archives du siège social du mouvement révèlent des dizaines d'expériences de ce genre, au sujet de manquements à l'anonymat. La plupart enseignent la même leçon.

Elles nous enseignent que nous sommes, nous, les alcooliques, les meilleurs au monde pour ce qui est des justifications; sous prétexte de faire de grandes choses pour le mouvement, nous pouvons, en rompant l'anonymat, retourner à notre vieille et désastreuse poursuite du pouvoir et du prestige personnels, des honneurs publics et de l'argent -ces mêmes désirs implacables qui, un jour, parce que nous ne pouvions les satisfaire, nous ont poussés à boire; ce sont ces mêmes forces qui poussent aujourd'hui le monde à la ruine. De plus, ces expériences nous indiquent clairement qu'un nombre suffisamment élevé de manquements spectaculaires à l'anonymat pourrait un jour mener notre association tout entière dans cette impasse ruineuse.

Nous sommes donc certains que si ces forces dirigent un jour notre mouvement, nous périrons comme d'autres sociétés ont péri tout au long de l'histoire de l'humanité. N'allons pas croire un seul instant que nous, alcooliques rétablis, nous sommes tellement meilleurs ou plus forts que d'autres, ou que, puisqu'il n'est rien arrivé au mouvement en 20 ans, rien ne pourra jamais lui arriver.

Notre vrai grand espoir réside dans le fait que notre expérience globale, comme alcooliques et comme membres des AA, nous a enfin enseigné l'immense pouvoir d'autodestruction de ces forces. Grâce à ces leçons durement apprises, nous sommes maintenant entièrement prêts à faire tous les sacrifices personnels nécessaires à la préservation de notre précieuse association.

Voilà pourquoi nous voyons l'anonymat au niveau du public comme notre principale protection contre nous-mêmes, le gardien de toutes nos Traditions et le plus grand symbole d'abnégation que nous connaissions.

Il n'est pas nécessaire qu'un membre des AA garde l'anonymat avec les membres de sa famille, ses amis ou ses voisins. Il est habituellement bon qu'il révèle son appartenance au mouvement. De même, il n'y a pas de danger particulier à prendre la parole dans des réunions des AA privées ou semi-publiques, pourvu que les comptes rendus de la presse *ne donnent que les prénoms.*

Mais, devant le public en général – dans la presse, à la radio, au cinéma, à la télévision, etc. – les noms au complet et les photos constituent un péril. Ils sont la principale trappe par laquelle s'échapperont ces terribles forces destructrices qui dorment encore en nous tous. Il faut que le couvercle reste bien en place.

Nous nous rendons bien compte aujourd'hui que l'anonymat personnel total devant le grand public est aussi essentiel à la survie des AA que l' abstinence totale l'est à la survie de chaque membre. Ce n'est pas la peur qui nous inspire ce conseil, mais la voix prudente d'une longue expérience. Je suis sûr que nous allons écouter cette voix et que nous saurons faire tous les sacrifices nécessaires. Nous l'avons déjà écoutée, en fait, et aujourd'hui il ne reste plus que quelques cas de manquements à l'anonymat.

Je dis ces choses avec toute l'ardeur dont je suis capable. Je les dis, parce que je connais la tentation de la célébrité et de l'argent. Je peux les dire, parce que j'ai moi-même un jour manqué à l'anonymat. Dieu merci, la voix de l'expérience et les pressants conseils d'amis avisés m'ont sorti de la voie périlleuse dans laquelle j'aurais pu conduire notre association tout entière. J'ai donc appris que le bien temporaire ou apparent peut souvent être l'ennemi mortel du mieux permanent; quand il s'agit de la survie des AA, nous ne saurions nous contenter de rien de moins que le mieux.

Il y a une autre raison convaincante, souvent négligée, pour laquelle nous désirons conserver l'anonymat total. Au lieu de nous assurer davantage de publicité, les bris d'anonymat répétés à des fins personnelles pourraient sérieusement endommager les merveilleuses relations que nous entretenons aujourd'hui, tant avec la presse qu'avec le grand public. Nous pourrions nous retrouver avec une mauvaise presse et une perte de confiance du public.

Depuis bien des années, les organes d'information du monde entier accordent au mouvement une publicité enthousiaste et ininterrompue qui dépasse largement l'importance des nouvelles elles-mêmes. Les rédacteurs en chef nous expliquent pourquoi. Ils nous accordent plus d'espace et de temps parce qu'ils ont une entière confiance dans les AA. Selon eux, cette confiance se fonde sur notre insistance continuelle à garder l'anonymat au niveau de la presse.

Jamais auparavant les services de presse ou les experts en relations publiques n'avaient entendu parler d'une association qui refusait absolument toute publicité personnelle pour ses dirigeants ou ses membres. Pour eux, cette étrange et rafraîchissante nouveauté est la preuve formelle que le mouvement est honnête, que personne n'en tire avantage.

C'est là, disent-ils, la principale raison de leur grande bienveillance. C'est pourquoi, à tout bout de champ, ils continuent de transmettre le message de rétablissement des AA dans le monde entier.

Si un nombre suffisant d'entorses à l'anonymat amenait finalement la presse, le public et nos futurs membres alcooliques eux-mêmes à s'interroger sur nos intentions, nous perdrions sûrement cet inestimable atout et, par la même occasion, d'innombrables candidats. Les Alcooliques anonymes n'obtiendraient pas alors davantage de bonne publicité, mais celle-ci au contraire se ferait rare et mauvaise. Le message est donc très clair.

Comme la plupart d'entre nous peuvent déjà le voir, et que les autres le verront bientôt, je suis assuré que notre association ne connaîtra jamais ces jours sombres.

Depuis longtemps déjà, Dr Bob et moi faisons tout ce que nous pouvons pour maintenir la Tradition de l'anonymat. Juste avant sa mort, certains de ses amis suggérèrent l'érection d'un monument approprié ou d'un mausolée en l'honneur de Dr Bob et de sa femme, Anne, comme il sied à un fondateur. Le Dr Bob les en remercia, mais refusa. En me racontant cela peu après, il me dit avec un large sourire: « Pour l'amour du ciel, Bill, pourquoi toi et moi ne serions-nous pas enterrés comme tout le monde ? »

L'été dernier, j'ai visité le cimetière d'Akron, où reposent Bob et Anne. Leur modeste pierre tombale ne dit pas un mot des Alcooliques anonymes. Cela m'a fait pleurer de joie. Est-ce que ce merveilleux couple a poussé l'anonymat trop loin en refusant si fermement de se servir des mots « Alcoholics Anonymous », même sur sa propre pierre tombale? Pour ma part, je ne le crois pas. Je crois que ce grand et dernier exemple d'effacement aura une valeur plus durable pour le mouvement que n'importe quel grand renom ou beau mausolée.

Nous n'avons pas besoin de nous rendre à Akron, en Ohio, pour voir le monument funéraire du Dr Bob. On peut voir son vrai monument funéraire dans le mouvement des AA tout entier. Lisons, une fois de plus, la vraie inscription, un seul mot que les AA y ont gravé: « Sacrifice. »

Parlons de l'argent

Novembre 1957

Ici, aux États-Unis, c'est la fête de l'Action de grâces. C'est l'occasion pour tous les AA de se réjouir et de marquer, dans le monde entier, leur gratitude pour tous les bienfaits reçus du mouvement. Traditionnellement, c'est aussi le moment de faire le point sur nos progrès en tant qu'association, de nous interroger sur la santé de notre mouvement. Ce sont les Douze Traditions des AA qui constituent notre règle à mesurer. « Jusqu'à quel point respectons-nous nos Douze Traditions ? » Voilà la question primordiale que nous nous posons chaque année pendant la semaine de l'Action de grâces. Il nous apparaît clairement chaque fois que l'adhésion à ces principes traditionnels, acquis de haute lutte, est essentielle à notre unité et à la transmission efficace de notre message, et que l'indifférence, le manque de compréhension ou la rébellion à l'égard de ces principes pourraient entraîner de graves dissensions et peut-être même notre ruine. Nous nous rendons parfaitement compte que la pratique des Douze Traditions est aussi essentielle à la vie du mouvement dans son ensemble que la pratique de Douze Étapes est essentielle à la vie et à la sobriété personnelles des membres.

Pour ce numéro de la revue *Grapevine*, on m'a demandé d'écrire un article sur les Traditions. J'ai donc choisi de parler de celles qui traitent du sujet souvent mal compris et parfois impopulaire de l'argent, ainsi que du bon et du mauvais usage qu'on en fait. On trouve dans nos Traditions deux énoncés courts et simples sur ce sujet. La Septième Tradition dit: «Tous les groupes des AA devraient subvenir entièrement à leurs besoins et refuser les contributions de l'extérieur.» Et la Huitième Tradition: «Le mouvement des Alcooliques anonymes devrait toujours demeurer non professionnel, mais nos centres de service peuvent engager des employés qualifiés.»

Ces quelques mots ont une portée immense. Ils résultent des grandes controverses et des luttes que nous avons connues à nos débuts, alors que nous savions que le mouvement devait se donner une politique saine et pratique au sujet de l'argent, ou risquer l'inefficacité constante et peut-être même l'effondrement. Si une question a été prise au sérieux, c'est bien celle de l'argent.

À l'époque, les débats sur l'argent oscillaient de façon insensée entre deux extrêmes. D'une part, il y avait les conservateurs selon qui le mouvement ne devrait pas avoir d'argent du tout. Ils disaient que les réunions devaient se tenir dans nos foyers, qu'il fallait transmettre le message de bouche à oreille, qu'il ne devait y avoir ni publicité, ni publications, ni trésoriers, ni comités, ni intergroupes, ni administrateurs. Il ne fallait pas non plus d'employés rémunérés, donc pas de régiments de bureaucrates et par conséquent aucune possibilité de gouvernement. En refusant de recueillir de l'argent, nous éviterions complètement de nous lancer en affaires. Tout devait se faire spontanément, selon la conscience de chaque membre. «Ne nous soumets pas à la tentation, s'écriaient ces conservateurs. Restons simples.»

À l'autre extrémité, il y avait les radicaux, les promoteurs. Selon eux, il nous fallait de vastes sommes d'argent. Nous devions recourir à des agents de presse et disposer d'une grande documentation. Nous devions posséder notre propre réseau d'hôpitaux, une armée d'employés de tous genres, notamment des missionnaires rémunérés qui iraient transmettre notre message dans les villes et les pays éloignés. Une fois lancés, il nous faudrait organiser de vastes rassemblements publics, envoyer des escouades de membres quadriller le pays dans des camionnettes équipées de haut-parleurs. Les hommes et les femmes de réputation internationale qui se joindraient à nous devaient crier la bonne nouvelle sur les toits. Ainsi, le message pur et clair des AA ferait, comme le héros de Jules Verne, Ie tour du monde en 80 jours! Rien n'était trop beau pour ces promoteurs, aucun rêve impossible. Où allaient-ils trouver l'argent? Auprès du public, bien sûr. Les riches nous enverraient des millions.

Aujourd'hui, nous voyons que les conservateurs nous auraient laissé dépérir à cause de leur inaction alors que les promoteurs nous auraient ruinés en voulant en faire trop.

Il nous a fallu beaucoup de temps et d'efforts pour arriver à faire la part des choses. Personne n'ayant le monopole du bons sens, nous nagions en pleine confusion. Quand ils parlaient de prudence, les conservateurs semblaient avoir raison de dire que de grandes quantités d'argent nous mettraient en péril. Pourtant, quand la peur prenait le dessus et qu'ils rejetaient avec force tout argent et tout service, leur langage devenait complètement irrationnel. Leur programme ne pouvait mener qu'à la plus grande confusion et à une croissance à pas de tortue. C'était à peu près la même chose du côté des promoteurs. Dans leur enthousiasme, ils préconisaient parfois des projets dangereux, mais ils faisaient aussi souvent preuve de sagesse.

Lentement, les coups de marteau des promoteurs sur l'enclume entêté des conservateurs ont fini par forger nos deux Traditions au sujet de « l'argent ».

Nous avons d'abord fait certaines concessions aux radicaux. Nous leur avons concédé que, sans établir de structure d'ensemble, nous allions néanmoins créer des comités ou des conseils de services pour que le mouvement puisse fonctionner et transmettre notre message. Aux niveaux régional et international, nous allions aussi embaucher parfois des employés à temps plein. Cela coûtait de l'argent, mais jamais en grande quantité et jamais assez pour entraîner de graves problèmes ou des tentations dans l'avenir.

Cependant, cette nécessité évidente posait le problème du professionnalisme. Dans les premiers temps, les membres craignaient beaucoup et avec raison que le mouvement se retrouve avec des employés payés pour pratiquer la Douzième Étape, c'est-à-dire des personnes qui exigeraient un salaire ou des honoraires pour transmettre le message des AA de personne à personne, face à face. Nous nous sommes vite rendu compte qu'une telle éventualité détruirait l'esprit de toute notre entreprise. Nous ne pouvions tout simplement pas monnayer la Douzième Étape.

Cette grande peur du professionnalisme nous habitait même quand il s'agissait d'engager un concierge ou un cuisinier membre des AA. Nous avons été encore plus tourmentés quand est venu le temps d'embaucher quelques membres pour travailler à temps plein comme secrétaires au niveau régional ou international. Pendant quelque temps, ces personnes ont été accusées d'être des professionnelles, de tirer de l'argent du mouvement. Croyez-le ou non, certains membres, par crainte ou par vertu, les évitaient. Même les comités ou conseils qui les employaient les considéraient souvent comme une sorte de mal nécessaire, une hérésie inévitable. Avec elles, « nous mélangions le matériel et le spirituel ». Afin de maintenir ces cas limites de « professionnalisme » dans un « climat spirituel » approprié, nous dépensions le moins d'argent possible, ce qui signifie que nous donnions à ces employées le salaire le plus bas qu'elles pouvaient accepter pour un travail.

Par contre, les radicaux avaient gagné en partie leur point. Le mouvement avait bel et bien besoin d'employés rémunérés, même en petits nombres. Nous avons enfin compris que ces personnes étaient principalement payées pour permettre la mise en pratique efficace de la Douzième Étape. Aujourd'hui, nous ne les considérons plus du tout comme des professionnelles et nous tâchons de bien les payer, car elles sont les membres des AA les plus dévoués qui soient. C'est pourquoi la Huitième Tradition affirme « Le mouvement des Alcooliques anonymes devrait toujours demeurer non professionnel, mais nos centres de service peuvent engager des employés qualifiés. »

Pourtant, les conservateurs ont eu gain de cause eux aussi quand nous avons décidé d'endiguer le flot des contributions venant de l'extérieur. Nous avons commencé à refuser tous les dons, grands ou petits. Nos centres de services ne s'enrichiraient jamais avec les contributions des membres, mais nos bienveillants amis, par leurs dons et leurs legs, pouvaient nous procurer de grosses sommes.

Une fois que nous aurions commencé à accepter ces dons, nous ne pourrions plus nous arrêter. Bien qu'en mesure de payer des frais de services peu élevés, nous accepterions quand même de larges montants à titre d'aumône. Bien plus, des conseils de services riches se lanceraient dans toutes sortes d'aventures inutiles et compromettantes. Nous finirions par avoir une grosse bureaucratie rémunérée, et les pires craintes des conservateurs se concrétiseraient. Pour ce qui est des dons et des subventions, ils avaient été d'une sagesse extrême. C'est ainsi qu'est née notre Septième Tradition: « Tous les groupes devraient subvenir entièrement à leurs besoins et refuser les contributions de l'extérieur. »

Peu de temps après la rédaction de cette Tradition, les administrateurs du mouvement ont refusé un legs de 10 000 $ à un moment où nous avions désespérément besoin d'argent. À cette époque, les groupes étaient loin d'arriver à financer leur propre siège social mondial.

Néanmoins, les administrateurs ont vite colmaté cette première brèche qui mettait en péril la digue que nous venions d'ériger contre la tentation d'accepter de l'argent de l'extérieur. À partir de là, le mouvement allait ou bien financer lui-même ses services, ou bien s'en passer. Je suis encore ému par cette décision, qui fut l'un des grands tournants de notre histoire.

En conclusion, notre mode de vie spirituel sera sauvegardé pour les générations à venir si, en tant qu'association, nous savons résister à la tentation d'accepter de l'argent de l'extérieur. Par contre, cette décision entraîne une responsabilité que tous les membres des AA devraient comprendre: nous ne pouvons pas lésiner quand le trésorier du groupe passe le chapeau. Nos groupes, nos régions et le mouvement tout entier ne pourront pas fonctionner s'il nous manque des services ou si nous n'assumons pas leur coût.

Face à la tentation d'accepter de grosses sommes d'argent en dons, lorsque nous résistons, nous faisons preuve de prudence. Par contre, quand nous sommes généreux au moment de la collecte, nous prouvons notre reconnaissance pour les bienfaits reçus et notre désir de partager ce que nous avons découvert avec ceux qui souffrent encore.

Les problèmes autres que l'alcool

Février 1958

Il n'y a peut-être pas de pires souffrances que celles du toxicomane, particulièrement de ceux qui s'adonnent à la morphine, à l'héroïne et aux autres narcotiques. Consommer ces drogues déforme le cerveau et vouloir s'en défaire est un supplice pour le corps. À côté de telles souffrances, nos tourments semblent peu de choses. Les barbituriques, consommés à l'extrême, sont presque aussi mauvais. Il y a des membres des AA qui se sont merveilleusement bien rétablis de la bouteille et de l'aiguille. Il y en a aussi beaucoup d'autres qui ont été victimes, ou le sont encore, des somnifères et même des nouveaux calmants.

Par conséquent, la toxicomanie sous ses différentes formes nous touche tous de près, et nous éprouvons pour ce problème l'intérêt et la sympathie la plus profonde. Autour de nous, les hommes et les femmes qui tentent de cette façon de régler leurs problèmes ou d'y échapper sont légion. Bon nombre de membres des AA, en particulier ceux qui ont connu cette dépendance, se demandent maintenant: «Que pouvons-nous faire en matière de drogues, à l'intérieur de notre mouvement ou autrement?»

Pour venir en aide à ceux qui ont des problèmes de médicaments ou de drogue, il existe déjà différents programmes qui utilisent les Douze Étapes et auxquels s'intéressent activement les membres des AA. Ils soulèvent toute une série de questions sur la bonne façon de relier ces programmes déjà très efficaces aux groupes des Alcooliques anonymes et à l'ensemble du mouvement.

Plus précisément, nous nous posons les questions suivantes: 1) Un non -alcoolique qui consomme des médicaments ou des drogues peut-il devenir membre des AA? 2) Cette personne peut-elle, en tant qu'invitée, assister à une réunion «ouverte» des AA afin d'y trouver aide et inspiration? 3) Un toxicomane qui souffre aussi d'un véritable problème d'alcool peut-il devenir membre des AA? 4) Des membres AA ayant souffert à la fois d'alcoolisme et de toxicomanie peuvent-ils se constituer en groupes spéciaux pour aider d'autres membres éprouvant des problèmes de drogue? 5) Un tel groupe pourrait-il être considéré comme un groupe des AA? 6) Pourrait-il accepter également des toxicomanes non-alcooliques? 7) Si oui, faudrait-il laisser ces toxicomanes non-alcooliques croire qu'ils sont membres des AA? 8) Y a-t-il des objections à ce que des membres des AA ayant eu les deux problèmes se joignent à des groupes de l'extérieur, tels les Addicts Anonymous ou les Narcomanes anonymes?

Les réponses à certaines de ces questions sont évidentes, mais d'autres sont plus difficiles. Je crois cependant que nous pouvons facilement répondre de façon satisfaisante à toutes, si nous considérons attentivement les Traditions AA qui s'y appliquent et si nous regardons aussi notre longue expérience des groupes spéciaux auxquels participent activement des membres, tant à l'intérieur qu'à l'extérieur de notre association.

Il existe un certain nombre de choses que ne peut pas faire le mouvement pour qui que ce soit, peu importe nos sympathies ou nos désirs.

Notre premier devoir, en tant qu'association, est d'assurer notre propre survie. Nous devons donc éviter les distractions et l'éparpillement. Un groupe des AA ne peut pas se charger de tous les problèmes personnels de ses membres, encore moins de ceux de l'univers.

Un groupe des AA n'a qu'un seul but: la sobriété, c'est-à-dire la libération de l'alcool grâce à l'étude et à la pratique des Douze Étapes. Des groupes ont souvent tenté d'autres expériences et ils ont tous échoué. Il a aussi été démontré qu'il n'existe aucun moyen de transformer des non-alcooliques en membres des AA. Nous devons réserver l'adhésion au mouvement aux seuls alcooliques, et un groupe des AA ne doit poursuivre qu'un seul but. Si nous dévions de ces principes, il est presque assuré que nous disparaîtrons. Et si nous disparaissons, nous ne pourrons plus aider personne.

Voyons quelques exemples typiques de notre expérience. Il y a quelques années, nous avons voulu intégrer dans nos rangs les membres de notre famille et quelques amis non-alcooliques qui nous avaient été d'un grand secours. Ces personnes avaient aussi leurs problèmes et nous voulions les compter parmi nous. Malheureusement, ce fut impossible. Elles ne pouvaient pas tenir le même discours que les AA et, à part quelques exceptions, elles ne pouvaient s'identifier aux nouveaux membres. Il leur était donc impossible de mettre en pratique la Douzième Étape de façon soutenue. Même si ces gens étaient près de nous, nous avons dû leur refuser l'adhésion au mouvement. Nous pouvions seulement les accueillir dans nos réunions « ouvertes ».

Par conséquent, je ne vois aucun moyen de transformer des toxicomanes non-alcooliques en membres des AA. L'expérience démontre clairement que cette règle ne souffre aucune exception, même si alcooliques et toxicomanes peuvent être considérés comme des cousins germains. Si nous persistons à les accueillir, je crains que ce soit au détriment du toxicomane lui-même et aussi des AA. Nous devons accepter qu'aucun non-alcoolique, peu importe sa détresse, ne peut être transformé en alcoolique et en membre des AA.

Supposons, par contre, que nous ayons affaire à un toxicomane qui a aussi un véritable problème d'alcool. À une certaine époque, nous aurions écarté une telle personne. À nos débuts, beaucoup croyaient, de façon presque ridicule, qu'ils étaient de « purs alcooliques », des ivrognes sans aucun autre problème grave. Quand sont apparus parmi nous des ex-détenus ou des toxicomanes, ces purs s'indignèrent: « Que vont dire les gens ? » Dieu merci, cette attitude insensée a depuis longtemps disparu.

L'un des meilleurs membres que je connaisse s'est drogué pendant sept ans avant de se joindre à nous. Mais auparavant, il avait été un alcoolique et son histoire le prouvait. Il se qualifiait donc pour faire partie du mouvement et il ne s'en priva pas. Depuis, il a aidé de nombreux membres, et même quelques non-membres qui avaient des problèmes de drogues ou de médicaments. Cela ne regarde que lui et aucunement le groupe des AA dont il fait partie, un groupe dont il est membre parce qu'il est alcoolique.

Voilà donc ce que les AA *ne peuvent pas* faire pour les toxicomanes ou pour qui que ce soit d'autre.

Mais alors, que pouvons-nous faire? Des solutions très efficaces à d'autres problèmes que celui de la libération de l'alcool sont toujours venues de groupes spéciaux qui fonctionnent, parfois à l'intérieur du mouvement et parfois à l'extérieur.

C'est en 1938 qu'a été créé notre premier groupe spécial. Il fallait au mouvement un bureau mondial de services et de la documentation. Un groupe des AA ne pouvait résoudre seul ce problème de services. Nous avons donc mis sur pied un conseil d'administration (la Fondation alcoolique) chargé de ces questions. Certains administrateurs étaient des alcooliques et d'autres, des non-alcooliques. De toute évidence, il ne s'agissait pas d'un groupe des AA. C'était plutôt un groupe de membres et de non-membres qui se consacraient à une tâche spéciale.

Voici un autre exemple. En 1940, des membres de New York qui se sentaient seuls se sont réunis et ont formé un club. Il y avait des administrateurs et des membres des AA qui payaient une cotisation. Longtemps, les membres et les administrateurs du club ont cru qu'ils *formaient* un groupe des AA. Mais après un certain temps, ils se sont rendu compte que de nombreux membres qui assistaient à des réunions au « Old 24th » ne se souciaient absolument pas des activités du club. Il fallait donc que l'administration du club (pour ses activités sociales) soit complètement distincte de l'administration du groupe des AA qui y tenait ses réunions. Il a fallu des années de disputes pour prouver qu'on ne peut mêler avec succès un groupe des AA à l'administration d'un club. Partout, aujourd'hui, ces clubs, avec leurs administrateurs et leurs membres, sont considérés comme des groupes spéciaux, non comme des groupes des AA.

Il en fut de même pour les maisons de thérapie et les centres de désintoxication administrés par nos membres. Jamais nous ne considérons ces entreprises comme des groupes des AA. Elles sont clairement perçues comme des initiatives personnelles de membres intéressés, qui font ainsi un travail utile et souvent méritoire.

Il y a quelques années, plusieurs membres des AA formèrent des « groupes de retraite » ayant un but religieux. Au début, ils ont voulu se considérer comme des groupes des AA différents, mais ils ont vite constaté que c'était impossible, car ils avaient un double but, à la fois AA et religieux.

À un autre moment, plusieurs d'entre nous ont voulu se lancer dans l'éducation sur l'alcoolisme. J'étais un de ceux-là. Nous nous sommes associés à des non-alcooliques également intéressés. Ceux-ci avaient besoin de notre expérience, de notre philosophie et de notre façon de voir les choses en général. Tout s'est bien passé jusqu'à ce que certains alcooliques révèlent publiquement leur appartenance au groupe d'éducateurs. Le public eut tout de suite l'impression que ce type d'éducation et les Alcooliques anonymes étaient une seule et même chose, et il nous a fallu des années pour dissiper cette impression. La situation est maintenant corrigée et nous sommes heureux de voir que de nombreux membres des AA œuvrent au sein de ce groupe spécialisé en éducation.

Nous avons ainsi fait la preuve qu'à titre personnel, nous pouvons transmettre l'expérience et les principes des AA dans n'*importe quel domaine extérieur,* pourvu que nous préservions notre anonymat et refusions d'utiliser le nom des AA pour lever des fonds ou faire de la publicité.

Je suis convaincu que ces expériences d'hier peuvent nous aider à résoudre la confusion qui entoure aujourd'hui la question des narcomanes. Le problème est nouveau, mais l'expérience et la Tradition des AA qui permettent de le résoudre sont déjà anciennes et ont résisté à l'épreuve du temps. Résumons-nous.

Nous ne pouvons accepter comme membres des toxicomanes non-alcooliques. Comme n'importe qui, ceux-ci peuvent cependant assister à des réunions ouvertes des AA, à condition que le groupe soit d'accord.

On doit encourager les membres qui le désirent à former des groupes qui s'occupent des problèmes de drogues ou de sédatifs. Mais ces groupes ne doivent pas se présenter comme des groupes de AA.

Il ne semble y avoir aucune raison pour que des membres des AA ne puissent se joindre, s'ils le désirent, à un groupe de toxicomanes, afin de résoudre leur problème respectif d'alcool et de drogues. Comme ce groupe aura un double but, il ne devra pas se faire passer pour un groupe des AA ni se servir du nom des Alcooliques anonymes dans son appellation. Ses membres qui ne sont que toxicomanes ne devront pas non plus être amenés à croire qu'ils sont devenus membres des AA par leur seule association avec des membres du mouvement.

Il y a sûrement de bonnes raisons pour que des membres des AA s'intéressent et se joignent à des groupes de l'extérieur qui s'occupent des problèmes de drogues, pourvu que nos Traditions de l'anonymat et du « non-endossement » soient respectées.

En conclusion, je voudrais dire qu'au fil de l'histoire du mouvement, la plupart de nos groupes spéciaux ont réalisé de grandes choses. Nous avons toutes les raisons d'espérer que nos membres qui œuvrent aujourd'hui dans le monde sombre de la toxicomanie connaîtront un succès identique.

Chez les AA, le groupe a des limites strictes, mais pas l'individu. À la condition de ne pas oublier de mettre en pratique les Traditions de l'anonymat et de la non-affiliation, le membre des AA peut transmettre notre message dans tous les domaines troubles de notre monde très troublé.

Soyons logiques du point de vue pratique et spirituel

La Conférence des Services généraux de 1958 a rejeté à l'unanimité la proposition de réaliser une édition de poche du Gros Livre. Estimant que tous les membres devraient comprendre parfaitement les raisons de cette décision, Bill a demandé aux rédacteurs de la revue Grapevine de reproduire des extraits d'une lettre qu'il avait écrite à un ami sur ce sujet depuis longtemps débattu.

Août 1958

Cher _____ ,

J'ai été content d'avoir à nouveau de tes nouvelles. C'est dommage que nous soyons de plus en plus séparés, nous, les anciens. Je ressens souvent la nostalgie du bon vieux temps, une nostalgie que ravivent des lettres comme la tienne.

Tu reprends dans cette lettre une vieille question: « Ne pourrait-on avoir une édition bon marché du livre des AA, par exemple un livre de poche à 0,50 $? » Cette question en soulève beaucoup d'autres, qui ont à la fois une portée pratique et spirituelle.

Revoyons d'abord l'origine de cette question d'un livre bon marché. La publication d'un livre à prix réduit plutôt que d'un livre cher a été sérieusement et chaudement discutée pendant plusieurs années après la sortie du Gros Livre à 3,50 $, en 1939. À cette époque, nul doute que la majorité des membres étaient en faveur d'un livre à un dollar. Quand nous avons annoncé le prix de 3,50 $, les réactions furent très fortes (et jusqu'à un certain point excessives): « Bill a laissé tomber le mouvement », « Ce prix est trop élevé pour l'alcoolique pauvre », « Puisque tout est gratuit dans le mouvement, pourquoi pas un livre cadeau? », «Comme le mouvement est à but non lucratif, pourquoi les groupes et le bureau de New York devraient-ils faire des profits?» À cause des droits d'auteur que nous touchions, Dr Bob et moi, certains nous traitaient de profiteurs et même de racketteurs.

Aux yeux de nombreux membres, c'étaient là de puissants arguments. Un livre cadeau aurait représenté la plus pure entreprise spirituelle qui soit. À l'opposé, un livre bien relié et du même prix que les autres livres, un livre qui nous permet de subvenir aux dépenses du siège social des AA était considéré comme un mal épouvantable. J'ai donc dû subir les pires critiques de toute ma vie dans le mouvement.

Pourtant notre histoire démontre que la majorité parfois idéaliste de l'époque était complètement dans l'erreur. S'il n'y avait pas eu les recettes du livre pour le siège social et les droits d'auteur pour Dr Bob et moi, le mouvement aurait suivi une trajectoire très différente et probablement désastreuse. Dr Bob et sœur Ignatia n'auraient pas pu s'occuper de 5 000 alcooliques ni faire œuvre de pionniers dans leur hôpital d'Akron. J'aurais dû cesser mon travail à temps plein il y a 15 ans. Notre livre aurait été aux mains d'un éditeur de l'extérieur. Il n'y aurait pas eu de Douze Traditions ni de Conférence des Services généraux. Financièrement handicapé, le siège social n'aurait pas pu répandre le mouvement dans le monde entier et aurait peut-être fermé boutique.

Tout cela serait arrivé s'il n'y avait pas eu les recettes du Gros Livre pour éponger les déficits parfois considérables des contributions des groupes au siège social. Entre 1945 et 1950, par exemple, j'ai vu notre fonds de réserve passer de 100 000 $ à 40 000 $ en l'espace de trois années mouvementées. Pendant ces années, à un moment donné, le Bureau des Services généraux et Grapevine ont accumulé ensemble un déficit de 3 000 $ par mois. C'est l'argent du livre qui nous a maintenus à flot et qui nous a permis de réorganiser le bureau et de lancer la Conférence des Services généraux. Un livre des AA bon marché aurait été une erreur majeure, du point de vue pratique et spirituel. Le message des AA n'aurait été transmis qu'à quelques-uns plutôt qu'à beaucoup. Cela ne fait pas le moindre doute. Tous ceux qui désirent aujourd 'hui une édition de poche à 0,50 $ devraient sérieusement songer à cette période de notre histoire.

Le Conseil des Services généraux, qui administre le mouvement, s'est lentement accumulé un fonds de réserve au fil des années, à même les recettes du livre. Ce fonds équivaut à une année de dépenses courantes du siège social. Nous estimons que c'est là notre principale protection en période difficile ou face à une éventuelle chute importante des contributions des groupes. Même en période de prospérité, les contributions des groupes ont souvent été très loin de payer les dépenses du siège social. Si nous recevions de l'argent de tous les membres des AA rétablis, il en coûterait à chacun seulement un dollar par année. Dans les faits, nous demandons 2 $ par membre et nous réussissons à obtenir en moyenne beaucoup moins. En 1957, le déficit du bureau des AA était de 15 000 $ et celui de Grapevine, de 10 000 $. Comme cette situation se reproduit souvent même en période de prospérité, qu'est-ce qui nous arriverait en période difficile?

En période difficile, les membres et leurs groupes sauraient sûrement prendre soin d'eux-mêmes. Mais s'occuperaient-ils aussi bien du siège social? Comme nous n'avons jamais eu à faire face à une telle situation, personne ne peut répondre à cette question. Nous ne pouvons même pas risquer une hypothèse. Tout ce que nous savons, c'est que notre siège social a toujours un déficit et qu'un tiers des groupes, soit 50 000 membres, ne lui envoient rien, même en période de grande prospérité. Nous n'avons donc aucune raison de croire au père Noël. C'est pourquoi nous avons tenu à constituer une réserve prudente. Elle représente notre principale protection contre la détérioration ou l'effondrement des services généraux des AA qui ont répandu la bonne nouvelle dans le monde entier et devraient être maintenus au grand complet en toutes circonstances.

Certains croient qu'un livre à 0,50 $ n'entamerait pas sérieusement les ventes de notre édition à 4,50 $. Mais est-ce bien sûr? Au siège social, il y a beaucoup de bénévoles compétents. L'un d'eux est vice-président d'une grande maison d'édition. Il connaît le marché du livre, tant à l'intérieur qu'à l'extérieur du mouvement. Il est absolument convaincu que des livres AA très bon marché, surtout des éditions de poche, porteraient un dur coup à nos ventes et à nos recettes actuelles. Ne serait-il pas sage, alors, de nous poser la question suivante: « Pouvons-nous nous permettre ces livres bon marché maintenant ? »

Certains ont l'espoir que le volume des ventes d'un livre à 0,50 $ dans le public serait si considérable que nous ne perdrions pas beaucoup d'argent de toute façon. C'est là l'une de ces situations pour lesquelles nous ne pouvons disposer d'estimations sûres. Comme le mouvement ne peut se lancer dans la diffusion en kiosque ou en pharmacie, il nous faudrait confier ce travail à un éditeur de l'extérieur qui serait le seul fournisseur. Même si cette firme d'éditions de poche vendait un million d'exemplaires par année, les recettes en profits et en droits d'auteur pour AA Publishing, Inc. ne dépasseraient pas 10 000 $. Et cette estimation pourrait bien être beaucoup trop optimiste. Une enquête préliminaire auprès des éditeurs indique qu'un tel chiffre de vente est incertain. C'est aussi une question de gros bon sens.

Le gros du marché des éditions de poche bon marché est dominé par les anciens best-sellers, les romans policiers, la pornographie, la science-fiction, etc. Ce qui rend possible un volume de ventes considérable et soutenu, c'est l'énorme intérêt du public. Quant au livre des AA, il est en vente depuis près de 20 ans dans les librairies. Le mouvement des Alcooliques anonymes et son Gros Livre ont profité d'une vaste publicité dans tous les médias, et cela se poursuit. Pourtant, nos ventes dans le public n'ont jamais représenté que des miettes, soit en moyenne moins de 1 500 exemplaires par année. Dans ce cas, si nous mettons le livre des AA en vente à 0,50 $ dans les kiosques à journaux ou dans les pharmacies, comment pouvons-nous être assurés que les ventes passeront soudainement de 1500 exemplaires à un million ou à cent mille ou même à dix mille? Personne ne semble en mesure de prédire avec certitude le succès d'un livre spécialisé comme le nôtre s'il était offert à bon marché à côté des romans policiers et de science-fiction dans les points de vente des villes. Si nous ne parvenions pas à en vendre un gros volume, nous aurions en grande partie échoué dans notre objectif spirituel qui est de transmettre le message des AA. Comparativement à la vaste publicité dont jouit déjà le mouvement, l'effet qu'aurait un livre bon marché ne pourrait pas être très considérable de toute façon.

Demandons-nous ensuite s'il manque vraiment de livres et de documentation à l'intérieur du mouvement. Demandons-nous également si nos membres les plus pauvres sont vraiment privés de la possibilité d'avoir notre livre juste parce que nous n'avons pas d'édition à 0,50 $. Nos excellents dépliants et brochures ne peuvent-ils satisfaire les besoins de ces nouveaux quand cela est nécessaire? Nous savons que 350 000 livres AA ont déjà été distribués et qu'un demi-million de dépliants et de brochures atteignent chaque année les membres. Connaît-on quelqu'un dans le mouvement qui n'a jamais reçu le Gros Livre en cadeau, qui ne peut pas en emprunter un, qui ne peut en acheter un à tempérament de son groupe ou qui ne peut pas l'emprunter à la bibliothèque? Personne n'est obligé de se priver du livre sous sa forme actuelle, même s'il doit faire un petit effort pour s'en procurer un exemplaire. Il y a bien sûr des exceptions, mais on s'en occupe déjà en envoyant des exemplaires gratuits dans les prisons et les centres de traitement.

Il se pourrait qu'il y ait certains avantages spirituels à avoir des publications bon marché, mais il y aurait aussi des désavantages spirituels certains.

La question est de savoir qui est le plus en mesure de payer un service donné, dans ce cas-ci un programme de livres cadeaux. Est-ce que ce sont les membres, les groupes ou le mouvement? Il est évident que la richesse et les revenus combinés des membres constituent le seul réservoir et la vraie source d'argent du mouvement. Les revenus combinés de tous les membres qui se sont rétablis grâce aux AA s'élèvent facilement à un milliard de dollars par année. En comparaison, l'argent provenant de nos 7 000 groupes entre au compte-gouttes. Comparativement aux sommes qui affluent dans les trésoreries locales, les contributions versées au siège social ne représentent qu'une goutte d'eau dans l'océan. Notre trésorerie internationale et notre fonds de réserve ne contiennent même pas l'équivalent d'un dollar par alcoolique rétabli. Ce ne sont d'ailleurs pas ces alcooliques qui alimentent le fond de réserve, mais ceux qui achètent le livre. La moitié des alcooliques qui se sont rétablis grâce au mouvement au fil des ans n'ont jamais, directement ou indirectement, envoyé un cent au siège social. Nos états financiers représentent peut-être de grosses sommes d'argent aux yeux de certains, mais ces sommes ne constituent en réalité qu'une minuscule fraction de la richesse totale et des revenus potentiels des membres des Alcooliques anonymes. Le siège social – ou l'ensemble du mouvement – est presque aussi pauvre que Job. Dans ce cas, est-ce que la partie la plus pauvre du mouvement, le siège social, doit maintenant financer avec un livre à 0,50 $ la partie la plus riche du mouvement, c'est-à-dire les membres ?

Est-ce logique du point de vue pratique ou spirituel ?

TROISIÈME PARTIE

1958-1970

Quand Bill a annoncé son retrait définitif de la direction du mouvement en 1951, il croyait avoir terminé toutes les grandes tâches qu'il voulait accomplir pour le mouvement. Dans son discours à la Conférence des Services généraux de 1961 (voir « Une fois de plus à la croisée des chemins », p. 340), Bill a souligné l'importance du principe de la rotation et la nécessité pour lui de céder sa place de leader pour laisser agir la conscience de groupe des AA. Tout en annonçant son intention de rester dans les coulisses, il a exprimé le désir de continuer à rédiger des articles pour la revue *Grapevine*:

« ... une voie de communication primordiale demeure grande ouverte, celle de mes articles dans la revue *Grapevine*. J'aimerais certainement les poursuivre. En ce moment, par exemple, je travaille sur une série d'articles intitulée « Mettre en pratique ces principes dans tous les domaines de notre vie ». Peut-être pourront-ils plus tard être repris dans un livre portant sur la difficulté de vivre que nous éprouvons, nous, membres des AA. Si je réussis à l'écrire, ce livre pourrait être d'une utilité permanente.

Un autre facteur influence ma décision. Comme n'importe quel membre, j'ai la responsabilité de devenir citoyen du monde qui m'entoure... Par conséquent, je suis déjà en train d'explorer certains domaines d'activité à l'extérieur du mouvement, où je pourrais apporter une contribution utile, et peut-être même significative.»

Parmi ces autres activités explorées par Bill, il y eut un demi-retour à Wall Street, ainsi que son intérêt pour la thérapie à la niacine. Le livre qu'il souhaitait écrire n'a jamais pu être terminé, en partie à cause de son engagement croissant dans ces autres activités, et aussi parce que son emphysème n'a cessé d'empirer au cours des années 60. Trois des articles projetés (p. 264, 268 et 273) furent publiés dans le magazine *Grapevine,* dans la série «Mettre en pratique ces principes dans tous les domaines de notre vie». On ne retrouve aucun autre article destiné à ce livre, bien que le matériel reproduit ici porte en grande partie explicitement sur le même thème.

PREMIÈRE SECTION

Dans tous les domaines

Le plus beau cadeau qui soit

Décembre 1957

Le plus beau cadeau qu'on puisse recevoir est le réveil spirituel. Il ne fait pas de doute que tous les alcooliques membres des AA qui se sont bien rétablis diraient la même chose. Mais qu'est-ce donc que ce « réveil spirituel» ? Comment se produit-il et que fait cette «expérience qui transforme» ?

Le réveil spirituel est d'abord la manière dont nous trouvons l'abstinence. Et pour nous, l'abstinence signifie la vie elle-même. Nous savons qu'une expérience spirituelle est la clé de notre survie quand il s'agit d'alcoolisme, que c'est même la seule clé pour la plupart d'entre nous. Nous devons connaître un réveil ou mourir.

Nous avons donc un réveil et nous devenons abstinents. Que se passe-t-il ensuite ? Ne peut-on attendre que l'abstinence d'un réveil spirituel ?

Non, dit la voix du mouvement. L'abstinence n'est que le début, le premier cadeau du premier réveil. Pour recevoir plus de cadeaux, le réveil doit se poursuivre. Quand le réveil se poursuit vraiment, nous nous apercevons que nous pouvons nous débarrasser petit à petit de notre vieille façon de vivre, celle qui ne marchait pas, en faveur d'une nouvelle façon qui peut fonctionner et fonctionnera dans n'importe quelle circonstance. Peu importe les succès ou les échecs, la douleur ou la joie, la maladie ou la santé, ou même la mort, nous pouvons vivre une nouvelle vie aux possibilités infinies si nous sommes prêts à poursuivre notre réveil spirituel.

Peu après être entré dans le mouvement, un nouveau venu m'aborda et me dit: « Je suis abstinent, et ça semble bien un miracle. J'ai admis que j'étais battu, j'ai assisté à quelques réunions, j'ai commencé à devenir honnête avec moi-même et avec mon parrain. Puis cette affreuse obsession de boire m'a soudainement quitté. Je n'ai plus eu à me battre contre la boisson; la soif d'alcool s'est tout simplement envolée et je ne peux toujours pas voir au juste pourquoi ni comment. Ici, dans le mouvement, les gens sont merveilleux. Ils s'intéressent à moi et me comprennent. C'est une réalité toute nouvelle pour moi.

Pourtant, poursuivit le nouveau, je ne comprends toujours pas. Je ne vois pas ce que vient faire cette histoire de Dieu dans la vie de tous les jours. Quand j'entends parler d'une "nouvelle vie en échange de la vieille", je ne saisis pas bien. Bien sûr, je suis abstinent, et cela est nouveau pour moi. Mais maintenant que je suis devenu un ex-buveur, pourquoi ne pourrais-je pas vivre mon ancienne vie? Tout marchait bien jusqu'à ce que l'alcool vienne à bout de moi. Je savais où j'allais et j'étais sur le point de faire fortune. Ça n'allait pas trop mal à la maison non plus, jusqu'à ce que ma femme crie qu'elle en avait assez et me quitte. Tout ce qu'il me faut, c'est l'abstinence et les AA peuvent continuer de me la donner. Je peux maintenant me remettre à mes affaires. Je suis sûr que je réussirai mieux cette fois. »

Quatre ans plus tard, je rencontre ce même « nouveau ». « Alors, Joe, ai-je demandé, as-tu fait fortune? Et ta femme est-elle revenue? »

Avec un petit sourire, Joe me regarda dans les yeux et me répondit: « Non, Bill, il n'est rien arrivé de tel. Pendant un an, j'ai eu toutes les misères du monde. C'est un miracle que je sois demeuré abstinent, un miracle encore plus grand qu'au début. Il fallait que je fasse fortune et que je retrouve ma femme, sans quoi je serais malheureux. Et j'étais malheureux ... Mais petit à petit, je me suis éveillé à la possibilité que Dieu ne m'avait peut-être pas mis sur la terre pour ramasser tout l'argent, le prestige et l'amour qui me tomberaient sous la main. J'ai finalement dû admettre qu'il faudrait me contenter de moins, de beaucoup moins. Et si je ne l'acceptais pas, je me soûlerais probablement de nouveau.

J'ai donc arrêté de dire la prière de la Sérénité seulement du bout des lèvres et j'ai commencé à m'en servir. Je répétais sans cesse: « Mon Dieu, donnez-moi la sérénité d'accepter les choses que je ne puis changer, le courage de changer les choses que je peux, et la sagesse d'en connaître la différence. »

Au fur et à mesure que j'apprenais lentement l'acceptation, ma douleur diminuait. J'ai commencé à me réveiller et à regarder autour de moi. J'ai commencé à m'apercevoir que mon modeste emploi était un moyen de gagner ma vie et de servir la société. Je ne pouvais plus avoir pour objectif principal de me trouver un meilleur emploi plus important. Puis j'ai considéré les AA. Qu'est-ce que j'avais fait pour le mouvement qui m'avait sauvé la vie ? Pas grand-chose, je l'avoue. J'ai donc commencé à assister aux réunions avec une attitude très différente. J'ai cessé d'envier les membres bien nantis et j'ai porté attention à ce qu'ils disaient. J'ai appris que leur argent n'était plus un symbole de prestige, mais qu'il leur était confié pour qu'ils l'utilisent le mieux possible. Ils m'ont aussi appris que les tentations de la richesse peuvent parfois être pires que les souffrances de la pauvreté. J'ai découvert que ça n'existait pas, un membre AA « malchanceux », à condition qu'il soit un vrai membre. Malade, ce membre est, par son exemple, une inspiration pour les malades comme pour les bien portants. S'il est pauvre, il arrive souvent qu'il soit riche par son esprit, travailleur empressé et bon serviteur des AA.

Je me rends compte maintenant que mon réveil et ma croissance n'ont pas à s'arrêter un jour, et que je n'ai pas à craindre les douleurs de la croissance si je suis prêt à découvrir la vérité sur moi-même qu'elles m'enseignent.

L'autre jour, un vieux membre m'a donné un exemple que je n'oublierai jamais. Jack est un vrai pionnier. En fait, c'est lui qui a lancé les AA dans notre ville. J'avais coutume de l'envier parce qu'il était millionnaire.

On m'a dit qu'il était à l'hôpital, gravement malade, et qu'il allait mourir. D'une certaine manière, ça ne me tentait pas du tout d'aller le voir; ce serait tellement triste. Mais quand je suis arrivé, la chambre était pleine de membres, tous de bonne humeur. Ils étaient heureux parce que Jack était heureux. Il leur racontait des histoires drôles de beuveries, tout en essuyant de temps à autre le sang qui lui coulait sur le menton, à cause de sa bouche cancéreuse. Il était assis droit, ses jambes et ses pieds nus pendaient hors du lit. Une infirmière est venue pour lui faire des remontrances et le supplier de se recoucher. D'un geste de la main, il l'a écartée en disant: « Si je m'étends sur ce lit, je pourrais mourir tout de suite. Et ce serait dommage, car je veux aller à notre congrès des AA de l'État la semaine prochaine. »

Nous avons vu qu'il ne disait pas cela pour rire. Il y croyait vraiment.

Un peu plus tard, Jack a encore parlé de la mort. Il a dit qu'il avait eu une vie merveilleuse. Le whisky l'avait fait beaucoup souffrir, mais au bout du compte, le mouvement lui avait apporté beaucoup de joie. Avec son « réveil » dans le mouvement, il avait acquis la grande conviction, en fait la certitude absolue, que « dans la maison de mon Père, il y a plusieurs demeures ». Tous les gens qui étaient là comprenaient que pour lui la mort n'était qu'un nouveau réveil. Jack n'a jamais pu se rendre au congrès.

Mais il savait, et nous savons tous, que ce n'était pas tellement important; Jack possédait le "plus beau cadeau qui soit".»

Prochain objectif : la sobriété émotive

Cet article contient l'essentiel d'une lettre écrite par Bill à un ami intime qui connaissait aussi de pénibles dépressions.

Janvier 1958

Beaucoup de vieux membres qui ont essayé, non sans difficulté, mais avec succès, notre « traitement contre la boisson », constatent qu'ils manquent encore souvent de sobriété émotive. Peut-être seront-ils les précurseurs d'un nouveau progrès chez les AA, soit l'acquisition d'une grande maturité et d'un équilibre réel (c'est-à-dire de l'humilité) dans nos relations avec nous-mêmes, avec les autres et avec Dieu.

Comme des adolescents, beaucoup d'entre nous recherchent l'approbation de tous, la sécurité totale et l'amour parfait. Ces désirs sont normaux à 17 ans, mais ils montrent une façon de vivre qui est impossible à 47 ou à 57 ans.

Depuis les débuts des AA, j'ai pris de sévères raclées dans tous ces domaines à cause de mon incapacité de grandir au niveau émotif et spirituel. Mon Dieu! comme il est pénible de toujours demander l'impossible, et comme il est pénible aussi de s'apercevoir que pendant tout ce temps-là on a mis la charrue avant les bœufs! Et quelle détresse quand, même après avoir admis s'être terriblement trompé, on se rend compte qu'on est incapable de sortir de ce tourbillon émotif.

Comment transformer cette conviction mentale en une attitude émotive saine, menant à une vie simple, heureuse et agréable? Eh bien, ce n'est pas seulement un problème de névrose; c'est le problème de la vie elle-même pour tous ceux d'entre nous qui sont désormais réellement prêts à se conformer à des principes sains dans tous les domaines de leur vie.

Et même quand nous nous conformons ainsi, la joie et la paix peuvent continuer à nous échapper. Voilà le point où se retrouvent maintenant beaucoup de vieux membres, et c'est littéralement infernal. Comment pouvons-nous amener notre inconscient, qui engendre encore tellement de peurs, de compulsions et d'aspirations insensées, à se conformer à ce que nous croyons, à ce que nous pensons et à ce que nous voulons réellement? Comment persuader ce « M. Hyde » stupide et déchaîné qui se cache en nous? Voilà notre principale tâche.

J'en suis venu à croire récemment que cela est possible. Je le crois parce que je vois de plus en plus de gens – comme vous et moi – qui étaient plongés dans les ténèbres et qui commencent enfin à voir la lumière. L'automne dernier, une dépression qui n'avait aucune cause rationnelle a presque eu ma peau. J'avais peur de connaître encore une longue période chronique. Étant donné les ennuis que m'ont causés les dépressions, cette perspective n'était pas rassurante.

Je me demandais sans cesse: « Pourquoi les Douze Étapes n'arrivent-elles pas à me délivrer de la dépression? » À tout bout de champ, je regardais la prière de saint François – « chercher à consoler, plutôt qu'à être consolé ». C'était bien la formule, mais pourquoi ne fonctionnait-elle pas?

Soudain, j'ai compris ce qui n'allait pas. Mon principal défaut a toujours été la dépendance. Je comptais de façon presque absolue sur les gens et les circonstances pour m'apporter le prestige, la sécurité et le reste. Ne parvenant pas à satisfaire ces besoins selon mes rêves et mes désirs perfectionnistes, je m'acharnais. Puis, avec la défaite venait la dépression.

Il me serait impossible de faire de cet amour altruiste dont parle saint François un mode de vie réel et joyeux, tant que je ne me serais pas débarrassé de mes dépendances fatales, presque absolues.

Comme j'ai réussi à mûrir un peu du point de vue spirituel au cours des années, l'aspect absolu de mes terribles dépendances ne m'était encore jamais apparu aussi clairement. Soutenu par la grâce que je pouvais trouver dans la prière, il me fallait user de toute ma volonté et de toute mon action pour me débarrasser de ces mauvaises dépendances émotives envers les gens, envers le mouvement, en fait envers n'importe quel genre de circonstances. C'est à cette condition que je serais libre d'aimer comme saint François. Les satisfactions émotives et instinctives venaient en fait s'ajouter aux dividendes de l'amour senti, offert et exprimé d'une façon appropriée dans chaque relation humaine.

De toute évidence, je ne pourrais pas profiter de l'amour de Dieu tant que je ne serais pas capable de le lui rendre en aimant les autres de la façon qu'il me le demandait. Il me serait impossible aussi d'y arriver tant que je serais victime de mes fausses dépendances.

Car ma dépendance signifiait exigence; j'exigeais la possession et le contrôle des gens et des circonstances qui m'entouraient.

L'expression «dépendance absolue» peut sembler une attrape, mais elle a pourtant entraîné ma libération et m'a procuré la stabilité et la tranquillité d'esprit que je connais actuellement. Ce bien-être, j'essaie maintenant de le consolider en offrant de l'amour aux autres, sans en exiger en retour.

Voici donc le cycle primordial de la guérison: d'abord, un amour altruiste pour ce que Dieu a créé et pour ses créatures, ce qui nous permet de recevoir en retour son amour. Il est bien évident que ce courant ne peut circuler que si nos dépendances paralysantes ont été détruites en profondeur. Ce n'est qu'à ce moment que nous pouvons percevoir ce qu'est vraiment l'amour adulte.

Il s'agit d'un calcul spirituel, dites-vous? Mais pas du tout. Observez comment un membre qui a six mois d'abstinence s'y prend avec un nouveau cas de Douzième Étape. Si le nouveau lui dit: «Va au diable!», notre membre de six mois se contente de sourire et se tourne vers un autre candidat. Il ne se sent ni frustré ni rejeté. Si le candidat suivant réagit bien et se met, à son tour, à dispenser amour et attention à d'autres alcooliques, tout en oubliant celui qui lui a transmis le message, son parrain se réjouit quand même. Il ne se sent pas rejeté, mais se réjouit au contraire de voir son ex-protégé abstinent et heureux. Puis, si son prochain candidat devient par la suite son meilleur ami (ou son amour), notre parrain est vraiment content. Pourtant, il sait que son bonheur n'est qu'un effet secondaire, un dividende de plus de l'amour donné sans rien attendre en retour.

Sa stabilité est venue de l'amour qu'il avait à offrir à cet alcoolique inconnu, sur le pas de sa porte. C'était saint François à l'œuvre, fort et efficace, mais sans dépendances ni exigences.

Pendant mes six premiers mois d'abstinence, je me suis moi-même beaucoup dépensé auprès de nombreux alcooliques, sans qu'aucun ne réagisse. Pourtant, ce travail m'a permis de demeurer abstinent. Ces alcooliques ne m'ont rien donné. Ce qui m'a stabilisé, c'est de chercher à donner, non à recevoir.

À mon avis, c'est comme ça que fonctionne la sobriété émotive. Quand nous examinons toutes les choses qui nous dérangent, les grandes comme les petites, nous trouvons toujours à la racine une dépendance malsaine et les exigences tout aussi malsaines qui en découlent. Puissions-nous toujours, avec l'aide de Dieu, renoncer à ces exigences qui nous entravent. Nous pourrons ainsi vivre et aimer librement. Nous pourrons peut-être également transmettre, à nous-mêmes et à d'autres, le message de la sobriété émotive.

Bien sûr, cette idée n'est pas vraiment nouvelle. C'est seulement un truc qui m'aide à me délivrer en profondeur de certains « envoûtements » dont j'étais victime. Aujourd'hui, mon cerveau ne plonge plus dans les emportements, la folie des grandeurs ou la dépression. J'ai trouvé une place tranquille au soleil.

Faisons notre Onzième Étape

Juin 1958

Notre Onzième Étape dit: « Nous avons cherché par la prière et la méditation à améliorer notre contact conscient avec Dieu tel que nous le concevions, le priant seulement de nous faire connaître sa volonté à notre égard et de nous donner la force de l'exécuter ». Quand il s'agit de la pratiquer, je ne suis vraiment qu'un débutant, comme si ma croissance s'était arrêtée.

Je vois autour de moi de nombreuses personnes qui réussissent bien mieux que moi à entrer en contact avec Dieu. Bien sûr, je ne peux pas dire que je n'ai pas progressé du tout au fil des ans. J'avoue simplement que je n'ai pas progressé comme j'aurais dû, étant donné les occasions que j'ai eues et que j'ai encore.

Je fêterai bientôt mes 24 ans dans le mouvement. Je n'ai pas pris un verre pendant tout ce temps. En fait, je n'ai guère été tenté de le faire. C'est une preuve que j'ai sûrement fait ma Première Étape et que je ne l'ai pas oubliée. « Nous avons admis que nous étions impuissants devant l'alcool-que nous avions perdu la maîtrise de notre vie. » Cette étape n'a pas été difficile pour moi.

Puis, dès le début, j'ai été gratifié d'un extraordinaire réveil spirituel et j'ai instantanément « pris conscience de la présence de Dieu» et « retrouvé la raison », du moins en ce qui a trait à l'alcool. Par conséquent, je n'ai pas eu de difficulté à faire la Deuxième Étape, car elle m'a été donnée en cadeau. Les Quatrième et Cinquième Étapes, qui traitent de l'examen et de la confession de ses propres défauts, ne m'ont pas non plus causé trop de difficultés.

Bien sûr, je me suis souvent trompé dans mon auto-analyse. Parfois, j'ai omis de faire part de mes défauts aux bonnes personnes; d'autres fois, j'ai confessé leurs défauts plutôt que les miens. D'autres fois encore, au lieu de confesser mes défauts, je me plaignais sans arrêt de ma situation et de mes problèmes.

Néanmoins, je crois avoir généralement réussi à faire un examen et un aveu passablement complets et consciencieux de mes défauts. Pour autant que je sache, il n'y a en ce moment aucun de mes défauts ou de mes problèmes dont je n'ai pas parlé avec mes conseillers. Pourtant, je n'ai pas à me féliciter d'une situation si transparente. Il y a longtemps, j'ai eu la chance de me rendre compte que je devais poursuivre mon auto-analyse, sinon je risquais de devenir complètement fou. Ce ne fut pas facile de me révéler ainsi à moi-même et à d'autres; même s'il était absolument nécessaire, le remède était amer. Des années de pratique ont rendu ce travail beaucoup plus facile. Je peux dire la même chose de la Neuvième Étape qui nous invite à réparer nos torts.

Dans la Douzième Étape (transmettre à d'autres le message des AA), je n'ai trouvé qu'une immense joie. Nous, les alcooliques, nous sommes des gens d'action et je ne fais pas exception. Quand notre action donne les fruits que nous connaissons chez les AA, il n'est pas surprenant que cette Étape soit la plus populaire et, pour la plupart, la plus facile à mettre en pratique.

Cette esquisse de mon propre «pèlerinage» avait pour but de montrer qu'il me manque encore, comme à bien d'autres membres sans doute, un élément de la plus haute importance. À cause d'un manque d'attention et de discipline, et parfois aussi d'un manque de foi authentique, beaucoup d'entre nous en sont restés, au fil des ans, à cette spiritualité enfantine et plutôt facile que je viens de décrire. Presque immanquablement, l'insatisfaction s'installe et nous devons admettre que nous avons heurté un point inconfortable et parfois même très pénible.

Transmettre le message, échanger dans les réunions, raconter nos expériences de buveur, confesser nos défauts et parler de nos progrès à les corriger n'arrivent plus à nous procurer une vie libre et riche. Notre manque de maturité apparaît souvent à l'occasion d'une catastrophe inattendue ou d'un grand trouble émotif. Par exemple, nous gagnons le «gros lot» et nous découvrons avec surprise que cela ne règle à peu près rien, que nous sommes toujours insatisfaits et malheureux.

Comme nous ne nous soûlons habituellement pas dans de telles occasions, nos amis au regard brillant nous disent à quel point nous allons bien.

Pourtant, à l'intérieur ... Nous savons que nous n'allons pas bien. Nous n'arrivons pas à prendre la vie comme elle est. Il doit sûrement y avoir une sérieuse lacune dans notre pratique et notre croissance spirituelles.

Quelle est donc cette lacune ?

Il y a de fortes chances pour que notre problème soit un manque de compréhension ou d'intérêt pour la Onzième Étape, celle de la prière, de la méditation et de l'écoute de Dieu. Les autres Étapes permettent à la plupart d'entre nous de demeurer abstinents et de fonctionner; la Onzième Étape nous permet de poursuivre notre croissance si nous nous appliquons avec achamement et constance. Même si nous n'accordions à cette Étape que cinq pour cent du temps que nous allouons habituellement (avec raison) à la Douzième Étape, nous pourrions connaître des résultats merveilleux. C'est ce qui arrive presque invariablement à ceux qui mettent constamment en pratique la Onzième Étape.

J'aimerais, dans cet article, m'attarder un peu plus sur la Onzième Étape, à l'intention des parfaits incrédules, des malchanceux qui n'y voient aucun avantage réel.

Dans beaucoup de cas, je crois que le premier grand obstacle se trouve dans l'expression « Dieu tel que nous le concevons ». Le sceptique dira: « À première vue, personne ne peut comprendre Dieu. Je veux bien croire qu'il y ait une Cause première, quelque chose ou Quelqu'un, mais je ne peux pas aller plus loin. Et je crois que les gens qui disent pouvoir aller plus loin se racontent des histoires. Même s'il y avait Quelqu'un, pourquoi devrait-il s'occuper de ma petite personne alors qu'il en a déjà plein les bras rien qu'à faire fonctionner le cosmos ? Quant à ceux qui affirment que Dieu leur dit où creuser pour trouver du pétrole ou quand se brosser les dents, ils me fatiguent. »

À l'évidence, notre ami croit en un Dieu quelconque, un « Dieu tel qu'il le conçoit ». Par contre, il ne croit pas qu'on puisse avoir une idée plus poussée ou une meilleure impression. Il considère donc la méditation, la prière et la recherche de la volonté de Dieu comme une forme d'aveuglement. Que peut faire notre ami dans cette situation embarrassante ?

Eh bien, il peut essayer avec acharnement de prier, de méditer et de demander les lumières de Dieu. Il peut s'adresser au Dieu qu'il imagine. Ou s'il croit que Dieu n'existe pas, il peut accepter de dire – juste pour les besoins de l'expérience – qu'il se trompe peut-être. Cela est d'une grande importance. S'il parvient à adopter cette attitude, c'est qu'il a cessé de se prendre lui-même pour Dieu; son esprit s'est ouvert. Comme tout bon scientifique dans son laboratoire, notre ami peut inventer une théorie et prier une « puissance supérieure » qui existe *peut-être* et sera *peut-être* prête à l'aider et à le guider. Il poursuit son expérience – dans ce cas-ci, la prière – longtemps. Dans ce cas également, il essaie de se comporter comme le scientifique qui n'abandonne pas ses expériences tant que subsiste la moindre chance de succès.

Au fur et à mesure que se poursuit l'expérience de la prière, il fait la somme des résultats obtenus. S'il persiste, il arrivera sûrement à avoir plus de sérénité et de tolérance, moins de peur et de colère. Il acquerra une sorte de courage tranquille sans ressentir de tension. Il pourra accepter pour ce qu'ils sont les soi-disant échecs et succès. Ses problèmes et ses malheurs l'instruiront au lieu de le détruire. Il se sentira libre et sain d'esprit. Il rira désormais de l'idée qu'il s'est peut-être hypnotisé par autosuggestion. Il aura un sentiment de plus en plus juste du but à atteindre et de la direction à suivre. Ses tensions et son anxiété commenceront à disparaître. Sa santé s'améliorera probablement. Il verra se produire toutes sortes de choses merveilleuses et incroyables. Ses rapports avec les siens et avec les autres s'amélioreront de façon incroyable.

Même si peu de ces choses se produisent, il aura quand même reçu de grands dons. Il saura désormais faire face aux situations difficiles et les accepter. Il peut s'accepter lui-même et accepter le monde qui l'entoure, parce qu'il accepte maintenant l'existence d'un Dieu qui est Tout et qui nous aime tous. Quand il récite: « Notre Père qui es aux cieux, que ton nom soit sanctifié ... » notre ami croit désormais profondément et humblement ce qu'il dit. Quand il médite, libéré des cris de ce monde, il se sait entre les mains de Dieu, il sait que son destin est assuré, ici et dans l'au delà.

Un grand théologien a dit un jour: « Ceux qui critiquent le plus la prière sont ceux qui ne l'ont jamais vraiment essayée. » Voilà un bon conseil, un conseil que j'essaie moi-même de prendre davantage au sérieux. De nombreux membres des AA s'efforcent depuis longtemps d'améliorer leur contact conscient avec Dieu, et je crois que beaucoup d'autres feront bientôt comme ces gens avisés.

Je viens juste de relire le chapitre sur la Onzième Étape dans notre livre *Les Douze Étapes et les Douze Traditions*. Je l'ai écrit il y a près de cinq ans. À mon grand étonnement, j'ai constaté que j'avais consacré très peu de temps à suivre mes conseils élémentaires au sujet de la méditation, de la prière et de la recherche de Dieu, des pratiques que j'ai si consciencieusement recommandées à tout le monde !

Ce manque d'intérêt se retrouve probablement chez beaucoup. Pourtant, cette négligence peut nous priver des plus belles expériences de la vie et sérieusement ralentir la croissance que Dieu veut pour nous, pendant ce long jour d'école ici même sur cette terre, qui est la première des nombreuses demeures de notre Père.

Le langage du cœur

Juillet 1960

L'atelier où je travaille est situé sur une colline derrière la maison. Je vois dans la vallée la salle communautaire du village où se réunit notre groupe local. Au-delà de la ligne d'horizon, se trouve l'univers des AA: 8 000 groupes, un quart de million de membres. Comment, en 25 ans, le mouvement est-il devenu ce qu'il est ? Et où allons-nous maintenant ?

Il m'arrive souvent de saisir la signification profonde du phénomène des Alcooliques anonymes, mais je ne parviens pas à bien la comprendre. Par exemple, pourquoi Dieu a-t-il choisi ce moment précis de l'histoire pour communiquer sa grâce apaisante à un si grand nombre d'entre nous ? En fait, qui peut dire comment se fait cette communication, si mystérieuse et pourtant si pratique ? Nous ne pouvons prendre conscience que d'une partie de ce qui nous a été donné et de ce qu'elle a signifié pour chacun de nous.

Je crois que chaque aspect de cette histoire globale est relié à un seul mot essentiel: *communication*. La communication entre nous, avec le monde extérieur et avec Dieu – nous a sauvé la vie.

Dès le départ, la communication chez les AA a été plus qu'une simple transmission d'idées et d'attitudes utiles. Elle a été exceptionnelle, parfois unique. À cause de notre souffrance commune et de nos moyens communs de nous en délivrer qui ne fonctionnent que quand nous les transmettons à d'autres, nos canaux de communication ont toujours été chargés du *langage du cœur*. De quoi s'agit-il ? Eh bien, je vais essayer de vous communiquer un peu ce que ce langage signifie pour moi.

Je pense tout de suite à mon médecin, le docteur William Duncan Silkworth, et à la manière dont il a utilisé le langage du cœur pour me soigner pendant les dernières années désastreuses de mon alcoolisme. Son amour était une potion magique qui accomplissait des miracles, dont celui-ci: il

* *Cet article est tiré du livre AA Today, publié par Grapevine à l'occasion du 25e anniversaire du mouvement.*

donnait à l'alcoolique à l'esprit confus l'impression qu'il était un être humain compréhensif et aimant sans limite. Il était un homme qui faisait avec joie un bout de chemin avec nous et qui, au besoin (comme c'était souvent le cas), nous accompagnait jusqu'à la fin. Quand je l'ai rencontré, il avait déjà essayé d'aider plus de 20 000 alcooliques, et il avait presque toujours échoué. En de rares occasions seulement, ces tentatives tristes et futiles avaient été illuminées par un cas d'authentique rétablissement. Les gens se demandaient comment il faisait pour persévérer, pour croire encore à la possibilité d'aider les buveurs chroniques. Pourtant, il y croyait et sa foi n'a jamais vacillé. Il répétait toujours: « Un jour, nous aurons la réponse. »

Il avait acquis quelques idées sur ce qui affecte les alcooliques. Ils avaient l'obsession de boire, une véritable folie destructrice. Voyant que leur corps ne pouvait plus tolérer l'alcool, Silkworth parlait d'une allergie. Leur obsession les poussait à boire et leur allergie leur garantissait la folie ou la mort s'ils continuaient. En des termes modernes, voici quel était l'éternel dilemme de l'alcoolique. Le médecin savait que l'abstinence totale était pour eux la seule solution. Mais comment y arriver? Si seulement il pouvait les comprendre mieux et s'identifier avec eux davantage, le message d'information qu'il avait à leur transmettre pourrait les atteindre dans les retranchements de leur cerveau où se terrait cette aveugle compulsion de boire.

Le petit docteur qui aimait les alcooliques continuait donc de travailler, espérant toujours que le prochain cas lui apprendrait peut-être une autre partie de la réponse. Quand je suis allé le voir, ses plus récentes idées et méthodes avaient commencé à produire des résultats légèrement supérieurs. Il se sentait donc encouragé et il s'est attaqué à mon cas avec l'enthousiasme et l'espoir du jeune médecin qui en est à son premier cas critique. Il m'a dit à quel point l'alcoolisme est une maladie infernale, et pourquoi. Il ne m'a fait aucune promesse et n'a pas cherché à me cacher le faible taux de rétablissement. Pour la première fois, j'ai compris et senti toute la gravité de mon problème. Pour la première fois également, j'ai appris que j'étais un homme malade, émotivement et physiquement. Tous les membres des AA savent aujourd'hui quel énorme soulagement cette information peut procurer. Je n'avais plus à me considérer comme un fou ou comme un faible.

Cette nouvelle vision et le récit que m'a fait le petit docteur de quelques cas de rétablissement ont fait surgir en moi l'espoir. Mais ma confiance venait surtout de la compréhension, de l'intérêt et de l'affection qu'il me portait si généreusement. Je n'étais plus seul avec mon problème. Ensemble, nous pouvions trouver une solution. En dépit de quelques rechutes décourageantes, j'y ai vraiment cru pendant un certain temps, et lui aussi.

Cependant, l'heure est enfin arrivée où il a su que je n'allais pas être une de ses exceptions. Il devait entreprendre le dernier bout de chemin avec Lois et moi. Fidèle à lui-même, il a trouvé le courage de nous dire, gentiment mais franchement, toute la vérité. Je ne pouvais pas m'empêcher de boire, ni par moi-même, ni avec son aide, ni par aucun autre moyen qu'il connaissait; si je n'étais pas enfermé, je subirais des lésions cérébrales ou je mourrais dans moins d'un an.

Je n'aurais pu accepter ce verdict d'aucune autre personne. Parce qu'il me l'avait donné avec le langage du cœur, j'étais capable d'accepter la vérité qu'il me présentait. Mais quelle vérité terrible et sans espoir ! Il se prononçait au nom de la science que je respectais profondément, et selon la science, je semblais condamné. Qui d'autre aurait pu me faire comprendre ce principe indispensable, dont dépend tout rétablissement ? Je ne crois pas qu'aucun autre être vivant aurait pu y arriver.

Aujourd'hui, chaque membre des AA inculque au nouveau candidat la même chose que le docteur Silkworth a si fortement implantée en moi. Nous savons que le nouveau doit toucher le fond, sinon il ne se produira rien. Puisque nous sommes des alcooliques et que « nous comprenons », nous pouvons faire de cet étau de l'obsession et de l'allergie un outil assez puissant pour briser en profondeur l'ego du nouveau. C'est la seule façon de le convaincre que, seul et sans aide, ses chances sont nulles ou presque.

Je me trouvais exactement dans cet état d'effondrement intérieur en novembre 1934, quand j'ai reçu la visite d'Ebby. Ce vieil ami alcoolique allait devenir mon parrain. Comment pouvait-il ainsi communiquer avec moi et me rejoindre là où même le docteur Silkworth ne pouvait pas m'atteindre ?

Premièrement, je savais déjà qu'il était lui aussi un cas désespéré, comme moi. Plus tôt cette année-là, j'avais entendu dire qu'il faudrait l'enfermer lui aussi. Mais il était devant moi, abstinent et libre. Il avait maintenant un tel pouvoir de communication qu'il a réussi en quelques minutes à me convaincre qu'il se sentait vraiment libéré de son obsession de boire. Ce qu'il me montrait était bien différent d'une simple tentative de ne boire que de l'eau, vouée à l'échec au départ. Il m'apportait une communication et une démonstration que même le docteur Silkworth ne pouvait m'apporter. Il était un alcoolique qui parlait à un autre alcoolique. C'était cela l'espoir.

Ebby m'a raconté son histoire, décrivant soigneusement ses expériences de buveur des dernières années, ce qui m'a rapproché encore davantage de lui. Je savais sans l'ombre d'un doute qu'il avait vécu dans ce monde étrange et sans espoir où je me trouvais. De cette manière, il *s'identifiai*t à moi. La voie de communication était enfin grande ouverte, et j'étais prêt à recevoir son message.

Quel était ce message? Tous les membres le connaissent: l'honnêteté avec soi-même, qui conduit à un inventaire moral courageux de ses défauts; l'aveu de ces défauts à un autre être humain, qui représente un premier pas modeste et hésitant hors de l'isolement et de la culpabilité; la volonté de faire face à ceux que nous avons blessés et de réparer autant que possible nos torts. Un ménage complet s'imposait, à l'intérieur comme à l'extérieur, avant que nous puissions nous consacrer au service des autres en utilisant notre compréhension et le langage du cœur, et en ne cherchant ni gain ni récompense. Et puis il y avait cette attitude vitale de dépendance envers Dieu ou envers une puissance supérieure.

Aucune des idées d'Ebby n'était vraiment nouvelle, et je les avais déjà toutes entendues. Mais il me les communiquait avec une telle force que je ne pouvais absolument pas, comme je l'aurais fait en d'autres circonstances, les considérer comme des clichés conventionnels décrivant une bonne pratique religieuse. Elles m'apparaissaient comme des vérités vivantes, susceptibles de me libérer, comme elles l'avaient libéré. Ebby pouvait m'atteindre en profondeur.

Par contre, un aspect me faisait encore hésiter. Je ne pouvais pas rechercher Dieu, car je ne croyais pas que Dieu existait. J'ai cru toutes les autres idées d'Ebby du premier coup, mais pas celle-là. Je ne pouvais pas partager sa foi, même si j'avais sous les yeux une preuve évidente des résultats.

Je me retrouvais dans la même impasse qu'ont connue des milliers de nouveaux membres depuis.

Mon blocage était profond, exactement comme celui qu'on rencontre si fréquemment aujourd'hui chez ces nouveaux qui se disent athées ou agnostiques. Leur volonté de ne pas croire est si forte qu'ils semblent préférer prendre rendez-vous avec la mort, au lieu de rechercher Dieu à titre d'expérience avec un esprit ouvert. Heureusement pour moi et pour la plupart des autres comme moi qui sont venus depuis chez les AA, les forces constructives à l'œuvre dans notre mouvement sont presque toujours venues à bout de cet entêtement. Complètement vaincus par l'alcool, ayant sous les yeux la preuve vivante de la délivrance, entourés de ceux qui savent nous parler avec le cœur, nous avons fini par capituler. Paradoxalement, nous nous sommes alors retrouvés dans une nouvelle dimension, dans le monde réel de l'esprit et de la foi. Il faut juste assez de bonne volonté et d'ouverture d'esprit, et le tour est joué !

Quand ce fut enfin à mon tour de m'ouvrir l'esprit et de capituler, ce nouveau monde de l'esprit m'est apparu en un éclair d'une persuasion et d'une puissance irrésistibles. Il en est résulté ma libération de l'obsession de boire, la foi en Dieu et la conscience de sa présence, qui ne m'ont jamais quitté depuis, indépendamment des hauts et des bas que j'ai connus.

Le don de la foi a instantanément pris racine en moi. J'avais payé un prix élevé pour mon orgueil. Désespéré, je m'étais écrié: « Je suis prêt maintenant à faire n'importe quoi. S'il existe un Dieu, qu'il se manifeste ! » Et il s'est manifesté. C'était mon premier contact conscient, mon premier réveil. J'ai demandé du fond du cœur, et j'ai reçu.

Avec cette lumière est venue la vision d'une éventuelle réaction en chaîne, celle d'un alcoolique parlant à un autre. J'étais convaincu que je pouvais donner à mes semblables ce que m'avait donné Ebby. Pendant des mois, j'ai tenté ensuite de transmettre ce message. Mais personne n'est devenu abstinent, et cette expérience m'a enseigné une grande leçon: j'étais en train d'apprendre péniblement ce qu'il ne faut pas faire pour communiquer. Peu importe la véracité de mon message, je ne pouvais pas communiquer en profondeur, en parlant et en agissant avec orgueil, arrogance, intolérance, ressentiment, imprudence ou soif de gloire personnelle, même si j'étais en grande partie inconscient de toutes ces attitudes.

Sans m'en rendre compte, j'étais tombé lourdement dans ces pièges. J'avais connu une expérience spirituelle si soudaine, si éclatante et si puissante que j'étais persuadé d'être destiné à guérir à peu près tous les alcooliques du monde. Voilà pour l'orgueil. Je revenais constamment sur mon réveil mystique, et cela rebutait tous mes clients, sans exception. Voilà pour l'imprudence. Je me suis mis à répéter que chaque alcoolique devait connaître à peu près la même « élévation spirituelle lumineuse » que moi. J'avais oublié que Dieu se manifeste de bien des façons. En fait, j'avais commencé à dire à mes recrues: « Tu dois être ce que je suis, croire ce que je crois, faire ce que je fais. » Voilà le genre d'arrogance inconsciente que ne peut supporter aucun alcoolique ! J'ai commencé à souligner ouvertement leurs défauts, des défauts que je supposais évidemment ne pas avoir pour la plupart. Ils se mettaient alors en rogne, et moi aussi. Quand ils se soûlaient, je me fâchais. Mon orgueil était blessé à nouveau.

Mes nouveaux amis des Groupes d'Oxford (ce mouvement religieux où Ebby s'était rétabli pour la première fois, mais pas pour de bon) refusaient de croire que l'alcoolisme est une maladie. J'avais donc cessé de parler de l'idée d'une allergie alliée à une obsession. Je recherchais leur approbation et, malgré mes efforts pour être humble et serviable, je n'étais ni l'un ni l'autre. Lentement, j'ai appris que lorsque l'ego intervient, la communication est bloquée.

Il me fallait un autre coup massif pour dégonfler mon ego, et je l'ai reçu. J'ai soudainement pris conscience que pendant six mois j'avais complètement échoué. Puis le docteur Silkworth m'a donné ce conseil brutal: « Arrête de prêcher, cesse de rabâcher ton étrange expérience spirituelle. Raconte-leur ton histoire. Puis, enfonce-leur dans le crâne que l'alcoolisme est une maladie sans espoir. Commence par les ébranler suffisamment. *Ensuite*, peut-être, goberont-ils ce que tu as vraiment à leur dire. Tu as mis la charrue devant les bœufs, Bill. »

La première fois que j'ai eu du succès auprès d'un autre alcoolique, c'est lors de ma première rencontre avec Dr Bob, à Akron. J'ai suivi à la lettre le conseil du docteur Silkworth. Bob n'avait pas besoin de formation spirituelle. Il en savait déjà plus long que moi. Il avait besoin d'un dégonflement en profondeur de son ego et de la compréhension que seul un alcoolique peut avoir pour un autre alcoolique. Ce qu'il me fallait, à moi, c'était l'humilité de m'oublier moi-même pour me rapprocher d'un autre être humain qui me ressemblait. Je remercie Dieu de me l'avoir donnée.

L'une des premières idées que nous avons partagées, Dr Bob et moi, c'est qu'une communication authentique doit se fonder sur un besoin mutuel. Il ne fallait pas parler avec condescendance à personne, surtout pas à un autre alcoolique. De toute évidence, chaque parrain devait admettre humblement ses propres besoins aussi nettement que ceux de son protégé. C'était là le fondement de la Douzième Étape de rétablissement des AA, celle de la transmission de notre message.

Le livre *Alcoholics Anonymous* a été une autre grande aventure en communication. Après quatre années épuisantes, nous avions seulement trois petits groupes et moins de 100 membres rétablis. Nous pouvions communiquer face à face, mais ce procédé n'était pas rapide. En rédigeant le livre, nous nous demandions tous si la parole écrite pourrait transmettre le message, si le livre pourrait parler le langage du cœur à l'alcoolique qui le lirait. Nous ne le savions pas. Nous ne pouvions qu'espérer. Aujourd'hui, nous connaissons la réponse.

Alcoholics Anonymous est paru en 1939. Il y avait à l'époque 100 alcooliques qui s'étaient rétablis chez les AA. Et il y avait, en Amérique seulement, cinq millions d'alcooliques et de proches qui n'avaient jamais entendu parler des Alcooliques anonymes. Ailleurs dans le monde, il y avait sans doute vingt millions de personnes souffrantes. Comment transmettre la bonne nouvelle, ne serait-ce qu'à une fraction de ces gens ? Nous avions maintenant un livre sur les AA, mais à peu près personne en dehors de notre association n'était au courant.

Il était évident que nous allions avoir besoin de la presse, de la radio et de toutes sortes de ressources en communication. Tous ces services seraient-ils vraiment intéressés ? Nous seraient-ils sympathiques ? Seraient-ils capables de présenter une image juste du mouvement à l'alcoolique, à sa famille et à ses amis ?

La réponse fut oui. À l'automne de 1939, Elrick Davis, qui était un excellent journaliste, écrivit une série d'articles sur nous dans le *Plain Dealer* de Cleveland. Ces articles décrivaient merveilleusement la vraie nature du mouvement et résumaient bien son action. En l'espace de quelques jours, plusieurs centaines d'alcooliques et de proches inondèrent littéralement le petit groupe des AA de Cleveland de leurs appels à l'aide. L'année suivante, Jack Alexander réalisait son fameux reportage sur les Alcooliques anonymes, qui allait être publié en 1941 dans le *Saturday Evening Post.* Pour la première fois, nous avions la preuve que le langage du cœur pouvait se parler à la grandeur du pays.

L'impact de cet article sur les alcooliques d'Amérique, sur leurs proches et sur le grand public fut immense. Ce fut tout de suite un déluge d'appels à l'aide et de demandes de renseignements, non plus par centaines, mais par milliers. Nous étions abasourdis. De toute évidence, notre message de rétablissement pouvait être transmis dans tout le pays, si nous faisions notre part.

Au moment où notre association entrait dans une phase de croissance rapide, les Traditions des AA prirent forme peu à peu. Les Douze Traditions communiquent nos principes d'unité et les Douze Étapes, nos principes de rétablissement. Les Traditions indiquent la meilleure façon pour un membre de se rattacher à son groupe, pour un groupe de se rattacher aux autres groupes, et pour le mouvement, de se rattacher au monde qui l'entoure. Elles indiquent ce que signifie l'appartenance aux AA, elles montrent l'expérience des AA en matière de pouvoir et d'argent, elle nous mettent en garde contre les associations compromettantes, contre le professionnalisme et contre la soif bien naturelle de gloire personnelle. Les Douze Traditions se sont élaborées lentement, à une époque où une publicité à grande échelle faisait apparaître de nouveaux groupes à la vitesse de l'éclair. Plusieurs egos avides de pouvoir s'en donnaient à cœur joie parmi nous et ce sont les Traditions qui ont finalement fait surgir l'ordre, la cohérence et un fonctionnement efficace dans l'anarchie tapageuse qui pendant un certain temps nous menaçait d'effondrement.

Les Traditions ne sont ni des règlements, ni des statuts, ni des lois. Ni sanction ni punition ne frappe celui qui les enfreint. Ces principes ne pourraient sans doute réussir nulle part ailleurs dans la société. Pourtant, dans notre association d'alcooliques, ces Traditions qu'on ne peut forcer personne à respecter ont plus de pouvoir que la loi. Elles existent maintenant depuis des années, et rarement avons-nous vu un manquement sérieux. L'exemple des rares personnes qui les ont constamment ignorées n'a pas été suivi. Nous nous conformons aux Traditions de plein gré parce qu'il faut que le mouvement survive. Nous nous y conformons parce que nous le devons et parce que nous le voulons. Le secret de leur force réside peutêtre dans le fait que ces messages de vie jaillissent d'une expérience vécue et sont enracinés dans le sacrifice de l'amour.

Même dans les tout premiers temps des AA, nous avions commencé à nous apercevoir que le fait d'avoir tous gravement souffert d'alcoolisme ne suffisait pas. Nous avons compris que pour franchir certaines barrières, il nous faudrait élargir et approfondir nos voies de communication. Par exemple, pratiquement tous les premiers membres étaient ce que nous appelons aujourd'hui des cas finis, désespérés. Quand des cas moins graves, moins avancés, sont venus, ils disaient souvent: « Nous n'avons jamais été en prison, nous, ni dans les hôpitaux psychiatriques. Nous n'avons jamais fait toutes ces choses épouvantables dont vous parlez. Le mouvement n'est peut-être pas pour des gens comme nous. »

Pendant des années, nous, les anciens, nous ne pouvions tout simplement pas communiquer avec eux. Puis, grâce à une longue expérience, nous avons mis au point une nouvelle méthode. À chacun de ces alcooliques moins avancés nous faisions remarquer que, selon la médecine, l'alcoolisme est une maladie mortelle et *progressive*. Nous nous attardions sur les premiers temps de notre carrière de buveurs. Nous rappelions à quel point nous étions certains « de pouvoir nous contrôler la prochaine fois », que nous prendrions quelques verres, ou encore que c'était la faute de circonstances malheureuses ou du comportement des autres si nous buvions.

Puis nous racontions au candidat les parties de notre histoire qui prouvaient à quel point la maladie progresse de façon insidieuse et irrésistible. Nous lui montrions comment, plusieurs années avant de nous en rendre compte, nous avions en fait largement dépassé le point de non-retour, compte tenu de nos ressources en force de caractère et en volonté. Nous ne cessions de montrer à quel point les médecins ont raison dans leur évaluation de cette maladie.

Lentement mais sûrement, cette stratégie a commencé à porter des fruits. Les « cas désespérés » se sont mis à communiquer en profondeur avec les « cas moins avancés », et ces derniers se sont mis à communiquer entre eux. Dès que les AA d'un endroit recrutaient, ne serait-ce que quelques-uns de ces alcooliques moins avancés, ils réalisaient avec cette catégorie de malades des progrès beaucoup plus rapides et faciles. La moitié de nos membres, aujourd'hui, ont sans doute pu ainsi éviter les 5, 10 ou même 15 dernières années d'enfer que nous avons si bien connues, nous, les cas désespérés.

Au début, il nous a fallu attendre quatre années avant que le mouvement réussisse à rendre abstinente une femme alcoolique. Comme les alcooliques moins avancés, les femmes disaient elles aussi qu'elles étaient différentes. Mais au fur et à mesure que s'améliorait la communication, en grande partie grâce aux femmes elles-mêmes, la situation se transformait. Aujourd'hui, le mouvement est fort de plusieurs milliers de nos consœurs AA.

Le clochard disait qu'il était différent. D'une voix plus forte encore, la personnalité en vue (ou l'abruti de Park Avenue) disait la même chose. Les artistes et les professionnels aussi. Les riches, les pauvres, les religieux, les agnostiques, les Indiens, les Esquimaux, les anciens combattants, les prisonniers. Cela se passait il y a bien des années. Aujourd'hui, tous disent à quel point nous sommes tous semblables, nous, les alcooliques, une fois tout considéré.

En 1950, une seule grande question demeurait sans réponse: pouvions-nous communiquer outre-mer? Les AA pouvaient-ils franchir les barrières de races, de langues, de religions, de cultures et de guerres? Pouvaient-ils rejoindre les Norvégiens, les Suédois, les Danois et les Finlandais, les Hollandais, les Allemands, les Français, les Anglais, les Écossais et les Israéliens, les Africains, les Boers, les Australiens, les Latino-Américains, les Japonais, les Hindous et les Musulmans?

C'est ce que nous nous demandions, Lois et moi, quand nous sommes partis pour le continent européen et l'Angleterre cette année-là, afin d'aller nous rendre compte par nous-mêmes. En nous posant en Norvège, *nous avons su que les AA pouvaient aller partout.* Nous ne comprenions pas un mot de norvégien, les lieux et les coutumes nous étaient étrangers. Pourtant, la communication fut merveilleuse dès le départ. Nous avions une incroyable sensation d'unité, nous nous sentions complètement chez nous. Les Norvégiens étaient aussi des nôtres, la Norvège était notre pays. Ils ressentaient la même chose envers nous. Cela se voyait dans leur visage.

En passant d'un pays à l'autre, nous revivions la même aventure magnifique de fraternité. En Angleterre, nous avons connu un amour et une compréhension extraordinaires. En Irlande, nous ne faisions qu'un avec les Irlandais. Partout, partout, c'était la même chose. C'était beaucoup plus qu'une simple rencontre cordiale. Il ne s'agissait pas seulement de comparer de façon intéressante nos expériences et nos aspirations mutuelles. C'était beaucoup plus que cela, c'était des communications de cœur à cœur dans l'émerveillement, dans la joie et dans la gratitude infinie. Lois et moi avons su alors que les AA pouvaient faire le tour du monde, et ils l'ont fait.

Dieu tel que nous le concevons : le dilemme de l'absence de foi

Avril 1961

L'expression « Dieu tel que nous le concevons » est peut-être la plus importante de tout notre vocabulaire des AA. Ces six mots sont d'une telle portée qu'ils englobent toutes les formes et tous les degrés de foi, tout en assurant chacun de nous qu'il est libre de choisir ce qui lui convient. Presque aussi importantes sont pour nous les expressions complémentaires, « une puissance supérieure » et « une puissance plus forte que nous ». Pour tous ceux qui rejettent l'idée de Dieu ou doutent sérieusement de son existence, ces mots ouvrent une porte dont le seuil est facilement franchi par l'incrédule, qui entre alors dans un monde qui lui était jusque-là inconnu, le royaume de la foi.

Chez les AA, de telles percées sont quotidiennes. Elles sont encore plus remarquables quand on songe qu'une foi active a un jour semblé hautement impossible aux yeux de la moitié sans doute de nos 300 000 membres actuels. Tous ces sceptiques ont fait une grande découverte: dès qu'ils pouvaient confier leur principale dépendance à une « puissance supérieure », même s'il s'agissait de leur propre groupe des AA, ils sortaient de l'impasse qui les avait toujours empêchés de voir l'autoroute. À partir de ce moment, à la condition de s'efforcer avec un esprit ouvert et détendu de mettre en pratique le reste du programme des AA, une foi toujours plus grande et plus profonde, un véritable don, faisait son apparition de façon parfois inattendue et souvent mystérieuse.

Il est regrettable que ces faits de la vie des AA ne soient pas compris des légions d'alcooliques qui nous entourent. Un grand nombre d'entre eux sont hantés par l'affligeante conviction que s'ils s'approchent des AA, ils devront adopter une foi ou une théologie particulière. Ils ne voient pas que la foi n'est jamais une condition essentielle à l'appartenance aux AA, qu'un minimum de foi, facile à accepter, suffit pour devenir abstinent, et que nos concepts d'une puissance supérieure et d'un Dieu tel que nous le concevons offrent à chacun un choix presque illimité de croyances et d'actions spirituelles.

L'un de nos plus grands défis en communication est de savoir comment transmettre cette bonne nouvelle, et il n'existe probablement pas de solution facile et radicale. Nos services d'information publique pourraient peut-être mettre davantage l'accent sur cet aspect primordial de la vie du mouvement. Dans nos propres rangs, nous pourrions peut-être devenir plus attentifs au malaise intense de ces malades vraiment isolés et désespérés. Pour leur venir en aide, nous devons faire preuve de la meilleure attitude possible et d'une très grande ingéniosité.

Nous pouvons aussi regarder d'un œil neuf le problème de l'absence de foi à notre porte. Trois cent mille alcooliques se sont rétablis en 25 ans, mais il y en a peut-être 500 000 autres qui sont venus nous voir et qui sont repartis. Certains étaient sans doute trop malades pour avoir même une chance. D'autres ne pouvaient pas ou ne voulaient pas admettre leur alcoolisme. D'autres encore ne pouvaient pas faire face à leurs problèmes de personnalité sous-jacents. Beaucoup sont repartis pour d'autres raisons.

Nous ne pouvons pourtant pas nous contenter de croire que tous ces échecs sont totalement imputables aux nouveaux eux-mêmes. Beaucoup d'entre eux n'ont peut-être pas reçu, en qualité et en quantité, le parrainage dont ils avaient tant besoin. Nous n'avons pas communiqué avec eux quand nous aurions dû le faire. Nous, les AA, nous n'avons pas répondu à leurs attentes. Peut-être plus souvent que nous le croyons, il nous arrive encore de ne pas communiquer en profondeur avec ceux qui font face au dilemme de l'incroyance.

Personne n'est plus sensible qu'eux à la suffisance, à l'arrogance et à l'agressivité spirituelles, et nous l'oublions sans doute trop souvent. Au début du mouvement, je suis moi-même venu bien près de gâcher toute l'entreprise avec ce genre d'arrogance inconsciente. Tout le monde devait croire en Dieu tel que je le concevais. Mon agressivité était parfois subtile, parfois grossière, mais toujours nuisible – et peut-être mortelle – pour nombre d'incroyants. Évidemment, ce problème ne surgit pas seulement dans la pratique de la Douzième Étape, mais risque de se manifester dans toutes nos relations avec les autres. Encore aujourd'hui, je me surprends à chanter le même vieux refrain, qui dresse aussitôt un mur: « Faites ce que je fais, croyez ce que je crois, sinon ... »

Voici un exemple récent du coût élevé de l'arrogance spirituelle. On emmena à sa première réunion des AA un candidat aux idées bien arrêtées. Le premier orateur parla surtout de ses propres habitudes de buveur, ce qui sembla impressionner notre candidat. Les deux autres conférenciers (ou bien étaient-ce des professeurs ?) avaient pris pour thème « Dieu tel que je le conçois ». Leur exposé aurait pu être bon, mais il ne l'a pas été à cause de leur attitude et de leur façon de parler de leur expérience. Ils étaient pleins d'arrogance. Le dernier orateur dépassa largement les bornes en présentant ses propres convictions théologiques. Tous deux reproduisaient fidèlement ma façon de faire antérieure. On retrouvait implicitement dans tout ce qu'ils racontaient, sans qu'ils l'expriment, la même idée: « Écoutez-nous. Nous possédons le seul vrai programme des AA, et vous feriez mieux de nous imiter ! »

Le nouveau dit alors qu'il en avait assez, et c'était vrai. Son parrain eut beau dire que le mouvement n'était pas comme cela, il était trop tard; notre candidat était désormais inaccessible. Il avait aussi une bonne excuse pour retourner boire. La dernière fois que nous avons entendu parler de lui, il semblait avoir un rendez-vous prématuré avec la mort.

Heureusement, une agressivité aussi grossière au nom de la spiritualité n'est plus aussi fréquente aujourd'hui. Pourtant, nous pouvons tirer profit de ce triste et inhabituel épisode. Nous pouvons nous demander si nous ne sommes pas sujets, plus que nous l'avions d'abord supposé, à de tels accès de vanité spirituelle, d'un genre peut-être moins évident mais aussi destructeur. Je suis sûr qu'aucun examen de conscience ne saurait être plus profitable, si nous nous y appliquions constamment. Rien ne saurait améliorer davantage nos communications les uns avec les autres, et avec Dieu.

C'est un soi-disant incroyant qui m'a amené à voir cela très clairement, il y a plusieurs années. Il était médecin, et un bon médecin. Je l'ai rencontré avec sa femme Mary chez un ami dans une ville du Midwest. Il s'agissait d'une soirée mondaine. Je monopolisais presque entièrement la conversation et j'avais pour seul sujet le mouvement des Alcooliques anonymes. Toutefois, ce médecin et sa femme semblaient réellement intéressés, et lui m'a posé beaucoup de questions. L'une de ces questions m'a amené à le soupçonner d'être agnostique, ou peut-être athée.

Je fus tout de suite piqué et j'entrepris de le convertir sur-le-champ. Avec le plus grand sérieux, je me vantai de la spectaculaire expérience spirituelle que j'avais connue l'année précédente. Le docteur demanda doucement si cette expérience ne pouvait pas avoir été autre chose que ce que je pensais. Le coup était dur, et j'ai été carrément impoli. Le médecin ne m'avait pas vraiment provoqué; il était demeuré courtois, d'humeur agréable et même respectueux. D'un air songeur, il me dit qu'il avait souvent désiré avoir une foi solide, lui aussi. Il était clair que je n'avais pas réussi à le convaincre de quoi que ce soit.

Trois ans plus tard, je retournai chez mon ami du Midwest. Mary, la femme du médecin, passa me voir et m'apprit que son mari était mort la semaine précédente. Très émue, elle se mit à me parler de lui.

Il venait d'une famille notoire de Boston et il avait fait ses études à Harvard. Étudiant brillant, il aurait pu devenir un médecin réputé. Il aurait pu jouir d'une clientèle et d'une vie opulentes, entouré d'amis. Il avait plutôt choisi de devenir médecin d'entreprise dans une ville industrielle déchirée par les conflits sociaux. Mary lui demandait parfois de retourner à Boston, mais il prenait sa main et lui disait: « Peut-être as-tu raison, mais je n'arrive pas à me résigner à partir. Je crois que les gens de l'entreprise ont vraiment besoin de moi. »

Mary ne se rappelait pas avoir jamais entendu son mari se plaindre sérieusement de quelque chose ou critiquer quelqu'un avec amertume. Même s'il semblait en parfaite santé, il avait ralenti depuis ces cinq ans. Quand elle le poussait à sortir le soir ou à se rendre au bureau à l'heure, il avait toujours une excuse plausible et aimable. Ce n'est que lorsqu'il tomba soudainement malade qu'elle découvrit qu'il avait été cardiaque tout ce temps et qu'il aurait pu mourir à tout moment. À part un autre médecin de l'entreprise, personne n'était au courant. Quand elle lui en fit le reproche, il lui dit simplement: « Je ne voyais pas l'utilité d'inquiéter les gens, surtout toi, ma chérie. »

Cette histoire est celle d'un homme d'une grande valeur spirituelle, comme le prouvaient ses grandes qualités: humour et patience, douceur et courage, humilité et dévouement, générosité et amour, autant de qualités que je ne viendrai peut-être jamais près d'égaler moi-même. Tel était l'homme que j'avais réprimandé et traité avec condescendance, « l'incrédule » que j'avais cru pouvoir instruire !

Mary m'a raconté cette histoire il y a plus de 20 ans. Pour la première fois, j'ai compris brusquement que la foi peut être vraiment morte, quand elle est sans responsabilité. Ce médecin avait eu une foi inébranlable dans ses idéaux, mais il pratiquait aussi l'humilité, faisait preuve de sagesse et avait le sens des responsabilités. Il me l'avait prouvé.

Mon propre réveil spirituel m'avait donné une foi instantanée, un vrai cadeau. Mais j'avais manqué d'humilité et de sagesse. Je me vantais de ma foi en oubliant mes idéaux. L'orgueil et l'irresponsabilité avaient repris leur place. En me coupant ainsi de ma lumière, il ne me restait pas grandchose à offrir à mes semblables. J'avais donc pour eux une foi morte. Je voyais enfin pourquoi beaucoup d'entre eux étaient repartis, certains pour toujours.

La foi est donc plus que notre don le plus précieux. Savoir la partager avec les autres est notre plus grande responsabilité. Puissions-nous, membres des AA, rechercher continuellement la sagesse et l'empressement qui nous permettent de bien remplir cette immense obligation que l'auteur de tout don parfait nous a confiée.

L'humilité aujourd'hui

Juin 1961

L'humilité absolue n'est pas possible pour les humains. Tout au plus pouvons-nous percevoir le sens et la splendeur d'un idéal si parfait. Comme on peut le lire dans le livre *Les Alcooliques anonymes,* « nous ne sommes pas des saints ... nous parlons de croissance spirituelle plutôt que de perfection spirituelle ». Dieu seul peut prétendre à l'absolu. Les humains ne peuvent que vivre et grandir dans le domaine du relatif. Nous recherchons l'humilité aujourd'hui.

La question est donc de savoir ce que l'on entend au juste par « l'humilité aujourd'hui », et comment savons-nous si nous l'avons trouvée ?

Nous savons tous qu'une culpabilité et une révolte excessives mènent à la pauvreté spirituelle. Mais il nous a fallu beaucoup de temps pour nous rendre compte que l'orgueil spirituel pouvait nous appauvrir encore davantage. Quand nous avons constaté, nous, les premiers membres, à quel point nous pouvions être orgueilleux sur le plan spirituel, nous avons inventé cette phrase: « N'essayez pas d'être parfait d'ici à jeudi ! » Cette vieille mise en garde peut sembler une autre excuse commode pour ne pas faire de son mieux. En y regardant de près, on voit que c'est tout le contraire. C'est la façon des AA de mettre les membres en garde contre l'aveuglement de l'orgueil et l'illusion d'une perfection qui n'est pas la nôtre.

Maintenant que nous ne fréquentons plus les bars ni les bordels, que nous ramenons notre paie à la maison, que nous sommes très actifs dans le mouvement et que les gens nous félicitent de ces progrès, tout naturellement, nous nous mettons à nous féliciter nous-mêmes. Pourtant, nous sommes probablement bien loin de l'humilité. Bien intentionné, mais agissant tout de travers, combien de fois n'ai-je pas dit ou pensé: « J'ai raison, et vous avez tort », « Mon projet est bon, le vôtre est mauvais », « Dieu merci, je n'ai pas à me reprocher vos fautes », « Vous faites du tort au mouvement, et je vais arrêter ça », « Je fais la volonté de Dieu, il est donc de mon bord », et ainsi de suite, à n'en plus finir.

Ce qui est inquiétant, dans cet orgueil aveugle, c'est la facilité avec laquelle il peut être justifié. Pourtant, il n'est pas nécessaire de chercher longtemps pour s'apercevoir que cette justification est trompeuse et détruit partout l'harmonie et l'amour. Elle monte les gens les uns contre les autres, elle soulève les nations les unes contre les autres. Elle fait sembler justes, et même honorables, toutes les folies et toutes les violences. Il ne nous appartient pas de condamner, bien sûr, il suffit de nous regarder nous-mêmes.

Alors comment pouvons-nous faire toujours davantage pour réduire notre culpabilité, notre révolte et notre orgueil ?

Quand je dresse l'inventaire de ces défauts, je fais un dessin et je me raconte une histoire. Mon dessin représente la route de l'Humilité, et mon histoire est une allégorie. D'un côté de la route se trouve un grand marécage. Le bord de la route longe un marais peu profond qui descend doucement jusqu'à cette mer boueuse de culpabilité et de révolte dans laquelle j'ai si souvent pataugé. C'est l'autodestruction qui m'y attend et je le sais. Par contre, la campagne semble belle de l'autre côté de la route. Il y a des clairières invitantes et, derrière, des montagnes magnifiques. Les nombreux sentiers qui mènent à cette contrée semblent sûrs. Je me dis qu'il sera facile de retrouver mon chemin.

Avec plusieurs de mes amis, je décide de faire un petit détour. Nous choisissons un sentier et nous nous y enfonçons avec joie. Bientôt, l'un de nous dit, tout excité: « Peut-être trouverons-nous de l'or sur cette montagne. » À notre grand étonnement, nous en trouvons, pas de ces pépites qui gisent dans les ruisseaux, mais de vraies pièces d'or. Du côté face, on peut lire: « Or pur 24 carats. » C'est sûrement là notre récompense, pensons-nous, pour avoir cheminé laborieusement au soleil sur cette interminable autoroute.

Mais nous remarquons bientôt les inscriptions du côté pile de nos pièces et nous avons d'étranges pressentiments. Sur certaines, les inscriptions sont plutôt attrayantes. « Je suis le pouvoir », « Je suis la gloire », « Je suis la fortune », « Je suis la vertu », peut-on lire. D'autres semblent plus étranges. Par exemple: « Je suis la race supérieure », « Je suis le bienfaiteur », « Je suis la bonne cause », « Je suis Dieu ». Ces inscriptions sont curieuses, mais nous empochons quand même les pièces. Puis, c'est le choc. Nous trouvons en effet des pièces où il est écrit: « Je suis l'orgueil », « Je suis la vengeance », « Je suis la désunion », « Je suis le chaos ». Et enfin, sur une de ces pièces, une seule d'entre elles: « Je suis le Diable ». Certains d'entre nous s'exclament, horrifiés: « Ce n'est pas de l'or, et ce paradis n'est qu'illusion. Allons-nous en d'ici ! »

Plusieurs refusent de venir avec nous. « Restons ici, disent-ils, et faisons le tri de toutes ces pièces. Nous garderons seulement celles qui ont les bonnes inscriptions, par exemple le « pouvoir », la « gloire » et la « vertu ».

Vous regretterez de ne pas être restés avec nous.» Il ne faut pas s'étonner si nos compagnons ont mis des années à retrouver la route.

Ils nous ont raconté l'histoire de ceux qui avaient juré de ne jamais revenir et qui disaient: «Ces pièces sont vraiment en or, et qu'on ne vienne pas nous dire le contraire. Nous allons en amasser autant que nous pourrons. Ces devises sont idiotes, c'est certain, mais il ne manque pas de bois ici pour faire du feu. Nous allons faire fondre toutes ces pièces et à en tirer des lingots massifs d'or pur.» Et les retardataires d'ajouter: «Voilà comment l'or de l'orgueil s'est emparé de nos frères. Quand nous sommes partis, ils se battaient déjà pour les lingots. Les uns étaient blessés, les autres mourants. Ils étaient en train de s'entre-déchirer.»

Cette allégorie est un symbole pour moi, une image qui me dit que je pourrai atteindre «l'humilité aujourd'hui» dans la mesure où je saurai éviter le marécage de la culpabilité et de la révolte, et aussi cette belle et trompeuse contrée, parsemée des pièces d'or de l'orgueil. C'est la seule manière de ne pas perdre de vue la route de l'humilité qui s'étend entre les deux. Un inventaire constant s'impose donc, afin de savoir quand je quitte la route.

Bien sûr, nos premières tentatives dans ce genre d'inventaire risquent fort de manquer de réalisme. J'étais moi-même un as de l'auto-évaluation irréaliste. Je ne voulais voir que les parties de ma vie qui me semblaient bonnes. Puis j'exagérais considérablement les vertus que je supposais avoir acquises et je me félicitais du superbe travail que j'accomplissais. Cet aveuglement inconscient avait chaque fois pour conséquence de transformer mes rares atouts en un lourd handicap. Ce processus étonnant était toujours agréable. Naturellement, il me donnait terriblement envie de faire d'autres «actions d'éclat» pour obtenir toujours plus d'approbation. Je retombais directement dans mes anciennes habitudes à l'époque où je buvais. C'étaient les même objectifs: pouvoir, gloire, louanges. J'avais cependant une meilleure excuse, l'excuse spirituelle. Comme j'avais un objectif spirituel, toute ces absurdités me semblaient parfaitement justifiées. Je ne pouvais pas distinguer les bonnes pièces d'or des mauvaises, et j'en tirais les pires lingots spirituels. Je regretterai toujours le tort causé à mon entourage, et je tremble encore quand je songe au tort que j'aurais pu causer au mouvement et à son avenir.

À cette époque, je ne me préoccupais pas beaucoup des domaines de ma vie où je ne progressais pas. J'avais toujours une excuse. «Après tout, me disais-je, j'ai à m'occuper d'affaires tellement plus importantes.» L'excuse idéale pour le confort et le contentement de soi.

Pourtant, je devais parfois considérer certaines situations où, à première vue, ça n'allait pas du tout. La révolte surgissait aussitôt, puis venait la quête frénétique des excuses. Je m'exclamais d'abord: «Ce ne sont pas des défauts bien graves, après tout.» Quand mon excuse favorite ne tenait plus, je me disais: «Si seulement ces gens-là me traitaient bien, je ne me conduirais pas comme ça.» Puis: «Dieu sait que j'ai ces terribles compulsions. En voilà une que je ne peux pas vaincre. Il devra m'en libérer lui-même.» Venait enfin le moment où je m'écriais: «*Pas* question de *faire cela. Je ne vais même pas essayer.*» Évidemment, mes conflits intérieurs continuaient de grandir, car j'accumulais les excuses et les refus.

Quand je me retrouvais enfin épuisé par tous ces problèmes, il me restait encore une échappatoire: j'allais me vautrer dans le marécage de la culpabilité. L'orgueil et la révolte cédaient le pas à la dépression. Les variations étaient nombreuses, mais le thème de mes lamentations était toujours le même: «Je suis vraiment affreux.» Comme l'orgueil m'avait fait exagérer mes modestes réalisations, la culpabilité me faisait maintenant exagérer mes défauts. Je courais comme un fou, confessant tout (et plus encore!) à qui voulait m'entendre. Croyez-le ou non, je considérais que je faisais ainsi preuve d'une grande humilité; c'était le seul atout qui me restait et ma seule consolation!

Ces périodes de culpabilité n'entraînaient jamais de réel regret des torts que j'avais causés, ni de réelle intention de les réparer. Jamais il ne me venait à l'idée de demander pardon à Dieu, encore moins de me pardonner moi-même. Je ne pouvais évidemment pas examiner mon grand handicap — mon arrogance et mon orgueil spirituel. Je m'étais fermé à la lumière qui m'aurait permis de le voir.

Aujourd'hui, je perçois un lien étroit entre ma culpabilité et mon orgueil. Tous les deux ne servaient qu'à attirer l'attention. L'orgueil me faisait dire: «Regardez-moi. Je suis merveilleux» et la culpabilité me faisait geindre: «Je suis affreux». La culpabilité est en fait le revers de l'orgueil. La culpabilité est orientée vers l'autodestruction et l'orgueil vers la destruction des autres.

C'est pourquoi je considère «l'humilité aujourd'hui» comme un juste milieu entre ces deux grands extrêmes émotifs. C'est un lieu tranquille où je peux conserver suffisamment de bon sens et d'équilibre pour faire un autre petit pas sur la route toute tracée des valeurs éternelles.

Nombreux sont ceux qui ont connu des remous émotifs beaucoup plus grands que les miens. Pour d'autres, ils ont été moindres. Pourtant, il nous arrive encore à tous de les éprouver à l'occasion. Nous ne devons pourtant pas nous en plaindre. Ils semblent nécessaires à notre croissance émotive et spirituelle et ils constituent la matière première de presque tous nos progrès.

On peut se demander si le mouvement n'est qu'un lieu atroce de souffrance et de conflits. Pas du tout. Dans une large mesure, les membres des

AA ont trouvé la paix. Malgré les hésitations, nous avons réussi à atteindre une humilité toujours plus grande, et nous en avons récolté les fruits que sont la sérénité et la joie. Nos détours ne sont plus aussi fréquents ni aussi longs qu'avant.

Au début de cette réflexion, je disais que les idéaux absolus sont bien en dehors de notre portée et de notre compréhension, et que nous manquerions d'humilité en croyant que nous pouvons atteindre la perfection absolue dans notre brève existence terrestre. Une telle présomption serait bien le comble de l'orgueil spirituel.

En raisonnant ainsi, beaucoup de gens refusent de considérer les valeurs spirituelles absolues. Pour eux, les perfectionnistes sont pleins de suffisance parce qu'ils s'imaginent avoir atteint quelque but impossible, ou bien s'enlisent dans la condamnation d'eux-mêmes pour ne pas y être parvenus.

Pourtant, je crois que nous ne devons pas penser ainsi. Ce n'est pas la faute des grands idéaux si nous en abusons parfois et en faisons de piètres excuses pour la culpabilité, la révolte et l'orgueil. Au contraire, on ne peut pas vraiment croître si on n'essaie pas constamment d'imaginer ce que peuvent être ces valeurs spirituelles éternelles. Notre Onzième Étape de rétablissement nous dit: « Nous avons cherché par la prière et la méditation à améliorer notre contact conscient avec Dieu tel que nous le concevions, lui demandant seulement de nous faire connaître sa volonté à notre égard et de nous donner la force de l'exécuter. » Ce qui signifie que nous devrions voir dans la perfection divine un guide plutôt qu'un but à atteindre dans un avenir prévisible.

Par exemple, je suis convaincu que je devrais rechercher la meilleure définition de l'humilité que je puisse envisager. Elle n'aurait pas besoin d'être absolument parfaite. Tout ce que j'ai à faire, c'est d'essayer. Imaginons une définition comme celle-ci: « L'humilité parfaite est un état de complète libération de moi-même, la libération de tous ces défauts qui pèsent si lourdement sur moi. L'humilité parfaite, c'est l'empressement en tout temps et en tout lieu à rechercher et à faire la volonté de Dieu. »

Quand je médite sur cette vision, je ne dois pas être découragé de ne jamais pouvoir atteindre cet idéal, ni présomptueux en pensant posséder un jour toutes ces vertus.

Je n'ai qu'à me laisser pénétrer par cette vision, la laisser croître en moi et remplir mon cœur de plus en plus. Puis, je la comparerai avec mon plus récent inventaire. Je pourrai ainsi avoir une idée juste et saine de ma progression sur la route de l'Humilité. Cela me permettra de voir que mon voyage vers Dieu commence à peine. Ainsi réduit à ma vraie dimension, ma personne et l'importance que je lui accorde me feront sourire. Je pourrai alors croire que je peux emprunter cette route et y progresser avec une confiance et une paix toujours plus profondes. Je saurai une fois de plus que Dieu est bon et que je n'ai rien à craindre. Quel beau cadeau que cette conviction d'avoir une destinée !

En poursuivant ma contemplation de la perfection de Dieu, une autre belle découverte m'attend. Enfant, lorsque j'ai entendu ma première symphonie, j'ai été transporté par cette indicible harmonie. Pourtant, je ne savais à peu près rien de sa nature ou de son origine. Aujourd'hui, quand j'écoute la musique des sphères célestes, j'entends parfois ces accords divins qui me rappellent que le grand compositeur m'aime et que je l'aime aussi.

La question de l'honnêteté

Août 1961

La question de l'honnêteté touche à peu près tous les aspects de notre vie. Il y a, par exemple, le phénomène étonnant et répandu de l'aveuglement. Il y a aussi cette tendance épouvantable à dire la vérité de façon irréfléchie, souvent au mépris de toute prudence et de tout amour. Enfin, il y a ces innombrables circonstances de la vie où la plus totale honnêteté s'impose, même quand nous sommes fortement tentés, par peur et par orgueil, de nous en tenir à des demi-vérités ou à des démentis inexcusables.

Voyons d'abord comment l'aveuglement peut affecter l'intégrité d'une personne.

Je n'ai pas oublié le confort que me procurait le sentiment exagéré de ma propre honnêteté. En Nouvelle-Angleterre, ma famille m'avait appris qu'en affaires, les engagements et les contrats sont sacrés, qu'« un homme est lié par sa parole». J'adorais cette histoire où l'honnête Abraham Lincoln avait fait six milles à pied un jour pour remettre à une pauvre femme les six sous qu'il lui avait demandés en trop dans son épicerie. Ayant reçu une telle éducation, il m'a toujours été facile d'être honnête en affaires, et j'ai conservé cette habitude. Même à Wall Street, où j'ai atterri plusieurs années plus tard, je n'ai jamais roulé personne.

Cette petite parcelle de vertu facilement acquise m'a cependant valu quelques handicaps intéressants. J'étais si absurdement fier de mes critères en affaires que je ne manquais jamais de mépriser mes confrères de Wall Street qui n'hésitaient pas à rouler leurs clients. Cette attitude était arrogante, mais l'aveuglement personnel qui en résultait était pire encore. Mon honnêteté en affaires, dont j'étais si fier, se transforma bientôt en un masque confortable sous lequel je pouvais cacher mes nombreuses failles dans les autres domaines de ma vie. Convaincu de posséder cette vertu, il m'était facile de conclure que je les avais toutes. Pendant des années, cela m'a empêché de me voir comme j'étais. C'est là un exemple commun de notre extraordinaire facilité à nous leurrer nous-mêmes, par moments. De plus, à force de se tromper soi-même, on en vient presque toujours à tromper les autres.

Pour illustrer davantage ce phénomène, voici deux autres cas extrêmes. L'un montre l'aveuglement dans ce qu'il a de plus évident - c'est-à-dire évident pour tous, sauf pour la personne qui se leurre elle-même. L'autre dépeint une forme plus subtile d'aveuglement, dont n'est exempt à peu près aucun être humain.

Un de mes amis avait été un perceur de coffres-forts. Un jour, il m'a raconté cette histoire révélatrice. « Tu sais, me dit-il, je pensais autrefois que je menais ma petite révolution personnelle contre la société. Partout dans le monde, je pouvais voir des pauvres dépouiller des riches. Cela semblait normal. Après tout, ces maudits riches refusaient de partager leurs richesses. Toutes ces révolutions qui visaient à les dépouiller mériteraient sûrement des applaudissements. Pourtant, des gars comme moi qui forçaient les riches à partager n'y avaient pas droit. Après un certain temps, j'ai compris que personne n'aimait les cambrioleurs. Les révolutions, oui, mais pas les cambrioleurs. De toute façon, je ne voyais rien de mal à faire sauter des coffres, à part me faire prendre ! Même après des années passées en prison, je n'avais toujours pas ouvert les yeux. Quand j'ai rencontré les AA, j'ai lentement commencé à me mettre dans le crâne qu'il y a de bonnes et de mauvaises révolutions. Petit à petit, j'ai commencé à voir à quel point je m'étais trompé. J'avais vraiment été fou. Je ne pourrai jamais expliquer autrement comment j'ai pu agir de façon aussi imbécile. »

J'ai un autre ami chez les AA qui est quelqu'un de bien et de gentil. Il est récemment entré dans une grande communauté religieuse, où les frères passent beaucoup d'heures par jour en contemplation. Mon ami avait donc tout le temps de faire son inventaire. Plus il s'examinait, plus il découvrait son aveuglement inconscient. Il était aussi étonné de sa facilité à fabriquer des excuses compliquées et tortueuses pour se justifier. Il en a conclu que le bon droit orgueilleux des « honnêtes gens » peut parfois être aussi destructeur que les défauts flagrants des supposées crapules. Il plonge donc quotidiennement son regard à l'intérieur de lui-même, puis le tourne vers Dieu, afin de mieux voir où il en est par rapport à l'honnêteté. Une certitude absolue résulte de chacune de ses méditations : il lui reste encore beaucoup de chemin à parcourir.

La manière et le moment que nous choisissons pour dire la vérité – ou pour nous taire – montrent aussi souvent la différence entre une véritable intégrité et l'absence d'intégrité. Notre Neuvième Étape nous met clairement en garde contre l'abus de vérité quand elle nous dit: « Nous avons réparé nos torts directement envers ces personnes chaque fois que c'était possible, sauf lorsqu'en ce faisant nous pouvions leur nuire ou faire tort à d'autres. » Parce qu' il montre que la vérité peut servir à blesser autant qu'à apaiser, ce précieux principe peut certainement s'appliquer de façon très large au développement de l'intégrité.

Chez les AA, par exemple, nous parlons beaucoup les uns des autres. Si nos intentions sont pures, il n'y a rien de mal à cela. Par contre, il en va tout autrement des commérages nuisibles. Même si tous ces ragots se fondent sur des faits, jamais un tel abus des faits ne pourra ressembler de loin ou de près à l'intégrité. Comment prétendre que cette sorte d'honnêteté superficielle peut faire de bien à qui que ce soit ? Il nous faut vraiment faire notre propre examen de conscience. Après avoir cédé au commérage, nous pourrions nous poser les questions suivantes: « Pourquoi avoir dit ces choses ? Voulions-nous seulement aider et informer ? Ne voulions-nous pas plutôt nous sentir supérieurs en confessant les fautes d'autrui ? Par peur ou antipathie, ne voulions-nous pas lui faire tort ? » Ce serait une bonne façon de nous examiner honnêtement nous-mêmes, plutôt que l'autre. C'est ce qui distingue le bon usage de la vérité de son abus. Immédiatement, nous commençons à retrouver l'intégrité perdue.

Parfois, il n'est pas toujours aussi facile de découvrir nos vraies raisons. Il nous arrive de croire que nous devons révéler des faits vraiment nuisibles afin de mettre un terme aux ravages de certains fauteurs de troubles. « C'est pour le bien des AA », nous écrions-nous. Armés de cette justification souvent fausse, nous nous lançons vertueusement à l'attaque. Bien sûr, il peut être nécessaire de corriger une situation nuisible. Bien sûr, nous pouvons être forcés d'utiliser certains faits désagréables. Tout dépend de la façon dont nous nous comportons. Nous devons être certains de ne pas dénoncer la paille dans l'œil du voisin, tout en ne voyant pas la poutre dans le nôtre. Nous ferions bien de nous poser les questions suivantes: « Comprenons-nous bien ceux qui sont mêlés à cette affaire ? Sommes-nous sûrs de bien connaître tous les faits ? Est-il réellement nécessaire d'intervenir ou de critiquer ? Sommes-nous absolument certains de ne pas être poussés par la peur ou par la colère ? » Une fois cet examen terminé, nous sommes certains d'agir avec la prudence, le discernement et l'amour dont nous aurons toujours besoin pour demeurer intègres.

Voici un autre aspect du problème de l'honnêteté. Nous pouvons facilement nous servir de la malhonnêteté supposée des autres comme d'une bonne excuse pour ne pas remplir nos propres obligations. J'ai moi-même traversé cette période. Certains amis remplis de préjugés m'avaient exhorté à ne jamais retourner à Wall Street. Ils étaient convaincus que le matérialisme rampant et la duplicité qui y régnaient auraient tôt fait de stopper ma croissance spirituelle. Ce conseil me sembla si noble que je demeurai à l'écart du seul métier que je connaissais.

Quand enfin notre ménage se retrouva sans un sou, je pris soudain conscience que je n'avais jamais pu faire face à l'idée d'un retour au travail. Je suis donc finalement retourné à Wall Street et je ne l'ai jamais regretté. J'avais besoin de découvrir qu'il y a beaucoup d'excellentes personnes dans le quartier des affaires de New York. Il fallait aussi que je fasse l'expérience de l'abstinence dans le milieu même où l'alcool était venu à bout de moi. J'ai connu tous ces bienfaits et beaucoup d'autres. En fait, un énorme dividende a résulté directement de ma décision de retourner à contrecœur à la bourse. C'est en effet lors d'un voyage d'affaires pour Wall Street à Akron en Ohio, en 1935, que j'ai rencontré pour la première fois Dr Bob, futur cofondateur des Alcooliques anonymes. La naissance même des AA est donc liée à mes efforts pour gagner ma vie.

Laissons de côté ce sujet captivant de l'aveuglement et jetons un coup d'œil sur certaines situations pénibles de la vie auxquelles nous devons nous attaquer de front et avec fermeté. Supposons qu'il faut remplir une demande d'emploi où figure la question suivante: « Avez-vous déjà souffert d'alcoolisme ou avez-vous déjà été hospitalisé ? » À titre de membres des AA, nous pouvons sûrement donner une réponse rassurante. Nous croyons presque tous qu'il ne faut rien de moins que la vérité absolue dans une telle situation. La plupart des employeurs respectent notre mouvement et apprécient ce genre d'honnêteté, surtout lorsque nous révélons notre appartenance aux AA et témoignons des résultats. Et il y a bien d'autres problèmes de la vie courante qui demandent la même franchise. La plupart du temps, les situations qui exigent la plus grande honnêteté sont claires et faciles à reconnaître. Nous n'avons qu'à y faire face, sans tenir compte de la peur ou de l'orgueil. Sinon, nous allons sûrement souffrir de plus en plus de ces conflits que seule la simple honnêteté peut résoudre.

Dans certaines circonstances, toutefois, la vérité dite de façon irréfléchie peut causer des ravages étendus et faire un tort irréparable à d'autres. Quand elles se présentent, nous risquons de nous retrouver dans une mauvaise position, déchirés entre deux tentations. Notre conscience peut être si tourmentée que nous jetons par-dessus bord toute prudence et tout amour. Nous cherchons à nous libérer en disant la vérité brutalement, sans nous préoccuper des blessures qu'elle peut occasionner. Ce n'est habituellement pas ce qui nous tente le plus. Il est probable que nous irons à l'autre extrême. Nous allons nous peindre un tableau peu réaliste de l'épouvantable tort que nous nous apprêtons à causer à d'autres. Au nom de notre compassion et de notre amour pour nos supposées victimes, nous nous préparons à dire un gros mensonge, sans l'ombre d'une hésitation.

Quand la vie nous met devant un dilemme aussi déchirant, nous ne pouvons être blâmés de ne pas savoir quoi faire. En fait, notre premier devoir est d'admettre que nous ne savons pas quoi faire. Nous pourrions avoir à admettre que, pour le moment, nous sommes incapables de départager ce qui est bien de ce qui est mal. Il nous sera aussi très difficile d'admettre que nous ne sommes pas sûrs de connaître la volonté de Dieu parce que nos prières sont pleines de demandes insensées. C'est le moment de demander conseil à nos amis les plus sûrs. Il n'y a rien d'autre à faire.

Si je n'avais pas bénéficié de conseillers aimants et sages, je crois que j'aurais craqué il y a longtemps. Un médecin m'a un jour sauvé de la mort par alcoolisme en me forçant à voir la gravité de ma maladie. Un autre médecin, psychiatre celui-là, m'a permis de conserver ma raison en m'aidant à déterrer certains défauts profonds. Un ecclésiastique m'a permis d'acquérir les principes vrais qui sont aujourd'hui à la base de notre mode de vie. Ces précieux amis m'ont apporté beaucoup plus que leur compétence professionnelle. J'ai appris que je pouvais toujours recourir à eux, peu importe mes problèmes. Leur sagesse et leur intégrité étaient à mon entière disposition. Beaucoup de mes amis les plus chers chez les AA ont agi avec moi exactement de la même façon. Souvent, ils ont pu m'aider alors que d'autres ne le pouvaient pas, simplement parce qu'ils étaient des AA.

Nous ne pouvons évidemment pas nous en remettre entièrement à nos amis pour régler toutes nos difficultés. Un bon conseiller ne pensera jamais à notre place. Il sait que la décision finale nous appartient. Par contre, il nous aidera à éliminer la peur, la précipitation et l'aveuglement, nous permettant ainsi de faire des choix charitables, sages et honnêtes.

Il est essentiel de savoir choisir cet ami. Nous devons rechercher une personne d'une grande compréhension, et l'écouter attentivement. De plus, nous devons être absolument certains que notre futur conseiller saura respecter la plus stricte confidentialité. Cela ne devrait poser aucun problème s'il est prêtre, médecin ou avocat. Par contre, si nous choisissons un ami membre, nous ne devons pas hésiter à lui rappeler la nécessité du secret. Les conversations intimes sont si fréquentes et si faciles entre les membres que notre conseiller pourrait parfois oublier de respecter nos confidences. Le caractère sacré de ces rapports humains, si nécessaires à notre rétablissement, ne doit jamais être violé.

Des rapports aussi privilégiés comportent de précieux avantages. Ils sont l'occasion idéale d'être aussi honnêtes que nous le pouvons. Nous n'avons pas, en effet, à nous soucier du tort que nous pourrions causer à d'autres, ni à craindre le ridicule ou la condamnation. C'est aussi la meilleure façon pour nous de repérer notre aveuglement.

Si nous nous leurrons nous-mêmes, un conseiller aguerri le verra tout de suite. Lorsqu'il nous aidera à échapper à notre imagination, nous serons surpris de découvrir que nous n'éprouvons plus autant le besoin de nous défendre contre des vérités désagréables. Grâce à lui, la peur, l'orgueil et l'ignorance disparaîtront facilement. Après un certain temps, nous découvrirons que notre intégrité repose maintenant sur une base nouvelle et solide.

Poursuivons donc nos efforts pour débusquer l'aveuglement sous toutes ses formes. Prenons bien soin de tempérer notre honnêteté par la prudence et l'amour. Au besoin, ne reculons jamais devant la plus grande franchise.

Nous, membres des AA, nous savons à quel point la vérité nous libère. Elle a coupé les liens qui nous enchaînaient à l'alcool. Elle continue de nous libérer de nos conflits et de nos souffrances. Elle élimine la peur et l'isolement. L'unité de notre mouvement, notre amour les uns pour les autres auquel nous tenons tant, et l'estime du monde extérieur nous viennent de l'intégrité que nous avons eu, grâce à Dieu, le privilège d'acquérir. Hâtons-nous donc de rechercher une honnêteté encore plus authentique et plus profonde dans tous les domaines de notre vie.

La question de la peur

Janvier 1962

Il est dit dans le livre des AA que la peur est le fil pourri et corrosif qui forme la trame de notre existence. Il est certain que la peur freine la raison et l'amour, et elle déclenche invariablement la colère, l'orgueil et l'agressivité. Elle sous-tend la culpabilité larmoyante et la dépression paralysante. Le président Roosevelt faisait un jour cette sage remarque: « Nous n'avons rien à craindre que la peur elle-même. »

Voilà un jugement sévère, et peut-être un peu trop catégorique. Malgré son côté destructeur, la peur peut aussi être le point de départ de choses positives. Elle peut être un premier pas vers la prudence et le respect des autres. Elle peut indiquer aussi bien la voie de la justice que celle de la haine. Plus nous aurons le sens du respect et de la justice, plus nous trouverons cet amour qui peut endurer beaucoup, tout en étant donné gratuitement. La peur n'a pas à être toujours destructrice si les leçons qu'elle nous enseigne peuvent mener à des valeurs positives.

La libération de la peur est l'affaire de toute une vie, une entreprise qu'on ne peut jamais mener totalement à terme. Quand nous sommes rudement attaqués, gravement malades ou dans une situation de grande insécurité, nous réagissons bien ou mal selon les cas. Seuls les vaniteux déclarent être totalement libérés de la peur, mais leur suffisance même est ancrée dans des peurs temporairement oubliées.

Il y a donc deux choses à faire devant le problème de la peur. Nous devons tenter de nous libérer du plus grand nombre de peurs possible. Puis, nous devons chercher le courage et la grâce de faire face de façon constructive à celles qui restent. Chercher à comprendre nos peurs et celles des autres n'est que la première étape. La grande question est de savoir quoi faire ensuite.

Depuis les débuts du mouvement, j'ai pu observer des milliers de membres qui devenaient de plus en plus capables de comprendre et de surmonter leurs peurs. Leur exemple m'a toujours aidé et encouragé. Il se peut donc que ma propre expérience de la peur et de son élimination partielle aide aussi quelqu'un.

Enfant, j'ai connu quelques chocs émotifs assez graves. Il y avait beaucoup de problèmes dans ma famille, j'étais gauche physiquement, etc. Il y a d'autres enfants qui connaissent ces handicaps émotifs et qui s'en sortent indemnes. Pas moi. J'étais évidemment trop sensible et par conséquent trop peureux. J'ai développé une réelle phobie, celle de ne pas être comme les autres jeunes et de ne jamais pouvoir le devenir. Elle m'a d'abord conduit à la dépression, et je me suis isolé.

Toutes ces détresses d'enfant engendrées par la peur sont devenues insupportables au point de me rendre très agressif. Croyant que je ne serais jamais accepté nulle part et jurant de ne jamais me contenter d'une position inférieure, j'ai cru que je devais dominer en tout, au jeu comme au travail. Quand cette séduisante formule pour mener une belle vie a commencé à réussir, selon mes critères de réussite, j'ai été transporté de joie.

Par contre, s'il m'arrivait d'échouer dans une entreprise, j'étais rempli d'un ressentiment et d'une dépression que seul mon prochain succès pouvait guérir. Très tôt, j'ai donc tout évalué comme des victoires ou des défaites. C'était tout ou rien. Ma seule satisfaction était de gagner.

Ce faux antidote contre la peur est vite devenu une habitude de plus en plus profondément ancrée en moi. Elle m'a suivi pendant mes études, pendant la Première Guerre mondiale, tout au long de ma carrière mouvementée de buveur à Wall Street, et enfin jusqu'à mon effondrement total. À ce moment-là, l'adversité ne me stimulait plus et je ne savais pas si ma plus grande peur était de vivre ou de mourir.

Même si la peur que j'ai connue est très répandue, il y en a évidemment beaucoup d'autres sortes. Les manifestations de la peur et les problèmes qu'elles entraînent sont si nombreux et si complexes qu'il est impossible, dans ce court article, de les examiner en détail. Nous devons nous contenter de passer en revue les outils et les principes spirituels qui peuvent nous permettre de faire face à la peur sous toutes ses formes.

Pour ma part, j'ai commencé à me libérer de la peur par la foi. Cette foi m'amène à croire, en dépit de toutes les indications contraires dans le monde, que je vis dans un univers qui a un sens. Elle se traduit, pour moi, en la croyance en un Créateur tout-puissant qui est justice et amour, un Dieu qui a pour moi un but, un sens et une destinée : tendre, même lentement, même en hésitant, vers son image et sa ressemblance. Avant d'avoir la foi, je vivais comme un extra-terrestre dans un univers qui trop souvent me semblait hostile et cruel. Je ne pouvais y trouver aucune sécurité intérieure.

Carl Jung, l'un des trois fondateurs de la psychologie moderne de l'inconscient, avait une conviction profonde au sujet du grand dilemme du monde actuel. Il pensait que toute personne qui atteint la quarantaine sans parvenir à comprendre qui elle est, où elle est et où elle va ne peut éviter de devenir plus ou moins névrotique. Cela est vrai, que ses pulsions sexuelles de jeunesse, sa soif de sécurité matérielle ou son désir d'occuper une place dans la société aient été satisfaits ou non. Quand ce bon docteur dit « névrotique », il pourrait tout aussi bien dire « poussé par la peur ».

Voilà précisément pourquoi, chez les AA, nous accordons tant d'importance à la nécessité de croire en une puissance supérieure, que nous définissons à notre manière. Nous devons apprendre à vivre dans un univers spirituel de grâce qui représente certainement une nouvelle dimension pour la plupart d'entre nous. Nous découvrons avec surprise que la recherche de ce royaume n'est pas si difficile. Nous commençons d'habitude à y entrer consciemment dès que nous avouons sincèrement notre impuissance à continuer seul et que nous faisons appel à un Dieu, quel qu'il soit ou puisse être. Il en résulte le don de la foi et le sentiment qu'il existe une puissance supérieure. La foi grandit, et aussi la sécurité intérieure. La grande peur sous-jacente du néant commence à se résorber. C'est pourquoi les AA croient que le principal antidote contre la peur est le réveil spirituel.

Il se trouve que ma propre inspiration spirituelle m'est venue en un éclair de façon absolument convaincante. Je suis soudainement devenu une partie, une partie minuscule, d'un univers régi par la justice et l'amour de Dieu. Les conséquences de mon entêtement et de mon ignorance, ou de ceux de mes semblables sur terre, ne changeaient rien à cette vérité. J'avais une certitude nouvelle et absolue qui ne m'a jamais quitté depuis. Il m'a été donné d'apercevoir, au moins pendant un moment, ce qu'était l'absence de peur. Évidemment, le don de la foi que j'ai reçu ne diffère pas essentiellement du réveil spirituel qu'ont connu d'innombrables membres des AA. Il fut tout simplement plus soudain. Malgré son importance, cette nouvelle façon de voir les choses ne constituait pour moi que le point de départ d'une longue marche qui conduit de la peur à l'amour. Ma vieille anxiété, profondément ancrée, n'est pas disparue à jamais en un instant. Elle réapparaissait, et parfois de façon alarmante.

Ayant été gratifié d'une expérience spirituelle aussi spectaculaire, il n'est pas surprenant que la première phase de ma vie chez les AA ait été marquée par beaucoup d'orgueil et de soif du pouvoir. Je voulais absolument mener les autres, avoir leur approbation, être le chef. Bien plus, je pouvais maintenant justifier mon comportement: j'agissais pour la bonne cause !

Heureusement, cette phase de vanité plutôt flagrante qui a duré quelques années a été suivie par une série de malheurs. Je recherchais l'approbation des autres, par peur évidemment de ne pas en avoir assez, et j'ai commencé à me heurter aux membres qui avaient les mêmes tendances que moi. Par conséquent, ceux-ci se sont mis à vouloir protéger le mouvement de mon influence et j'ai fait la même chose vis-à-vis d'eux. C'était devenu notre occupation principale. Comme de raison, il en est résulté de la colère, des soupçons et toutes sortes d'épisodes terrifiants. C'est à cette époque particulière, et aujourd'hui plutôt amusante, de notre histoire que nombre d'entre nous ont recommencé à se prendre pour Dieu. Pendant quelques années, les AA assoiffés de pouvoir s'en sont donné à cœur joie. Pourtant, c'est dans ce contexte redoutable que furent formulées les Douze Étapes et les Douze Traditions des AA. Ces principes étaient essentiellement destinés à réduire notre ego, et donc à réduire nos peurs. Nous espérions qu'ils allaient nous garder dans l'unité et dans un amour toujours plus grand les uns envers les autres, et envers Dieu.

Nous avons appris graduellement à accepter les défauts et les vertus des autres. C'est à cette époque qu'est née cette formule forte et pleine de sens: « Sachons toujours aimer chez les autres ce qu'il y a de mieux, et ne jamais craindre ce qu'il y a de pire. » Après une dizaine d'années passées à essayer d'insuffler à notre association cette sorte d'amour et à appliquer les Étapes et les Traditions à la réduction des egos, nous avons cessé d'avoir peur pour la survie du mouvement.

La pratique individuelle des Douze Étapes et des Douze Traditions dans notre vie nous a aussi libérés de façon incroyable de la peur sous toutes ses formes, en dépit de la prédominance de problèmes personnels immenses. Là où la peur subsistait, nous savions la reconnaître et, avec la grâce de Dieu, nous pouvions y faire face. Chaque obstacle devenait pour nous une occasion que nous donnait Dieu de développer ce courage, né de l'humilité plutôt que de la bravade. Nous étions désormais capables de nous accepter nous-mêmes, d'accepter notre situation particulière, et d'accepter nos semblables. Avec la grâce de Dieu, nous avons même pris conscience que nous pouvions mourir décemment, dignement et dans la foi, sachant que « le Père est à l'œuvre ».

Nous vivons actuellement dans un monde en proie plus que jamais à des peurs destructives. Nous y trouvons pourtant de grandes zones de foi, de soif de justice et de fraternité. Par contre, aucun prophète n'oserait prédire si la planète s'embrasera ou si elle connaîtra, selon le dessein de Dieu, le début de l'ère la plus brillante qu'ait connue l'humanité. Pour nous, membres des AA, il est facile de comprendre ce qui se passe. Nous avons vécu en microcosme, chacun dans notre propre vie, le même genre d'incertitude terrifiante. Sans aucun orgueil, nous pouvons affirmer que nous ne craignons pas l'avenir du monde, peu importe ce qui arrivera. Nous sommes maintenant capables de croire profondément et de dire: « Nous ne craindrons pas le mal. Que ta volonté soit faite, et non la nôtre. »

L'histoire suivante a souvent été racontée, mais elle mérite bien d'être répétée une fois de plus. Le jour où s'abattit sur notre pays l'épouvantable tragédie de Pearl Harbor, un ami des AA, qui était aussi l'une des figures spirituelles les plus marquantes que nous connaîtrons jamais, déambulait dans une rue de St. Louis. Je veux parler, bien sûr, du bien-aimé père Edward Dowling, de l'ordre des jésuites. Même s'il n'était pas alcoolique, le père Dowling avait été l'un des fondateurs et la principale inspiration du groupe encore peu solide des AA de la ville. Comme beaucoup de ses amis, d'ordinaire sobres, s'étaient déjà réfugiés dans la bouteille afin d'oublier les conséquences du désastre de Pearl Harbor, le père Ed était évidemment angoissé à la pensée que son cher groupe des AA pourrait en faire autant. À ses yeux, cela aurait été une tragédie aussi grave.

Un membre des AA abstinent depuis moins d'un an lui emboîta le pas et engagea avec lui une conversation animée, centrée sur les AA. À son grand soulagement, le père Ed vit que son compagnon était parfaitement abstinent. Il ne souffla pas mot, non plus, de la tragédie de Pearl Harbor.

Agréablement surpris, le bon père demanda: « Comment se fait-il que tu ne dises rien sur Pearl Harbor ? Comment peux-tu accepter si bien un tel coup ? »

« Eh bien, lui répondit le membre, votre question me surprend. Ne savez-vous pas que chaque membre des AA a déjà connu son propre Pearl Harbor ? Alors, dites-moi, pourquoi ne pourrions-nous pas, nous, les alcooliques, tenir le coup encore une fois ? »

Qu'est-ce que l'acceptation ?

Mars 1962

L'une des façons de saisir la signification du principe de l'acceptation, c'est de le placer dans le contexte de la prière des AA, si souvent répétée: « Mon Dieu, donnez-moi la sérénité d'accepter les choses que je ne puis changer, le courage de changer les choses que je peux, et la sagesse d'en connaître la différence. »

Essentiellement, nous demandons la grâce qui nous permettra de croître spirituellement, peu importe les circonstances. Cette prière met l'accent sur la nécessité d'une sagesse qui sait distinguer ce qui est possible et ce qui ne l'est pas. Nous verrons aussi, en tentant de mettre en pratique cet important principe, que le formidable éventail de souffrances et de problèmes de la vie demande souvent bien des degrés d'acceptation.

Tantôt, il nous faut trouver la bonne forme d'acceptation pour chaque jour. Tantôt, il nous faut accepter ce qui pourrait arriver demain. Tantôt encore, nous devons accepter une situation qui pourrait bien ne jamais changer. Et puis, il nous faut souvent une acceptation juste et réaliste de nos défauts les plus graves et de ceux des gens qui nous entourent, des défauts qu'il faudra peut-être mettre des années à corriger – et qui ne le seront peut-être jamais.

Nous connaîtrons tous des échecs, certains réparables, d'autres pas. Nous connaîtrons souvent la défaite, parfois accidentellement, parfois par notre propre faute, parfois encore à cause de l'injustice et de la violence d'autres personnes. La plupart d'entre nous auront leur part de succès matériel, ce qui posera le problème très difficile d'une bonne forme d'acceptation. Enfin, il y aura la maladie et la mort. Comment accepter tout cela?

Il est toujours utile d'analyser les emplois abusifs de cet excellent mot «acceptation». On peut fausser son sens afin de justifier à peu près toutes les sortes de faiblesses, d'absurdités et de folies. Par exemple, nous pouvons «accepter» l'échec de façon permanente, sans jamais aucun avantage ni solution. Nous pouvons «accepter» la réussite matérielle avec orgueil, comme si elle venait entièrement de nous. Nous pouvons aussi «accepter» la maladie et la mort comme la preuve évidente de l'hostilité de l'univers et de la non-existence de Dieu. Nous, les AA, nous sommes habitués à déformer ainsi le mot «acceptation». Il nous faut donc constamment nous rappeler que nous utilisons ces déformations simplement pour trouver des excuses. Nous sommes, ou nous avons été, les champions du monde à ce jeu de perdants.

Voilà pourquoi nous chérissons tant notre prière de la Sérénité. Elle met dans notre vie une lumière nouvelle, qui nous permet de perdre notre vieille et presque mortelle habitude de nous leurrer nous-mêmes. À la lumière de cette prière, nous constatons qu'une défaite, acceptée de la bonne façon, n'est pas nécessairement un désastre. Nous savons maintenant qu'il n'est pas nécessaire de fuir ni de tenter de vaincre l'adversité en fonçant en avant comme un bulldozer, ce qui ne fait que pousser les obstacles devant nous plus vite que nous pouvons les abattre.

En entrant chez les AA, nous héritons d'une expérience très différente. Notre nouvelle façon de demeurer abstinents se fonde littéralement sur la proposition suivante: «Nous-mêmes, nous ne sommes rien; c'est le Père qui fait tout.» Ces idées sont clairement énoncées dans les Première et Deuxième Étapes de notre programme de rétablissement: «Nous avons admis que nous étions impuissants devant l'alcool et que nous avions perdu la maîtrise de notre vie», «Nous en sommes venus à croire qu'une Puissance supérieure à nous-mêmes pouvait nous rendre la raison». Nous ne pouvions vaincre l'alcool avec les ressources qui nous restaient, et nous avons donc dû accepter aussi que nous dépendions d'une puissance supérieure (ne serait-ce que notre groupe des AA) pour accomplir cette tâche jusque-là impossible. Dès que nous avons été pleinement capables d'accepter ces faits, nous avons commencé à être libérés de l'obsession de boire. Il a fallu à la plupart d'entre nous beaucoup d'efforts pour accepter ces deux faits. Nous avons dû mettre de côté notre belle philosophie de l'autosuffisance. Ce n'est pas notre vieille volonté qui nous aidait. Il nous a fallu plutôt être disposés à accepter ces nouvelles réalités de la vie. Il ne fallait ni fuir ni nous battre, mais accepter. C'est ce que nous avons fait, et alors nous avons été libérés. Il n'y a pas eu de catastrophe irréparable.

Ce genre d'acceptation et de foi peut entraîner une abstinence absolue. C'est ce qui se produit habituellement. Il le faut bien, sinon nous ne pourrions plus vivre. Par contre, quand nous adoptons la même attitude pour nos problèmes émotifs, les résultats ne peuvent être que relatifs. Personne ne peut, par exemple, se libérer complètement de la peur, de la colère et de l'orgueil. C'est pourquoi, nous n'atteindrons jamais sur terre l'humilité ou l'amour parfaits. Pour la plupart de nos problèmes, nous allons donc devoir nous contenter de progrès très graduels, ponctués parfois d'échecs cuisants. Nous allons devoir mettre de côté notre vieille attitude du « tout ou rien ».

Par conséquent, notre tout premier problème est d'accepter notre situation actuelle telle qu'elle se présente, de nous accepter tels que nous sommes, et d'accepter les gens qui nous entourent tels qu'ils sont. Sans cette attitude humble et réaliste, aucun progrès véritable ne peut même être envisagé. Bien des fois, il nous faudra revenir à ce point de départ peu flatteur. Nous pourrons avantageusement répéter cet exercice d'acceptation tous les jours de notre vie. Nous devons éviter à tout prix de faire de ces examens réalistes de notre vie des excuses irréalistes pour notre apathie et notre défaitisme; ils deviendront ainsi le fondement solide d'une meilleure santé émotive et donc de notre croissance spirituelle. C'est en tout cas ce qui semble m'être arrivé.

Je fais un autre exercice; je tente de faire l'inventaire complet des bienfaits que j'ai reçus et de bien accepter ensuite ces nombreux cadeaux matériels ou spirituels. Je recherche une attitude de gratitude dans la joie. Une telle gratitude, constamment réaffirmée et méditée, arrivera à déloger ma tendance naturelle à me féliciter moi-même pour les progrès qu'il m'a été donné de réaliser dans certains domaines de ma vie. Je m'efforce de m'accrocher à la certitude qu'un cœur comblé et reconnaissant ne peut être plein de vanité. Un cœur débordant de gratitude ne peut engendrer qu'un amour altruiste, sans doute la plus belle émotion qui soit.

Dans les périodes de grandes difficultés, l'acceptation reconnaissante et constante des bienfaits reçus peut aussi me procurer un peu de cette sérénité dont parle notre prière. Quand la pression devient trop forte, j'allonge ma promenade quotidienne et je répète lentement la prière de la Sérénité, en suivant le rythme de mes pas et de ma respiration. Lorsque j'ai le sentiment que ma douleur me vient en partie des autres, je tâche de me redire: « Mon Dieu, donnez-moi la sérénité d'aimer en eux ce qu'il y a de meilleur, et de ne jamais craindre ce qu'il y a de pire. » Cette simple méthode d'apaisement par la répétition, reprise parfois pendant des jours, m'a presque toujours redonné une perspective et un équilibre émotif acceptables.

Une autre étape utile consiste à affirmer résolument que la douleur peut engendrer la compréhension. En fait, la douleur est l'un de nos plus grands professeurs. Bien que je trouve encore difficile d'accepter la souffrance et l'anxiété que je ressens aujourd'hui avec beaucoup de sérénité – comme en semblent capables ceux qui ont une meilleure vie spirituelle – je parviens quand même, au prix de quelques efforts, à remercier Dieu de cette souffrance. Pour cela, je considère attentivement les leçons que m'ont enseignées les souffrances passées et qui m'ont procuré les bienfaits dont je jouis aujourd'hui. Je peux, si je m'y applique, me rappeler comment le supplice de l'alcoolisme, la souffrance causée par la révolte et l'orgueil contrarié m'ont souvent fait trouver la grâce de Dieu, et une liberté nouvelle. Au cours de ma promenade, je me répète donc d'autres phrases, telles que: « La souffrance est la première pierre du progrès», «Tu n'as rien à craindre », « Cela aussi passera », « Je peux tirer profit de cette expérience ».

Ces bouts de prière me procurent beaucoup plus qu'un simple réconfort. Ils me permettent de ne pas perdre de vue l'acceptation vraie. Ils éliminent ma tendance obsessive à la culpabilité, à la dépression, à la révolte et à l'orgueil. Ils me donnent parfois le courage de changer les choses que je peux changer, et la sagesse de les reconnaître.

Je recommande vivement ces puissants exercices d'acceptation à ceux qui ne les ont jamais vraiment essayés, la prochaine fois qu'ils seront soumis à de fortes pressions. Et même, pourquoi pas, en toutes circonstances!

Quand la volonté entre en ligne de compte

Mai 1962

Il y a toujours eu beaucoup de confusion au sujet de l'exercice de la volonté. Quand nous disons dans nos Étapes: «Nous avons admis que nous étions impuissants devant l'alcool ...», nous affiirmons un fait qui a toujours été vrai au sujet de notre maladie, à savoir qu'il ne sert à rien d'attaquer de front notre désir de boire avec notre volonté.

Cette dure vérité est notre point de départ. Nous reconnaissons que nous ne pouvons venir à bout de la folie par la seule force de notre volonté. Dieu sait si les alcooliques s'y sont essayés souvent et ont en général échoué. Personne ne se ferait beaucoup d'illusions si tous les kleptomanes promettaient de ne plus voler. Par rapport au vol, le kleptomane est un malade et un obsédé. Bien que tous n'admettent pas encore ce genre de compulsion chez l'ivrogne, parce que l'alcool est socialement acceptable, il n'en demeure pas moins que l'alcoolique est un grand malade lui aussi. Par conséquent, notre Première Étape a raison de déclarer que nous sommes incapables de venir à bout de l'envoûtement de l'alcool avec nos seuls moyens ou notre volonté.

Pourtant, même cette Première Étape nous demande de faire acte de volonté, d'admettre que par notre seule volonté nous ne pouvons nous attaquer de front à l'alcool. Ce n'est que le début. Toutes les autres Étapes des AA demandent à la fois de l'acceptation et de la volonté. Elles traitent bel et bien de valeurs morales et religieuses.

Nous devons par exemple en venir à vouloir faire notre inventaire moral. Il nous faut ensuite avoir le bons sens de passer vraiment à l'action. Nous pouvons vouloir croire en l'efficacité de la Douzième Étape, celle de la transmission de notre message à d'autres. Par contre, si on nous réveille à minuit, il nous faudra peut-être une quantité énorme de volonté pour aller faire cette visite de la Douzième Étape.

Voici un autre exemple. On demande à l'athée et à l'agnostique d'avoir l'esprit ouvert quand il est question de Dieu. Cela semble exiger un grand effort de volonté. Quand on suggère ensuite à ces personnes de s'adresser à Dieu, quel qu'il soit, au moyen de la prière et de la méditation, elles trouvent en général que cela demande beaucoup de discipline, même à titre de simple expérience.

En appliquant notre empressement et notre volonté aux problèmes de la vie en général, nous finirons par être libérés du désir de boire, et nous éviterons ainsi d'exercer inutilement une grande force de volonté sur le problème même de l'alcoolisme. Il est impossible d'expliquer pourquoi cette libération se produit chez la plupart d'entre nous. Nous recouvrons bel et bien la raison, pourvu que nous nous préparions à ce cadeau, c'est-à-dire, en termes religieux, à l'afflux de la grâce de Dieu qui expulse notre obsession.

Notre définition de la grâce de Dieu ne semble pas importante. Nous pouvons toujours affirmer, si nous voulons, nous être servis d'une ressource intérieure cachée ou inutilisée jusque-là. Nous n'avons pas besoin d'en définir vraiment l'origine exacte. Nous pouvons également croire, comme la plupart d'entre nous, que nous nous sommes servis de Dieu tel qu'il existe en chacun de nous et dans le cosmos en général. Personne ne peut prétendre savoir exactement ce qu'est ce Dieu.

Je ne dis pas qu'il ne faut jamais se servir de sa volonté en ce qui concerne le problème de l'alcool. Pendant mes deux premières années d'abstinence, j'ai été sérieusement tenté de boire à deux ou trois reprises. Cependant, ayant déjà assez fidèlement mis en pratique notre programme, je pouvais voir parfaitement les conséquences d'un tel geste au moment même de la tentation. Je n'étais donc pas aveuglé par les justifications habituelles. J'avais retrouvé la raison à l'égard de l'alcool. Je devais néanmoins faire un choix. Ce n'était pas difficile dans de telles conditions. Ce choix demandait quand même un minimum de volonté, ou à tout le moins la volonté de prendre la bonne décision.

Je crois qu'il est pertinent et nécessaire d'utiliser ainsi notre volonté pendant la période où nous tentons de nous libérer complètement de notre problème. Mais une grande et complète libération est tout à fait possible après une longue pratique du programme des AA. Je le sais parce que j'ai connu énormément de tensions émotives depuis les débuts des AA. Entre 1943 et 1955, j'ai fait une dépression nerveuse dont je n'arrivais pas à me sortir vraiment. Pendant trois ans environ, j'ai eu des idées suicidaires. Pourtant, j'étais si totalement libéré de l'alcool que je n'ai jamais été tenté, durant cette longue épreuve, de retourner boire.

Voilà donc, en substance, le mot d'ordre des AA tel que je le vois. Soyez assurés qu'il n'est absolument pas nécessaire que vous voyiez les choses comme moi. Des tas de gens pensent différemment et pourtant, ils demeurent abstinents. Il n'en demeure pas moins que l'expérience de la majorité des membres semble confirmer mes dires. Ceux qui essaient de mettre le programme en pratique autrement et qui réussissent ainsi à demeurer abstinents, à mon avis, se donnent du mal pour rien. La doctrine du mouvement, si on peut dire, traduit l'expérience de la majorité des membres. Vous avez toujours le choix !

Les expériences spirituelles

Juillet 1962

La revue *Grapevine* souhaite, à l'occasion, faire part de certaines expériences spirituelles. J'aimerais dire quelques mots en guise d'introduction à ce projet intéressant. Nous avons naturellement tendance à mettre dans une catégorie à part les expériences ou les réveils spirituels soudains, spectaculaires ou visionnaires. Le récit de ces cas suscite toujours des réactions mitigées. Certains disent: « Comme j'aimerais avoir une expérience comme celle-là ! » D'autres, jugeant que ces cas ont un caractère trop mystique et sont peut-être même des hallucinations, disent: « Je ne peux pas croire cela. Je ne comprends pas ce que racontent ces gens. »

Comme le savent la plupart des membres, il m'a été donné de connaître, en 1934, une expérience mystique foudroyante, une sorte d'« illumination ». J'ai eu la sensation d'une intense lumière blanche, et j'ai reçu soudain le don de croire en la bonté de Dieu, et le sentiment profond de sa présence. Il m'était tout naturel, au début, de croire que cette expérience faisait de moi une personne très spéciale.

Aujourd'hui, quand je pense à cet événement extraordinaire, je ne peux que me sentir spécialement reconnaissant. Il m'apparaît clairement que le seul trait spécial de mon expérience soit sa soudaineté et aussi l'irrésistible conviction qui l'a immédiatement accompagnée.

Pour le reste, je suis sûr que mon expérience n'est pas différente du tout de celle qu'ont connue tous les autres membres des AA qui ont mis en pratique sans relâche notre programme de rétablissement.

Combien de fois, dans des réunions, n'entendons-nous pas le conférencier déclarer: « Mais il me manque encore l'aspect spirituel. » Pourtant, avant de faire cette affirmation, il a décrit une transformation intérieure miraculeuse, non seulement sa libération de l'alcool, mais un changement d'attitude total devant la vie. Pour tous ceux qui l'écoutent, il semble évident qu'il a reçu un grand cadeau, disproportionné par rapport à ce qu'on peut attendre d'un simple geste comme l'admission de son impuissance devant l'alcool ou la pratique de la Douzième Étape. On sourit donc dans la salle en se disant: « Ce gars-là tient l'aspect spirituel, mais il ne semble pas le savoir. » Nous savons très bien qu'il cherche et que, dans six mois ou un an, il nous dira qu'il a trouvé la foi en Dieu.

Il pourrait même alors avoir des « qualités spirituelles » et des résultats dont je n'ai moi-même jamais été capable, en dépit de ma soudaine expérience spirituelle.

Aujourd'hui, quand des membres viennent me voir dans l'espoir d'apprendre comment connaître une telle expérience soudaine, je leur dis tout simplement que, selon toute vraisemblance, leur propre expérience est tout aussi valable et qu'elle est en tous points identique à la mienne, si ce n'est qu'elle s'est échelonnée sur une plus longue période.

Puis j'ajoute que si leur transformation dans le mouvement, au lieu de se faire en six mois, s'était condensée en six minutes, ils auraient peut-être aussi vu des étoiles !

Par conséquent, je ne vois pas de grandes différences entre les expériences soudaines et les expériences progressives; elles ne font sûrement qu'un. De toute façon, le test est le même dans tous les cas: « On les jugera à leurs fruits. »

Voilà pourquoi je crois que nous ne devons jamais douter de la transformation d'une personne, qu'elle soit soudaine ou progressive. Nous ne devons pas, non plus, exiger pour nous-mêmes un genre de transformation particulier, car notre expérience nous apprend que nous sommes susceptibles de recevoir ce qui sera le plus utile à nos besoins.

La correspondance de Bill W. avec Carl Jung

Après s'être retiré de la direction du mouvement, en 1961, Bill s'est attaqué à une tâche qu'il souhaitait depuis longtemps entreprendre, celle de souligner la dette de reconnaissance des AA envers ceux qui avaient contribué à la naissance du mouvement. L'une de ces personnes était Carl Jung, à qui Bill a écrit le 23 janvier 1961.

Janvier 1963

Cher Docteur Jung,

Depuis longtemps déjà j'aurais dû vous écrire pour vous dire toute ma reconnaissance.

Permettez-moi d'abord de me présenter. Je m'appelle Bill W. et je suis cofondateur de l'association des Alcooliques anonymes. Vous nous connaissez sans doute déjà, mais saviez-vous qu'une conversation que vous avez eue avec l'un de vos patients, un certain Rowland H., au début des années 30, a joué un rôle crucial dans la naissance de notre association ?

Bien que Rowland H. soit depuis longtemps décédé, le récit de son expérience remarquable, alors qu'il était soigné par vous, est entré dans l'histoire des Alcooliques anonymes. Voici ce que nous retenons de ses déclarations au sujet du traitement qu'il a suivi avec vous.

Ayant épuisé toutes les autres ressources pour se rétablir de son alcoolisme, il est devenu votre patient vers 1931. Je crois qu'il a reçu vos soins pendant peut-être un an. Il vous vouait une admiration sans bornes, et il était très confiant quand il vous a quitté.

Pourtant, à sa grande consternation, il s'est vite enivré à nouveau. Étant certain que vous étiez son dernier recours, il est retourné vous voir encore une fois. C'est alors qu'a eu lieu entre vous deux une conversation qui devait devenir le premier maillon de la chaîne d'événements conduisant à la fondation des Alcooliques anonymes.

Voici ce dont je me souviens du récit qu'il fit de cette conversation.

Vous lui avez d'abord dit que son cas était désespéré du point de vue de la médecine et de la psychiatrie. Cette déclaration franche et humble de votre part est, sans l'ombre d'un doute, la première pierre sur laquelle notre association a été érigée.

Venant de vous qu'il admirait tant et en qui il avait tellement confiance, cette déclaration a eu sur lui un très gros impact.

Quand il vous a demandé s'il n'y avait aucun autre espoir, vous lui avez répondu qu'il y en avait peut-être encore un, à condition qu'il puisse vivre une expérience spirituelle ou religieuse, bref une véritable conversion. Vous avez souligné qu'une telle expérience, si elle pouvait être provoquée, le motiverait peut-être à nouveau, alors que plus rien d'autre n'y parvenait. Par contre, vous l'avez aussi mis en garde: si de telles expériences avaient parfois permis à des alcooliques de se rétablir, elles n'en demeuraient pas moins relativement rares. Vous lui avez recommandé de s'entourer d'une atmosphère religieuse et d'être optimiste. Tel est, je crois, en substance ce que vous lui avez conseillé.

Peu de temps après, Rowland H. s'est joint aux Groupes d'Oxford, mouvement évangélique alors à l'apogée de son succès en Europe et que vous connaissez sûrement. Vous vous rappellerez sans doute l'accent que ces groupes mettaient sur l'examen de conscience, la confession, la réparation de ses torts et le don de soi au service des autres. Ils insistaient beaucoup sur la prière et la méditation. C'est dans cet environnement que Rowland H. a connu une expérience de conversion qui l'a libéré à ce moment-là de son obsession de boire.

De retour à New York, il est devenu très actif dans les « G.O. » d'ici, que dirigeait alors un pasteur épiscopalien, Samuel Shoemaker. L'un des fondateurs du mouvement, ce pasteur était doté d'une forte personnalité, faite d'une conviction et d'une sincérité immenses.

À cette époque (1932-1934), les Groupes d'Oxford avaient déjà dessoûlé un certain nombre d'alcooliques, et Rowland, se sentant particulièrement près de ces malades, entreprit d'en aider d'autres. L'un d'eux, du nom d'Edwin T. [« Ebby »], était un de mes anciens camarades de classe. On avait menacé de l'interner, mais Rowland H. et un autre ex-alcoolique membre des G.O. se portèrent garants pour lui et l'aidèrent à devenir abstinent.

Entre-temps, j'avais moi-même suivi la route de l'alcoolisme et j'étais menacé moi aussi d'internement. Heureusement, j'étais soigné par un médecin qui avait beaucoup de compréhension à l'égard des alcooliques, le docteur William D. Silkworth. Mais il avait démissionné dans mon cas, comme vous l'aviez fait dans le cas de Rowland. Selon lui, l'alcoolisme a deux composantes: une obsession qui force la victime à boire, à l'encontre de sa volonté et de son propre intérêt, et une sorte de trouble du métabolisme, qu'il appelait alors une allergie. Cette compulsion fait en sorte que l'alcoolique ne peut plus s'empêcher de boire, et l'allergie fait en sorte que le malade finit par ruiner sa santé, et par devenir fou ou mourir. J'avais été l'un des rares qu'il croyait pouvoir aider, mais il avait finalement dû m'avouer que mon cas était désespéré et qu'il faudrait m'enfermer moi aussi. Ce fut pour moi une nouvelle renversante. Comme vous l'aviez fait pour Rowland, mon merveilleux ami Silkworth m'avait préparé à l'expérience d'une conversion.

Apprenant mon état, mon ami Edwin T. m'a rendu visite chez moi, où j'étais en train de boire. Nous étions en novembre 1934 et depuis longtemps, je savais qu'Edwin était un cas désespéré. Pourtant, il semblait vraiment « libéré », ce que ne pouvait expliquer entièrement sa très récente association aux Groupes d'Oxford. Cette libération évidente, comparée à sa dépression coutumière, était extrêmement convaincante. Comme nous étions frères dans la souffrance, il pouvait indiscutablement communiquer avec moi en profondeur. Je sus tout de suite qu'il me fallait connaître le même genre d'expérience ou mourir.

Je me suis une fois de plus retrouvé sous les bons soins du docteur Silkworth, qui m'a encore dessoûlé. J'ai ainsi pu voir clairement l'expérience de libération qu'avait connue mon ami et l'aide que lui avait apportée Rowland H.

Une fois de plus sans alcool, je me suis retrouvé très déprimé. Cela semblait causé par mon incapacité à avoir la moindre confiance. Edwin T. est à nouveau venu me voir et m'a répété les simples formules des Groupes d'Oxford. Peu après son départ, j'étais encore plus déprimé. Totalement désespéré, je me suis écrié: « S'il existe un Dieu, qu'il se manifeste » Et j'ai tout de suite eu une illumination d'une force et d'une dimension énormes, que j'ai tenté de décrire dans *Les Alcooliques anonymes* et aussi dans *Le Mouvement des AA devient adulte*, nos livres de base que je vous fais parvenir.

J'ai immédiatement été libéré de l'alcool. À l'instant, j'ai su que j'étais un homme libre.

Peu après cette expérience, mon ami Edwin est venu me voir à l'hôpital, m'apportant un exemplaire du livre de William James, *Varieties of Religious Experience*. En lisant cet ouvrage, j'ai réalisé que la plupart des expériences de conversion, peu importe leur diversité, ont en commun l'effondrement en profondeur de l'ego. L'individu fait face à un dilemme impossible. Dans mon cas, le dilemme était mon obsession de boire, et la réalisation de ma situation désespérée avait été grandement accentuée par mon médecin. Mon ami alcoolique l'avait encore amplifiée en me mettant au courant de votre verdict au sujet de Rowland H.

Mon expérience spirituelle a entraîné une vision. Je voyais une association d'alcooliques où chacun s'identifiait à un autre alcoolique et lui transmettait son expérience comme dans une chaîne. Chaque alcoolique qui ferait connaître à un nouveau le caractère mortel de sa maladie aux yeux de la science pourrait peut-être le préparer à une expérience spirituelle qui le transformerait. C'est ce principe qui a été à l'origine du succès que connaissent aujourd'hui les Alcooliques anonymes. Il a rendu possible presque systématiquement les expériences de conversion -sous la plupart des formes signalées par James. Depuis 25 ans, nos cas de rétablissement soutenu se chiffrent à environ 300 000. Il y a aujourd'hui 8 000 groupes des AA en Amérique et dans le reste du monde.

C'est donc à vous, au pasteur Shoemaker des Groupes d'Oxford, à William James et à mon médecin Silkworth, que les AA doivent cet immense bienfait. Comme vous vous en rendez sûrement compte maintenant, cette incroyable suite d'événements a en fait commencé il y a longtemps dans votre cabinet, et elle découle directement de votre humilité et de votre profonde intuition.

De très nombreux membres des AA étudient vos écrits. Votre conviction que l'être humain est plus qu'intelligence, émotion et réaction chimique vous a rendu particulièrement cher à notre cœur.

Les livres et brochures que je vous envoie décrivent et expliquent le développement de notre association et de ses Traditions d'unité, ainsi que son fonctionnement.

Vous serez sans doute intéressé d'apprendre qu'en plus d'une « expérience spirituelle», de nombreux membres ont connu divers phénomènes psychiques qui forment tous ensemble une somme considérable. D'autres membres, après s'être rétablis au sein du mouvement, ont reçu beaucoup d'aide des membres de votre profession. Certains sont intrigués par « I Ching » et par votre remarquable présentation de cet ouvrage.

Soyez sûr que vous occupez dans notre affection et dans l 'histoire de notre association une place incomparable.

Avec reconnaissance,
William G. W.
Cofondateur des
Alcooliques anonymes

Le 30 janvier 1961

Cher Monsieur W.,

C'est avec joie que j'ai lu votre lettre.

Je n'avais plus du tout de nouvelles de Rowland H. et je me demandais souvent ce qui était advenu de lui. Notre conversation, qu'il vous a si bien rapportée, comportait aussi un aspect qu'il ignorait. Je ne pouvais pas tout lui dire parce qu'à cette époque, je devais faire excessivement attention à mes paroles. Je m'étais aperçu que j'étais mal compris de toutes les façons. C'est pourquoi j'ai été très prudent en parlant à Rowland H., mais je pensais vraiment aux expériences de nombreux hommes comme lui.

Son besoin maladif d'alcool correspondait, à un niveau inférieur, à la soif spirituelle que ressent notre être pour une totalité et qu'on appelait en langage médiéval l'union avec Dieu.

Comment formuler une telle vue dans un langage qui ne soit pas mal interprété de nos jours?

La seule façon valable de connaître une telle expérience est de la vivre dans la réalité, et vous ne pouvez la vivre que si vous empruntez un sentier qui vous mène à une compréhension supérieure. Vous pourriez atteindre ce but par la grâce, ou par un contact personnel honnête avec des amis, ou par une formation supérieure de l'esprit, au-delà des limites du rationalisme. D'après votre lettre, Rowland H. avait choisi la deuxième voie, qui était évidemment la meilleure dans les circonstances.

Je suis absolument convaincu que le principe du mal qui prévaut dans ce monde causera la perte de ce besoin spirituel non reconnu, s'il n'est pas neutralisé par une réelle intuition religieuse ou par le mur protecteur de la communauté humaine. L'homme moyen, s'il n'est pas protégé par une action du ciel et s'il est isolé dans la société, ne peut pas résister à la puissance du mal que l'on appelle si justement le Diable. Cependant, l'emploi de tels mots peut entraîner tant de mépris qu'on ne peut que les éviter le plus possible.

Voilà pourquoi je ne pouvais pas donner à Rowland H. une explication complète et satisfaisante. Par contre, je m'y risque avec vous, car votre lettre très juste et très honnête me montre que votre point de vue sur l'alcoolisme se situe au-delà des lieux communs trompeurs que l'on entend habituellement.

Voyez-vous, alcool, en latin, se dit «spiritus», et vous vous servez du même mot pour décrire à la fois la plus grande expérience religieuse et le plus dégradant des poisons. La formule utile devient donc: spiritus contra spiritum.

Je vous remercie une fois de plus de votre aimable lettre et je demeure

votre tout dévoué,

C.G. Jung

Carl Jung, le docteur Silkworth et les AA

L'article qui suit renferme des extraits de la causerie de Bill à l'occasion de son 33e anniversaire chez les AA. La rencontre avait été organisée par l'intergroupe de la ville de New York. Troisième et dernier conférencier, Bill avait été précédé de Jim, de Long Island, et de Kirsten, de Scarsdale.

Janvier 1968

Comme vient de le dire Kirsten de façon si saisissante, « les années de dévastation par les sauterelles sont terminées ... ». Et comme le faisait si simplement remarquer Jim « il y a un Dieu et il y a une grâce ... ».

Ce soir, j'aimerais vous raconter mon histoire, d'abord sous l'angle des « années de dévastation », en vous donnant les raisons qui, d'après moi, les ont provoquées, ou ce qui, dans les premières années de ma vie, a contribué à mon alcoolisme; puis sous l'angle de ma croyance « qu'il y a un Dieu et qu'il y a une grâce », en vous disant ce que cette foi nous a procuré, à moi et à tant d'autres.

Notre animateur faisait remarquer que le mouvement a eu, dès le début, de merveilleux amis. Il aurait pu ajouter que nous avons eu de merveilleux amis avant même que le mouvement brille dans le regard d'aucun d'entre nous !

Bien avant de devenir abstinent, bien avant de penser qu'il y aurait le mode de vie des AA pour permettre aux alcooliques de s'entraider, des hommes et des femmes acquéraient des compétences et des idées qui allaient tout changer pour nous dans les années à venir. Tous ces amis du début, qui allaient faire don aux AA de leur compétence et de leur sagesse, avaient une caractéristique commune: derrière chacune de ces contributions éloquentes se trouvait une femme ou un homme tourné vers la spiritualité, animé par la spiritualité.

Ce soir, j'aimerais esquisser un des événements historiques à l'origine de notre mouvement. Beaucoup d'entre vous ont déjà entendu des bribes de cette histoire, comment Rowland H., homme d'affaires américain, devenait de plus en plus alcoolique, et allait d'un traitement à l'autre sans résultat. En dernier recours, il s'est rendu en Europe et s'est littéralement abandonné aux soins de Carl Jung, psychiatre, qui allait devenir ainsi l'un des grands amis du mouvement.

Rappelons que Jung est l'un des trois pionniers de la psychiatrie. Sa spiritualité le distinguait de ses deux collègues, Freud et Adler, et elle allait faire toute la différence pour chacun d'entre nous, présents ici aujourd'hui, et aussi pour tous ceux encore à venir ...

Je n'avais jamais compris à quel point Carl Jung était un homme de grande envergure spirituelle, jusqu'à ce que je lui écrive en 1961 une lettre de gratitude, depuis longtemps due pour le rôle qu'il avait joué dans la naissance du mouvement des Alcooliques anonymes.

C'était la dernière année de sa vie. Il était vieux, mais il a quand même pris la peine de m'écrire une lettre. On aurait dit qu'il l'avait tapée à la machine, avec un seul doigt. Cette lettre fait partie de mes souvenirs les plus précieux. Lois l'a encadrée, et elle ne nous quittera jamais.

Nous devrions porter une grande attention à ce que dit le Dr Jung dans cette lettre écrite avec une compréhension et un amour profond – dans le langage du cœur. Sa perception de ce qu'il fallait pour se rétablir de l'alcoolisme, et qui m'est parvenue par l'intermédiaire de Rowland et d'Ebby à un moment critique de ma propre déchéance, signifiait tout pour notre mouvement encore embryonnaire. Son humble empressement à dire la vérité, même si elle montrait les limites de son art, nous donne une idée de la dimension de l'homme.

Le docteur William D. Silkworth fut un autre de ces hommes animés de spiritualité, dont la contribution au mouvement équivaut à celle de Carl Jung. Contrairement à ce dernier, Silkworth n'était pas connu, mais il était tourné vers la spiritualité – il ne pouvait en être autrement ! Il disait à qui voulait l'entendre, après 20 ans de défaite presque totale dans ses tentatives d'aider les alcooliques, qu'il les aimait et qu'il voulait toujours travailler auprès d'eux et pour eux. Tout ceux qui faisaient appel à lui sentaient cet amour. Quelques-uns s'étaient rétablis. Il croyait que je le pourrais. Mais un jour, il devint évident que je ne me rétablirais pas, que je ne le pouvais pas.

À ce moment-là, le docteur Silkworth avait déjà défini l'alcoolisme comme une maladie des émotions, doublée d'une maladie du corps, qu'il décrivait approximativement comme une allergie. On peut lire ces mots dans l'avant-propos du livre *Les Alcooliques anonymes* intitulé « L'opinion du médecin », des mots qui font depuis l'unanimité chez les AA.

Jung avait dit à Rowland que son cas était désespéré et que la médecine et la psychiatrie ne pouvaient plus rien pour lui; de même, Silkworth dit à Lois, un jour de l'été 1934: « J'ai bien peur qu'il va falloir interner Bill. Je ne peux rien pour lui et je ne connais rien qui puisse l'aider. » De la part d'un professionnel, ces mots montraient une grande humilité.

Ils m'ont fait assez peur pour que je demeure abstinent pendant deux mois, mais je me suis bientôt remis à boire. Pourtant, le message de Carl Jung et des Groupes d'Oxford que m'avait transmis Ebby, ainsi que le verdict du docteur Silkworth occupaient continuellement mon esprit, à toute heure du jour. J'étais rempli de ressentiment. D'un côté, Silkworth définissait l'alcoolisme comme une obsession qui vous condamne à boire contre votre volonté et votre plus grand intérêt, jusqu'à la destruction, et aussi comme une sensibilité physique menant à la folie et à la mort. De l'autre côté, Jung confirmait, par l'intermédiaire de Rowland et d'Ebby, que les médecins ne connaissent aucun moyen d'y échapper. Mon dieu de la science, le seul dieu que je reconnaissais à l'époque, avait déclaré mon cas désespéré.

Par contre, Ebby m'avait aussi apporté l'espoir. Peu de temps après, j'étais de retour à l'hôpital sous les soins du docteur Silkworth, au lendemain de ce qui allait être ma dernière cuite. Ebby vint me rendre visite à nouveau, et je lui demandai de me répéter une fois de plus ce qu'il m'avait dit, assis à la table de la cuisine chez moi à Brooklyn, le jour où il m'avait appris qu'il était devenu abstinent.

« Eh bien, dit-il, tu deviens honnête avec toi-même; tu fais ton examen de conscience et tu en discutes avec un autre; tu cesses de vivre en solitaire et tu mets de l'ordre dans tes rapports avec les gens autour de toi en réparant tes torts; tu essaies de pratiquer le don de soi en ne demandant rien en retour, ni approbation, ni prestige, ni argent; et tu demandes à n'importe quelle puissance supérieure, même si c'est juste à titre d'expérience, de t'aider à trouver la grâce de te libérer de l'alcool. »

Dans la bouche d'Ebby, c'était un moyen simple, terre-à-terre, mais c'était ce qu'il fallait.

Ebby a fini par s'en aller, et j'ai été pris dans un terrible dilemme. Je n'avais jamais été coincé comme ça. Je suppose que mon dernier espoir de trouver le moyen de m'en sortir par moi-même avait disparu. Je me suis retrouvé comme un enfant complètement seul dans le noir. Et, comme un enfant, j'ai pleuré, désespéré, n'attendant plus rien. J'ai tout simplement dit: « S'il y a un Dieu, peut-il se montrer ? » Je fus alors gratifié de l'une de ces illuminations instantanées qui défient toute tentative de description. Je fus saisi d'un joie et d'une extase immenses, indicibles. Il me semblait que j'étais au sommet d'une haute montagne que je n'avais pas escaladée, mais où j'avais été transporté. Puis, soudainement, cette pensée: « Bill, tu es un homme libre. Je suis le Dieu des Saintes Écritures. » Puis je fus rempli du sentiment d'une présence. Enfin, je fus envahi d'une grande paix, et je ne sais pas combien de temps cela a duré.

J'avais vu ensuite le mauvais côté des choses, et je me suis dit: « Peut-être as-tu des hallucinations, Bill. Tu ferais mieux d'appeler le médecin. »

Le médecin est venu, et en hésitant, je lui ai raconté mon expérience. Il a alors prononcé des paroles merveilleuses pour les Alcooliques anonymes. Après m'avoir écouté, en me regardant avec toute la bonté de ses yeux bleus, le petit homme m'a dit: « Bill, tu n'es pas fou. J'ai lu dans des livres que ces choses arrivent, mais je n'en ai jamais été témoin moi-même. Je ne sais pas ce qui t'es arrivé, Bill, mais ce doit être un grand événement psychique, et tu ferais bien de t'y accrocher. Ça vaut tellement mieux que ce que tu avais il y a à peine une heure. »

Je me suis donc accroché; j'ai su qu'il y avait un Dieu, et j'ai su qu'il y avait une grâce. À travers tout ça, je continue à croire, si je peux me permettre de le dire, que je connais vraiment ces choses.

Ayant en quelque sorte une formation d'analyste, j'ai commencé à me demander pourquoi cela m'était arrivé. Et pourquoi cela était-il si rarement arrivé à d'autres alcooliques? N'était-ce pas quelque chose qui appartenait de droit à tout alcoolique? Je m'interrogeais encore le lendemain lorsque Ebby est revenu me voir et m'a apporté le message d'un autre grand homme, William James, sous la forme de son livre *Varieties of Religious Experience*. J'ai lu ce livre d'un bout à l'autre et, naturellement, j'y ai trouvé des expériences semblables à la mienne. D'autres par contre étaient très graduelles. Certaines encore n'avaient aucun lien avec la religion.

Cependant, presque toutes ces expériences, capables de transformer la motivation, avaient des dénominateurs communs que ni association, discipline ou croyance commune ne pouvait expliquer. Ce don de la grâce, qu'il soit soudain ou progressif, avait toujours comme point de départ une situation désespérée. Ceux qui le recevaient étaient des personnes qui, dans un domaine clé de leur vie, se retrouvaient dans une situation qu'elles ne pouvaient ni surmonter, ni contourner d'aucune façon. Leur défaite était totale, comme la mienne.

Puis je me suis interrogé sur cette défaite, et j'ai pris conscience du rôle qu'avait joué mon dieu de la science, personnifié par Carl Jung et le docteur Silkworth. Ceux-ci m'avaient appris une très mauvaise nouvelle: mes chances de me rétablir par mes propres moyens, sans autre aide ou par simple médication, étaient nulles. Cela avait dégonflé mon ego en profondeur et m'avait préparé à recevoir le don le moment venu.

Bien que ce soit là la grande expérience de ma vie, je ne crois pas qu'elle soit en aucune façon supérieure ou essentiellement différente de l'expérience de transformation, du réveil spirituel qu'ont vécu tous les membres.

La source est toujours la même, la paix divine.

Avec mon expérience était apparue la possibilité d'une réaction en chaîne. Je me suis aperçu que rien ne m'était arrivé jusqu'à ce que me soient transmis, par un autre alcoolique, certains messages qui m'avaient touché profondément. Il m'est donc venu l'idée d'un alcoolique qui parlerait à un autre, comme les membres des Groupes d'Oxford se parlaient les uns aux autres – avec le langage du cœur. C'était peut-être là la courroie de transmission. Je me suis donc mis à œuvrer auprès des alcooliques.

Je me suis rendu à quelques réunions des Groupes d'Oxford et dans quelques missions. Mettant en jeu sa réputation, le docteur Silkworth me laissa travailler auprès de quelques patients de l'hôpital. Mais il ne se passa rien. Voyez-vous, la folie des grandeurs me reprenait et je croyais que mon expérience était quelque chose de très spécial. Mon vieil ego recommença à se gonfler. J'étais destiné à guérir tous les alcooliques du monde, et ils sont passablement nombreux.

Naturellement, il ne s'est rien passé, tant que mon ego n'a pas été dégonflé une fois de plus. Un jour, à l'hôtel Mayflower d'Akron, j'ai été tenté de prendre un verre pour la première fois depuis mon expérience à l'hôpital. À ce moment-là, j'ai constaté pour la première fois que j'avais besoin d'autres alcooliques pour me protéger et pour m'aider à conserver le don de l'abstinence. Il ne s'agissait plus seulement d'essayer d'aider des alcooliques. Si je voulais conserver ma sobriété, je devais trouver un autre alcoolique avec qui je pourrais travailler. Quand nous nous sommes assis ensemble face à face, Dr Bob et moi, je n'ai pas fait la même chose qu'avant. Je lui ai dit: « Bob, je te parle parce que j'ai besoin de toi autant que tu peux avoir besoin de moi, car je risque de retomber dans le ruisseau. »

Voilà l'histoire. Voilà la nature de notre maladie, comme l'ont expliquée Jung et Silkworth. Voici un alcoolique qui s'adresse à un autre alcoolique pour lui raconter l'histoire de son rétablissement, son abandon à la grâce de Dieu.

DEUXIÈME SECTION

Regardons vers l'avenir

Le leadership chez les AA, toujours un besoin vital

Avril 1959

Aucune association ne peut bien fonctionner sans un leadership compétent à tous les niveaux, et le mouvement des AA ne fait pas exception. Il faut dire cependant que, nous, les AA, nous caressons parfois l'idée que nous pouvons nous passer de leadership complètement. Nous avons tendance à fausser l'idée traditionnelle des « principes avant les personnalités » au point de vider le leadership de toute « personnalité ». Cela supposerait des automates sans visage qui chercheraient à plaire à tout le monde, sans distinction.

À d'autres moments, nous avons tendance à rechercher pour les AA des chefs dont la moralité, l'exemple et le jugement sont irréprochables, des gens d'action, des modèles exemplaires, des personnes pratiquement infaillibles.

C'est évidemment entre ces deux pôles imaginaires de l'excellence que doit s'exercer le vrai leadership. Chez les AA, en tout cas, aucun leader n'est anonyme et aucun leader n'est parfait non plus. Heureusement, notre association n'est pas dépourvue de vrai leadership, qu'il s'agisse de ceux qui servent aujourd'hui, ou des chefs de file de demain au fur et à mesure que se presse une nouvelle génération de membres compétents. Il y a énormément d'hommes et de femmes que leur dévouement, leur équilibre, leur vision et leurs compétences particulières rendent aptes à faire toutes les tâches possibles dans les services. Nous n'avons qu'à les rechercher et qu'à leur faire confiance.

Quelque part dans nos publications, il y a une phrase qui dit: « Nos chefs ne dirigent pas à coups de décrets, ils prêchent par l'exemple. » En fait, nous leur disons: « Travaillez pour nous, mais sans nous régenter. »

Un chef de file, dans les services AA, c'est donc un homme (ou une femme) qui peut personnellement mettre en pratique des principes, des orientations et des plans d'action, avec suffisamment de dévouement et d'efficacité pour nous inciter tous à l'appuyer et à l'aider dans son travail. Si un chef nous pousse trop rondement, nous nous rebellons; s'il devient trop modeste et se met à prendre des ordres sans exercer son propre jugement, il n'est plus vraiment un chef.

Un bon leadership donne naissance à des projets, à des orientations et à des idées qui améliorent notre mouvement et ses services. Pour les affaires nouvelles et importantes, toutefois, un bon leader fait de vastes consultations avant de prendre des décisions et de poser des gestes. Il se souvient également que toute idée ou projet intéressant peut venir de n'importe qui ou de n'importe où. Par conséquent, il sait mettre de côté ses projets préférés au profit d'autres meilleurs, tout en laissant le mérite à ceux qui en sont les auteurs.

Un bon leader n'essaie pas de refiler ses responsabilités à d'autres. Une fois assuré qu'il a ou peut avoir suffisamment de consensus, il prend ses décisions en toute liberté et les applique aussitôt, à condition bien sûr que cela soit dans le cadre de son autorité et de ses responsabilités.

Il y a le politicailleur, qui passe son temps à essayer de « donner aux gens ce qu'ils veulent ». Il y a aussi le diplomate qui sait déterminer soigneusement quand il faut agir ainsi et quand il ne le faut pas. Il sait que même de vastes majorités, quand elles sont perturbées ou mal informées, peuvent à l'occasion faire totalement fausse route. En pareille circonstance, lorsque l'enjeu est vital, la direction a toujours le devoir, même si elle est très en minorité, de s'opposer à la marée, d'utiliser toute son autorité et sa force de persuasion pour amener un changement.

Rien, cependant, ne peut être aussi fatal au leadership que l'opposition pour l'opposition. Il ne faut jamais dire: « Nous le ferons comme nous le voulons, ou ne ferons rien du tout. » Ce genre d'opposition est souvent suscité par un orgueil aveugle ou par une mauvaise humeur qui nous pousse à contrer quelqu'un ou quelque chose. Il y a aussi l'opposition qui vote en disant: «Non, nous n'aimons pas ça», sans jamais donner de raisons valables. Cela ne peut pas fonctionner. Quand on lui demande de se prononcer, un bon leader doit toujours donner ses raisons, et elles doivent être bonnes.

Un leader doit aussi reconnaître que même des gens très orgueilleux ou en colère ont parfois tout à fait raison, alors que des gens calmes et humbles se trompent entièrement.

Ce sont là des exemples concrets du discernement et de la réflexion prudente dont le vrai leader doit toujours essayer de faire preuve.

Une autre qualité qu'il doit avoir est l'art de négocier, la capacité de faire des concessions avec joie, chaque fois qu'un juste compromis peut faire avancer les choses dans ce qui semble être la bonne direction. Le compromis ne vient pas facilement à des alcooliques qui veulent «tout ou rien». Pourtant, nous ne devrions jamais oublier que le progrès se caractérise presque toujours par une *série de compromis qui améliorent.* Par contre, nous ne pouvons pas toujours faire des compromis. De temps à autre, il est vraiment nécessaire de camper fermement sur nos positions tant que le problème n'est pas réglé. Ce sont là des situations qui demandent un sens aigu du moment opportun et beaucoup de discernement quant à la marche à suivre.

Un leader doit souvent faire face à beaucoup de critiques, parfois pendant de longues périodes. C'est là un test décisif. Il y a toujours des critiques constructeurs. Ce sont de véritables amis. Nous devrions toujours leur prêter une oreille attentive et accepter volontiers qu'ils nous fassent changer d'opinion, partiellement ou complètement. Souvent, aussi, nous devrons exprimer notre désaccord et tenir à nos idées sans perdre leur amitié. Par contre, il y a aussi ceux que nous aimons appeler nos critiques «destructeurs», les assoiffés de pouvoir, les politicailleurs qui lancent des accusations. Peut-être sont-ils violents, malveillants. Ils répandent des rumeurs, des potins et des ragots pour gagner leur point – tout ça pour le bien du mouvement, bien sûr! Nous avons fini par apprendre, chez les AA du moins, qu'ils sont peut-être un peu plus malades que nous tous et qu'ils ne sont pas nécessairement destructeurs, si nous savons comment nous comporter avec eux.

Nous devrions d'abord écouter attentivement ce qu'ils ont à dire. Parfois, ils disent toute la vérité; à d'autres moments, une partie seulement. Plus souvent qu'autrement, ils essaient de se convaincre eux-mêmes en se racontant des histoires. Si nous sommes visés, il peut être aussi blessant d'entendre toute la vérité, une partie de la vérité, ou pas de vérité du tout. Voilà pourquoi nous devrions les écouter attentivement. S'ils ont entièrement ou partiellement raison, nous devrions les remercier, faire notre examen de conscience et admettre nos torts. S'ils inventent des histoires, n'en tenons pas compte. Ou encore, mettons cartes sur table et tentons de les persuader. En cas d'échec, nous pourrons déplorer qu'ils soient trop malades pour écouter et oublier toute l'affaire. Pour apprendre à nous connaître nous-mêmes et à nous forger une véritable patience, il existe peu de moyens qui soient meilleurs que les épreuves auxquelles nous soumettent ces membres habituellement bien intentionnés mais dans l'erreur. La bouchée est toujours grosse à avaler et parfois nous n'y arrivons pas, mais nous devons continuer d'essayer.

Nous en venons maintenant à une qualité primordiale, la vision. Selon moi, la vision est cette capacité d'évaluer aussi bien l'avenir immédiat que le futur lointain. Pour certains, ce genre d'exercice peut sembler une hérésie, dans un mouvement où on ne cesse de répéter: « Un jour à la fois. » Ce précieux slogan s'applique à notre vie émotive et signifie seulement que nous devons éviter de regretter le passé et de rêver en couleur pour l'avenir.

À titre individuel ou collectif, nous aurons certainement des problèmes si nous remettons toute la planification de l'avenir à une bonne providence. Dieu a pourvu tous les humains d'une grande capacité de prévoyance et, de toute évidence, il s'attend à ce que nous nous en servions. Par conséquent, nous devons distinguer nos rêves de lendemains heureux de l'utilisation aujourd'hui de notre faculté de faire des estimations éclairées qui, nous l'espérons, entraîneront dans l'avenir des progrès plutôt qu'un malheur imprévu.

La vision est donc l'essence même de la prudence; c'est une vertu essentielle. Bien sûr, nous nous tromperons souvent dans nos prévisions, totalement ou partiellement. Cela vaut quand même mieux que de refuser de réfléchir.

L'établissement de prévisions comporte divers aspects. Nous analysons nos expériences passées et actuelles pour déterminer leur signification. Puis nous en tirons une idée ou une orientation provisoire. En regardant d'abord le futur immédiat, nous tâchons de voir comment cette idée ou cette orientation fonctionnera. Ensuite, nous nous demandons comment elle pourrait s'appliquer dans diverses circonstances qui peuvent survenir à long terme. Quand une idée nous semble un bon pari, il faut la mettre à l'essai – temporairement, si possible. Un peu plus tard, nous réévaluerons la situation pour voir si notre prévision était juste ou le deviendra bientôt.

À ce stade, nous aurons peut-être à prendre une décision importante. Notre politique ou notre projet semble bon et fonctionne bien. Pourtant, nous devrions évaluer soigneusement ses conséquences à long terme. Les avantages à court terme aujourd'hui risquent-ils demain de se retourner contre nous et de se transformer en un lourd passif? Nous serons presque toujours tentés de saisir les avantages immédiats et d'oublier complètement les dangereux précédents et les conséquences ou les effets dangereux que nous pourrions déclencher.

Ces théories ne sont pas fantaisistes. Nous nous sommes rendu compte que nous devons constamment nous servir de ces principes de prévoyance, surtout au niveau des services mondiaux où les enjeux sont grands. Par exemple, dans le domaine des relations publiques, il nous faut prévoir la réaction des groupes des AA et du public en général, aussi bien à court terme qu'à long terme. Il en va de même pour nos publications. Dans le domaine financier, nous devons faire des prévisions et établir notre budget. Nous devons penser aux services nécessaires en fonction de la conjoncture économique, de la capacité financière des groupes et de leur désir de contribuer. Pour beaucoup de ces questions, nous devons souvent penser des mois et même des années à l'avance.

En fait, les Douze Traditions au complet représentèrent d'abord des prévisions et une vision de l'avenir. Il y a plusieurs années, l'idée d'un mouvement AA qui s'autofinancerait faisait lentement son chemin. À certains moments, des dons venant de l'extérieur avaient provoqué des problèmes ici et là. D'autres difficultés sont survenues. Nous avons donc commencé à élaborer une politique de refus des « contributions de l'extérieur ». Nous soupçonnions que ces grosses sommes risquaient de nous rendre irresponsables et de nous éloigner de notre but premier. Finalement, nous nous sommes rendu compte qu'à la longue, l'argent de l'extérieur pouvait réellement nous ruiner. À ce moment-là, ce qui n'avait d'abord été qu'une idée ou qu'une orientation générale se cristallisa en une Tradition des AA. Il était clair que nous devions sacrifier les avantages immédiats à la sécurité à long terme.

Pour l'anonymat, ce fut la même chose. Quelques manquements publics nous avaient semblé bons. Mais nous avons vite vu que beaucoup de manquements de ce genre pouvaient causer des ravages parmi nous. C'est ainsi que les choses se passaient: d'abord une idée; puis une orientation à titre expérimental; ensuite une ligne de conduite ferme; enfin une conviction profonde, une vision pour l'avenir. C'est ainsi que nous prévoyons l'avenir. Un leadership mondial responsable doit pratiquer abondamment cette activité vitale. Il s'agit d'une qualité essentielle, surtout chez nos administrateurs. À mon avis, la plupart d'entre eux devraient être choisis parce qu'ils ont déjà fait preuve de prévoyance dans leur propre entreprise ou dans leur carrière professionnelle.

Beaucoup des qualités que j'ai mentionnées seront constamment requises de nos leaders, à tous les niveaux des services AA. Les principes du leadership resteront à peu près toujours les mêmes, peu importe l'importance des activités.

Cette analyse du leadership pourrait sembler à première vue à une tentative de définir un type de membre supérieur ayant des privilèges particuliers, mais il n'en est rien. En réalité, nous reconnaissons tout simplement que nous avons tous des talents différents. Le chef d'orchestre n'est pas nécessairement habile en chiffres ou en prévisions. De même, on peut douter qu'un bon banquier soit un excellent musicien. Quand il s'agit du leadership chez les AA, nous disons seulement que nous devrions choisir nos leaders en fonction des meilleurs talents disponibles, tout en nous assurant de placer ces talents là où ils nous seront le plus utiles.

Même si cet article fut d'abord rédigé en pensant au leadership dans les services mondiaux, il n'est pas impossible que beaucoup de ses suggestions puissent être utiles à quiconque participe activement à la vie de notre association.

Cela est particulièrement vrai à propos de la Douzième Étape que nous pratiquons presque tous activement. Chaque parrain est nécessairement un leader. Les enjeux sont énormes. Dans la balance, il y a une vie humaine et, en général, le bonheur d'une famille tout entière. Ce que dit ou fait le parrain, son aptitude à prévoir les réactions de son protégé, sa façon de présenter ses arguments, son choix du moment, son habileté à faire face à la critique, et l'exemple spirituel qu'il donne, voilà des qualités de leader, qui peuvent parfois faire la différence entre la vie et la mort.

Remercions Dieu que les Alcooliques anonymes aient un tel leadership pour leurs affaires les plus importantes !

Les communications des AA franchissent tous les obstacles

Octobre 1959

Tous serons d'accord pour dire que les AA sont incroyablement chanceux. Chanceux d'avoir autant souffert, chanceux de pouvoir se connaître, se comprendre et s'aimer les uns les autres si suprêmement bien; ces caractéristiques et ces vertus ne sont pas vraiment celles que l'on mérite. La plupart d'entre nous savent bien que ces dons rares prennent leur vraie source dans les liens qui naissent d'une même souffrance et d'une même délivrance par la grâce de Dieu. C'est pourquoi nous avons le privilège de communiquer les uns avec les autres d'une manière et avec une intensité qu'on ne rencontre pas souvent chez nos amis non alcooliques, dans le monde qui nous entoure.

Depuis les tout débuts des AA, notre succès auprès de chaque nouveau candidat ou candidate a toujours dépendu carrément de notre aptitude à nous identifier à lui ou à elle, par l'expérience, par le langage et surtout par les sentiments, ces sentiments que nous éprouvons les uns pour les autres et qui touchent plus profondément que les mots. Voilà ce que signifie vraiment « un alcoolique parlant à un autre alcoolique ».

Il y a plusieurs années, toutefois, nous avons découvert que souvent cette souffrance commune à cause de l'alcoolisme ne suffisait pas à elle seule. Afin de franchir tous les obstacles, il fallait élargir et approfondir nos voies de communication.

Pratiquement tous les premiers membres des AA, par exemple, étaient au bout du rouleau. C'étaient des cas désespérés. Nous étions pour la plupart sur le point de faire le grand saut. Quand des cas moins désespérés, moins avancés que nous se sont présentés, on les a souvent entendu dire: « Mais nous n'avons jamais été jetés en prison ni enfermés dans des hôpitaux psychiatriques. Nous n'avons jamais fait toutes ces choses horribles dont vous parlez. Les AA ne sont sûrement pas pour des gens comme nous. »

Pendant des années, les anciens n'ont pas su communiquer avec ces personnes. Il fallait parvenir à multiplier et à amplifier nos lignes de transmission, sinon nous n'arriverions jamais à les atteindre. Il aura fallu bien des expériences pour mettre au point une méthode, un moyen de les aborder.

À chacun de ces cas moins avancés, nous répétions avec insistance le verdict de médecins célèbres: « l'alcoolisme est une maladie mortelle et progressive ». Puis nous revenions sur le début de notre carrière de buveurs, à l'époque où nous étions nous-mêmes des cas légers ou pas très graves en apparence. Nous racontions comment nous étions certains de nous contrôler « la prochaine fois » en ne prenant que quelques verres. Ou encore comment nous aimions croire que boire sans contrainte à l'occasion était bien normal pour un « homme ». Ou encore, dans la phase suivante, comment notre consommation constante était due à des circonstances malencontreuses ou au comportement désespérant des autres.

Après nous être ainsi identifiés, nous racontions ensuite à notre candidat de nombreuses histoires montrant à quel point notre maladie avait progressé de façon insidieuse et irrésistible. Comment, des années avant de nous en apercevoir, nous avions largement dépassé le « point de non-retour » par rapport à notre force de caractère et à notre volonté. Nous ne cessions de leur montrer à quel point les médecins avaient raison.

Lentement mais sûrement, cette stratégie a commencé à porter fruit. Avec l'aide de la science médicale et de meilleurs exposés, les cas les plus avancés ont commencé à communiquer en profondeur avec les cas les moins avancés. Nous n'avons pas eu à poursuivre indéfiniment cette tâche fastidieuse, qui donnait de maigres résultats. Nous avons découvert avec joie que, dès que les AA d'un endroit avaient recruté quelques-uns de ces cas moins avancés, les progrès auprès de cette catégorie de buveurs devenaient graduellement rapides et faciles. Aujourd'hui, nous savons pourquoi: un « cas moins avancés » peut parler à un autre « cas moins avancé » comme personne d'autre ne le peut. Tout ce segment des AA s'est donc mis à croître toujours plus. La moitié sans doute des membres des AA actuels n'ont pas eu à souffrir les 5, 10 ou même 15 dernières années absolument infernales que nous avons si bien connues, nous, « les cas les plus avancés ».

Depuis la résolution de ces premiers problèmes de communication, le mouvement a réussi à établir de bonnes communications partout où vivent des alcooliques.

Au début, par exemple, il a fallu quatre bonnes années avant que le mouvement apporte une abstinence durable à une première femme alcoolique. Comme nos buveurs moins avancés, les femmes se disaient différentes. Les AA n'étaient pas pour elles. Mais dès que les communications se sont améliorées, surtout grâce aux femmes elles-mêmes, les choses ont changé. Aujourd'hui, il y a bien quelque 30 000 consœurs AA dans le monde entier.

C'est ainsi que s'est répandu ce processus d'identification et de communication. Le clochard se disait différent. D'une voix plus forte encore, le snob (l'abruti de Park Avenue) disait la même chose. Il en allait de même des artistes et des professionnels, des riches et des pauvres, des religieux et des agnostiques, des Indiens et des Esquimaux, des anciens combattants et des prisonniers.

Maintenant, tous ces gens et quantité d'autres parlent sobrement de la grande ressemblance de tous les alcooliques. Dans notre « fraternité » mondiale « de la souffrance commune et de la délivrance commune », nous avons enfin admis que les dés étaient jetés, et que c'était réellement une question de vie ou de mort.

Ce mois-ci, la revue *Grapevine* publie notre numéro international annuel. C'est l'occasion de transmettre les nouvelles et des opinions de nos groupes éloignés d'outre-mer que nous chérissons et qui nous rendent en double aujourd'hui l'inspiration que nous avons essayé de leur donner il y a des années. Nous avions réellement un problème de communication, à l'époque. Pouvions-nous nous identifier à eux par courrier, dans nos publications et nos rares traductions ou par l'intermédiaire de voyageurs AA se rendant parfois à l'étranger ?

En 1950, nous n'en étions pas certains. Nous nous interrogions, Lois et moi, en route vers le continent européen et l'Angleterre, pour voir de nos propres yeux ce qui se passait. Les AA pouvaient-il réellement vaincre entièrement tous ces énormes obstacles de race, de langue, de religion et de culture, toutes ces cicatrices laissées par les guerres récentes et anciennes, l'arrogance et les préjugés de toutes sortes que nous savions posséder en Amérique ? Qu'allait-il arriver aux Norvégiens, aux Suédois, aux Danois et aux Finlandais ? Qu'allait-il arriver aux Hollandais, aux Allemands, aux Français, aux Anglais, aux Écossais et aux Israéliens, aux Africains, aux Boers, aux Australiens, aux Latino-Américains, aux Japonais, aux Hindous, aux Musulmans et, bien sûr, aux Esquimaux ? Les AA pouvaient-ils finalement franchir tous ces obstacles qui avaient, comme jamais auparavant, divisé et brisé notre monde ?

Dès que nous nous sommes posés en Norvège, nous avons su que les AA pouvaient aller partout et qu'ils le feraient. Nous ne comprenions pas un mot de norvégien, et les interprètes étaient rares. Le décor et les usages nous étaient inconnus et étrangers. Pourtant, dès le premier instant, la communication fut merveilleuse. Nous avions l'incroyable sensation de ne faire qu'un: les Norvégiens étaient nos compatriotes et la Norvège, notre pays. Ils ressentaient la même chose envers nous, cela se voyait sur leur visage. Ils parlaient à notre cœur.

C'était la même chose partout, d'un pays à l'autre. En Angleterre, nous étions considérés comme des Britanniques; en Irlande, nous ne faisions qu'un avec les Irlandais. Partout, c'était la même chose. Partout. C'était beaucoup plus qu'une simple rencontre intellectuelle cordiale, plus qu'une intéressante comparaison de nos expériences et de nos aspirations. C'était beaucoup plus que ça. C'était le début d'une communication à cœur ouvert, dans l'émerveillement, la joie et la gratitude infinie. Lois et moi avons su alors que les AA feraient le tour du monde, et ils l'ont fait!

Nous n'avons plus besoin d'autres preuves. Si jamais un membre doutait encore, qu'il écoute cette belle et émouvante histoire qui m'a été racontée la semaine dernière.

C'est l'histoire d'un petit groupe anglophone des AA du Japon. Ou plus précisément, c'est l'histoire de deux de ses membres, deux Japonais qui ne comprennent pas un seul mot d'anglais. Il faut aussi dire que les autres membres du groupe, tous des anglophones, ne comprennent pas un traître mot de japonais. La barrière linguistique est totale. Tout ce qu'ont probablement lu les deux Japonais, c'est une traduction des Douze Étapes.

Depuis maintenant des mois les deux Japonais n'ont pas manqué une seule réunion. Ils sont parfaitement abstinents. Ils sont assis dans la salle, le visage fendu d'un sourire radieux. Ils écoutent intensément chaque intervention; ils se comportent comme s'ils comprenaient et savouraient pleinement chaque mot. Ces mots anglais ne veulent toujours rien dire pour eux; pourtant ceux qui les disent et cette réunion signifient beaucoup pour nos deux Japonais. Nous savons tous pourquoi. Les membres du groupe ne parlent pas qu'anglais. Ils parlent le langage universel d'une fraternité profonde et éternelle, le langage du cœur.

Ces deux Japonais, qui furent un temps isolés et solitaires, ne sont plus seuls; ils voient, ils sentent, ils comprennent. Et Dieu merci, ainsi en va-t-il de nous tous.

Vingt-cinq ans plus tard

Mars 1960

Il est absolument merveilleux de savoir que nos proches et nos amis dévoués prendront part à presque tous nos rassemblements d'anniversaire partout dans le monde. Ils nous ont tellement aidés, eux qui ont été témoins de notre passage de la noirceur de l'alcoolisme au soleil éclatant des AA.

Cette célébration de notre 25e anniversaire est pour Lois et moi, et pour les membres AA de partout, l'occasion de revivre des souvenirs chaleureux et heureux. C'est l'occasion d'exprimer notre gratitude pour l'abstinence et la nouvelle vie que tellement de membres ont connue depuis 25 ans, après avoir été des désespérés. C'est l'occasion d'exprimer notre gratitude pour la possibilité toujours plus grande qui nous est offerte, aujourd'hui, de servir les hommes et Dieu. Il nous faudra appliquer toujours plus minutieusement nos chers principes AA de rétablissement, d'unité et de service, qui sont le thème de cet anniversaire maintenant sur toutes les lèvres.

Nous pensons aussi beaucoup à tous ceux, par milliers et même par millions, qui sont encore malades et que nous attendons toujours. Alors qu'ils tentent de repartir sur le chemin de la foi et de la vie, nous voulons qu'ils trouvent chez les AA tout ce que nous y avons trouvé nous-mêmes, et plus encore si possible. Nous ne serons donc jamais trop attentifs et vigilants, nous ne mettrons jamais trop d'efforts à la préservation de l'efficacité et de la valeur spirituelle des AA si nous voulons être tout à fait prêts le jour de leur retour.

Aujourd'hui, quand je pense à nos modestes débuts, passés presque inaperçus il y a 25 ans, quand je me rappelle les luttes, les incertitudes et les périls de cette époque de pionniers, je me sens incrédule et extrêmement ému à la pensée que ces événements connaîtront leur point culminant en juillet, lorsque Lois et moi verrons des milliers d'entre vous, en personne, à notre Congrès international de Long Beach en Californie. D'ici là, nous n'arrêterons probablement pas de nous exclamer: « Vraiment, Dieu est grand ! ». Cette exclamation nous rappellera ainsi constamment que les AA sont vraiment l'œuvre de Dieu. En effet, ce n'est ni un individu ni un groupe d'alcooliques en particulier qui a inventé les Alcooliques anonymes. Quand nous regardons tout ce qui s'est passé depuis 25 ans, nous constatons que Dieu s'est servi des mains, du cœur et de l'esprit bienveillant de milliers de personnes. C'est pourquoi Dr Bob et moi avons souvent déploré qu'on nous appelle cofondateurs, car ce titre peut facilement laisser croire que nous avons inventé, structuré et diffusé les AA sans aucune aide.

En fait, rien n'est aussi éloigné de la vérité.

Pour le démontrer, analysons pendant un moment les idées qui ont servi de fondement à notre programme de rétablissement, puis demandons-nous d'où nous sont venus ces principes, qui nous les a inculqués.

Notre Première Étape de rétablissement nous dit: « Nous avons admis que nous étions impuissants devant l'alcool et que nous avions perdu la maîtrise de notre vie. » Cela veut simplement dire que nous devons tous toucher le fond, durement et pour de bon. Par contre, nous pouvons rarement admettre que notre situation personnelle est désespérée tant que nous n'avons pas reconnu que l'alcoolisme est une maladie grave, souvent mortelle, de l'esprit et du corps, une obsession qui nous condamne à boire, doublée d'une allergie physique qui nous condamne à la folie ou à la mort.

Comment avons-nous appris pour la première fois que l'alcoolisme est une maladie aussi effrayante ? Qui nous a fourni cette information précieuse dont dépend tellement l'efficacité de notre Première Étape ? Nous la devons à mon propre médecin, « le petit docteur qui aimait les ivrognes », William Duncan Silkworth. Il y a plus de 25 ans, à l'hôpital

Towns de New York, il nous a dit, à Lois et à moi, ce qu'est vraiment la maladie de l'alcoolisme.

Nous avons évidemment découvert depuis que ces conditions mentales et physiques affreuses finissent toujours par conduire à la troisième phase de notre maladie. C'est la maladie de l'esprit, une maladie qui requiert nécessairement un remède spirituel. Nous le reconnaissons dans les cinq premiers mots de notre Douzième Étape de rétablissement: «Ayant connu un réveil spirituel...» Voilà le nom du remède qu'exige notre maladie à trois volets, cette maladie du corps, de l'esprit et de l'âme. Nous affirmons la nécessité primordiale d'un réveil spirituel.

Qui nous a donc parlé le premier de l'absolue nécessité d'un tel réveil, de cette expérience qui non seulement chasse l'obsession de boire, mais aussi rend efficace et bien réelle la pratique des principes spirituels « dans tous les domaines de notre vie » ?

Les AA doivent cette idée vivifiante au père de la psychologie moderne, William James. Elle nous est parvenue par son célèbre ouvrage, *Varieties of Spiritual Experiences*, dont mon ami Ebby m'avait remis un exemplaire à l'hôpital Towns, immédiatement après mon extraordinaire expérience spirituelle de décembre 1934.

William James insistait beaucoup lui aussi sur la nécessité de toucher le fond. Il renforçait donc notre Première Étape et nous procurait le fondement spirituel de la Douzième Étape.

Après avoir compris l'origine des Première et Douzième Étapes, il est naturel qu'on nous demande ensuite: « Où les premiers membres ont-ils trouvé le contenu des dix autres Étapes ? D'où nous viennent les principes de l'inventaire moral, de la réparation de nos torts, de l'abandon de notre volonté et de notre vie à Dieu ? D'où nous viennent la méditation, la prière et tout le reste ? »

Le contenu spirituel de nos 10 autres Étapes vient directement de mon association et de celle de Dr Bob aux Groupes d'Oxford, alors dirigés aux États-Unis par le pasteur épiscopalien Samuel Shoemaker.

Pourtant, à cette étape précoce de notre développement, il manquait toujours un chaînon d'une importance absolument vitale. Nous n'avions pas encore pris pleinement conscience de l'incroyable et profond impact que peut avoir un alcoolique qui s'adresse à un autre alcoolique. J'avais déjà éprouvé ce choc quand mon ami alcoolique et parrain Ebby m'avait parlé de son propre alcoolisme, de sa délivrance, et des principes des Groupes d'Oxford qui l'avaient rendue possible. J'en avais aussi pris conscience pendant ma propre expérience spirituelle, car j'avais eu la vision d'une réaction en chaîne chez les alcooliques, chacun s'adressant à son voisin. Pourtant, c'est seulement en rencontrant Dr Bob que j'ai su que j'avais besoin de lui autant que lui pourrait jamais avoir besoin de moi. C'était la parfaite réciprocité, la totale fraternité, la réponse cruciale et définitive. Nous avons compris que le chaînon manquant venait d'être forgé.

Notre dette envers ces merveilleux amis, qui ont ainsi mis le rétablissement à ma portée et à celle de Dr Bob, est inestimable et ne pourra jamais être remboursée. Pourtant, même ces cadeaux merveilleux n'auraient pas donné grand-chose s'ils n'avaient pas été transmis de personne à personne depuis 25 ans. Tous les membres des AA ont forgé d'innombrables nouveaux maillons dans cette chaîne du rétablissement qui fait maintenant le tour du monde. Votre exemple, votre influence et, grâce à Dieu, votre travail ont déjà procuré l'espoir, la santé et le bonheur à des millions de personnes, alcooliques ou non.

Beaucoup parmi vous se rappellent les périls qu'a connus le mouvement à l'époque de sa croissance effrénée. Vous vous souvenez comme nous avions peur que la soif tellement humaine de fortune, de gloire et de pouvoir nous détruise, comme toute exploitation publique du nom des Alcooliques anonymes nous effrayait, que ce soit par nos propres membres ou par d'autres. Il y avait aussi ces démons des querelles politiques et religieuses, des démons qui risquaient de s'échapper et de nous anéantir. Si jamais nous devions organiser des services mondiaux, il y avait la peur que les serviteurs qui y travailleraient deviennent bientôt nos maîtres et nous imposent ainsi un gouvernement coûteux et désastreux. Nous craignions qu'une trop grande publicité se transforme en un battage publicitaire qui déforme notre message, nous tourne en ridicule et éloigne ainsi les alcooliques et leurs proches. Nous avions aussi peur d'être tentés d'accepter les gros dons en argent qui nous rendraient dépendants de la charité des autres et nous inciteraient à gaspiller imprudemment nos énergies dans des projets que des personnes de l'extérieur peuvent mieux diriger que nous. Vous vous souvenez de notre hostilité féroce envers les membres qui avaient la témérité de se lancer dans ces entreprises extérieures dans le domaine de l'alcoolisme. Nous traitions avec mépris le membre qui, pour une raison ou l'autre, recevait le moindre sou des AA; nous avions peur du professionnalisme au point de ne pas oser embaucher de membres à temps plein pour répondre au téléphone dans nos bureaux. Et surtout, vous vous rappelez comme nous avons frémi à la première série de manquements à l'anonymat en public, que ce soit par des membres bien intentionnés ou par ceux qui recherchaient leur propre intérêt.

Telles étaient nos peurs. Certaines étaient ridicules et d'autres, pleinement justifiées. Que devions-nous faire?

Il y eut une longue et inquiétante période pendant laquelle nous ne savions pas si nous pourrions vivre et travailler les uns avec les autres, ou avec le monde extérieur. Pouvions-nous demeurer unis, pouvions-nous vraiment fonctionner et transmettre le message des AA? Nous ne le savions tout simplement pas.

Petit à petit, nous avons laissé de côté la peur occasionnée par nos problèmes de croissance. Nous avons commencé à apprendre des expériences vécues. Une véritable prudence a remplacé la peur destructive. Finalement, nos expériences collectives de vie et de travail en commun ont donné naissance aux Douze Traditions des Alcooliques anonymes. Aujourd'hui, ces traditions sont le fondement de cette splendide unité que nous connaissons presque partout. Elles sont le fondement de notre excellente structure de services qui est maintenant si efficace qu'il ne faudra plus beaucoup d'années avant que tous les alcooliques aient la merveilleuse possibilité de retrouver la raison et l'abstinence que nous tous connaissons si bien. Ce n'est certainement pas à quelques personnes seulement que nous devons ces remarquables progrès de notre unité et de notre capacité de transmettre partout le message des AA, mais à un grand nombre de personnes. En réalité, c'est au labeur de tous que nous devons ces merveilleux bienfaits.

Petit à petit, ce dévouement et cette unité, nous ont permis de franchir presque toutes les barrières de race, de croyance, de nationalité et de langue. En fait, nous avons graduellement appris à faire face à toutes sortes de circonstances et d'obstacles. Avec joie, nous avons vu la bonne nouvelle rejoindre les jeunes alcooliques qui ne sont pas encore trop atteints par la maladie, parce que nous avons appris à reconnaître le moment où ils touchaient le fond pour mieux les impressionner et leur épargner ainsi des années de misère. Avec une égale satisfaction, nous avons été témoins du sauvetage des très riches et des très pauvres, qui apprennent aujourd'hui ce qu'est la vraie richesse de l'esprit.

C'est avec un grand intérêt que nous voyons à quel point beaucoup d'entre nous essaient de mettre en pratique les principes des AA dans tous les domaines de leur vie, à quel point la recherche d'une croissance émotive et spirituelle s'accentue et se reflète à la maison, au travail et dans le monde en général. Nos proches ont également adopté nos Douze Étapes, et les groupes Al-Anon, qui sont maintenant plus de mille, connaissent une croissance prodigieuse. Encore une fois, cette croissance reflète les progrès de beaucoup de membres, de nous tous.

Ce n'est là qu'un aperçu du vaste panorama des AA aujourd'hui, et il laisse sûrement présager d'autres belles choses dans l'avenir. Évidemment, cette description de nos réalisations passées et de la vision que nous souhaitons pour l'avenir ne doivent d'aucune façon nous plonger dans la complaisance et l'autosatisfaction. Nous savons bien que nous avons eu et que nous avons toujours de grands défauts, en tant qu'individus et en tant que mouvement. Nous espérons ne jamais cesser de travailler à les corriger.

Puissions-nous continuer à accroître notre humilité et notre dévouement au service des hommes et de Dieu, de manière à pouvoir affronter et vaincre tous les problèmes et périls futurs. Prions pour que les membres actuels et les nouvelles générations soient de plus en plus dignes de l'heureuse et utile destinée que nous réserve sûrement notre Créateur.

Qu'est-ce que la liberté chez les AA ?

Mai 1960

Les Traditions et les coutumes des Alcooliques anonymes constituent une charte des libertés individuelles et collectives qui n'a pas son pareil dans l'histoire. Nous ne sommes administrés par aucun gouvernement humain.

Il était une fois un membre des AA qui croyait que son groupe était un peu trop vieux jeu, respectable et intolérant. D'après lui, il avait trop peur des rechutes et des écarts de ses membres. Ironique, il songea à un moyen de remédier à cela, et finit par suspendre au mur de son club une affiche qui disait: « Mes amis, presque tout est permis ici. Mais s'il vous arrive d'être soûls à la réunion, ne faites pas trop de bruit. Et veuillez, s'il vous plaît, ne pas fumer d'opium dans les ascenseurs du club ! »

Bien sûr, ce membre y était allé un peu fort pour faire valoir son point de vue. On voit rarement des membres soûls aux réunions des AA, et il n'y a probablement encore personne qui a fumé de l'opium dans un club. Il n'en demeure pas moins que nous pouvons tous avec profit lire entre les lignes de cette affiche.

Notre farceur disait en fait à tous les membres respectables et craintifs: « C'est grâce à Dieu si je n'agis pas ainsi. » À ceux qui dérangeaient le groupe, il disait: « Personne ne peut t'obliger à bien te tenir, ou te punir si tu ne le fais pas. Les AA ont Douze Étapes pour le rétablissement et la croissance spirituelle, ainsi que Douze Traditions pour l'unité de chaque groupe et du mouvement. Ces Traditions nous montrent comment éviter de voler en éclats, si nous le voulons. Cette salle de réunion nous coûte de l'argent. Nous souhaitons que tu mettes un peu d'argent dans le chapeau, mais nous ne voulons pas te forcer. Tu peux t'en prendre à nous, mais la plupart d'entre nous ne répliqueront probablement pas. Tu peux faire sauter ton anonymat en public ou te servir du nom des AA pour ton prestige ou ta fortune. Si tu persistes à faire ces bêtises, nous ne pouvons pas t'en empêcher. La même chose est vraie si tu mêles le nom des AA à une controverse publique. Nous espérons que tu ne feras rien de tout cela, que tu ne nuiras ni à nous ni à toi-même. Nous te disons simplement que tu dois mettre en pratique les principes du mouvement parce que tu le veux, pas parce que nous insistons. À toi de choisir. C'est ta charte des libertés chez les AA. »

Dans toute autre association, cette liberté individuelle illimitée serait désastreuse. Ce serait l'anarchie pure et simple dans le temps de le dire. Comment se fait-il, alors, que les AA peuvent tenir le coup avec une pareille liberté, une liberté qui donne parfois l'impression que tout nous est permis, individuellement et collectivement ? Est-ce nos vertus qui rendent possible cette charte des libertés unique ? Ou bien dépend-elle de nos besoins ?

Nos besoins sont certainement immenses et irrésistibles. Nous devons tous nous conformer suffisamment aux Étapes et aux Traditions du mouvement, sinon nous allons devenir fous ou mourir d'alcoolisme. Chez la plupart d'entre nous, le désir de survivre et de grandir devient donc rapidement plus fort que la tentation de boire ou de mal se conduire. C'est littéralement « une question de vie ou de mort », et nous choisissons de vivre. Cela veut dire que nous choisissons les principes, les coutumes et les attitudes des AA qui, en nous procurant l'abstinence, nous sauvent d'un désastre total. C'est notre premier choix important et vital. Nous le faisons évidemment sous la menace d'une attaque immédiate et effrayante d'un tueur, l'alcool. Ce premier choix est beaucoup plus une nécessité qu'un acte vertueux.

Une fois passé ce moment difficile, nous commençons à faire un autre choix. Nous nous rendons compte que les principes des AA sont bons. Tout en étant encore très révoltés, nous les mettons en pratique de plus en plus à cause d'un sens des responsabilités envers nous-mêmes, envers notre famille et envers notre groupe. Nous commençons à obéir parce que nous sentons que cela vaut mieux. Bien que ce soit pénible, nous nous rendons compte que c'est la meilleure chose à faire. À force d'essayer, nous commençons à grandir. C'est là une satisfaction bien méritée. La vie n'est toujours pas facile, mais elle est certainement bien meilleure. D'ailleurs, nous ne sommes pas seuls. Nous sommes entourés de nombreux compagnons de route, groupes ou individus. Ensemble, nous réussissons à faire ce qu'il nous est impossible de faire seuls.

Finalement, nous réalisons que le choix a encore une autre dimension, qui nous est de temps à autre accessible. Nous arrivons à un point où nous pouvons adopter une attitude, nous adonner à une pratique ou nous conformer à un principe sain, simplement parce que nous le voulons réellement, sans réserve ni révolte. Quand nous sommes ainsi remplis de bonne volonté et d'esprit d'acceptation, nous constatons que toute révolte a disparu. Nous nous conformons parce que nous le voulons bien. En d'autres termes, tout ce que nous voulons, c'est que Dieu nous indique sa volonté et accorde sa grâce à nos semblables.

Avec le recul, nous nous rendons compte que la liberté de faire le mauvais choix n'était pas une liberté bien réelle. Quand nous choisissions parce que nous le « devions », nous n'avions pas non plus le libre choix, mais cela nous a mis sur la bonne voie. Quand nous avons choisi parce que ça « valait mieux », c'était déjà nettement une amélioration. Nous commencions à mériter un peu de liberté et à nous préparer à en recevoir davantage. De temps à autre, quand nous arrivions avec joie à faire les bons choix, sans révolte ni résistance ni conflit, nous apercevions pour la première fois ce que peut être la liberté parfaite, selon la volonté de Dieu. Peu de personnes restent longtemps sur ce palier élevé. Pour la plupart d'entre nous, s'y maintenir en permanence est l'affaire de toute une vie, et même de toute]'éternité. Cependant, nous savons que ce palier élevé existe vraiment, qu'il est un but à atteindre un jour.

Telles sont nos libertés chez les AA et telle est la manière dont elles semblent fonctionner. Il a fallu beaucoup de temps pour arriver à les comprendre. Ce n'est qu'en 1945, 10 ans après ma rencontre avec Dr Bob, que j'ai osé mettre par écrit les Traditions des Alcooliques anonymes. Nous avons connu une période pendant laquelle nous avions toujours peur de ce que pouvaient nous faire nos membres instables ou le monde extérieur. Nous avions du mal à croire que nous pouvions nous en remettre à notre conscience collective. Nous nous interrogions donc sur la sagesse de laisser à chaque groupe son autonomie.

Nous nous demandions même si nous ne devions pas mettre à la porte les membres indésirables ou incroyants. Accorder à chaque alcoolique du monde entier le droit exclusif de décider lui-même s'il est ou non un membre des AA était une décision terrible. Telles étaient nos peurs à cette époque, et telles étaient les restrictions que nous étions tentés d'imposer.

C'était, après tout, le genre de restrictions que les organismes et les gouvernements les plus bienveillants ont dû imposer à leurs membres ou à leurs citoyens. Pourquoi faire exception à cette règle ?

Heureusement, nous n'avons pas adopté de mesures gouvernementales. Nous avons plutôt lancé les Douze Traditions des AA, qui constituaient vraiment l'expression de notre conscience collective. Aujourd'hui, notre étonnante capacité de nous y conformer de plein gré suscite le plus grand émerveillement et la plus belle action de grâces. Nous savons maintenant que nous allons toujours mettre ces principes en pratique. D'abord, parce que nous le devons, ensuite, parce que cela vaut mieux, enfin parce que la majorité d'entre nous le souhaitent sincèrement. Cela ne fait plus le moindre doute.

Nous savons déjà quelles sont nos diverses libertés et nous espérons que les futures générations de AA ne se sentiront jamais forcées de les limiter. Ce sont ces libertés qui constituent le terreau dans lequel peut croître l'amour véritable, l'amour les uns des autres, et l'amour de tous pour Dieu lui-même.

Comment «garder ça simple» ?

Juillet 1960

Ce numéro de la revue *Grapevine* sortira en juillet, au moment où nous célébrerons le 25e anniversaire des AA à Long Beach en Californie. Nous franchirons alors un autre cap vers l'avenir. Nous nous réjouirons à la pensée des dons et des merveilles du passé. Au moment de nous engager à nouveau à réaliser l'immense potentiel du mouvement dans l'avenir, nous allons sûrement évaluer la situation actuelle. Avons-nous réellement «gardé le mouvement simple» ? Ou avons-nous par mégarde fait des gaffes ?

C'est en pensant à cela que j'ai commencé à m'interroger sur notre structure de base, c'est-à-dire les principes, les relations et les attitudes qui constituent la substance de notre triple héritage: le Rétablissement, l'Unité et le Service. Dans nos Douze Étapes et nos Douze Traditions, nous retrouvons 24 principes clairement définis. Notre troisième legs contient les statuts de nos services mondiaux; ces statuts prévoient des milliers de représentants auprès des Services généraux, des centaines de membres des comités régionaux, 80 délégués à la Conférence des Services généraux, 15 administrateurs du Conseil des Services généraux de même que notre personnel spécialisé ou régulier du siège social pour les services juridiques et financiers, les relations publiques et les publications. Tous nos services locaux et régionaux ajoutent encore à cette complexité apparente.

Cela a fait 22 ans le printemps dernier que nous avons formé un conseil d'administration pour tout le mouvement des AA. Avant cela, nous n'avions ni principes officiels ni services spéciaux. Nous n'avions même pas songé à nos Douze Étapes. Quant aux Douze Traditions ... eh bien, nous n'avions que 40 membres et trois ans d'expérience. Il n'y avait donc rien que nous pouvions qualifier de « traditionnel ». Le mouvement comptait deux petits groupes, l'un à Akron et l'autre à New York. Nous formions une famille très intime, dont Dr Bob et moi étions les «papas». À l'époque, tout le monde faisait ce que nous disions. Nos salons privés nous servaient de lieux de réunion, et notre vie sociale se déroulait autour des cafetières dans nos cuisines. L'alcoolisme était évidemment décrit comme une maladie mortelle. L'honnêteté, l'aveu et la réparation de nos torts, le travail auprès des autres et la prière étaient notre seule formule pour assurer notre survie et notre croissance. C'était l'époque des jours heureux et de la simplicité. Le slogan « gardons ça simple » n'était pas encore une nécessité. Nous ne pouvions pas être moins compliqués.

Le contraste entre cette époque et aujourd'hui est époustouflant. Il effraie même certains d'entre nous. Nous nous demandons donc: « Les AA ont-ils vraiment respecté l'avertissement de Dr Bob de "garder ça simple"?» Comment concilier nos Douze Étapes, nos Douze Traditions, notre Conférence des Services généraux et nos Congrès internationaux d'aujourd'hui avec le café et les petits gâteaux du début ? »

Personnellement, je ne trouve pas cela difficile. Aujourd'hui, la véritable simplicité se trouve dans les principes, coutumes ou services qui peuvent à jamais assurer partout notre harmonie et notre efficacité. Il valait donc mieux définir nos principes que de les laisser vagues, il valait mieux préciser leur mode d'application que de le laisser imprécis, et il valait mieux structurer nos services que de les abandonner à l'à-peu-près ou à l'anarchie.

Un retour aux salons et aux cuisines des membres ne nous procurerait certainement pas la simplicité souhaitée. Il signifierait seulement l'irresponsabilité, le désaccord et l'inefficacité à grande échelle. Imaginons le tableau suivant: pas de principes directeurs, pas de publications, pas de salles de réunion, pas de fonds de groupe, pas de parrainage planifié, pas de direction stable, pas de rapports clairs avec les hôpitaux, pas de relations publiques saines, pas de services locaux, pas de services mondiaux. Retourner à cette simplicité des débuts serait aussi absurde que de vendre le volant, le réservoir à essence et les pneus de sa voiture. Cela simplifierait sûrement la voiture, et il n'y aurait plus de factures pour l'essence ou les réparations ! Mais cette voiture n'irait plus nulle part. Cela ne simplifierait certainement pas la vie familiale, mais la rendrait au contraire compliquée et embrouillée.

Un mouvement des AA informé, animé uniquement par le désir de tenir une réunion, ne convient tout simplement pas aux AA d'aujourd'hui. Ce qui marchait bien pour une quarantaine de membres en 1938 ne peut fonctionner pour plus de 200 000 membres en 1960. Notre taille accrue et nos responsabilités plus grandes représentent la différence entre l'enfance et l'âge adulte. Nous savons à quel point il est insensé de chercher à retrouver la simplicité de l'enfance pour échapper aux responsabilités que nous devons toujours affronter pour « garder ça simple » un jour à la fois. Il est impossible de retourner en arrière, ce n'est pas la peine d'essayer.

L'histoire de l'évolution de nos idées sur « la simplicité un jour à la fois » est fascinante. Par exemple, quand est venu le moment de codifier ou d'organiser, si vous préférez, les principes de base issus de notre expérience, il y a eu bien de la résistance. Beaucoup maintenaient que la publication des Douze Étapes des AA allait trop compliquer notre programme de rétablissement que nous nous transmettions oralement et qui était tout simple (mais plutôt confus). Ils disaient que nous « jetions la simplicité par la fenêtre », mais ce n'était pas le cas. Demandons-nous seulement: « Où serait le mouvement, aujourd'hui, sans ses Douze Étapes ? » Dieu seul sait tout le bien qu'ont pu faire ces principes soigneusement définis depuis leur publication en 1939. Leur codification nous a grandement simplifié la tâche, personne ne peut le nier.

Le même genre de clameur s'est élevé en 1945, quand nous avons clairement défini les principes de notre vie et de notre travail en commun, les Douze Traditions des AA. Il a été difficile d'arriver à un accord à leur sujet. Pourtant, qui peut dire aujourd'hui que la vie du mouvement a été compliquée par les Traditions ? Au contraire, ces principes précis ont considérablement simplifié le maintien de notre unité. Et, pour les AA, l'unité est une question de vie ou de mort.

La même chose s'est produite partout dans nos services, particulièrement dans nos services mondiaux. Quand nous avons créé notre premier conseil d'administration, il y a eu de grandes inquiétudes. On s'alarmait parce que cette décision nécessitait des démarches légales, un transfert d'autorité, de l'argent et des transactions commerciales. Jusque-là, nous étions heureux de dire que les AA avaient « complètement séparé le spirituel du matériel ». Ce fut donc un choc quand Dr Bob et moi avons proposé la création des services mondiaux, quand nous avons insisté pour qu'ils soient dirigés par un conseil permanent, et quand nous avons ajouté que le temps était venu, au moins dans ce domaine, d'apprendre à mettre le « matériel » au service du spirituel. Nous avions besoin de quelqu'un d'expérience au volant et d'essence dans le réservoir des AA.

Quand nos administrateurs et leurs collaborateurs ont commencé à diffuser notre message partout dans le monde, nos craintes se sont lentement évanouies. Le mouvement n'était pas devenu plus embrouillé, il avait été simplifié. Demandez aux dizaines de milliers d'alcooliques et à leurs proches qui venaient chez les AA grâce à nos services mondiaux. Leur vie a certainement été simplifiée. Et la nôtre aussi, en fait.

Quand notre première Conférence des Services généraux s'est réunie en 1951, une fois de plus nous avons retenu notre souffle. Pour certains, cet événement signifiait la catastrophe. Les querelles et la politicaillerie à grande échelle allaient devenir la règle. Nous allions nous montrer sous notre pire jour. Nos administrateurs et tous les membres en perdraient leur sérénité (et quelques-uns l'ont vraiment perdue !). Nous allions gâcher notre magnifique spiritualité et la thérapie des AA. Les membres s'enivreraient à cause de cette Conférence (et certains l'on fait !) Plus fort que jamais auparavant, la même clameur s'est fait entendre : « Pour l'amour du ciel, gardons ça simple ! » Des membres demandaient: «Pourquoi Dr Bob, Bill et les administrateurs ne continueraient-ils pas tout simplement à diriger ces services pour nous ? C'est la seule façon de garder ça simple. »

Peu de membres savaient que le Dr Bob était gravement malade. Personne ne s'arrêtait à penser qu'il ne resterait bientôt qu'une poignée de pionniers, et qu'ils partiraient à leur tour. Les administrateurs seraient alors isolés et sans liens avec l'association qu'ils servaient. Ils pourraient être renversés au premier gros coup de vent. Ce serait littéralement l'arrêt cardiaque pour les AA, et il en résulterait presque à coup sûr un effondrement irrémédiable.

Il fallait donc que les membres choisissent. Qu'est-ce qui était réellement le plus simple ? Allions-nous réunir cette Conférence des Services généraux, en dépit du coût et des risques ? Ou allions-nous rester chez nous les bras croisés à attendre les conséquences fatales de nos craintes et de notre folie ? Qu'est-ce qui était réellement le mieux à long terme, et par conséquent le plus simple ? Comme le montre notre histoire, nous avons agi. La Conférence des Services généraux des Alcooliques anonymes vient juste de tenir sa dixième réunion annuelle. Sans l'ombre d'un doute, cet instrument indispensable a cimenté notre unité et assuré le rétablissement d'un nombre croissant de malades dans l'avenir.

Je crois donc que nous avons bel et bien tenu promesse. Selon moi, nous avons vraiment simplifié le mouvement.

Certains se demandent peut-être encore: « Pourtant, est-ce que nous ne nous éloignons pas d'une de nos premières Traditions selon laquelle "le mouvement, en tant que tel, ne devrait jamais être organisé"? » Pas du tout. Nous ne serons jamais « organisés » tant que nous ne créerons pas de gouvernement, tant que nous n'essaierons pas de déterminer qui peut être membre et qui ne le peut pas, tant que nous ne laisserons pas nos conseils et nos comités de services infliger des punitions à ceux qui ne se conforment pas, qui ne contribuent pas financièrement ou qui ne se conduisent pas bien. Je sais que tous les AA sont convaincus dans leur cœur qu'aucune de ces choses ne peut jamais arriver. Nous nous contentons d'organiser nos principes pour qu'ils soient mieux compris et nous continuons d'organiser nos services pour que le sang des AA puisse être transfusé à ceux qui autrement mourraient. Cela résume tout ce qu'il y a comme « organisation » chez les AA. Il ne pourra jamais y en avoir plus.

Une dernière question pour conclure: « La belle époque du café et des amitiés rapides est-elle disparue des AA parce que nous nous modernisons? » Eh bien non. Je connais dans ma ville un membre qui est abstinent depuis plusieurs années. Il fréquente un petit groupe où il entend les mêmes discours que nous entendions – et que nous tenions – Dr Bob et moi dans nos maisons respectives. Mon ami a pour voisins une douzaine de copains AA qu'il rencontre souvent autour d'un café dans sa cuisine. Il pratique fréquemment la Douzième Étape. Pour lui, rien n'a changé; le mouvement est comme il a toujours été.

Dans les réunions, il voit des livres, des brochures et la revue sur la table. Il entend la secrétaire annoncer timidement qu'ils sont à vendre. Il se dit que l'Intergroupe de New York est une bonne chose, parce que c'est d'abord par l'entremise de ce bureau que certains de ses compagnons ont trouvé un parrain. En ce qui concerne les services mondiaux, il n'est pas aussi sûr. Il entend du pour et du contre à ce sujet. Il finit par se dire qu'ils sont sans doute nécessaires. Il sait que son groupe envoie de l'argent à ces entreprises et il est d'accord. De plus, il faut bien que son groupe paie son loyer. Alors, quand on passe le chapeau, c'est avec joie qu'il donne un dollar.

Les « modernisations » des AA ne menacent ni la sérénité ni le portefeuille de mon ami. Elles représentent simplement sa responsabilité envers son groupe, sa région et le mouvement tout entier. Pour lui, toutes ces obligations vont de soi.

Si vous lui disiez que l'argent, la politique et une surorganisation sont en train de gâcher les AA, il se contenterait de rire et vous dirait sans doute:

« Pourquoi ne viens-tu pas à la maison après la réunion pour prendre un autre café avec moi ? »

Les AA demain

Juillet 1960

Ce livre nous a donné de magnifiques aperçus du tableau qu'offrent les AA à l'œuvre au cours de leur 25e année d'existence. Nous nous émerveillons et nous nous réjouissons de voir que l'impossible est vraiment arrivé, grâce à nos nombreuses voies de communication et à notre aptitude à les utiliser.

Voici la question qui se pose maintenant: que faisons-nous dorénavant et quelles sont nos responsabilités aujourd'hui et demain ?

En ce qui a trait à l'avenir des AA, notre premier devoir est évidemment de conserver tout ce que nous avons aujourd'hui. Cela nécessitera des soins vigilants. Nous ne devons jamais laisser le succès et les acclamations nous endormir dans la complaisance et la suffisance. Cette tentation subtile pourrait nous amener à stagner aujourd'hui et peut-être à nous désintégrer demain. Nous avons toujours su nous rallier pour affronter et surmonter les échecs et les crises. Les problèmes nous ont toujours stimulés. Cependant, à quel point saurons-nous faire face aux problèmes qu'engendre le succès ?

Allons-nous continuer de rechercher les failles et les lacunes toujours présentes dans nos communications ? Allons-nous nous attaquer résolument et avec suffisamment d'imagination, de courage et de dévouement, aux nombreuses tâches de correction et d'amélioration qu'il faut entreprendre dès aujourd'hui pour demain ? La nécessité d'une vision encore plus claire et d'un sens accru des responsabilités sont les seules réponses à ces questions.

** Cet article est tiré du livre AA Today, publié par Grapevine à l'occasion du 25e anniversaire du mouvement.*

Connaissons-nous la dimension et la portée réelles de nos responsabilités prévisibles ? Nous savons avec une quasi-certitude que 25 millions d'hommes et de femmes dans le monde ont souffert d'alcoolisme depuis 25 ans. Presque tous sont aujourd'hui malades, fous ou morts. Les AA ont permis à environ 250 000 d'entre eux de se rétablir. Les autres sont toujours hors d'atteinte ou irrécupérables. En ce moment même, une génération d'alcooliques encore plus considérable est en train de se développer. Face à l'énormité de cette situation, allons-nous rester assis bien confortablement et nous contenter de dire: « Nous sommes là. Nous espérons que vous entendrez parler de nous et que vous viendrez nous voir. Peut-être pourrons-nous alors vous donner un coup de main ? »

Ce n'est évidemment pas ce que nous allons faire. Nous allons développer toujours davantage tous les moyens de communication possibles pour atteindre nos frères et sœurs. Nous nous souviendrons de Dr Bob et de sa merveilleuse compagne de travail, sœur Ignatia à Akron. Nous nous souviendrons des nombreuses années d'incessant labeur de Silky auprès de nous. Dix mille membres, toujours vivants, se rappellent qu'ils doivent littéralement leur vie à ces trois personnes. Chacun de nous se souvient de son parrain, de celui qui a pris soin de lui. Étant les héritiers d'une telle tradition de service, combien d'entre nous oseront dire: « Que Georges s'occupe de cette visite de la Douzième Étape. Il aime travailler auprès des ivrognes, lui. Moi, je suis occupé. » Sûrement pas beaucoup. La complaisance est impossible.

Un autre grand domaine de responsabilités dans l'avenir pourrait être le problème global de l'alcool et de tous ceux qui souffrent encore des effroyables conséquences de l'alcoolisme. Leur nombre est astronomique; il y en a des centaines de millions. Voici un aperçu de ce problème.

Notre alcoolisme nous a presque tous amenés à maltraiter nos enfants. Les séquelles émotives auraient dû en faire des candidats « naturels » à l'alcoolisme. Pourtant, il est remarquable que les enfants adolescents des membres sérieux des AA ne semblent presque jamais présenter de signes d'alcoolisme. Ils boivent avec modération ou ne boivent pas du tout. Quelques-uns plus vulnérables boivent et affichent des séquelles et des symptômes révélateurs, mais la plupart sont capables d'arrêter, et la plupart le font. Comment cela est-il possible ?

La réponse réside dans une « éducation sur l'alcool » à la manière des AA. Nous n'avons bien sûr jamais dit à nos enfants de ne pas boire. Mais pendant des années, à la maison et dans des réunions, ils ont entendu dire ce qui en est vraiment, ce que l'alcool peut faire aux gens. Ils ont vu leur père à l'œuvre, d'abord comme alcoolique, puis comme membre des AA.

Ce genre d'éducation a certainement déjà sauvé la vie d'une centaine de milliers de nos enfants.

Mais qu'en est-il des enfants des autres? Nous en préoccupons-nous? Bien sûr que oui! Le mouvement lui-même ne peut se lancer dans l'éducation sur l'alcool ou dans toute autre activité connexe reliée à l'ensemble du problème, mais il est certain qu'en tant que citoyens particulièrement bien informés, nous pouvons et devons faire beaucoup dans ce domaine.

Des entreprises nationales, régionales ou privées ne cessent de surgir partout, confirmant ainsi que l'alcoolisme est un problème médical de la plus haute importance. Presque tous ces organismes nous disent avoir été inspirés dans leur travail par l'exemple que leur ont donné les AA. C'est à leur tour, maintenant, de faire œuvre de pionniers. Ils vont certainement commettre quelques erreurs. Tout comme nous, d'ailleurs, qui avons avancé surtout à tâtons. Plusieurs de ces entreprises ont commencé à obtenir des résultats et présentent un grand potentiel.

Néanmoins, j'ai l'impression que beaucoup d'entre nous se concentrent tellement sur les erreurs qu'elles commettent, surtout celles des membres des AA qui y travaillent, que nous refusons souvent à ces gens dévoués l'encouragement dont ils ont tant besoin. Maintenant que les AA se sont rassemblés de façon si extraordinaire autour d'un but unique et des Douze Traditions, les risques que ces entreprises extérieures puissent nous nuire sont virtuellement inexistants.

Concentrons-nous plutôt sur le fait qu'il reste encore 24 750 000 alcooliques dans le monde. Une collaboration amicale et toujours plus grande avec de tels organismes ne peut-elle pas nous conduire finalement vers ces innombrables alcooliques qui autrement seraient perdus? Peut-être avons-nous commencé à masquer notre propre lumière, à bloquer une communication qui présente un énorme potentiel. Ne devrions-nous pas jeter un regard neuf sur tout ça?

À l'intérieur du mouvement, quelle est notre position?

Le fait est, et cela s'explique facilement, que le nombre des Groupes familiaux Al-Anon est passé d'une poignée à 1 300 depuis 10 ans. Ces groupes s'attaquent à l'un des problèmes les plus difficiles pour l'alcoolique et sa famille, à l'intérieur comme à l'extérieur du mouvement. Il s'agit de la terrible distorsion que nous faisons vivre à nos femmes (et à nos maris) à cause de notre alcoolisme destructeur, qui nous a placés dans un état de dépendance hautement anormal à leur égard. Les alcooliques actifs se transforment souvent en enfants rebelles, qui n'en font qu'à leur tête et qui forcent ainsi leur conjoint à jouer un rôle de gardien et de protecteur, le rôle du « père » ou de la « mère ». Cette tendance s'est souvent incrustée au point de devenir très difficile à effacer. La sobriété trouvée dans le mouvement remédie rarement à cette situation intolérable et l'aggrave même parfois.

Les Groupes familiaux Al-Anon, qui réunissent des femmes et des maris d'alcooliques, voient aujourd'hui clairement de quoi il retourne beaucoup plus clairement en fait que la plupart d'entre nous, membres des AA. Ces personnes s'affairent dans leurs groupes à réparer les dégâts, et à corriger leurs propres défauts, grâce à la pratique des Douze Étapes des AA. Plus que certains d'entre nous, elles s'efforcent de «mettre en pratique les principes des AA dans tous les domaines de leur vie». Les Groupes familiaux ont donc réussi à pratiquer une grande brèche dans cet énorme problème et ne semblent pas vouloir s'arrêter là. Dans ce cas, ne pouvons-nous pas accorder à cette remarquable entreprise toute notre compréhension et tout notre encouragement? Que chacun de nous fasse sa part dans cette tâche de réparation des pots cassés à la maison!

Il y a parmi nous des membres qui ont un besoin toujours plus grand de croissance spirituelle. Dans ce domaine, la plupart d'entre nous sont déficitaires, et j'en suis un exemple notoire. Le plus simple examen de conscience peut révéler nos déficiences. Nous pouvons nous demander, par exemple: « Est-ce que j'essaie de "mettre en pratique ces principes" dans tous les domaines de ma vie? Ou bien est-ce que je me contente, dans ma suffisance, du minimum de nourriture spirituelle qui me permet de demeurer abstinent? Est-ce que j'ai réellement les ressources spirituelles qui me permettront de passer à travers les périodes difficiles? Ou bien est-ce que je me montre satisfait des manifestations de ma spiritualité, parce que a) ça va passablement bien à la maison, b) j'ai eu une grosse augmentation de salaire, c) on m'a nommé vice-président de ma section? Ou bien, quand les choses vont mal et que je deviens nerveux, déprimé, anxieux ou plein de ressentiment, est-ce que je justifie ma culpabilité et l'apitoiement sur moi-même qui en résultent en blâmant ma malchance ou, plus souvent, le comportement des autres. Ou bien encore, est-ce que je me rabats sur le vieux refrain: je suis un "alcoolique malade", je ne suis donc pas responsable? »

En y songeant bien, nous sommes presque tous d'accord pour admettre que nous sommes encore très très loin de la maturité, à presque tous les points de vue. Il apparaît clairement que nous devons continuer à travailler à notre croissance personnelle et collective en nous servant constamment des Douze Étapes.

Évidemment, nous pouvons être sûrs que ce sera un travail de longue haleine. Mais nous savons que nous ne pouvons en aucune façon nous servir de nos progrès laborieux comme d'une excuse pour nous fixer des buts médiocres. Notre grand objectif est peut-être la sobriété émotive, la pleine maturité émotive, et c'est bien. Cependant, je crois que nous préférerons presque tous une définition élargie, d'une portée plus étendue, plus élevée. Il n'y a sans doute rien de « relatif » dans l'univers sans un « absolu » quelque part. Pour la plupart d'entre nous, cet « absolu », c'est « Dieu tel que nous le concevons ». Nous croyons que notre but dans cette vie est de croître, ne serait-ce qu'un peu, à son image et à sa ressemblance. Aussi timide et prudent que soit notre prochain pas sur le sentier du progrès, nous ne pouvons pas nous fixer de limites qui entravent notre destinée ultime en tant que membres et en tant que mouvement, ni aucune limite qui entrave l'amour de Dieu pour nous. Individuellement et collectivement, structurellement et spirituellement, nous devrons toujours construire pour l'avenir. Nous en sommes encore à jeter les bases sur lesquelles toutes les générations futures des AA devront construire pendant peut-être des siècles.

Notre mouvement a eu la chance de réaliser, même si c'est encore en miniature, le rêve d'un « monde unique » que font les philosophes. Dans ce monde, nous pouvons différer considérablement d'opinion sans jamais rechercher de solution dans le schisme ou le conflit. En tant qu'association, nous n'attendons rien de la richesse et du pouvoir. Nous améliorons notre connaissance du « langage du cœur » et nos communications connaissent une croissance rapide. Nous sommes déjà en train de franchir en toute sécurité les obstacles de la distance, de la langue, du rang social, de la nationalité et de la croyance qui divisent tellement le monde d'aujourd'hui.

Tant que nous demeurerons convaincus que le « monde unique des AA » est un don de Dieu plutôt que le résultat de quelque vertu que nous avons méritée ou inventée, tant que ce « monde unique » continuera d'accueillir toujours davantage ceux qui en ont besoin, tant que nous continuerons de parler et de parfaire le langage de l'amour, tant que nous ferons tout cela, nous pourrons compter être au rendez-vous avec le destin que Dieu nous réserve, quel qu'il soit.

Nos pionniers à l'étranger

Octobre 1960

Je viens juste de lire les épreuves du numéro international de notre revue. On y retrouve des textes émouvants venant d'Afrique du Sud, de Rhodésie du Nord, du Congo, du Japon, d'Indonésie, de NouvelleGuinée, de Tasmanie, d'Australie, de Cuba, de Trinidad, de Jamaïque, d'Arabie saoudite, d'Allemagne de l'Ouest, du Danemark, de Hollande, de Finlande, d'Irlande, d'Écosse et d'Angleterre.

Cet impressionnant éventail de têtes de ponts et de bases des AA d'outremer ne révèle pourtant à peine plus que le quart de nos activités totales dans les pays et les endroits éloignés, où se trouvent des centaines de groupes et des milliers de membres. On parle déjà notre langage du cœur dans une douzaine de langues. Voilà le front des pionniers AA d'aujourd'hui.

Nous décrivons souvent nos membres isolés, nos groupes solitaires et nos grands centres étrangers comme des têtes de ponts, des bases et des fronts. Mais au sens le plus strict, ces expressions sont inappropriées. Même si beaucoup de nos membres et de nos groupes des AA isolés vivent et transmettent notre message dans des endroits où règnent le danger et la révolution, rien n'indique qu'ils craignent leur environnement, et il ne semble pas que leur présence en ces points chauds soit non désirée. Leur absence totale d'agressivité, leur but unique qui est d'apporter une lumière nouvelle à tous ceux qui souffrent d'alcoolisme, sont tout à fait évidents. Ils établissent des avant-postes de santé et de foi, et personne ne l'ignore.

À preuve, ce membre des AA qui, en mission de paix, a récemment traversé tout le continent africain en voiture et s'en est sorti sans une égratignure. Il y a aussi tous ces membres Isolés, en poste dans des lieux de conflit, qui demeurent abstinents et luttent pour fonder de nouveaux groupes. Rappelez-vous l'intense inquiétude de ce membre qui croyait en avoir abandonné un autre qui s'était suicidé; songez à la bonne humeur des membres du groupe des AA du Moyen-Orient, qui se réunissent dans des lieux secrets de peur d'offenser les autorités militaires ou nos amis les Musulmans (qui ne boivent pas !). Voyez, dans ces articles, les problèmes que connaissent les centres AA à l'étranger qui n'en sont plus maintenant à leurs débuts et qui se développent rapidement.

Voyez comment ils ont lentement gagné la confiance des représentants de la médecine, des milieux religieux et de la presse. Voyez comment ils ont finalement réussi à conquérir l'unité grâce à une application toujours plus grande de nos Douze Traditions. Voyez comment ils essaient de combler un manque désespérant de traductions. Voyez enfin comment ils ont commencé à vaincre toute barrière de race, de croyance et de statut social. Vous pourrez lire tout ceci et bien d'autres choses encore, dans les articles – et entre les lignes – qu'ils ont rédigés pour ce numéro international de *Grapevine*.

Indéniablement, ce passionnant front des AA d'aujourd'hui apporte la promesse d'un vaste développement mondial demain. Nos amis de l'étranger ont bien compris que ce n'est pas le temps de se croiser les bras. Leurs lettres dressent un tableau éloquent de leur zèle et de leur dévouement.

Nous, en Amérique du Nord, que pouvons-nous faire?

Eh bien, nous pouvons accroître considérablement le rythme de nos activités actuelles. Passons en revue quelques-uns de nos projets d'outremer.

Les Américains et les Canadiens voyagent beaucoup ces temps-ci. Chaque voyageur ou voyageuse doit donc se rappeler que de nombreux groupes étrangers ont été fondés par des membres des AA en voyage. Nous pourrions fournir à chacun de ces messagers le précieux outil de communication qu'est notre répertoire international. En plus d'un endroit, leur visite pourrait s'avérer une inspiration sans précédent pour les membres ou les groupes isolés.

Voici un exemple d'un besoin actuel criant. Au moment de mettre sous presse ce numéro de *Grapevine*, un véritable tohu-bohu vient d'éclater à Paris. L'un des journaux de la ville publie une série d'articles à sensation sur les AA en Amérique. Le moins qu'on puisse dire, c'est que le besoin caractéristique qu'ont les Français de dramatiser est poussé pas mal loin.

Un de ces articles décrit ma première rencontre avec mon parrain Ebby en 1934. Il porte un titre criard de deux pouces de hauteur. J'aurais supposément dit au téléphone: « Viens vite Ebby, j'ai du gin ! » En dépit de cette déformation étonnante et comique de notre Douzième Étape, les alcooliques français se joignent en masse au mouvement. Notre petit groupe de Paris est submergé, et presque aucun de ses membres ne parle français. Voyageurs AA, c'est donc à Paris que vous aurez votre chance, surtout si vous vous débrouillez dans la langue du pays ! »

Il y a aussi les marins, que nous appelons nos membres Internationaux.

Puissent leur nombre et leur dévouement continuer de croître. Ils ont déjà planté et fait pousser la graine des AA partout dans le monde. Nous disons à tous: « Puisse votre plantation grandir et puissent vos récoltes enrichir le grenier des AA ! »

Un coup d'œil maintenant au BSG, le bureau mondial des AA. Nous pouvons sûrement y accroître nos services à l'étranger. Afin d'éliminer les pénibles malentendus qui affligent de nombreux groupes éloignés depuis des années, nous devons produire des traductions en grand nombre et de meilleure qualité de nos publications de base. Une simple incompréhension des Douze Traditions des AA a souvent engendré des situations chaotiques dans bien des pays. Notre livre *Alcoholics Anonymous* n'a encore été traduit que deux fois en entier, et le corps de l'ouvrage est disponible, sous forme ronéotypée, dans deux autres langues seulement. Il faudra donc relever ce défi très rapidement.

Tous nos services étrangers du bureau de New York doivent être élargis. Nous avons un urgent besoin de nouveaux membres du personnel afin d'améliorer considérablement nos communications outre-mer. Jusqu'à tout récemment, aucun groupe étranger n'avait reçu de visite de représentants de notre siège social, à part celle que nous avons faite, Lois et moi, il y a 10 ans. Bien sûr, nous souhaitons vivement pouvoir faire à nouveau d'autres voyages semblables, mais ils ne pourront jamais remplacer le contact personnel permanent qui sera un jour nécessaire.

Par conséquent, nous, membres des AA d'Amérique, appuyons au maximum nos pionniers d'outre-mer. Sans plus attendre, ayons pour eux une vive compréhension, envoyons-leur encore des voyageurs dévoués, fournissons-leur toute l'aide, l'information, et l'inspiration que nous pouvons envoyer par-delà les mers. À cet égard, aucun organisme n'est mieux armé que notre siège social. Tous les membres peuvent contribuer. Quelques dollars de plus peuvent faire une énorme différence. Puissions-nous toujours nous en souvenir chaque fois qu'il y aura une collecte spéciale à l'intention de ces grands et uniques services.

Je suis assuré que ces projets, et bien d'autres encore, atteindront bientôt une vitesse supérieure. Nos pionniers de l'étranger sauront alors qu'ils peuvent compter sur une aide qui dépasse une approbation intéressée et un recours occasionnel. Ils auront notre amour constant, sans réserves et à jamais.

La liberté avec Dieu : à nous de choisir

Novembre 1960

Dans son sens le plus profond, le mouvement des AA est une quête de liberté – la liberté avec Dieu. Évidemment, le but immédiat de notre quête est l'abstinence, la libération de l'alcool et de tous ses sinistres méfaits. Sans cette liberté, rien n'est possible.

Paradoxalement, nous ne pouvons pas nous libérer de l'obsession de boire tant que nous n'acceptons pas de nous occuper de nos défauts qui nous ont mis dans cette situation désespérée. Toutefois, pour obtenir l' abstinence, nous devons nous libérer de la peur, de la colère et de l'orgueil, de la révolte et de la satisfaction de soi, de la paresse et de l'irresponsabilité, de la rationalisation insensée et de la malhonnêteté totale, des mauvaises dépendances et de la soif destructive du pouvoir.

Dans cette quête de la liberté, trois possibilités s'offrent à nous: nous révolter et refuser de nous occuper de nos défauts les plus flagrants, ce qui peut signifier notre ruine; demeurer abstinents en réalisant pendant un certain temps seulement un minimum d'amélioration et nous installer dans une médiocrité confortable mais souvent dangereuse ; nous efforcer continuellement de rechercher ces qualités sûres qui peuvent conduire à la grandeur de l'esprit et de l'action, à la liberté vraie et durable avec Dieu, à la liberté de rechercher et de faire sa volonté.

La plupart d'entre nous choisissent cette troisième possibilité. Nous ne devons pas nous laisser aveugler par une philosophie futile qui consiste à dire que nous sommes les malheureuses victimes de notre héritage, de nos expériences et de notre milieu, que ce sont là les seules forces qui décident à notre place. Cette voie ne mène pas à la liberté. Nous devons croire que nous avons vraiment le choix.

De la même manière, notre association et les groupes qui la composent auront constamment à faire face aux mêmes décisions. Allons-nous choisir la destruction ? Allons-nous rechercher seulement le confort temporaire d'une médiocrité complaisante ? Ou allons-nous constamment accepter de prendre les mesures, de faire les sacrifices et d'endurer les malaises qui nous permettent de nous engager sur le sentier qui mène invariablement à la vraie grandeur de l'esprit et de l'action ?

Ces réflexions servent de toile de fond au thème de cet article, les Douze Traditions des Alcooliques anonymes.

Les Traditions des AA sont la règle qui permet à notre association de mesurer avec précision ses progrès ou son absence de progrès. Nos Traditions nous révèlent toute la sagesse que nous avons pu accumuler pendant un quart de siècle passé à nous côtoyer et à travailler ensemble. Il ne fait pas de doute que ces principes marquent le sentier à suivre.

En considérant bien nos Traditions, nous remarquons qu'elles comportent deux grandes caractéristiques qui se renforcent l'une l'autre.

Le premier aspect est la protection et le second, le progrès. Les Douze Traditions nous rappellent d'abord les tentations auxquelles notre association est réellement soumise et les meilleurs moyens qu'elle a d'y faire face. Elles constituent le fondement d'un inventaire moral continuel de notre comportement collectif, première étape vers l'élimination des obstacles. L'aspect positif ou constructif des Traditions nous apprend, directement et implicitement, quelle est la meilleure façon d'appliquer, dans nos rapports les uns avec les autres et avec le monde qui nous entoure, les grands idéaux de sacrifice, de responsabilité empressée, de confiance et d'amour, ces principes qui nous fournissent l'énergie spirituelle nous permettant de nous engager sur la route de la libération totale.

L'aspect protecteur des Traditions nous met en garde contre les dangers de la célébrité et du pouvoir, contre les risques d'une grande richesse, contre les affiliations compromettantes, contre le professionnalisme. Les Traditions nous rappellent que nous ne pouvons refuser à aucun alcoolique le droit d'être membre, que nous ne pouvons nous permettre de gouvernement autoritaire. Elles nous préviennent de ne jamais imposer de force le message des AA à l'aide de campagnes publicitaires accrocheuses, et de fuir comme la peste les controverses publiques.

Ce sont là des exemples typiques de la prudence protectrice à laquelle nous invitent directement ou implicitement nos Douze Traditions. Pour certains, ces mises en garde ne sont que la somme de nos craintes communes. Il fut un temps où cela était vrai. À nos débuts, la moindre violation de ces préceptes semblait menacer notre existence même. C'était l'époque où nous nous demandions si nos membres rebelles pourraient résister aux grandes tentations. Mais nous avons bel et bien résisté, et nous avons survécu. Par conséquent, nos peurs folles d'hier ont fait place depuis à une prudence attentive, ce qui est passablement différent de la panique irréfléchie.

Bien sûr, nous aurons toujours à affronter les forces effrayantes que libère l'ego quand il se déchaîne, ces mêmes forces qui anéantissent le monde actuel. La phrase « délivre-nous de la tentation » doit donc demeurer un ingrédient essentiel de nos attitudes, de nos pratiques et de nos prières. Quand tout va bien, nous ne devons pas commettre l'erreur de croire qu'il ne peut absolument rien nous arriver de grave. Pas plus que nous ne devons nous accuser de « pensée négative » quand nous insistons sur la nécessité d'affronter de façon réaliste et efficace les forces destructives présentes à l'intérieur ou à l'extérieur du mouvement. La vigilance est le prix à payer pour notre survie.

Voilà pour l'aspect protecteur de nos Traditions. Mais elles nous fournissent beaucoup plus qu'une protection contre la médiocrité et la dissolution.

Voyons donc maintenant le côté positif, progressif de nos Traditions: la discipline, les sacrifices et les responsabilités dont nous devrons nous charger, la confiance mutuelle et l'amour dont nous devrons faire preuve pour trouver cette liberté supérieure que nous cherchons. Ce court article ne permet pas une analyse complète de cet aspect des Douze Traditions, mais quelques exemples suffiront à illustrer notre propos.

Par exemple, la Première Tradition dit que le bien-être collectif des AA passe en premier. Cela signifie que nos ambitions personnelles doivent être mises de côté chaque fois qu'elles entrent en conflit avec la sécurité et l'efficacité de notre mouvement. Cela veut donc dire que nous devons parfois aimer les AA plus que nous-mêmes.

La Deuxième Tradition dit: «Dans la poursuite de notre objectif commun, il n'existe qu'une seule autorité ultime, un Dieu d'amour tel qu'il peut se manifester dans notre conscience de groupe. Nos chefs ne sont que des serviteurs de confiance; ils ne gouvernent pas. » C'est là un modèle de confiance mutuelle en Dieu, en nous-mêmes et en nos serviteurs. Il s'agit de l'une des meilleures expériences que nous ayons tentées, et elle a réussi au-delà de toute attente.

La Troisième Tradition définit la liberté individuelle dont jouit le membre des AA. Elle dit en effet que tout alcoolique peut devenir membre, du moment qu'il le déclare. Personne ne peut lui refuser son appartenance au mouvement, peu importe son comportement. Aucune autre association n'a sans doute accordé une aussi grande liberté individuelle. Elle permet à chaque nouveau de sentir tout de suite qu'on l'accepte, qu'on lui fait confiance et qu'on l'aime. Comme nous comprenons bien ces besoins, qui ont été aussi les nôtres ! Il y a rarement eu un alcoolique qui a abusé de cette charte des libertés sans restrictions. Nous avons pris cette décision en faveur de la liberté individuelle il y a des années. Nous en sommes heureux et nous n'avons jamais eu à le regretter.

La Quatrième Tradition constitue une autre déclaration de la confiance et de l'amour que nous nous portons mutuellement, cette fois entre groupes. Nous accordons à chaque groupe une autonomie pleine et entière, le droit absolu de s'occuper de ses propres affaires. Afin de rendre cette situation encore plus permanente et sûre, nous garantissons à tous les groupes des AA qu'ils ne seront jamais soumis à aucune forme de gouvernement ou de pouvoir central. En échange, chaque groupe accepte de ne jamais poser de geste susceptible de faire du tort à l'ensemble des AA. Rarement est-il arrivé à un groupe d'oublier cette précieuse confiance.

La Septième Tradition proclame le principe de l'autofinancement des AA, par lequel nous nous engageons à payer nous-mêmes toutes nos dépenses de service tout en refusant les contributions de l'extérieur.

Le fait que nous n'acceptions pas d'argent de l'extérieur met certainement en confiance l'alcoolique qui songe à se joindre à nous. De même, la bienveillance du public à notre égard s'en trouve accrue, car les gens aiment voir des alcooliques jadis irresponsables prendre maintenant leurs responsabilités. Il ne fait pas de doute non plus que cette pratique salutaire nous mène vers une plus grande liberté. En refusant résolument des fonds de l'extérieur, qu'il s'agisse de dons privés ou publics, nous nous donnons la garantie absolue de toujours préserver notre liberté d'action. Le vieil adage qui dit: «Celui qui paie a le droit de choisir» ne jouera jamais contre nous.

Nous pourrions certainement récolter aujourd'hui de grosses sommes pour le mouvement si jamais nous décidions de le faire. Mais il ne pourrait sans doute pas nous arriver de pire calamité. Nous serions aussitôt exemptés de la salutaire responsabilité d'avoir à recueillir nos propres fonds. L'argent des autres étant disponible en grande quantité, nos membres imaginatifs concevraient sûrement d'innombrables projets visant à faire le bien. Dans les rares cas où nous avons, par le passé, accepté de l'argent de l'extérieur, il en est presque invariablement résulté de la confusion et des disputes internes. Nous sommes donc bien conscients que l'autofinancement complet nous procure de grands bienfaits spirituels et pratiques. C'est le plus bel exemple de prudence par le sacrifice, le principal rempart de nos libertés.

Voici un autre exemple: la Dixième Tradition qui nous met en garde avec insistance contre la controverse publique. Cette Tradition est sans doute la première à avoir pris forme. Comme de raison, nous nous sommes réservé le droit, parfois agréable, de nous quereller entre nous sur des questions de moindre importance! Mais quand il s'est agi des problèmes terribles qui secouent la société qui nous entoure, comme la politique, la religion, la réforme et les autres questions du même genre, les premiers membres ont su qu'ils n'étaient pas de leur ressort.

Plus tard, un autre aspect du même danger est apparu. Toutes sortes de personnes et d'organismes se sont mis à nous demander de « prendre position », de « formuler des opinions » et de « combattre le mal » quel qu'il soit. Une fois de plus, nous avons tout de suite vu qu'en prenant cette voie, nous courrions sûrement à notre perte, et que des milliers d'alcooliques ne connaîtraient jamais les AA pour une simple question de préjugés. Nous serions à nouveau menacés du même péril, mais cette fois de l'extérieur.

À ce moment-là, nous avons su qu'il nous fallait vivre en harmonie, entre nous et avec le monde qui nous entoure. L'humanité a sans doute tiré plusieurs libertés de controverses brutales et de guerres violentes. Mais chez les AA, nous avons dû apprendre que le genre de liberté dont nous avons besoin ne peut en aucune façon venir de la violence. En tant qu'association, nous ne pouvons nous opposer à personne, nulle part et en aucun temps. Nous en avons fait la preuve. Quand nous nous sommes attaqués de front à la bouteille, nous avons perdu. Ce genre de combat n'a jamais rien donné. Et quand nous nous querellons trop entre nous, nous nous soûlons.

Par conséquent, une paix véritable sera toujours essentielle à la liberté des AA. Mais il ne faudrait pas s'imaginer que nous fuyons les conflits seulement parce que nous avons peur. Aujourd'hui, c'est par amour les uns pour les autres que nous vivons en harmonie.

Maintenant, étudions cette Tradition vitale qu'est la Onzième. Elle traite de nos relations publiques, qui sont notre plus importante voie de communication pour rejoindre l'alcoolique qui souffre encore. La Onzième Tradition dit: « La politique de nos relations publiques est basée sur l'attrait plutôt que sur la réclame. Nous devons toujours garder l'anonymat personnel dans la presse écrite et parlée, de même qu'au cinéma. » Puisque cette grande Tradition décrit la plus importante application de notre principe de l'anonymat, et qu'elle donne le ton à toute notre politique des relations publiques, elle est d'une importance capitale. Si jamais les ambitions personnelles envahissaient nos relations publiques, nous serions gravement handicapés, peut-être même perdus.

Le danger, bien sûr, est que nous en venions un jour à abandonner imprudemment le principe de l'anonymat personnel en public. C'est possible, car beaucoup de membres ont eu, et ont encore parfois, d'énormes impulsions, fréquemment alimentées par une soif presque irrésistible d'argent, d'approbation et de célébrité publique. Mon cas est exemplaire à cet égard. Je comprends parfaitement ce désir constant de devenir un personnage public. J'ai donc insisté à tout bout de champ pour que nous maintenions l'anonymat personnel le plus strict, peu importe les sacrifices que cela demande.

Notre souhait le plus cher pour l'avenir est que nous réfrénions ces épouvantables pulsions grâce à la discipline personnelle, à l'amour des AA et à une opinion collective et publique ferme. Jusqu'à maintenant, ces forces constructives ont agi de concert et ont suffi. Nous prions pour qu'elles continuent de prévaloir.

Jetons un dernier regard sur l'immensité de la tentation. Un vaste réseau de communications couvre maintenant le globe, jusque dans les coins les plus éloignés. Même s'il comporte d'énormes avantages publics, ce forum international illimité n'en constitue pas moins un terrain de chasse pour tous ceux qui recherchent l'argent, la gloire et le pouvoir aux dépens de la société en général. C'est là que s'affrontent les forces du bien et du mal. Tout ce qu'il y a de mesquin et de destructif vient aux prises avec tout ce qu'il y a de mieux.

Rien ne sera donc plus important pour le bien-être futur des AA que la manière dont nous nous servirons de ce gigantesque réseau de communication. Utilisé avec altruisme et à bon escient, il pourrait donner des résultats qui dépassent tout ce que nous pouvons imaginer maintenant. Par contre, si nous faisons une mauvaise utilisation de ce bel outil, nous tomberons sous les coups de l'ego de nos propres membres, souvent animés des meilleures intentions. À ce danger, nous opposons le sacrifice que constitue l'anonymat des membres en public; c'est un véritable bouclier. Encore une fois, nous devons croire que l'amour des AA et l'amour de Dieu l'emporteront toujours.

Enfin, dans la Douzième Tradition, nous voyons l'anonymat comme « la base spirituelle de toutes nos Traditions, nous rappelant toujours de placer les principes au-dessus des personnalités ».

Ce principe, avec tout ce qu'il suppose, touche tous les aspects de notre vie. L'anonymat, c'est l'humilité à l'œuvre. Pour que notre association puisse demeurer humble, nous devons constamment faire l'inventaire de nos tentations et de nos défauts. L'esprit d'anonymat exige de chacun de nous des sacrifices personnels, à tous les niveaux du mouvement. C'est seulement en acceptant de faire ces sacrifices que les membres des AA pourront s'acquitter de leurs responsabilités envers eux-mêmes, envers les victimes de l'alcoolisme partout dans le monde et envers la société tout entière. Seul l'esprit de sacrifice nous permet de remplir nos responsabilités, seul un sens développé des responsabilités peut engendrer la confiance mutuelle, et seule la confiance mutuelle peut servir de base à un grand amour, notre amour les uns pour les autres, et l'amour de tous pour Dieu.

C'est précisément dans cet esprit que tous les participants au 25ᵉ anniversaire des AA, réunis à Long Beach en Californie, ont réitéré leur engagement au service du mouvement. Ils avaient le choix, et ils ont choisi. Leur témoignage a été éloquent:

« C'est par la grâce de Dieu que nous sommes rassemblés ici, afin de marquer notre gratitude à l'occasion du 25e anniversaire de notre association.

En cette étape importante de nos 25 ans, nous prenons vivement conscience que nous sommes en train de franchir le seuil de la grande porte de notre avenir. Notre destinée en est une de promesses et de réalisations toujours plus grandes, et nous n'avons jamais cessé de le croire.

Cependant, l'avenir ne peut prendre tout son sens et toute son importance sans poser de nouveaux problèmes et même comporter de graves périls. C'est à travers ces problèmes et ces périls que nous pouvons croître et atteindre la vraie grandeur de l'action et de l'esprit.

Nous avons engagé nos vies et notre destinée à la réalisation de ces objectifs. Aujourd'hui, nous réitérons notre engagement à nous aimer toujours plus les uns les autres, à aimer toujours plus cette merveilleuse association qui nous rassemble et que nous servons, et à en aimer l'auteur suprême, Dieu lui-même.

Nous vous confions maintenant, à vous, membres des AA qui venez de loin et qui symbolisez si bien la communication unique et aimante qui est la nôtre dans ce mouvement universel, le mandat de transmettre ce message à tous les membres partout, et particulièrement à tous ceux qui ne le connaissent pas encore et qui passeront bientôt des ténèbres à la lumière, si Dieu le veut. »

À quoi ressemblera l'avenir ?

Février 1961

Les 25 premières années du mouvement sont maintenant chose du passé, et les 25 prochaines s'ouvrent devant nous. Comment allons-nous tirer le meilleur parti de ce temps qui nous est alloué ?

Peut-être devrions-nous d'abord prendre conscience que nous ne pouvons pas rester inactifs. Maintenant que nous avons établi nos principes de base, maintenant que notre façon de faire est passablement connue et efficace, nous pourrions être facilement tentés de nous considérer comme un autre des nombreux organismes utiles de la scène internationale. Nous pourrions en arriver à nous dire que « les AA sont bien, comme ça ».

Pourtant, combien d'entre nous oseraient affirmer: « Je suis abstinent et je suis content. Que puis-je encore attendre, que puis-je encore faire ? Je suis bien, comme ça. » Nous savons bien que le prix à payer pour une telle suffisance est la rechute inévitable, suivie à un moment ou l'autre d'un très dur réveil. Nous devons grandir ou dépérir. Pour nous, le « statu quo » ne vaut que pour aujourd'hui, pas pour demain. Nous devons changer, nous ne pouvons rester inactifs.

Dans ce cas, que peut faire le mouvement pour s'améliorer? Allons nous commencer à remanier nos principes de base ? Allons-nous modifier nos Douze Étapes et nos Douze Traditions ? Il semble bien que la réponse soit « non ». Ces 24 principes, après nous avoir libérés, nous ont permis de demeurer unis, de fonctionner et de grandir en tant que membres et en tant qu'association. Évidemment, Dieu a sans doute une bien meilleure idée que nous de ce qu'est la vérité parfaite. Mais nous en sommes venus à croire que les Étapes de rétablissement et les Traditions des AA représentent bel et bien les vérités qui se rapprochent le plus de ce qu'il faut pour atteindre notre but particulier. Plus nous les mettons en pratique, plus nous les aimons. Il ne fait aucun doute que nous devons continuer à prôner les principes de base des AA sous leur forme actuelle.

Si nos principes de base sont si fermement définis, que reste-t-il à modifier ou à améliorer ? La réponse est évidente. Nous n'avons pas à changer ces vérités, mais nous pouvons certainement améliorer notre façon de les appliquer, à nous-mêmes, au mouvement, et à nos rapports avec le monde qui nous entoure. Nous pouvons constamment accroître la pratique de « ces principes dans tous les domaines de notre vie ».

Au moment où nous entrons dans une nouvelle phase de la vie du mouvement, réitérons notre engagement de nous consacrer toujours davantage à son bien-être global. Poursuivons notre inventaire en tant qu'association, cherchons à découvrir nos points faibles et avouons-les sans restrictions. Travaillons à réparer les failles qui peuvent exister dans nos relations, que ce soit à l'intérieur ou à l'extérieur.

Surtout, rappelons-nous ces innombrables alcooliques qui souffrent encore et qui sont toujours sans espoir. Tâchons à tout prix, peu importe les sacrifices, d'améliorer nos communications avec eux pour qu'ils puissent tous trouver ce que nous avons trouvé: une vie nouvelle, faite de liberté avec Dieu.

Les endroits éloignés

Octobre 1961

Voici le numéro international de notre revue *Grapevine*, toujours émouvant, passionnant et spectaculaire. La lecture de ces articles qui nous viennent des endroits les plus éloignés nous donne un merveilleux aperçu des AA d'aujourd'hui. Infailliblement, toute personne qui les lira aura aussi un magnifique avant-goût de ce que seront les AA dans le monde de demain.

L'auteur d'un article d'Afrique du Sud, pionnier des AA dans ce pays, termine sur ces mots étranges: « Hamba gahle, hlala gahle. » Ces salutations en langue zoulou signifient: « Voyage en paix, vis en paix. » Ces expressions émouvantes révèlent les aspirations et les désirs profonds de tout le peuple zoulou.

Nous pouvons certainement, nous, membres des AA, nous reconnaître aussi bien que les Zoulous dans ces mots. N'est-ce pas exactement ce que nous avons toujours recherché, d'abord en tant qu'alcooliques actifs, puis en tant que membres des AA? Nous avons toujours voulu quitter l'endroit où nous nous trouvions pour aller dans un endroit où il y aurait la paix. L'histoire des AA est celle de notre voyage commun, à la recherche d'un meilleur sort.

Comme le raconte l'auteur de cet article, il n'est pas surprenant que ses amis alcooliques zoulous, bantous ou hindous découvrent que leurs espoirs les plus chers se réalisent alors qu'ils accourent vers le mouvement, au Transvaal et dans les régions environnantes. Dans leur voyage avec nous, ils trouvent le calme.

Le développement du mouvement à l'étranger est l'histoire de membres qui ont voyagé ainsi, tant de corps que d'esprit. Dans les pages de ce numéro, nous pouvons lire l'histoire émouvante de la femme d'un diplomate. Nous la décrivons ici comme une « Isolée ». Pourtant, comme elle nous le raconte, elle n'était pas le moins du monde seule quand elle a vécu en Norvège, puis en Indonésie. Pour le moment, elle se retrouve encore plus heureuse à Haïti.

Il y a aussi cette Anglaise, qui est une de nos membres. Elle nous raconte sa déroute à Singapour, un prélude nécessaire à son rétablissement et au bonheur qu'elle vit aujourd'hui à Malte où elle a fondé, avec une autre femme, un groupe des AA de deux personnes !

Ne manquez pas non plus de lire l'histoire de cet officier britannique qui est un des pères fondateurs du mouvement dans son pays. Il raconte comment il a pu, alors qu'il était un membre Isolé, demeurer parfaitement abstinent en Malaisie pendant une période éprouvante de guérilla. Vivez avec lui ce qu'il a trouvé dans le mouvement, à son retour en Angleterre.

Ne manquez pas le tableau des AA en Australie que nous brosse un vieux membre des antipodes. J'ai lu cet article la gorge serrée, car je me rappelais comment le mouvement a commencé sur ce continent il y a 20 ans, grâce à une lettre et à un Gros Livre envoyés par New York.

Il y a aussi cette étrange et incroyable histoire de Douzième Étape survenue récemment en Afrique du Sud. L'auteur de l'article a travaillé jour et nuit pour parrainer un jeune Hongrois qui vivait avec sa mère dans la misère et l'isolement le plus total. La barrière de la langue avait d'abord semblé impossible à franchir, mais le parrain et son protégé pouvaient tous les deux lire quelques passages de la Bible en latin, et cela a aidé. Mais la barrière n'était pas que linguistique; ce candidat égaré était sourd-muet. Il est pourtant devenu abstinent et l'histoire de son rétablissement est étonnante.

En fait, tous les articles de ce numéro international de la revue *Grapevine* sont à lire. Vous y trouverez sûrement des idées neuves sur la manière de passer de l'endroit où vous êtes maintenant à un lieu encore plus paisible. En tout cas, c'est ce qui m'est arrivé.

« *Hamba gahle, hlala gahle !* »

Une fois de plus à la croisée des chemins

Novembre 1961

Partout, les membres des AA commencent à s'intéresser davantage à notre histoire et à ses grands moments. Je crois aussi que nous découvrons le sens précis de cette histoire, et cela est extrêmement important.

L'histoire du monde nous apprend que bien des sociétés et nations ont été victimes de la peur et de l'orgueil, ou de leurs desseins agressifs. Elles en ont perdu le sens de leur but et de leur juste destinée, se sont désintégrées et ont disparu. Ni la puissance, ni la gloire, ni la richesse n'ont pu assurer leur survie à long terme.

Les 25 premières années des AA laissent voir qu'il y a peu de chances que cela nous arrive. Dans notre vie personnelle, et par conséquent dans le mouvement, nous nous sommes évertués avec fermeté à mettre de côté toutes ces vaines revendications de prestige, de pouvoir et de possession qui en ont ruiné tellement parmi nous quand nous buvions. Ayant en mémoire ces expériences effrayantes, il n'est pas étonnant que les Douze Étapes des AA nous rappellent continuellement la nécessité absolue d'abaisser notre ego, et que nos Douze Traditions nous mettent fortement en garde contre les périls d'une trop grande richesse, de la vaine poursuite de la gloire et de la tentation toujours présente de nous lancer dans des controverses et des attaques.

Ce ne sont pas nos vertus qui nous ont donné une telle sagesse. Si nous comprenons mieux aujourd'hui, c'est à cause de nos folies dans le passé. Le temps de le dire, et grâce à Dieu, chacun d'entre nous a pu acquérir de plus en plus le sentiment que sa vie a un sens et un but. Ce qui constitue l'essence de notre expérience personnelle est aussi le fondement de notre expérience collective. Nous avons souffert suffisamment pour commencer à découvrir l'amour de Dieu et l'amour les uns des autres. C'est ainsi que nous avons appris à opter pour les principes et les pratiques qui nous permettront de survivre et de grandir sans danger. Voilà dans quel climat spirituel nous avons aujourd'hui la chance de vivre, nous, les membres des AA.

Même notre comportement parfois bizarre depuis que nous sommes abstinents n'a jamais altéré ce climat général d'humilité et d'amour. C'est là, pensons-nous, ce contexte spirituel qui nous a valu l'orientation sage et providentielle que nous connaissons. Nous ne disons pas cela par prétention, mais notre expérience ne ment pas. Nous n'avons qu'à songer aux nombreuses décisions, apparemment bonnes, que nous avons pu prendre depuis 26 ans au sujet de nos principes et de la façon de les communiquer. Pas une seule de ces décisions, à ce jour, ne semble avoir été une erreur. À chaque carrefour, jusqu'à maintenant, le mouvement semble avoir pris la bonne direction. Nous pouvons difficilement nous en attribuer tout le mérite. Notre association illustre de manière convaincante ce vieil adage qui dit: « Les limites de l'homme sont l'affaire de Dieu. » C'est notre histoire jusqu'ici, et nous pouvons sûrement envisager en toute confiance le moment de la prochaine décision.

En effet, les AA se trouvent maintenant à un autre tournant de leur vie. Il s'agit cette fois de la direction future de nos services mondiaux. Nous allons donc devoir jeter un regard neuf sur ce que nous réserve l'avenir. À cette croisée des chemins, je devrai prendre une décision cruciale. Voici de quoi il s'agit.

J'ai acquis la conviction que je devrais maintenant me retirer de l'administration active des services mondiaux des AA et déléguer entièrement mon autorité en cette matière aux administrateurs du Conseil des Services généraux des AA.

L'idée n'est pas du tout nouvelle. Il s'agit simplement de la dernière scène d'une pièce qui se joue depuis plus de 10 ans. Nous l'avions à l'esprit, Dr Bob et moi, quand nous avons écrit ensemble un article pour *Grapevine* intitulé « Pourquoi ne pouvons-nous pas nous joindre aux AA, nous aussi ? », et encore davantage quand nous avons tenu à titre expérimental notre première Conférence des Services généraux en 1951. À St. Louis, en 1955, quand nous avons confié à la Conférence toute l'autorité et la responsabilité du maintien des services mondiaux, je prévoyais certainement à ce moment-là mon retrait de la direction active des services.

Pourtant, il subsiste un vestige de mon ancienne situation, et cela mérite une explication. Après la remise des pouvoirs à St. Louis, il restait encore quelques tâches qui exigeaient toute mon attention. Toutes ces tâches sont maintenant presque terminées. Depuis six ans, je m'en suis occupé conjointement avec nos administrateurs. Le maintien de ces activités a sans doute donné à beaucoup de membres l'impression que je demeurais le leader et le symbole des AA dans le monde. C'est le dernier vestige de mon autorité dans les services.

Ma décision, aujourd'hui, est motivée par d'excellentes raisons impossibles à contourner, la principale étant la nécessité d'appliquer de façon stricte notre Deuxième Tradition dans tous les domaines de nos services mondiaux. Cela signifie que je ne devrais plus agir comme leader des services à la place de la conscience collective des AA. Ce leadership doit maintenant être entièrement assumé par nos administrateurs, selon les directives des délégués à la Conférence. Il y a aussi cette très saine tradition AA de l'alternance. Tout le monde applique ce principe à la lettre, sauf moi. Je dois éliminer cette dernière contradiction en me retirant dans les coulisses, où se trouvent déjà presque tous les vieux membres AA.

Ce n'est pas tout. Mes activités constantes au siège social pourraient avoir masqué certaines lacunes imprévisibles dans notre structure organisationnelle. Il faut donc leur laisser l'occasion de se manifester si elles existent. De plus, les excellents administrateurs et membres du personnel qui œuvrent maintenant à la direction de nos services mondiaux peuvent désormais se passer de ma collaboration. Nous savons qu'à long terme, une direction à deux têtes est hautement dangereuse. Mon retrait du service actif corrigera ce problème.

Il y a aussi des raisons psychologiques de la plus grande importance. Les AA sont une grande famille dont nous, les anciens, avons sûrement été les parents spirituels. Un père de famille qui s'en va avant que ses enfants aient atteint la maturité manque sans contredit à ses responsabilités. Par contre, s'il s'obstine à assumer trop longtemps son rôle, cela peut aussi être très dangereux. En maintenant son autorité parentale et la garde de ses pupilles longtemps après que ceux-ci ont atteint l'âge de prendre leurs responsabilités, il les prive purement et simplement du privilège inestimable de voler de leurs propres ailes. Ce qui convenait parfaitement pendant leur enfance et leur adolescence devient inacceptable à leur maturité. Un père avisé sait toujours s'adapter à la situation. Bien sûr, si on le lui demande, il sait donner un coup de main en cas de besoin. Mais il sait aussi qu'il doit laisser ses héritiers faire et réparer leurs propres erreurs, vivre leur vie et grandir. La Deuxième Tradition du programme des AA reconnaît bien cette vérité universelle quand elle déclare: « Il n'y a qu'une seule autorité ultime: un Dieu aimant tel qu'il peut se manifester dans notre conscience collective. »

Comme de raison, je ne dis pas que je me retire complètement. Je souhaite seulement modifier mes liens avec les AA. Par exemple, je serai disponible pour les réunions du Conseil et de la Conférence. Si des failles importantes apparaissaient dans notre structure de service actuelle, je me ferais un plaisir, si on me le demandait, d'aider à les réparer. Bref, je souhaite être disponible, mais ne plus jamais diriger, ce qui est exactement la position que les AA espèrent voir prendre à tous leurs vieux membres.

Mon retrait prochain dans les coulisses entraînera nécessairement d'autres changements. À part la possibilité d'une ou deux autres visites outre-mer et ma participation aux Congrès internationaux à venir, je crois que l'époque de mes voyages et de mes discours est révolue. En pratique, je ne suis plus en mesure de répondre aux centaines d'invitations que je reçois maintenant. Il est évident, aussi, que mes apparitions répétées ne font qu'accroître mon importance dans le mouvement, au moment même où celle-ci doit diminuer considérablement. Il en va de même, en grande partie, de ma volumineuse correspondance, qui a pris de telles proportions que je ne peux plus y répondre adéquatement.

Néanmoins, une voie de communication primordiale demeure grande ouverte: celle de mes articles dans la revue *Grapevine*. J'aimerais certainement les poursuivre. En ce moment, par exemple, je travaille sur une série d'articles intitulée « Mettre en pratique ces principes dans tous les domaines de notre vie ». Peut-être pourront-ils plus tard être repris dans un livre portant sur la difficulté de vivre que nous éprouvons, nous membres des AA. Si je réussis à l'écrire, ce livre pourrait être d'une utilité permanente.

Un autre facteur influence ma décision. Comme n'importe quel membre, j'ai la responsabilité de devenir citoyen du monde qui m'entoure, et d'y apporter l'expérience de vie et de travail que j'ai trouvée dans notre association. Par conséquent, je suis déjà en train d'explorer certains domaines d'activités à l'extérieur du mouvement, où je pourrais apporter une contribution utile et peut-être même significative. Pour la première fois, je me sens libre de suivre l'exemple constructif que me donnent déjà d'innombrables membres. Cependant, la principale raison qui m'amène à prendre cette nouvelle orientation est la conviction profonde qu'à long terme, elle est dans l'intérêt des Alcooliques anonymes.

Nul besoin de vous dire que j'aborde ce tournant dans la vie des AA et dans ma propre vie la gorge serrée et le cœur plein de gratitude pour tous les privilèges et les bienfaits sans précédent dont j'ai si longtemps été gratifié.

Notre thème : la responsabilité

Juillet 1965

À l'occasion du 30e anniversaire des AA en ce mois de juillet 1965, nous allons tenir notre Congrès international à Toronto. Il est juste que le thème choisi pour cette fête soit: « La responsabilité chez les AA ». Nous allons passer en revue les trois décennies de la vie du mouvement qui font maintenant partie de l'histoire. Animés d'une gratitude indicible, nous allons rendre grâce à Dieu d'avoir bien voulu nous permettre d'atteindre le niveau de responsabilité individuelle et collective qui a procuré à notre association le bien-être et l'envergure internationale qu'elle connaît aujourd'hui.

En revenant sur les années passées, c'est à peine si nous pourrons concevoir tout ce que Dieu a fait pour nous. Personne ne peut imaginer la somme des souffrances qui furent un jour les nôtres, ou le malheur qu'ont dû endurer nos proches. Qui peut vraiment comprendre la nature profonde de nos expériences spirituelles, ces dons de Dieu qui nous ont transformés et nous ont ouverts à un nouvel univers, à une nouvelle façon d'être, d'agir, de vivre? Les bienfaits que nous avons reçus dépassent l'entendement humain.

Lors de ce grand rassemblement international, nous allons voir de nouveaux visages, entendre bien des personnes venues de loin nous parler dans des langues étrangères; nous allons constater que le soleil ne se couche jamais sur l'association des AA, que 350 000 membres sont maintenant rétablis de notre maladie et que nous avons partout commencé à franchir les formidables barrières de race, de croyance et de nationalité. La certitude que nous sommes si nombreux à avoir tenu nos engagements d'abstinence, de croissance et d'efficacité dans ce monde trouble où nous vivons devrait nous remplir de la joie et de la satisfaction les plus profondes. Cependant, comme nous avons presque toujours dû apprendre dans la souffrance, nous n'allons certainement pas commencer à nous complimenter. Nous allons plutôt voir dans ces bienfaits des dons de Dieu, auxquels nous avons en partie répondu par un empressement toujours plus grand à rechercher et à faire sa volonté.

Nous allons aussi nous rappeler comment la souffrance infligée par notre maladie a littéralement forcé la plupart d'entre nous à poser notre premier geste responsable depuis des années, c'est-à-dire nous joindre aux AA. L'alcoolisme nous avait mis dans un tel état d'effondrement que nous étions maintenant prêts à faire tout ce qui était nécessaire pour nous rétablir; c'était une question de vie ou de mort.

Animés de ce désir, nous nous sommes enfin joints aux AA, où nous avons découvert un monde nouveau de compréhension et d'attention aimante. Nous avons bientôt regardé les Douze Étapes de rétablissement des AA, mais beaucoup d'entre nous ont aussitôt jugé que 10 d'entre elles étaient plutôt inutiles. Tout ce que nous acceptions, c'était que nous étions des alcooliques et qu'il suffisait d'assister régulièrement à des réunions et de donner un coup de main aux nouveaux pour régler notre problème de boisson et sans doute aussi tous nos problèmes. Nous étions d'accord avec le vieux cliché qui dit que « son seul défaut est de trop boire ». Une fois libérés de la bouteille, nous comptions que la vie serait agréable comme tout. La chaleur des AA nous réconfortait, et tout semblait aller pour le mieux.

Graduellement, nous avons connu certains mécontentements, même à l'intérieur de notre groupe qui n'était pas aussi merveilleux que nous l'avions d'abord supposé. On se lançait des pierres au moindre scandale, ou encore on se chamaillait pour savoir qui serait le prochain président du groupe. Il y avait des gens que nous n'aimions tout simplement pas, et ceux que nous admirions ne nous accordaient pas l'attention que nous croyions mériter. À la maison non plus, nous ne comprenions pas. Une fois dissipé le nuage rose dans le ménage, les choses semblaient aller toujours aussi mal. Les vieilles blessures ne se refermaient pas. Bien qu'impressionné par notre abstinence, le gérant de banque continuait de nous demander quand nous allions le rembourser. Notre patron aussi nous demandait d'un ton ferme de nous mettre sérieusement au travail.

Chacun d'entre nous se tournait vers son parrain et lui racontait tous ces malheurs. Nous affirmions que nos ressentiments, nos anxiétés et nos dépressions avaient pour causes la situation difficile dans laquelle nous nous trouvions et le mauvais comportement des autres à notre égard. Nous étions consternés de voir que notre parrain ne semblait pas impressionné du tout. Il se contentait de sourire et de dire: « Nous devrions nous asseoir et jeter un regard sérieux sur toutes les Douze Étapes. Peut-être es-tu passé à côté de beaucoup de choses, ou même de presque tout. »

Nous avons donc commencé à faire notre propre inventaire, plutôt que celui de notre voisin. Dans cet examen de conscience, nous avons enfin commencé à voir quelles étaient nos responsabilités, envers nous-mêmes et envers ceux qui nous entourent. Même si la tâche était difficile, les choses se sont progressivement améliorées. Nous avons commencé à réparer nos torts envers ceux que nous avions blessés, en rechignant au début, puis avec plus d'empressement. Petit à petit, nous avons compris que tout progrès, matériel ou spirituel, passe par la prise de conscience de nos vraies responsabilités, puis par la volonté de les assumer. Tous ces gestes ont commencé à porter fruit. Nous nous sommes aperçu que nous n'avions plus à nous laisser mener par nos malaises et nous nous sommes attaqués avec plus d'empressement à la tâche de vivre et de grandir.

À notre grande surprise, nous avons découvert que l'acceptation par des actes d'une responsabilité bien définie nous apportait presque invariablement le vrai bonheur et la paix de l'esprit. De plus, ces satisfactions durables étaient encore accrues quand nous prenions conscience qu'un plus grand empressement nous permettait de découvrir la volonté de Dieu à notre égard par la méditation. Nous découvrions enfin que nous voulions avec joie vivre de façon responsable.

Telle a été notre progression spirituelle chez les AA ou, si vous préférez, notre pèlerinage.

Chaque groupe et le mouvement tout entier ont suivi la même démarche que chaque membre. Souvent, j'ai vu notre association timide et craintive, en colère et orgueilleuse, apathique et indifférente. Souvent aussi, j'ai vu ces traits négatifs s'évanouir pendant que nous apprenions et appliquions avec joie les leçons de l'expérience.

Voyons quelques exemples.

À nos débuts, nous étions tellement timides que nous étions convaincus que les AA devraient être une société secrète. Nous évitions la publicité parce que nous avions toujours honte de notre alcoolisme, et aussi parce que nous aurions pu être envahis par un afflux de supposés indésirables. La critique de l'intérieur ou de l'extérieur nous a souvent mis en colère. Habituellement, nous pouvions plus facilement critiquer qu'accepter les critiques. Nous avons parfois voulu faire du mouvement la seule panacée et l'autorité suprême en matière d'alcoolisme, éloignant ainsi nos amis. Comprenant bien les dangers d'une trop grande richesse, nous avons transformé cette peur en une excuse pour justifier notre incapacité à payer les petites dépenses des groupes, des intergroupes et des services mondiaux, ces services vitaux indispensables à la transmission du message des AA dans le monde. À cause d'un parrainage médiocre ou insuffisant, nous avons parfois été incapables de répondre aux besoins des nouveaux.

Puis, à certains moments cruciaux de notre histoire, nous avons refusé, par colère ou par simple indifférence, des responsabilités pourtant évidentes. À quelques occasions, le désastre a été évité de justesse. Les vieux membres se rappelleront que notre livre *Alcoholics Anonymous* aurait pu ne jamais être publié parce que certains affirmaient que nous n'en avions pas besoin, alors que d'autres se dérobaient devant les risques que comportait la publication de ce texte inestimable. De grandes clameurs se sont élevées quand il s'est agi de créer la Conférence des Services généraux des Alcooliques anonymes, cet indispensable corps de délégués qui relie aujourd'hui notre association aux administrateurs de nos services mondiaux. Presque personne ne croyait qu'on pourrait ainsi forger un lien efficace; beaucoup pensaient que même un simple essai risquait de nous détruire. Par conséquent, cette entreprise si vitale a presque été abandonnée en chemin à cause de l'indifférence, des vives attaques et du manque de foi .

Pourtant, au moment choisi par Dieu, nos valeurs spirituelles ont inmanquablement fini par l'emporter sur un passif aussi lourd. Le rétablissement dans le mouvement se poursuit à une grande échelle. La pratique des Douze Traditions des AA a incroyablement cimenté notre unité. Nos intergroupes et notre Conférence des Services généraux nous permettent de répandre notre message partout, en Amérique et outre-mer. Nos souffrances et nos besoins nous ont d'abord fait accepter nos responsabilités à contrecœur. Ces dernières années, un plus grand empressement et une foi sûre ont de plus en plus pénétré tous les domaines de notre association.

Même si nous avons heureusement réussi à surmonter nos difficultés passées et actuelles, nous avons pleinement conscience que nos défauts sont encore là et ne nous quitteront jamais. Par conséquent, nous avons la responsabilité permanente, tout au long de la route, de faire un inventaire courageux de ces défauts pour mieux les corriger.

À Toronto, nous allons donc nous demander: « Quelle sorte d'héritage léguons-nous à toutes ces générations à venir qui composeront notre association ? Aurait-il pu être meilleur ? Pendant qu'il en est encore temps, que pouvons-nous faire pour accroître notre actif et réduire notre passif ? »

En examinant ainsi notre association telle qu'elle est aujourd'hui, j'espère ne pas passer pour un ancien sage et vertueux, prêt à admonester et à réprimander les autres. En faisant l'inventaire des défauts du mouvement, soyez assurés que je fais aussi mon propre examen de conscience. Je sais que mes erreurs passées ont encore des effets, et que mes défauts actuels peuvent aussi influencer notre avenir. Il en est ainsi de chacun d'entre nous.

Jetons donc ensemble un regard sur les domaines les plus importants de la vie de notre association, ceux où la nécessité de nous améliorer se fera toujours sentir.

Nous devons nous préoccuper avant tout des malades que nous ne parvenons pas encore à rejoindre. Commençons par reconnaître avec humilité qu'il y a aujourd'hui dans le monde 20 millions d'alcooliques, dont 5 millions aux États-Unis seulement. Ces chiffres énormes tiennent évidemment compte de tous les stades de la maladie. Certains malades sont impossibles à atteindre parce qu'ils ne souffrent pas encore assez, d'autres parce qu'ils souffrent trop. Plusieurs ont des problèmes émotifs et mentaux qui semblent hypothéquer leurs chances. Pourtant, selon une estimation conservatrice, quatre millions d'alcooliques pourraient se rétablir et seraient prêts à le faire à un moment donné, si seulement ils savaient comment ! Évidemment, il faut que tous ces malades sachent ce qu'est l'alcoolisme et prennent conscience qu'ils en sont affligés. Quand ils sont ainsi prêts à nous rejoindre, nous devons utiliser toutes nos ressources d'information publique et le bouche à oreille pour leur dire exactement quelles sont les étapes à franchir et la route à suivre pour se rétablir. Si nous songeons qu'en 30 ans d'existence, les AA n'ont rejoint que 10% de ceux qui auraient pu vouloir s'adresser à eux, nous avons un aperçu de l'immensité de notre tâche et des responsabilités auxquelles nous devrons toujours faire face.

Ces faits nous amènent directement à notre responsabilité suivante: parrainer avec intelligence et amour chaque homme ou femme qui vient à nous et demande notre aide. Le soin et l'attention que nous apportons à cette tâche, individuellement et collectivement, peuvent faire toute la différence pour eux. N'est-ce pas la plus belle manière de marquer notre gratitude pour tout ce que nous avons nous-mêmes reçu ? Nous savons de façon à peu près certaine qu'un million d'alcooliques se sont adressés aux AA depuis 30 ans. Qu'est-il arrivé aux 600 000 qui ne sont pas restés avec nous? Jusqu'à quel point n'avons-nous pas manqué à nos engagements envers eux?

Nous ne devons jamais croire que le mouvement est la seule panacée et l'autorité suprême en matière d'alcoolisme. Seulement aux États-Unis et au Canada, il y a peut-être une centaine d'organismes qui se consacrent à la recherche, à l'éducation et au traitement dans ce domaine. La recherche a déjà donné des résultats significatifs et utiles, et elle est loin d'être terminée. Ceux qui s'occupent d'éducation répètent que l'alcoolisme est bel et bien une maladie, mais qu'on peut la traiter. Ils peuvent accroître l'efficacité de nos propres efforts. Il est reconnu, statistiquement, que les organismes qui s'occupent d'alcoolisme aux États-Unis et au Canada soignent annuellement environ 50 000 alcooliques. Évidemment, leurs méthodes sont souvent différentes de la nôtre. Mais qu'est-ce que ça peut faire, si la plupart sont ou pourraient être prêts à collaborer avec les AA? Trop souvent, à mon avis, nous avons désapprouvé ou même tourné en ridicule ces entreprises amies, simplement parce que nous ne partagions pas toujours leurs idées. Nous devrions sérieusement nous demander combien d'alcooliques ont continué à boire juste parce que nous n'avons pas su collaborer de bon cœur avec ces nombreux organismes, qu'ils soient bons, mauvais ou quelconques. Aucun alcoolique ne devrait connaître la folie ou la mort parce qu'il n'est pas venu directement chez les AA dès le début.

Voyons maintenant la question des critiques, celles qu'on adresse aux AA dans le monde qui nous entoure. Pendant des années, notre mouvement a été incroyablement exempt de ces flèches que lance la société à toute entreprise le moindrement importante, que ce soit dans le domaine social, médical, religieux ou politique. C'est pourquoi nous sommes surpris, choqués et fâchés quand quelqu'un trouve à redire sur les AA. Nous pouvons en être bouleversés au point de ne pas savoir tirer profit d'une critique constructive. Nous n'arrivons pas non plus à bien prendre une critique qui n'est pas aussi bien fondée. Bien que ces attitudes ne soient pas courantes, il n'en demeure pas moins que de nombreux membres réagissent ainsi quand on touche leur point sensible. Ce genre de ressentiment n'aide pas à nous faire des amis et ne mène à rien de constructif. C'est là un domaine où nous pouvons certainement nous améliorer.

Le mouvement des Alcooliques anonymes n'est pas une religion ni un traitement médical, et il ne prétend pas être expert en matière de motivations profondes et de subconscient. Nous avons tendance à l'oublier trop souvent. Nous entendons parfois nos membres proclamer que le mouvement est une grande religion nouvelle. Sauf pour la désintoxication proprement dite, nous sous-estimons facilement aussi la contribution de la médecine à notre bien-être. Parce que la psychiatrie ne parvient pas encore à rendre beaucoup d'alcooliques abstinents, nous sommes parfois enclins à parler de cette profession en termes peu flatteurs. Nous oublions encore une fois que c'est à la religion et aux professions médicales que nous devons notre existence même. Toutes ces ressources ont été largement utilisées pour énoncer les grands principes et les orientations essentielles du mouvement. Ce sont surtout nos amis qui nous ont fourni, au début, ces principes et orientations qui nous permettent aujourd'hui de vivre et d'avancer. Par conséquent, nous devrions reconnaître le mérite qui revient à ces précieux collaborateurs. Bien sûr, c'est nous, les alcooliques, qui avons créé le mouvement, mais les autres nous ont fourni tous les ingrédients de base. Dans ce cas-ci, particulièrement, notre devise devrait être: « Ayons de l'amitié pour nos amis. »

Il est reconnu historiquement que presque tous les groupements d'hommes et de femmes tendent à devenir dogmatiques, leurs croyances et leurs pratiques se durcissant, parfois jusqu'à se figer. C'est une évolution naturelle et presque inévitable. Tout le monde, bien sûr, doit obéir à ses convictions, et les AA ne font pas exception. De plus, tout le monde doit avoir le droit d'exprimer ses convictions. C'est là un bon principe et un dogme valable. Mais tout dogme a aussi ses défauts. Parce que nous avons des convictions qui fonctionnent bien pour nous, il devient facile de croire que nous possédons toute la vérité. Si nous laissons se développer ce genre d'arrogance, nous allons sûrement nous emporter, exiger que tout le monde soit d'accord avec nous, nous prendre pour Dieu. Ce dogme n'est plus valable. Il est très mauvais. Il pourrait être particulièrement dangereux pour nous, les AA, d'agir ainsi.

Des nouveaux membres se joignent aux AA par dizaines de milliers chaque année. Ils représentent à peu près toutes les croyances et les attitudes imaginables. Nous avons des athées et des agnostiques. Nous avons des gens de presque toutes les races, cultures et religions. Chez les AA, nous sommes supposés être liés par une souffrance commune. Par conséquent, nous devrions tous nous faire un point d'honneur de laisser à tout individu l'entière liberté d'adhérer à n'importe quelle croyance, théorie ou thérapie. N'essayons pas d'imposer à qui que ce soit nos idées personnelles ou même collectives. Tâchons plutôt d'avoir les uns pour les autres le respect et l'amour auxquels a droit chaque être humain dans sa quête de la lumière. Tâchons toujours d'inclure plutôt que d'exclure. Rappelons-nous que chaque alcoolique, parmi nous, est membre des AA dès qu'il ou qu'elle le déclare.

Certains des périls les plus évidents qui nous guettent seront toujours rattachés à l'argent, aux controverses à l'intérieur du mouvement, et à la tentation constante de rechercher, dans le mouvement et à l'extérieur, les distinctions, le prestige et même le pouvoir. Le monde qui nous entoure est aujourd'hui brisé par ces forces malheureuses. En tant que buveurs, nous avons été soumis à ces formes de destruction plus que quiconque. Dieu merci, cela nous donne, et continuera de nous donner, je l'espère, un sens aigu de notre devoir de nous améliorer.

Il ne faudrait cependant pas que la peur que nous inspirent ces forces nous pousse dans les justifications absurdes. Il ne faudrait pas que la peur de la richesse accumulée et de la bureaucratie devienne une excuse pour ne pas payer des dépenses légitimes pour les services des AA. Il ne faudrait pas que, par peur de la controverse, nos responsables soient timides lorsqu'un débat animé et une action directe s'imposent. Et il ne faudrait pas que la peur du prestige et du pouvoir nous empêche d'accorder à nos administrateurs l'autorité qui leur permette d'agir en notre nom.

N'ayons pas peur d'apporter les changements qui s'imposent. Il est certain que nous devons distinguer entre un changement pour le pire et une amélioration. Nous avons découvert, il y a longtemps, que lorsqu'un besoin se manifeste clairement chez un individu, dans un groupe ou dans le mouvement, nous ne pouvons pas rester les bras croisés en regardant ailleurs. Pour grandir, il est indispensable d'être prêt à s'améliorer et à assumer sans cesse toutes ses responsabilités.

En conclusion, il est juste de dire que les AA ont su, dans presque tous les domaines de leur vie collective, améliorer de façon substantielle leur empressement et leur aptitude à accepter et à remplir leurs responsabilités. C'est ce que symbolisera et démontrera notre grand rassemblement de Toronto.

Un regard vers l'avenir nous indique clairement qu'une volonté toujours plus grande dans ce domaine nous assurera ce progrès que Dieu souhaite pour nous dans notre marche vers le destin qu'il nous réserve.

La direction des services mondiaux des AA

Janvier 1966

Au nom des administrateurs du mouvement, notre ami dévoué et président du Conseil, Jack Norris, nous invite à faire face à une responsabilité d'une portée considérable. Les historiens du mouvement considéreront sûrement ce moment comme un grand tournant dans le développement de notre association bien-aimée. En effet, nous nous apprêtons à revoir, et peut-être à redéfinir la nature et la composition de la future direction mondiale des AA. En méditant sur ce problème qui attend depuis longtemps une solution, il serait bon de nous rappeler qu'il a toujours été d'une importance cruciale pour les nouvelles sociétés et nations de déterminer la direction suprême de leurs affaires. C'est ce que nous enseigne l'histoire de l'humanité.

Jack Norris nous demande de façon expresse, à nous, les Alcooliques anonymes, au niveau de notre conseil d'administrateurs, d'assumer le premier rôle dans la conduite des affaires mondiales du mouvement. Il nous présente, à cette fin, un programme détaillé, un plan approuvé presque à l'unanimité par les autres membres du Conseil. Si nous l'adoptons en 1966, la responsabilité principale de nos services mondiaux passera des membres non alcooliques du conseil actuel aux administrateurs alcooliques du nouveau conseil.

Le Conseil ainsi redéfini serait composé de 14 administrateurs membres des AA et de sept administrateurs non alcooliques. Sept des administrateurs membres seraient choisis, dans les territoires appropriés des États-Unis et du Canada, pour leur qualités de leaders dans le mouvement. Les sept autres seraient choisis en fonction de divers critères élevés de compétence commerciale, professionnelle et administrative. Cela donnerait un conseil équilibré de 21 administrateurs, dans lequel les membres des AA seraient majoritaires à deux contre un. Par comparaison, notre conseil actuel se compose de dix non-alcooliques et de neuf membres des AA. Les principaux postes du nouveau conseil seraient ouverts aux membres alcooliques chaque fois qu'un changement serait jugé souhaitable. Ne serait-ce que pour des raisons pratiques, ce meilleur équilibre entre les trois catégories d'administrateurs devrait s'imposer à tous.

Toutefois, le plan des administrateurs, tel que le définit Jack, n'a pas seulement des conséquences pratiques. Il est aussi d'une grande valeur spirituelle; il confie de très grandes responsabilités aux AA. Il déclare, en effet, que le mouvement a maintenant atteint un tel niveau de stabilité et de compétence qu'il ne devrait plus avoir besoin, pour fonctionner, de ce qui était considéré depuis 1938 comme une protection symbolique d'amis non alcooliques. Comme vous le savez, la structure actuelle a été créée il y a longtemps, à l'époque où le mouvement ne comptait que trois groupes et 40 membres.

Prenons un instant pour rappeler les raisons qui ont motivé, à l'origine, la composition de notre Conseil des Services généraux. Pour les AA, l'année 1938 fut pleine d'angoisse et d'incertitude. Nous ne savions pas encore si des alcooliques pouvaient demeurer abstinents indéfiniment, ni si nous avions, même abstinents, l'équilibre émotif nécessaire pour nous occuper de nos affaires. De plus, nous n'étions pas reconnus publiquement; les gens ne connaissaient même pas notre existence. Et puis, combien de groupes éloignés accepteraient d'envoyer leur contribution financière à un conseil entièrement composé d'alcooliques de New York? Tel était le climat de crainte et d'indécision qui assombrissait notre ciel à cette époque.

Néanmoins, il était déjà évident que notre association naissante allait devoir prendre une direction. Il fallait ériger, au sommet de la pyramide grandissante de nos membres, un phare dont la lumière porterait le message des AA à ceux qui souffraient encore d'alcoolisme. De peur qu'un jour l'éclat de cette lumière ne soit assombri par les rechutes et l'irresponsabilité, nous n'osions pas tenir ce phare tout seuls.

Il nous fallait une certaine forme de protection, mais laquelle? La réponse que nous avons proposée en 1938 est maintenant connue. Nous avons demandé à quelques amis non alcooliques, judicieusement choisis, de former la majorité de notre futur conseil et nous avons décidé de donner à ce conseil un statut légal. Nous avons aussi stipulé que, par tradition, le président et le trésorier seraient toujours des non-alcooliques. Admettant ouvertement que les AA avaient absolument besoin d'un tel protectorat, nous estimions, sombrement, que si tous nos administrateurs alcooliques se soûlaient, le conseil pourrait néanmoins continuer à fonctionner grâce à ses gardiens non alcooliques!

Aujourd'hui, nous pouvons heureusement sourire de toutes ces craintes excessives et de ces précautions compliquées. Depuis 27 ans, seulement deux administrateurs membres des AA ont sombré dans l'alcool. Pendant ce temps, notre message a été transmis dans le monde entier de façon très efficace. Il n'est sans doute pas exagéré de dire que nous devons, dans une large mesure, la moitié de nos membres actuels et une bonne partie de notre belle unité aux efforts des serviteurs mondiaux des AA, tant au conseil qu'au Bureau des Services généraux.

Bien sûr, nous avons parfois connu des tempêtes émotives, mais pas plus graves que celles qui affligent la plupart des autres organismes. Dans chaque cas, nous les avons surmontées grâce à l'immense dévouement qui a toujours caractérisé nos services mondiaux à tous les niveaux. Les faits ne trompent pas. Aujourd'hui, nous n'avons plus à craindre l'alcoolisme ni les déséquilibres émotifs excessifs.

Étudions maintenant l'apport de nos administrateurs non alcooliques, au fil des ans. Je peux dire sans hésiter qu'il a été d'une valeur inestimable. Dieu seul pourrait en faire le bilan. J'espère donc sincèrement qu'un nombre important de ces amis demeurera avec nous, comme le prévoit notre nouveau plan.

À l'époque où le mouvement était inconnu, ce sont nos administrateurs non alcooliques qui nous ont présentés au grand public. Ils nous ont apporté des idées qui font maintenant partie du fonctionnement de notre siège social. Ils ont passé des heures et des heures à travailler bénévolement à nos côtés pour régler les détails les plus triviaux. Ils nous ont communiqué gratuitement leurs connaissances financières et professionnelles. De temps à autre, ils ont été nos médiateurs pour régler nos difficultés.

Surtout dans les premières années, leur seule présence au conseil suffisait à imposer la confiance et le respect de nombreux groupes éloignés, tout en assurant le public de la valeur du mouvement. Ce sont là des services exceptionnels et ils nous les rendent encore aujourd'hui. Ce sont aussi des hommes qui ont tenu bon, pendant la période passionnante mais périlleuse entre 1940 et 1950, alors que l'unité du mouvement et sa responsabilité collective étaient mises à l'épreuve, à l'époque où étaient forgées nos Douze Traditions à partir des leçons de l'expérience.

Ayant été en permanence au siège des services mondiaux des AA pendant plus d'un quart de siècle, personne mieux que moi ne connaît le rôle de ces dévoués amis. J'éprouve une satisfaction profonde et durable de témoigner avec reconnaissance, dans cet article, de leur magnifique apport. L'expression de notre gratitude ne pourrait être complète sans la mention de la contribution indispensable au bien-être du mouvement que nous a un jour apportée un de nos amis et administrateurs non alcooliques. Je veux parler d'un homme que plusieurs d'entre vous connaissent et qui fut notre président, M. Bernard Smith. Pendant la plus grave crise de notre association, c'est Bern qui nous a convaincus d'assumer nos obligations claires et légitimes.

Nous devons avouer qu'à titre individuel, les membres n'ont jamais accepté les grosses responsabilités avec beaucoup d'enthousiasme. C'est d'abord l'alcool qui nous a tous forcés à faire appel aux AA. Au beau milieu d'une vie nouvelle, nous étions bientôt confrontés aux Douze Étapes et aux Douze Traditions. Plus souvent qu'autrement, nous adoptions ces principes de façon plutôt fragmentaire. Cependant, inévitablement, au fil du temps, nous nous y conformions de plus en plus. Nous commencions à mettre en pratique les principes des AA parce que nous savions qu'ils étaient bons pour nous, même si beaucoup étaient encore difficiles à appliquer. Néanmoins, il a fallu beaucoup de temps avant de pouvoir accepter de plus grandes responsabilités avec cet empressement joyeux qu'une spiritualité efficace et cohérente finit par nous donner.

De plus, comme n'importe qui, les membres AA s'opposent facilement à l'idée d'un changement important, surtout quand tout semble aller bien. Cette répugnance nous est souvent venue de nos peurs, mais elle était aussi parfois synonyme d'une réelle prudence. Ce conservatisme a parfois empêché des décisions mal avisées ou hâtives sur des questions importantes.

Ce qui vaut pour nous à titre personnel vaut nécessairement aussi pour le mouvement dans son ensemble. J'ai encore toute fraîche à la mémoire la forte opposition à la création de notre conseil mondial en 1938, et à la publication de notre manuel *Alcoholics Anonymous* en 1939. Je tremble encore au souvenir de la résistance féroce qu'a provoquée l'idée de la Conférence des Services généraux des Alcooliques anonymes quand elle a été émise pour la première fois en 1946. C'était l'époque où une majorité de membres des AA croyaient sincèrement que les tentations et les risques de ces entreprises complexes seraient au-dessus de nos capacités. Remercions Dieu aujourd'hui d'avoir finalement pu accepter et assumer ces responsabilités vitales, clairement définies.

Nous avons néanmoins constaté à chacune de ces occasions qu'il nous fallait être fortement convaincus de la nécessité absolue d'un changement Il fallait aussi un solide noyau de leadership personnel, constructif et convaincant.

C'est exactement ce que nous a donné notre ami Bern Smith en 1950, après des années de discussion animées mais peu éclairantes, pendant lesquelles nous n'étions pas parvenus à prendre la décision de former la Conférence des Services généraux. C'est le leadership de cet homme qui a sauvé la mise.

Permettez-moi de préciser le contexte. En 1946, certaines réalités dans la vie du mouvement commençaient à apparaître. Notre conseil, appelé la Fondation alcoolique, devenait de plus en plus isolé à mesure que nos groupes se répandaient dans le monde entier. En fait, les seuls liens entre notre conseil et ces milliers de membres étaient quelques travailleurs AA infatigables au Bureau des Services généraux, Dr Bob et moi-même. Les administrateurs étaient pratiquement inconnus. Dr Bob était malade, sans doute gravement. Les liens existants étaient donc transitoires et beaucoup trop fragiles. C'est pourquoi certains d'entre nous jugeaient qu'il était urgent de relier notre conseil directement au mouvement tout entier.

Il y avait aussi une autre raison. La majorité de nos groupes avaient déjà affirmé qu'ils n'acceptaient plus d'être protégés et administrés par leurs fondateurs et pionniers locaux, peu importe l'amour qu'ils leur vouaient. Advienne que pourra, nos groupes prenaient la décision de s'occuper d'eux-mêmes.

C'est cette révolution qui a conduit à la rédaction de la Deuxième Tradition, qui définit le fonctionnement des AA; elle stipule que la conscience collective du groupe constitue l'autorité suprême pour les services, et que les serviteurs de confiance nommés par le groupe agissent en son nom.

Les membres de notre conseil, depuis longtemps isolés, étaient certainement des serviteurs de confiance. Par contre, ils n'avaient vraiment aucun lien direct avec la conscience collective de notre association, envers qui ils n'étaient pas non plus directement responsables. Il devenait donc évident que nous, à New York, continuions à gérer un protectorat; cette notion était désormais dépassée et ne correspondait pas aux dispositions et à l'esprit de la Deuxième Tradition des AA.

Par conséquent, il fut proposé de réunir une Conférence des Services généraux où des délégués s'attaqueraient de front à nos carences. Quand s'est répandue la nouvelle de ce projet, la résistance a commencé à se faire sentir. Plus nous recommandions la tenue de la Conférence, plus l'opposition durcissait. De nombreux membres étaient très effrayés. Ils s'imaginaient au milieu d'une tourmente dominée par la recherche du prestige, la politicaillerie, les difficultés financières et tout le reste. Dans un tel contexte, beaucoup ne voyaient pas la nécessité pressante d'un changement radical. Devant ces protestations, le conseil a naturellement conclu que les AA ne voulaient absolument pas d'une Conférence des Services généraux. J'ai bien peur d'avoir moi aussi contribué à cette impasse en revenant constamment sur la question de la Conférence.

Bern Smith est alors entré en scène. Avec une diplomatie et un tact sans pareils, il a commencé à nous montrer que les risques réels de l'aventure de la Conférence étaient, à son avis, bien moins grands que les risques de l'inaction. Il croyait que l'immobilisme finirait par engendrer l'effondrement ou, à tout le moins, un grave affaiblissement du mouvement, au cœur même des services. Il était convaincu que nous ne pouvions pas risquer la débâcle de notre siège social, un désastre dont nous pourrions bien ne jamais nous remettre.

Il nous rappelait aussi constamment que *l'autogouvernement est le premier devoir* de toute société démocratique, telle que se déclarait notre association dans la Deuxième Tradition. Nous le savons aujourd'hui, ce sont finalement les vues de Bern qui ont prévalu, et je n'oublierai jamais ce jour merveilleux, dans son bureau, où le comité d'administrateurs chargé d'étudier notre structure a recommandé la création immédiate de la Conférence des Services généraux des Alcooliques anonymes. C'est donc à notre ami Bern que nous devons notre Conférence annuelle.

Cette histoire a un rapport profond et évident avec la question si importante de la direction future des AA, qui revient une fois de plus sur le tapis et dont nous débattons depuis 10 ans.

Il apparaît en effet clairement que Jack nous rend le même genre de service, d'une importance unique. Nous devons donc lui rendre, à lui et à ses confrères du conseil, un hommage identique. C'est en grande partie grâce à son leadership sage et patient, en cette période de changement, que nous avons aujourd'hui devant nous ce projet des administrateurs. S'il est adopté, ce plan marquera la dernière étape essentielle dans la création de la structure des services mondiaux des AA.

Inutile de vous dire que j'appuie ce plan des administrateurs. Son dévoilement à la Conférence de 1965 a constitué l'un des événements les plus inspirants et les plus réconfortants de ma vie.

Pour terminer, voyons ensemble le contenu spirituel de ce plan si important.

Chez les AA, tout progrès peut s'expliquer simplement par deux mots: humilité et responsabilité. Toute notre croissance spirituelle se mesure avec précision en fonction de notre niveau d'adhésion à ces deux merveilleux critères. Une humilité toujours plus profonde, accompagnée d'un empressement toujours plus grand à accepter et à assumer des obligations bien définies, voilà les pierres de touche de tout progrès dans notre vie spirituelle. Elles sont pour nous l'essence même du bien vivre et du bien faire. Ce sont elles qui nous permettent de découvrir et de faire la volonté de Dieu.

Quels sont donc les bienfaits spirituels que nous offrent aujourd'hui nos amis pour le bien-être futur des AA ? Ils nous offrent d'être trois fois moins nombreux. Étant encore majoritaires au sein du conseil, où ils détiennent les principaux postes, nos amis non alcooliques ont été, pendant toutes ces années, investis du rôle de gardiens, une responsabilité dont ils n'ont jamais eu à s'acquitter. Ce vieux symbole de protection est depuis longtemps dénué de sens. C'est pourquoi le nouveau plan des administrateurs prévoit qu'à l'avenir, nos amis non alcooliques seront minoritaires au conseil et deviendront ainsi nos associés. En faisant cette humble proposition, ils nous invitent à assumer la plus haute responsabilité, celle de la direction, avec l'aide de Dieu, de notre propre destinée en tant qu' association.

S'ils nous donnent la preuve de leur humilité, quelle sera la preuve de notre responsabilité ? Comme à des enfants qui ont atteint leur majorité, ils nous disent, en substance: « L'avenir s'ouvre devant vous, et vous êtes prêts. Envolez-vous, n'ayez pas peur. Nous avons une confiance inébranlable en vous. Dans votre marche vers votre destinée, puissiez-vous toujours vous rappeler que Dieu, dans sa sagesse, vous a donné trois grâces précieuses: votre libération d'une maladie mortelle, une expérience qui vous permet de transmettre à d'autres ce don inestimable, et une vision de plus en plus large de la réalité de Dieu et de son amour. »

Puissions-nous, membres des Alcooliques anonymes, être toujours dignes de ces trois dons de grâce et des responsabilités suprêmes qui sont maintenant les nôtres, aussi longtemps que Dieu, dans sa grande bonté, voudra bien prêter vie aux AA.

La première Réunion des services mondiaux

Octobre 1969

Il viendra sûrement un moment où le nombre des AA à l'étranger dépassera largement celui des AA aux États-Unis et au Canada. Dans notre manuel du troisième legs [aujourd'hui *Le Manuel du service chez les AA*], ainsi que dans d'autres écrits, nous avons déjà énoncé le principe selon lequel le Bureau des Services généraux de New York devrait un jour devenir le « principal centre de services » parmi les bureaux nationaux et régionaux de la planète.

Cette attitude nous a beaucoup aidés à faire progresser nos efforts à l'étranger. Personne ne soupçonne le BSG de New York de diriger l'univers des AA.

 359

De toute évidence, nous ne pouvons pas nous occuper de l'information publique et des rapports avec les représentants médicaux et religieux en Afrique du Sud, en Australie, dans les îles britanniques, ni en aucun autre lieu. Quant aux publications, il faut des points de distribution qui tiennent compte à la fois de la langue et des problèmes d'expédition. Nous sommes trop éloignés pour nous en charger et, pour certaines raisons psychologiques, nous ne devrions même pas essayer.

Par contre, nous pouvons aider en partageant avec les autres pays les 31 ans d'histoire et d'expérience du BSG. Du 9 au 11 octobre 1969, à New York, les AA feront un pas de géant vers l'unité du mouvement dans le monde.

Pendant ces trois jours se tiendra en effet la première Réunion des services mondiaux; elle réunira 26 délégués de 12 pays d'outre-mer, d'Amérique centrale et d'Amérique du Nord. Ces délégués auront des séances d'échanges avec les administrateurs du Conseil des Services généraux et le personnel du BSG et de Grapevine.

La tenue de cette réunion a déjà été approuvée par le Conseil des Services généraux, la Conférence d'Amérique du Nord et les conseils ou comités de tous les pays participants.

La Réunion des services mondiaux vise les objectifs suivants: 1) examiner le développement futur des services mondiaux; 2) renforcer les services généraux déjà existants à l'étranger; 3) augmenter le nombre de centres de service; 4) prévoir pour ces centres un plan de développement méthodique; 5) les aider à renforcer leur autofinancement.

Bienvenue à nos amis et délégués du monde entier à cette rencontre qui nous permettra de nous assurer que l'aide sera toujours disponible pour les alcooliques qui souffrent, où qu'il soient et peu importe leur langue !

TROISIÈME SECTION

Autres écrits de cette période

L'antidote contre la peur : la prudence, la confiance et la foi

Novembre 1959

Cette Conférence s'est ouverte sur les thèmes de la prudence, de la confiance et de la foi, et ce sont ces attitudes qui ont présidé aux débats qui ont suivi. Nous n'avons donc pas manqué de confiance et cette année, l'inquiétude et la peur nous ont presque épargnés. En fait, tout s'est déroulé si calmement que nous nous sommes plutôt ennuyés de l'excitation habituelle des débats animés et « des vues alarmistes pour le bien du mouvement ».

Il y a quand même eu de l'excitation, une excitation saine d'un tout autre genre. J'ai ressenti, par exemple, beaucoup de satisfaction en voyant l'empressement, la discipline et le dévouement avec lesquels cette assemblée a passé méthodiquement à travers une énorme pile de travail routinier, mais nécessaire. Vous m'avez rendu très heureux, vous, les délégués, quand vous avez rendu hommage et répété votre gratitude à ces centaines de membres de comités et à ces milliers de représentants auprès des services généraux — dont le labeur commun a toujours été et doit toujours demeurer le fondement de la structure et des activités de nos services mondiaux. Selon vous, la direction des services AA ne concerne pas seulement les délégués et les administrateurs, mais aussi la base, et elle s'y trouve déjà.

Nous nous sommes tous réjouis également des rapports venus de presque tous les coins de notre association, qui affirment que la confiance envers nos services mondiaux et nos serviteurs augmente en flèche, et que les peurs de jadis se sont presque évanouies. Voilà l'excitation saine et nouvelle que nous avons ressentie lors de cette remarquable Conférence de 1959.

J'ai frais à la mémoire l'éclat de rire qui a accueilli cette déclaration de l'un des délégués: « Bill, le soir où nous sommes arrivés, tu nous a fait ce petit sermon convaincant sur la confiance et la foi. Mais que dirais-tu si je te racontais que nous avons, dans notre coin de pays, un membre qui devait agir comme trésorier pour une rencontre importante. Sitôt les billets vendus et l'argent déposé, il a eu tout à coup très soif; il a retiré tout le fric et s'en est allé faire la bombe dans tout le pays, en laissant sa trace sur 1 000 milles? » Nous nous rappelons encore comment les délégués ont d'abord souri, puis éclaté de rire, quand il a eu fini.

À une lointaine époque, l'histoire de ce trésorier assoiffé et fugitif aurait pu détruire toute notre confiance. Je me souviens encore très bien du premier incident! Je me rappelle aussi à quel point j'ai été ébranlé et attristé quand l'un de mes meilleurs amis m'a attaqué sans pitié parce qu'il n'aimait pas ma façon d'agir. Je me rappelle ces premiers manquements publics à l'anonymat au plus haut niveau, et toute la peur et la violente controverse qu'ils ont entraînées. Telles étaient nos frayeurs dans les premiers temps du mouvement. Nous avions peur de ne pas pouvoir demeurer abstinents, nous avions peur que notre groupe ne puisse pas survivre et nous avions vraiment peur que le mouvement s'effondre.

Comme les temps ont changé! Ce qui un jour nous faisait mourir de peur, aujourd'hui nous fait mourir de rire, tel ce trésorier fautif. Je pense qu'il y a dans ce récit des choses merveilleuses. Il n'y avait dans notre rire ni mépris ni colère. Il n'y avait pas la moindre idée de sanction, et je gagerais qu'aucun de nous n'a songé à le traiter de voleur. Sous ces rires se cachaient la sympathie et la compréhension. Nous réalisions que n'importe lequel d'entre nous est encore capable d'une pareille folie. Nous le comprenions si bien qu'il nous était facile de pardonner. Bien sûr, nous riions aussi à la pensée du congrès sans le sou et des membres étonnés de cette mauvaise nouvelle, mais notre rire avait une signification beaucoup plus profonde.

En fait, je crois que nous riions de nous-mêmes et de nos vieilles peurs exagérées. Nous nous réjouissions qu'elles se soient envolées. Envolée, la peur affreuse du tort que les erreurs ou le comportement d'un seul d'entre nous pouvaient faire à tous les AA. Envolée, la vieille peur de voir les pressions et les conflits du monde extérieur nous envahir et nous écraser. Nous riions, je crois, parce que nous étions libérés de la peur et libres, parce que nous ne doutions plus de notre sécurité collective.

Cela m'amène à une autre pensée, à une autre raison d'être rassurés. Il semble qu'on peut dire de presque toutes les nations et sociétés que leur comportement collectif a souvent été pire que le comportement individuel de leurs membres. Par exemple, il y a peu de gens, aujourd'hui, qui souhaitent la guerre. Pourtant, de nombreux pays ont soif de conquêtes et de conflits armés. Des pays reconnus pour l'honnêteté individuelle de leurs citoyens tiennent des comptabilités bidon, augmentent le cours de leur monnaie, accablent leur population de dettes impossibles à payer et s'adonnent à toutes sortes de propagandes et de pratiques frauduleuses. Même les grandes religions, en tant qu'organisations et contrairement à leur propre enseignement, se sont parfois engagées dans des violences et un dogmatisme que la majorité de leurs membres n'auraient jamais songé à imiter dans leur propre vie. Les masses font toutes sortes de choses que la plupart des individus qui les composent feraient rarement de leur propre initiative.

Il ne nous appartient pas de faire, par orgueil ou sentiment de supériorité, l'inventaire moral du monde qui nous entoure, mais je crois qu'il convient de souligner que les AA ont fait preuve jusqu'à maintenant d'un comportement collectif sans doute meilleur que nos conduites individuelles. Dans notre cas, le tout semble supérieur à la somme des parties. Nous sommes plutôt une bande d'assoiffés de pouvoir. Pourtant le mouvement ne s'est encore jamais querellé avec personne. Personnellement, nous aimons l'argent, mais les trésoreries des AA demeurent pauvres. Nous aimons le prestige, pourtant nous parvenons à demeurer anonymes. En tant qu'individus, nous sommes facilement agressifs, pourtant le mouvement est pacifique et se mêle de ses affaires.

Bref, nous formons un étrange contraste par rapport au monde qui nous entoure, et nous souhaitons ardemment qu'il en soit toujours ainsi. En ces temps de péril, nous aurons constamment besoin de ce genre de prudence collective. Plus que tout, elle garantira notre efficacité, notre sécurité et notre survie.

Notre prudence collective au sujet de l'argent, de la gloire et de la controverse est issue de nos Douze Traditions; elle continue de nous valoir une foule de nouveaux amis et, ce qui est tout aussi important, elle ne nous fait aucun ennemi. Que ces bienfaits ne s'arrêtent jamais, à l'intérieur comme à l'extérieur du mouvement.

Comme l'a si bien démontré cette merveilleuse Conférence, l'absence de peur a fait place à la sagesse et à la prudence; la prudence a conduit à la confiance et à la foi, la foi en l'homme, la foi en nous-mêmes et la foi en l'amour de Dieu.

Nos critiques peuvent être nos bienfaiteurs

Lorsqu'un magazine a critiqué certains aspects du mouvement et a soulevé des questions sur les rapports des AA avec la médecine, la religion et le monde en général, les rédacteurs de Grapevine ont consulté Bill, qui leur a suggéré de relire certains passages pertinents du livre Le Mouvement des AA devient adulte *et des* Douze Concepts des services mondiaux. *Les voici.*

Avril 1963

En tant que société, nous devons éviter de devenir orgueilleux au point de prétendre que nous avons créé et inventé une nouvelle religion. Nous allons nous rappeler, humblement, que chacun des principes AA, sans exception, a été emprunté à des sources anciennes. Nous nous rappellerons que nous sommes des profanes, toujours prêts à collaborer avec tous les hommes de bonne volonté, peu importe leur croyance ou leur nationalité.

Au nom du Dr Bob et en mon nom personnel, j'aimerais vous dire que ni lui ni moi n'avons jamais eu la moindre intention de fonder une nouvelle religion. Le Dr Bob avait ses convictions religieuses, et j'ai les miennes. C'est là, bien sûr, le privilège de tout membre AA.

Cependant, rien ne pourrait être plus néfaste pour l'avenir du mouvement que de tenter d'intégrer nos opinions théologiques personnelles dans l'enseignement, les pratiques et la tradition des AA. Si Dr Bob était encore parmi nous, je suis convaincu qu'il serait d'accord pour dire que nous n'insisterons jamais trop sur cette question.

Et ce serait, aussi, pure vanité que de croire que le mouvement des Alcooliques anonymes constitue un remède à tous les maux, même à l'alcoolisme. Nous avons plutôt une dette de reconnaissance envers les représentants de la médecine. Nous devons nous montrer sympathiques et surtout réceptifs à l'égard de tout développement dans les domaines psychiatrique et médical susceptible d'aider ceux qui souffrent. Nous devrions toujours faire preuve d'amitié envers ceux qui œuvrent dans les domaines de la recherche, des soins et de l'éducation en alcoolisme. Sans appuyer personne en particulier, nous devrions toujours nous tenir prêts à collaborer avec eux autant que possible. N'oublions jamais que les experts dans le domaine de la religion sont les ecclésiastiques, que la pratique de la médecine doit être laissée aux médecins, et que nous, alcooliques rétablis, ne sommes là que pour les aider.

Certains prédisent que les Alcooliques anonymes pourraient bien devenir le fer de lance d'un nouveau réveil spirituel dans le monde entier. Les amis qui parlent ainsi sont à la fois généreux et sincères. Mais nous, du mouvement, devons prendre conscience qu'un tel hommage et une telle prophétie pourraient bien avoir, pour la plupart d'entre nous, le même effet qu'une boisson capiteuse, si jamais nous en venions réellement à croire que c'est là le vrai but du mouvement et si nous nous mettions à agir en conséquence. Notre association demeurera donc prudemment fidèle à son unique but: transmettre son message à l'alcoolique qui souffre encore. Résistons à la prétention de croire que, puisque Dieu nous a permis de réussir dans un domaine, nous sommes destinés à sauver le monde entier.

Par ailleurs, évitons de nous refermer sur nous-mêmes; ne refusons jamais notre expérience, peu importe sa valeur, au monde qui nous entoure. N'empêchons pas nos membres, individuellement, de s'intéresser à tout autre effort humain; laissons-les apporter l'expérience et l'esprit des AA à toutes ces entreprises, peu importe leur utilité. Car non seulement Dieu nous a-t-il sauvés de l'alcoolisme, mais le monde nous a aussi repris comme citoyens. Pourtant, si nous croyons aux paradoxes, nous devons nous rendre compte que plus la société des Alcooliques anonymes comme telle s'occupera de ses propres affaires, plus son influence sera grande, moins elle rencontrera d'opposition et plus elle jouira de la confiance et du respect de la société.

-Le Mouvement des Alcooliques anonymes devient adulte

Supposons que le mouvement devienne l'objet d'une violente attaque publique ou se retrouve gravement ridiculisé, et imaginons la situation particulière où ces déclarations n'ont, en fait, que peu ou pas de fondement.

Dans la grande majorité des cas, on peut dire sans se tromper que la meilleure défense, dans de telles situations, consiste à ne pas se défendre, c'est-à-dire ne pas répondre publiquement. Les personnes déraisonnables sont davantage stimulées par l'opposition. Si nous gardons notre sang-froid et les laissons tranquilles, elles se calmeront d'autant plus vite. Si leurs attaques se poursuivent et qu'il apparaît évident qu'elles ne sont pas bien informées, il pourrait être sage d'entrer en communication avec elles, calmement pour les informer, en faisant en sorte qu'il leur soit impossible d'utiliser notre conversation comme tremplin pour une nouvelle attaque. La Conférence aura rarement à rendre ces communications officielles. Très souvent, nous pouvons recourir aux bons offices d'amis. Nos messages ne devraient jamais porter sur les motifs de ceux qui nous attaquent, mais simplement chercher à les informer. De telles communications devraient également demeurer privées, car si elles devenaient publiques, elles pourraient être prétextes à une nouvelle controverse.

Par ailleurs, si une critique donnée à l'égard des AA s'avérait partiellement ou entièrement justifiée, il pourrait être bon de le reconnaître privément auprès de nos critiques et de les remercier...

-Les Douze Concepts des services mondiaux

Nous allons bien sûr commettre d'autres erreurs dans les années à venir. Mais l'expérience nous enseigne que nous n'avons pas à avoir peur de ces erreurs, pourvu que nous soyons toujours prêts à les admettre et à les corriger sans attendre. Notre croissance individuelle doit beaucoup à cette façon saine de procéder par tâtonnements, et il en ira de même de la croissance de notre mouvement. Rappelons-nous toujours qu'une société d'hommes et de femmes qui ne peut pas librement corriger ses propres erreurs est condamnée sinon à s'effondrer, du moins à dégénérer. Tel est le prix à payer, universellement, pour qui refuse de continuer à croître. Tout comme chaque membre des AA doit continuer à faire son inventaire moral et à prendre les mesures qui s'imposent, notre société tout entière doit faire la même chose si nous voulons survivre et demeurer efficaces et utiles.

-Le Mouvement des Alcooliques anonymes devient adulte

Un message de Bill

Mai 1964

Je suis bien content que nous nous disions si souvent: « Une foi sans les œuvres est une foi morte – l'action est la clé ! » En nous efforçant de concevoir de nouvelles façons de transmettre le message des AA à ceux qui souffrent encore, nous allons aussi, j'espère, susciter une meilleure compréhension du fonctionnement et des besoins de nos services mondiaux, cet ensemble d'activités qui permet à notre association de fonctionner comme un tout. Parce qu'ils s'étendent aux quatre coins du monde, ces services ont une influence positive directe qu'on ne voit pas et donc, qu'on ne connaît pas.

Sans cet effort global, nous serions aujourd'hui dans un triste état de chaos. Voici deux exemples qui illustrent ma pensée.

Supposons que le mouvement n'ait rien publié, ces 25 dernières années, ni livres ni brochures. Il ne faut pas beaucoup d'imagination pour voir que notre message serait aujourd'hui irrémédiablement déformé. Nos rapports avec le monde médical et religieux seraient un fouillis total. Les alcooliques ne nous prendraient pas au sérieux, et nous serions une énigme pour le public. Sans publications, les AA se seraient sûrement enlisés dans un bourbier de controverses et de désunions.

Nous avons préparé une documentation efficace, et la publication du Gros Livre en 1939 a constitué notre tout premier service mondial. À partir de là, la nature du mouvement, ses croyances et son fonctionnement sont devenus parfaitement clairs. Aujourd'hui, il existe des millions d'exemplaires de nos brochures et des centaines de milliers d'exemplaires de nos livres. Impossible de déformer notre message; n'importe qui peut facilement se renseigner sur nous. Dieu seul sait quels auront été les fruits de cette simple entreprise de communication mondiale.

Voici un autre exemple. Notre association jouit d'un préjugé favorable partout. Cela est dû en grande partie à un autre de nos services mondiaux: l'information publique. Pendant des années, la presse et les autres médias ont fait de merveilleux comptes rendus à notre sujet. Ce succès étonnant aura exigé des responsables des services généraux beaucoup de travail, des compétences supérieures et un dévouement sans réserve. Il ne fait pas de doute que ce courant constant de publicité favorable a valu aux AA la moitié de ses membres actuels.

Supposons que ces merveilleuses voies de communication aient été laissées au seul hasard ou, pire encore, que nous ne les ayons jamais exploitées. Nous tremblons à la pensée des terribles conséquences que cela aurait pu avoir. Des milliers de nos membres actuels boiraient encore. Beaucoup seraient devenus fous ou seraient morts.

Vous avez compris, j'en suis sûr, la nécessité absolue des services mondiaux des AA pour notre unité et notre croissance futures, et même pour notre survie collective.

Le maintien de ces artères de communication mondiale, où coule un flot vivifiant, sera toujours une tâche de la plus haute importance pour chaque nouvelle génération de membres. Il exige de notre part une bien meilleure compréhension de l'immensité des besoins à satisfaire et un dévouement constant.

Notre monde abrite aujourd'hui un nombre incroyable d'alcooliques, soit 20 millions d'hommes et de femmes. À n'en pas douter, une large part de ces malades pourraient trouver la voie de l'abstinence et un nouveau mode de vie, si seulement ils pouvaient assister à une réunion des AA. L'expérience nous a déjà démontré que nos services mondiaux constituent le plus grand, le plus puissant et le seul moyen que nous aurons jamais de mettre à la portée de ces légions d'alcooliques souffrants ce que nous, les AA du monde entier, avons si providentiellement trouvé nous mêmes.

Je connais bien notre association et je suis convaincu que nous allons avec empressement nous charger et nous acquitter de cette très haute responsabilité à l'égard de notre troisième legs.

Que Dieu nous bénisse dans notre effort continu pour transmettre le message des AA avec le langage du cœur, malgré les distances et les frontières !

Notre Tradition de l'autofinancement

Octobre 1967

Les nombreuses activités de la Douzième Étape, par lesquelles un membre transmet le message des AA à un alcoolique qui souffre, sont la vie même de notre mouvement. Sans cette activité vitale, nous serions vite anémiques, littéralement affaiblis, et nous mourrions.

Quelle place occupent nos services - mondiaux, régionaux ou locaux - dans notre plan général ? Pourquoi devons-nous les financer ? La réponse est simple. Chaque service des AA est destiné à faciliter toujours davantage notre travail de la Douzième Étape, qu'il s'agisse d'une salle pour les réunions du groupe, d'un bureau central ou d'un intergroupe pour les hospitalisations et le parrainage, du siège des services mondiaux pour le maintien de notre unité et de notre efficacité sur toute la planète.

Peu coûteux, ces services sont absolument essentiels à la poursuite de notre expansion et à notre survie. Le paiement de leur coût est une obligation collective, qui repose sur les épaules de tous. Financer nos services, c'est reconnaître que les AA doivent fonctionner partout à plein régime. Conformément à notre Tradition de l'autofinancement, *nous devons tous payer la note.*

Nous savons depuis longtemps que les Alcooliques anonymes n'ont pas besoin de dons charitables de quelque source que ce soit. Notre association s'autofinance. Les groupes n'essaient pas non plus de payer les frais de désintoxication des milliers de nouveaux. Nous avons appris il y a longtemps que cela était impossible.

Nous offrons plutôt au nouveau ou à la nouvelle un mode de vie spirituel capable d'éliminer le problème de l'alcool. Cette personne peut ensuite, avec d'autres alcooliques, commencer à résoudre ses problèmes personnels, notamment ses problèmes financiers.

Les groupes des AA n'acceptent donc aucun don, et ne font pas non plus la charité. À première vue, cette attitude peut sembler dure, sans pitié. Pourtant, notre vaste expérience nous dit qu'il n'en est rien. Donner de l'argent à quelqu'un pour qu'il devienne abstinent ne donne d'habitude absolument rien lorsque c'est le groupe qui assume cette responsabilité.

La principale charité du mouvement, ce sont les activités de la Douzième Étape, à laquelle s'adonnent quotidiennement des milliers d'entre nous quand nous transmettons notre message à de nouvelles personnes. Nous parcourons des millions de milles, nous nous absentons du bureau ou de la maison. Au total, nous dépensons beaucoup d'argent. Nous n'hésitons pas, individuellement, à apporter une aide financière temporaire au nouveau quand il semble désirer d'abord l'abstinence. Cela fait beaucoup de dons charitables donnés à titre personnel, face à face. D'ailleurs, cela ne s'appelle peut-être pas de la charité, puisque toute activité de la Douzième Étape assure au parrain une abstinence encore plus solide et favorise sa croissance spirituelle.

Nous comprenons bien ces deux principes: le mouvement ne veut pas de la charité, et nous finançons nos propres services. Nous comprenons bien ces principes, mais nous les oublions parfois.

Les vœux de Noël

Décembre 1970

La gratitude est à peu près le plus beau sentiment que nous puissons resentir. Nous le réalisons profondément à Noël, nous, les AA, quand nous faisons ensemble le compte des bienfaits reçus, quand nous songeons à notre vie, à nos services, à l'amour !

En ces temps troublés, il nous a été permis de trouver une paix intérieure toujours plus grande. Nous nous joignons, Lois et moi, à tous les membres du Bureau des Services généraux des AA pour vous transmettre nos meilleurs vœux, à tous et à chacun d'entre vous. Nous avons confiance que l'année qui vient sera parmi les meilleures de notre mouvement.

Articles à la mémoire de membres décédés

Anne S.

Juillet 1949

Anne S. nous a quittés. Elle est décédée le mercredi 1er juin. Pour les centaines de personnes qui la connaissaient bien, ce fut un événement important et émouvant. À ceux qui ne la connaissaient pas, je souhaite faire part ici de l'inspiration qu'elle fut pour Lois et moi. Anne était la femme de Dr Bob, cofondateur des Alcooliques anonymes. Elle fut littéralement la mère de notre premier groupe, « Akron Number One ».

Ses bons et sages conseils, son insistance sur la primauté du spirituel, son soutien inébranlable du Dr Bob dans ses divers travaux, toutes ces vertus ont nourri la petite graine incertaine qui allait donner naissance aux AA. Dieu seul peut mesurer pleinement une telle contribution. Quant à nous, nous ne pouvons que dire qu'elle fut inestimable et magnifique. Anne fut l'une des fondatrices du mouvement au vrai sens du terme.

Tous ceux qui l'ont connue diront qu'elle n'est pas vraiment partie. Tous savent que son amour durable et son influence vivront àjamais. Personne ne le sait mieux que Dr Bob, Lois et moi, qui les avons vus se manifester dès le début. Nous savons aussi que nous la reverrons, car nous croyons, comme presque tous les membres des AA, que la mort n'existe pas. Anne est tout simplement absente temporairement.

Hommage du Dr. Bob

Janvier 1951

Après avoir dit sereinement à la personne qui le veillait: « Je pense que ça y est », Dr Bob nous a quittés le 16 novembre 1950, à midi. Ainsi a pris fin la maladie qui le rongeait et au cours de laquelle il nous a si bien montré qu'une grande foi peut surmonter l'angoisse de la douleur. Il est mort comme il a vécu, suprêmement conscient qu'il y a plusieurs demeures dans la maison de son Père.

Chez tous ceux qu'il a connus, les souvenirs ont reflué. Qui peut dire cependant ce qui se passait vraiment dans la tête et le cœur des 5 000 malades dont il s'est personnellement occupé et à qui il a dispensé gratuitement des soins médicaux? Qui peut recueillir les réflexions de ses concitoyens qui l'ont vu couler à pic presque jusqu'au néant, puis connaître par l'anonymat une renommée internationale? Qui peut exprimer la gratitude des milliers de familles des AA, qui ont tant entendu parler de lui, sans jamais le rencontrer? Que ressentent aussi tous ses proches, en réfléchissant avec reconnaissance au mystère de sa renaissance il y a 15 ans et à ses énormes conséquences. C'est à peine si nous pouvons comprendre une petite parcelle de ce don immense. Nous ne pouvons que déclarer: « En vérité, Dieu est bon. »

Jamais Dr Bob n'aurait accepté qu'on le considère comme un saint ou un surhomme. Jamais il n'aurait accepté, non plus, qu'on le louange ou qu'on le pleure. Je l'entends presque nous dire: « Il me semble que vous en mettez beaucoup. Je ne suis pas à prendre si au sérieux. Je n'ai été qu'un premier maillon dans la chaîne de circonstances providentielles que sont les AA. Grâce à Dieu et avec beaucoup de chance, mon chaînon ne s'est pas brisé, même si mes défauts et mes erreurs auraient pu souvent le briser. J'étais un simple alcoolique qui essayait de se débrouiller avec la grâce de Dieu. Oubliez-moi, mais allez et faites comme moi. Ajoutez solidement votre maillon à notre chaîne. Avec l'aide de Dieu, forgez une chaîne bien solide. » C'est ainsi que Dr Bob s'évaluerait et qu'il nous conseillerait.

C'était un samedi, en mai 1935. J'étais venu à Akron pour une malheureuse affaire qui s'était tout de suite écroulée, me laissant dans un état d'abstinence précaire. Cet après-midi-là, je faisais les cent pas dans le hall de l'hôtel Mayflower. Je regardais la foule qui se rassemblait au bar et j'ai eu tout à coup très peur d'avoir une rechute. C'était ma première vraie tentation depuis que mon ami de New York m'avait exposé, en novembre 1934, les principes qui allaient être le fondement des AA. Pendant les six mois suivants, je m'étais senti totalement en sécurité dans mon abstinence. Mais plus maintenant. Je me sentais seul et impuissant. Pendant six mois, j'avais travaillé dur auprès d'autres alcooliques. Ou plutôt, je leur avais fait des sermons avec beaucoup de suffisance. Plein d'une fausse assurance, j'avais l'impression de ne pas pouvoir trébucher. Mais cette fois, c'était différent. Il me fallait agir, et vite.

Je feuilletai le répertoire paroissial au bout du hall, et je choisis le nom d'un pasteur au hasard. Je l'appelai et lui parlai de mon besoin de me dévouer auprès d'un autre alcoolique. Même si je n'avais jamais eu de succès avec eux jusque-là, je prenais soudainement conscience que ces efforts m'avaient gardé libre de toute obsession. L'ecclésiastique me nomma 10 personnes. Certaines d'entre elles allaient pouvoir, il en était sûr, me référer quelques cas qui avaient vraiment besoin d'aide. Je me précipitai à ma chambre pour les appeler. Mais mon enthousiasme s'est vite évanoui. Personne, parmi les neuf premiers noms de ma liste, ne pouvait ou ne voulait me proposer quelqu'un qui réponde à mes besoins.

Il restait encore une personne à appeler sur ma liste, Henrietta Seiberling. Je n'arrivais pas à me décider. Mais après être allé jeter un dernier regard au bar en bas, quelque chose me dit que je ferais mieux d'appeler. À mon grand étonnement, une voix chaude, avec l'accent du sud, me répondit. Se déclarant non alcoolique, Henrietta m'assura néanmoins qu'elle me comprenait et que je pouvais passer à la maison tout de suite, si je voulais.

Ayant elle-même eu à affronter et à surmonter d'autres épreuves, elle était effectivement en mesure de me comprendre. Elle allait jouer un rôle vital dans la fantastique série d'événements qui devaient bientôt mener à la naissance et à la croissance des AA. De toutes les personnes que m'avait gentiment nommées le pasteur, elle a été la seule à s'intéresser à ma demande. Il convient donc ici que je lui témoigne notre gratitude éternelle.

Elle m'a aussitôt décrit la situation critique du Dr Bob et d'Anne. Joignant le geste à la parole, elle les appela. C'est Anne qui répondit, et Henrietta lui parla de moi en disant que j'étais un alcoolique rétabli, que je venais de New York et que je pouvais sûrement aider Bob. Apparemment, le cher médecin avait épuisé tous les remèdes médicaux et spirituels. Anne lui répondit: «Ce que vous me dites là, Henrietta, est très intéressant. Mais j'ai bien peur que nous ne puissions rien faire pour le moment. Comme c'est la fête des Mères, mon cher fils vient juste de nous apporter une plante. La plante est sur la table, mais hélas, Bob est par terre. Est-ce qu'on ne pourrait pas remettre cela à demain?» Aussitôt, Henrietta les invita à venir dîner le lendemain.

À cinq heures le lendemain après-midi, Anne et Dr Bob étaient à la porte d'Henrietta. Discrètement, elle nous envoya, Bob et moi, dans la bibliothèque. Dr Bob me dit: «Très content de te connaître, Bill, mais tu vois, je ne peux pas rester longtemps, cinq ou dix minutes, tout au plus.» En riant, je lui répondis: «Je suppose que t'as pas mal soif, n'est-ce pas?» Il m'a alors répliqué: «Eh bien, peut-être qu'après tout tu sais réellement ce que c'est que de boire.» C'est ainsi qu'a débuté une conversation qui a duré des heures.

Mon attitude était bien différente, cette fois! Ma peur de me soûler m'avait donné une humilité beaucoup plus appropriée. Après avoir raconté mon histoire au Dr Bob, je lui expliquai à quel point j'avais besoin de lui. S'il me laissait l'aider, je pourrais peut-être demeurer abstinent moi-même. Ainsi commença à monter vers la lumière la graine qui allait donner naissance aux AA. Comme l'avait deviné notre chère Anne, cette première vrille était bien fragile. Il fallait poser des gestes concrets. Elle me pria donc de venir habiter pendant un certain temps chez eux, pour surveiller Dr Bob et pour qu'il puisse me surveiller. C'était là la clé. Peut-être pourrions-nous faire ensemble ce que nous ne pouvions pas faire séparément. De plus, j'arriverais peut-être à ranimer cette affaire qui ne marchait pas.

Je passai les trois mois suivants avec ces deux personnes merveilleuses. Je crois encore qu'elles m'ont donné beaucoup plus que ce que je leur ai apporté. Chaque matin, nous nous recueillions. Après un long silence, Anne nous lisait un passage de la Bible. James était notre préféré. Assise dans un coin, Anne lisait et concluait doucement: «La foi sans les œuvres est une foi morte.»

Mais les problèmes de Bob avec l'alcool n'étaient pas encore tout à fait terminés. Il devait assister à un congrès médical à Atlantic City. Il n'en avait jamais manqué un en 20 ans. Inquiets, Anne et moi avons attendu pendant cinq jours sans recevoir de nouvelles. Enfin, sa secrétaire et son mari le trouvèrent tôt un matin à la gare d'Akron, confus et perdu — c'est le moins qu'on puisse dire. Nous étions devant un dilemme. Dr Bob devait pratiquer une opération chirurgicale délicate trois jours plus tard et personne ne pouvait le remplacer. Il n'avait donc pas le choix. Mais comment faire? Allions-nous pouvoir le remettre sur pied à temps?

Anne nous a donné des lits jumeaux, et nous avons entrepris un sevrage progressif typique. Personne n'a beaucoup dormi, mais Bob collaborait. À quatre heures du matin, le jour de l'opération, il se tourna vers moi, me regarda et me dit: «Je vais aller jusqu'au bout.» Je lui demandai: «Tu veux dire que tu vas pratiquer cette opération?» Il me répondit: «J'ai placé l'opération et ma vie entre les mains de Dieu. Je vais faire ce qu'il faut pour devenir abstinent et le demeurer.» Il n'ajouta pas un mot. À neuf heures, il faisait pitié à voir, tellement il tremblait alors que nous l'aidions à s'habiller. Nous avions très peur. Pourrait-il y arriver? Que ce soit parce qu'il était trop tendu ou chancelant, il risquait de mal diriger son scalpel et d'enlever la vie à son patient. Nous avons pris une chance. Je lui donnai une bouteille de bière. Ce fut son dernier verre. Cela se passait le 10 juin 1935. Son patient survécut.

Puis est apparu notre premier candidat, envoyé par un pasteur du voisinage. Comme il était menacé d'expulsion, Anne décida d'héberger toute la famille, sa femme et ses deux enfants. Ce nouveau était un casse-tête. Quand il buvait, il devenait complètement fou. Un après-midi, assise à la table de la cuisine, Anne le regardait calmement jouer avec un couteau à dépecer. Se sentant fixé, il retira sa main. Mais il ne s'arrêta pas de boire à ce moment-là. Désespérée, sa femme s'en alla chez ses parents, et il disparut. Il réapparut 15 ans plus tard, quand Dr Bob reçut les derniers sacrements. Il était là, abstinent et heureux grâce aux AA. En 1935, nous n'étions pas aussi habitués aux miracles que nous le sommes aujourd'hui et dans son cas, nous avions démissionné.

Il y eut alors une accalmie sur le front de la Douzième Étape. Anne et Henrietta en profitèrent pour nous inculquer, à Bob et à moi, une spiritualité dont nous avions bien besoin. Lois obtint un congé de son magasin à rayons de New York et vint à Akron, ce qui nous remonta le moral considérablement. Nous avons commencé à assister aux réunions du Groupe d'Oxford dans la maison de T. Henry Williams. La dévotion de cet homme pieux et de sa femme sont un précieux souvenir. Leur nom apparaîtra en première page du livre des premiers et des meilleurs amis des AA.

Un jour, Dr Bob me dit: «Ne crois-tu pas que nous devrions essayer de trouver quelques ivrognes avec lesquels nous pourrions travailler?» Il appela l'infirmière responsable des admissions à l'hôpital d'Akron et lui raconta que lui et un autre alcoolique de New York connaissaient un traitement contre l'alcoolisme. Je le vis alors rougir et prendre un air penaud.

Il s'était fait dire par l'infirmière: « Eh bien, docteur, vous devriez peut-être essayer ce traitement vous-même. »

Néanmoins, la responsable des admissions nous trouva un client. Et tout un, dit-elle. Avocat en vue d'Akron, il avait à peu près tout perdu. Cela faisait six fois en quatre mois qu'il se retrouvait à cet hôpital. À peine arrivé, il venait de renverser un infirmière qu'il avait prise pour un éléphant rose. « Est-ce qu'il fera votre affaire ? », demanda l'infirmière. « Mettez-le dans une chambre particulière, lui répondit le Dr Bob. Nous passerons le voir quand il ira mieux. »

Dr Bob et moi allions bientôt voir un tableau que des milliers d'entre nous ont vu depuis, celui d'un homme dans un lit qui ne sait pas encore qu'il peut se rétablir. Nous lui avons expliqué la nature de sa maladie et nous lui avons raconté l'histoire de notre propre alcoolisme et de notre rétablissement. Notre malade secouait la tête. « Vous avez dû en baver, les gars, mais vous n'avez jamais été aussi mal en point que moi. Il est trop tard pour moi. Je n'ose plus sortir d'ici. Je suis croyant, moi aussi; j'ai déjà été diacre à l'église. Je crois toujours en Dieu, mais je suppose qu'il ne croit plus en moi. L'alcool m'a eu, ce n'est plus la peine. Mais revenez me voir, j'aimerais bien parler encore avec vous.»

Quand nous sommes retournés le voir le lendemain, une femme était assise au pied du lit. Elle disait: « Qu'est-ce qui t'est arrivé, mon mari? Tu as tellement l'air différent. Je suis si soulagée ! » L'homme nous aperçut. « Les voici, s'écria-t-il. Eux, ils comprennent. Après leur départ, hier, je pensais constamment à ce qu'ils m'avaient dit. Je n'ai pas dormi de la nuit. Et puis l'espoir m'est venu. S'ils avaient été libérés, je pourrais peut-être l'être, moi aussi. J'ai accepté de devenir honnête envers moi-même, de réparer mes torts et d'aider d'autres alcooliques. Et je me suis tout de suite senti différent. Je savais que je me rétablirais. » Et l'homme dans son lit poursuivit: « Maintenant, ma femme, va chercher mes vêtements. Je vais me lever et sortir d'ici. » Là-dessus, le troisième membre des AA s'est levé et n'a plus jamais bu. La graine avait une fois de plus germé, et une autre vrille était sortie de terre. Nous ne le savions pas encore, mais la plante avait déjà fleuri. Nous étions maintenant trois, et le premier groupe d'Akron était né.

Tous les trois, nous avons travaillé auprès de dizaines d'autres alcooliques. Il y avait beaucoup d'appelés, mais très peu d'élus. L'échec était notre lot quotidien. Pourtant, quand j'ai quitté Akron en septembre 1935, deux ou trois autres malades semblaient s'être joints à nous pour de bon.

Les deux années suivantes ont été l'époque du « vol à l'aveuglette » de nos débuts. Avec son instinct sûr de bon médecin, Dr Bob continua de soigner et d'endoctriner chaque nouveau cas, d'abord à l'hôpital d'Akron, puis, pendant les 12 années suivantes, au célèbre hôpital St-Thomas, où des milliers d'alcooliques ont connu son œil vigilant et la touche des AA. Sans être de la même religion que lui, le personnel et les religieuses de cet hôpital accomplirent des merveilles. Ils nous ont donné un des meilleurs exemples d'amour et de dévouement qu'il nous ait été donné de voir. Interrogez les milliers de membres des AA, visiteurs ou patients. Demandez-leur ce qu'ils pensent de sœur Ignatia ou de Dr Bob. Mais j'anticipe.

Un petit groupe s'était formé à New York. À Akron, la réunion qui se tenait chez T. Henry commença à attirer quelques visiteurs de Cleveland. À ce moment-là, je rendis visite pendant une semaine au Dr Bob. Nous avons commencé à faire le compte. Sur des centaines d'alcooliques, combien avaient persévéré? Combien étaient abstinents? Et pour combien de temps? À l'automne de 1937, Bob et moi comptions 40 cas qui étaient abstinents depuis assez longtemps; cela faisait peut-être 60 années de sobriété au total ! Nous en avions les larmes aux yeux. Il y avait suffisamment de cas et suffisamment de temps s'était écoulé pour indiquer qu'il s'agissait de quelque chose de nouveau, d'extraordinaire même. Le ciel se dégageait tout à coup. Nous ne volions plus à l'aveuglette. Un flambeau avait été allumé, et Dieu avait montré à des alcooliques comment le passer de main en main. Jamais je n'oublierai cette heure merveilleuse d'humble prise de conscience en compagnie de Dr Bob.

Par contre, cette prise de conscience nous mettait aussi face à un gros problème, à une importante décision. Il avait fallu presque trois ans pour aider 40 alcooliques à se rétablir, alors que les États-Unis seuls en comptaient probablement un million. Comment allions-nous les mettre au courant? Aurions-nous besoin de travailleurs rémunérés, de nos propres hôpitaux, de beaucoup d'argent? Il nous faudrait sûrement un manuel quelconque. Pouvions-nous prendre le risque d'avancer à pas de tortue en laissant notre témoignage se déformer et peut-être des milliers d'alcooliques mourir? Quel dilemme !

La façon dont nous avons pu éviter le professionnalisme, l'accumulation de richesses et l'administration de biens importants et aussi publier notre livre *Alcoholics Anonymous*, est une histoire en soi. À ce moment critique de notre vie, les conseils prudents de Dr Bob nous ont souvent empêchés de nous lancer dans des aventures téméraires qui auraient pu retarder notre développement de plusieurs années, et peut-être même nous détruire. N'oublions pas non plus le dévouement de Dr Bob et de Jim S. (décédé l'été dernier) qui ont réuni des témoignages pour notre livre; les trois cinquièmes de ceux-ci venaient d'Akron. La force de caractère et la sagesse de Dr Bob furent des facteurs importants à cette époque de doutes et aussi de graves décisions.

Nous pouvons vraiment nous réjouir qu'Anne et Bob aient vécu tous deux assez longtemps pour voir le flambeau allumé à Akron transmis aux quatre coins de la terre, qu'ils aient su que des millions d'alcooliques passeraient un jour sous cette arche sans cesse élargie, dont ils avaient si vaillamment aidé à sculpter la clé de voûte. Pourtant, ils étaient si humbles qu'ils ne se sont jamais vraiment doutés de l'ampleur de l'héritage qu'ils nous laissaient, ni de quelle magnifique façon ils s'étaient acquittés de leur tâche. Il ont accompli tout ce qu'ils avaient à faire. Dr Bob a même eu le privilège de voir les AA devenir adultes quand, pour la dernière fois, il s'est adressé à 7 000 d'entre nous, à Cleveland en juillet 1950.

Je l'ai vu le dimanche avant sa mort. À peine un mois auparavant, il m'avait aidé à rédiger une proposition pour la Conférence des Services généraux des Alcooliques anonymes. Il s'agissait du troisième legs des AA. Ce texte était chez l'imprimeur quand il nous a quittés le jeudi suivant. Représentant son dernier geste et sa dernière volonté pour les AA, ce document revêtira sûrement pour nous tous une signification particulière.

Je n'ai jamais vécu le même genre de relation avec personne d'autre. La plus belle chose que je puisse dire, c'est que pendant toutes ces années où nous avons travaillé ensemble, nous n'avons jamais connu de différences d'opinions pénibles. Son esprit fraternel et son amour dépassaient tout ce que je pouvais lui offrir en retour.

En terminant, permettez-moi de vous donner un exemple émouvant de sa simplicité et de son humilité. Assez curieusement, c'est l'histoire d'un monument qu'on voulait ériger en son honneur. Il y a un an, à la mort d'Anne, beaucoup ont songé à un imposant tombeau. Ils insistaient pour faire quelque chose. En entendant ces rumeurs, le Dr Bob s'est aussitôt prononcé contre l'érection par les membres d'un mausolée ou d'un monument pour Anne et lui. D'une simple phrase, il écarta ces symboles destinés à l'honorer. « Annie et moi, dit-il, projetons d'être enterrés comme tout le monde. »

Toutefois, ses amis ont accroché dans la salle pour alcooliques de l'hôpital St-Thomas, cette simple plaque: « En signe de gratitude, les amis de Bob et Anne S. dédient affectueusement cette plaque commémorative aux religieuses et au personnel de l'hôpital St. Thomas. À Akron, lieu de naissance des Alcooliques anonymes, cet hôpital a été le premier établissement religieux à ouvrir ses portes à notre association. Puissent l'amour et le dévouement de ceux et celles qui ont œuvré ici, à nos débuts, constituer à jamais pour nous tous un exemple lumineux et merveilleux de la grâce de Dieu. »

Il n'a pas cessé de croire

Novembre 1954

Bill D., le troisième membre des AA, est mort à Akron, le vendredi soir 17 septembre 1954. En fait, on dit qu'il est mort, mais il ne l'est pas vraiment. Son esprit et ses œuvres vivent aujourd'hui dans le cœur d'innombrables membres. À n'en pas douter, Bill habite déjà l'une des nombreuses demeures de l'au-delà.

Il y a eu 19 ans l'été dernier, Dr Bob et moi avons rencontré Bill pour la première fois. Étendu sur son lit d'hôpital, il nous regardait l'air étonné.

Deux jours auparavant, Dr Bob m'avait dit: « Si nous voulons demeurer abstinents, toi et moi, nous ferions mieux de nous mettre au travail. » Il appela aussitôt à l'hôpital d'Akron et demanda à parler à l'infirmière responsable des admissions. Il lui expliqua que lui et un ami de New York connaissaient un traitement contre l'alcoolisme et il lui demanda s'il y avait un alcoolique sur qui nous pourrions l'expérimenter. Connaissant Bob depuis longtemps, elle lui répondit en riant: « Je suppose, docteur, que vous l'avez déjà essayé sur vous? »

Elle avait bel et bien un client pour nous, et un vrai. Il arrivait justement à l'hôpital en état de delirium tremens. Il avait fait un œil au beurre noir à deux infirmières, et on venait de l'attacher. Elle demanda s'il ferait l'affaire? Après avoir prescrit des médicaments, Bob lui dit: « Mettez-le dans une chambre particulière. Nous passerons dès qu'il aura retrouvé ses esprits. »

Nous avons trouvé que Bill était un client difficile. Selon l'infirmière, il avait été à Akron un avocat réputé et un conseiller municipal. Mais il s'était retrouvé à l'hôpital d'Akron quatre fois au cours des six derniers mois. Chaque fois qu'on lui donnait son congé, il se soûlait avant même de rentrer à la maison.

Nous étions donc avec notre premier homme hospitalisé. Nous lui avons parlé de nos expériences de buveurs. Nous avons insisté sur le fait que l'alcoolisme est une obsession mentale, doublée d'une allergie physique. Nous lui avons expliqué que l'obsession condamnait l'alcoolique à boire contre sa propre volonté, et que l'allergie, s'il continuait à boire, lui garantissait à coup sûr la folie ou la mort. Pour l'alcoolique, le problème était de se débarrasser de son obsession et de retrouver la raison.

En entendant ces mauvaises nouvelles, Bill ouvrit ses grands yeux enflés. Puis nous avons adopté la tactique de l'espoir. Nous lui avons raconté ce que nous avions fait, comment nous étions devenus honnêtes envers nous-mêmes comme jamais auparavant, comment nous avions discuté de nos problèmes en toute confiance l'un avec l'autre, comment nous essayions de réparer le tort que nous avions fait aux autres, et comment nous avions alors été délivrés du désir de boire en demandant à Dieu, tel que nous le concevions, de nous guider et de nous protéger.

Bill ne parut pas trop impressionné. D'un air encore plus triste, il dit d'une voix lasse: « C'est merveilleux pour vous, les gars, mais ça ne peut pas marcher pour moi. Mon cas est si sérieux que je n'ose plus sortir de cet hôpital. N'essayez pas de me convertir non plus, car j'ai déjà été diacre à l'église et je crois encore en Dieu. Mais je suppose qu'il ne croit pas beaucoup en moi. »

Dr Bob dit alors: « Peut-être, Bill, que tu te sentiras mieux demain. Aimerais-tu qu'on revienne te voir? »

« Bien sûr, répondit Bill. Ça ne servira peut-être à rien, mais j'aimerais quand même vous revoir tous les deux. Vous avez l'air de savoir de quoi vous parlez. »

En entrant le lendemain, nous avons trouvé Bill avec sa femme Henrietta. Il s'empressa de nous montrer du doigt en lui disant: « Ce sont les gars dont je t'ai parlé. Eux, ils comprennent. »

Bill raconta alors qu'il avait passé presque toute la nuit éveillé, que du fond de sa dépression, un nouvel espoir était né qu'il s'était dit tout à coup: « Si eux peuvent y arriver, moi aussi, je le peux. » Il s'était répété cette phrase bien des fois. L'espoir avait finalement fait place à une grande conviction. Il était sûr de pouvoir y arriver. Puis, il avait ressenti de la joie. À la fin, la paix l'avait envahi, et il s'était endormi.

Avant notre départ, Bill tout à coup se tourna vers sa femme et lui dit: « Va me chercher mes vêtements. Je vais me lever et sortir d'ici. » Bill D. est sorti de cet hôpital en homme libre et il n'a plus jamais bu. C'est ce jour-là qu'est né le premier groupe des AA.

La force de ce bel exemple que nous a donné Bill au tout début des AA durera aussi longtemps que le mouvement lui-même. Bill n'a pas cessé de croire. Que dire de plus?

Le docteur A. Weise Hammer

Mai 1957

L'annonce de la mort de l'un des meilleurs chirurgiens des États-Unis ravive des souvenirs qui auront toujours une place de choix dans les annales des Alcooliques anonymes. Le docteur A. Weise Hammer fut l'un des meilleurs amis des AA.

Plusieurs anciens membres de Philadelphie ont rédigé son histoire et celle de ses bienfaits. Voici en substance ce qu'ils racontent.

Nous étions en février 1940. Un membre de New York, Jim, venait de déménager à Philadelphie et tentait de convaincre une librairie de l'endroit de vendre le livre *Alcoholics Anonymous*. Le gérant du magasin ne voyait pas comment ses clients pourraient être intéressés par ce livre. Personnellement, il s'en fichait comme de l'an quarante.

Une dame qui se trouvait tout près entendit cette réplique et se mêla à la conversation. Elle raconta qu'elle avait envoyé le livre des Alcooliques anonymes à son neveu de Los Angeles. À la grande surprise de la famille, le garçon était devenu abstinent tout de suite et l'était demeuré pendant trois mois. Du jamais vu. Cette histoire n'impressionna pas le gérant de la librairie.

Cependant, en apprenant que Jim tentait de former un groupe des AA à Philadelphie, Helen Hammer fut remplie de joie. Aussitôt, elle amena Jim et un nouveau candidat voir son mari chirurgien.

Le docteur Hammer était toujours un grand enthousiaste dans tout ce qu'il entreprenait. Cet homme robuste, au teint coloré, respirait l'entrain à longueur de journée. Il avait une joie de vivre contagieuse qu'il communiquait à presque tous ceux qu'il croisait. Ayant entendu Jim raconter l'histoire des AA, il se mit tout de suite à se dévouer pour notre association. Comme nous le verrons, il n'a pas confiné son action à la seule ville de Philadelphie. Il a en effet intercédé en notre faveur sur la scène nationale, à une époque où les AA avaient grand besoin de ce genre d'amitié. Voici ce que fit le docteur Hammer. Il ouvrit sa maison à tous les membres des AA et fournit au groupe de Philadelphie ses premières salles de réunion. Il nous présenta le docteur Stouffer, psychiatre principal à l'hôpital général de Philadelphie, qui allait devenir un autre grand ami. Il nous obtint, dans cet hôpital, des privilèges de visites et de soins. Il emmena des membres parler à l'association médicale du comté. En compagnie de sa bonne épouse Helen, il assista pendant des années à presque toutes les réunions des AA. Il offrait ses soins médicaux et chirurgicaux gratuitement à tous les membres qui les lui demandaient. Il présentait le mouvement dans d'autres villes et payait les dépenses des membres qu'il emmenait avec lui. Il offrit de payer au groupe de Philadelphie son premier club, ce que les membres refusèrent. Il s'arrangea pour intéresser son ami le juge Curtis Bok, propriétaire du *Saturday Evening Post*, à la cause des AA et finit par l'inciter à confier à Jack Alexander la rédaction de ce fameux article de 1941 qui fit de notre association une institution nationale.

Cette liste n'est qu'un bref aperçu des bienfaits du docteur Hammer pour nous. Des centaines d'autres ne seront sans doute jamais connus, sauf de ses malades pour lesquels sa gentillesse était notoire.

Il est difficile également de parler de lui sans rappeler le nom de Dudley Saul, un autre médecin réputé de Philadelphie qui se dévoua constamment avec le docteur Hammer auprès des alcooliques.

À notre grand étonnement, et toujours à notre avantage, ces deux hommes de valeur se livrèrent une concurrence féroce pour trouver des façons toujours meilleures d'être utiles aux Alcooliques anonymes. C'est là une belle histoire que je raconterai un jour. Comment le mouvement, encore tout jeune, aurait-il pu survivre sans des amis tels que ces médecins de Philadelphie, qui travaillèrent main dans la main avec les docteurs Tiebout et Silkworth de New York?

À Helen Hammer, je dis toute la sympathie et la gratitude des AA. Je me demande souvent quels souvenirs elle garde de nos premières années.

Bon voyage, père Ed !

Juin 1960

Tôt le dimanche matin, 3 avril, le père Edward Dowling s'est éteint dans son sommeil à Memphis au Tennessee. Sans se soucier de sa santé déclinante, il était venu rendre visite à l'un de ses groupes « Cana ». [Une des entreprises préférées du père Ed, les groupes Cana, sous les auspices de l'Église, se consacrent à la solution de problèmes familiaux difficiles par la pratique des Douze Étapes des AA.] Jamais soirée n'avait été aussi gaie que dans les heures précédentes. C'est sans doute comme ça qu'il aurait souhaité nous quitter. Il était l'être le plus gentil et le meilleur ami que les AA puissent connaître. Il nous a laissé en héritage une inspiration et une grâce qui ne nous quitteront jamais.

Le père Ed projetait d'assister à notre Congrès international, en juillet 1960 à Long Beach. Ce projet ne se réalisera pas, mais c'est avec émotion que nous nous rappelons sa présence au Congrès international de St. Louis en 1955. Il semble donc tout à fait approprié de reprendre ici les mots par lesquels je l'avais présenté alors, de même que le récit de l'impression inoubliable qu'il m'avait faite lors de notre première rencontre, une parcelle de notre histoire que j'ai racontée plusieurs années plus tard dans *Le Mouvement des AA devient adulte.*

« C'est avec une grande joie que je vous présente le père Ed Dowling, qui demeure à la Maison des Jésuites, ici même à St. Louis. Le père Ed, qui sait d'où lui vient sa force, est certainement allergique aux éloges. Cependant, je crois que certains faits le concernant devraient être consignés dans nos archives, pour que les nouvelles générations de membres puissent les entendre, les lire et les connaître.

Le père Ed a contribué à la fondation du premier groupe des AA dans cette ville. Il fut le premier ecclésiastique de sa confession à remarquer l'étrange ressemblance entre les Exercices spirituels de saint Ignace (fondateur de l'ordre des Jésuites) et les Douze Étapes des Alcooliques anonymes. Il s'empressa donc d'écrire, en 1940, la première lettre de recommandation que nous connaissions d'un catholique en faveur du mouvement.

Depuis, le travail qu'il a accompli pour nous tient du prodige. Non seulement ses recommandations ont-elles été entendues dans le monde entier, mais il a lui-même œuvré dans le mouvement et contribué à son essor, en effectuant des voyages, en assistant à des réunions et en nous prodiguant des conseils sages et affectueux, une contribution qui peut se mesurer en milliers de milles et en milliers d'heures.

De toutes les personnes que je connais, notre ami le père Ed est la seule que je n'ai jamais entendue prononcer un seul mot de ressentiment ou de critique. Il a toujours été pour moi un ami, un conseiller, un merveilleux exemple et une source d'inspiration indescriptible.

Le père Ed est fait de l'étoffe des saints ... »

Le père Ed reçut un accueil chaleureux alors que, sans se soucier de sa sérieuse claudication, il se frayait un chemin jusqu'au lutrin. Membre de l'ordre des jésuites de St. Louis, le père Dowling était fort bien connu des membres des AA à des milliers de milles à la ronde. Plusieurs congressistes évoquaient avec reconnaissance l'aide spirituelle qu'il leur avait apportée. Les vieux membres de St. Louis se rappelaient comment il avait contribué à la fondation de leur groupe. La majorité des membres étaient protestants, mais cela ne faisait pas de différence. Quelques-uns se souvenaient de son premier article à notre sujet dans le *Queen's Work*, le magazine de la confrérie. Il avait été le premier à remarquer le parallèle étroit, au niveau des principes, entre nos Douze Étapes et certains exercices spirituels de saint Ignace, qui sont à la base de la spiritualité des Jésuites. Il avait eu l'audace, en réalité, d'écrire à tous les alcooliques, spécialement à ceux de sa propre religion: « Mes amis, le mouvement des AA est bon. Servez-vous-en. » Le message fut bien reçu. Ces premiers mots marquèrent le début d'une influence merveilleuse et bénéfique pour le mouvement, une influence dont on ne saura jamais mesurer toute la portée.

Le message que nous adressa le père Ed, ce dimanche matin au Congrès, brillait à la fois par son humour et sa profondeur. En l'écoutant, le souvenir de sa première apparition dans ma vie me revint avec autant de vivacité que si elle s'était passée la veille. C'était en 1940, un soir d'hiver, dans notre vieux club de la 24e Rue à New York. Je m'étais couché vers dix heures, accablé par une bonne crise d'apitoiement sur mon sort et par mon ulcère imaginaire. Lois était sortie. La grêle et le grésil crépitaient sur la toiture de tôle. La nuit était affreuse. Il n'y avait personne au club, à part le vieux Tom, notre pompier à la retraite, une sorte de diamant brut récemment récupéré de l'asile Rockland. La sonnette de la porte d'entrée se fit entendre et quelques instants plus tard, Tom ouvrit la porte de ma chambre. « Un clochard de St. Louis est en bas et veut te voir », me dit-il. « Seigneur ! répondis-je, pas encore un ! Et à cette heure! Bon, ça va, fais-le monter. »

J'entendis des pas lourds dans l'escalier. Puis je le vis entrer, s'appuyant tant bien que mal sur sa canne et tenant à la main un chapeau noir tout usé, qui ressemblait à une feuille de chou couverte de neige fondue. Il se laissa tomber sur ma seule chaise et, lorsqu'il ouvrit son manteau, j'aperçus son col romain. Il ramena en arrière sa tignasse de cheveux blancs et me regarda avec les yeux les plus extraordinaires que j'aie jamais vus. Nous avons parlé d'une foule de sujets. Je me sentais de mieux en mieux et je commençais à réaliser qu'une grâce irradiait de cet homme et remplissait la chambre. Ce fut une sensation très intense, une expérience à la fois émouvante et mystérieuse. Depuis, j'ai souvent revu ce grand ami, et à chaque fois, que je sois joyeux ou triste, il m'a toujours procuré cette sensation de grâce et de présence divine. Je ne suis pas le seul. Beaucoup de gens, au contact du père Ed, éprouvent cette sensation d'éternité. Pas surprenant qu'il ait réussi à nous imprégner tous, en ce merveilleux dimanche matin à l'auditorium Kiel, de son esprit inimitable. Tous les congressistes se rappelleront ce fameux passage de sa communication:

« L'agnosticisme favorise une approche négative. Telle était l'attitude de l'apôtre Pierre. "Seigneur, vers qui irons-nous?" Je doute que quiconque dans cette salle ait jamais vraiment recherché l'abstinence. Nous avons plutôt essayé de fuir l'ivrognerie. Il ne faut pas, je crois, dédaigner le négatif. J'ai l'impression que si jamais je me retrouve au Ciel, ce sera parce que j'aurai fui l'Enfer. »

À la mémoire d'Ebby

Juin 1966

À l'âge de 70 ans, mon ami et parrain Ebby est disparu le 21 mars. C'est Ebby qui, par un froid après-midi de novembre en 1934, m'a transmis le message qui m'a sauvé la vie. Plus important encore, il était porteur de la grâce et des principes qui allaient, peu après, me mener à mon réveil spirituel, un véritable appel à une nouvelle vie de l'esprit. Ce genre de renaissance est devenu depuis le don le plus précieux de chacun d'entre nous.

Le regardant dans son dernier repos, je revoyais avec émotion toutes ces années où je l'avais connu et aimé.

Il y avait ces souvenirs heureux de l'époque du pensionnat, au Vermont. Puis après la guerre, nous nous voyions parfois et, naturellement, nous buvions. Nous croyions que l'alcool était le remède à tous les maux, le véritable élixir de la belle vie.

Puis il y eut cet épisode absurde de 1929. Ebby et moi avions fait la bombe toute la nuit à Albany. Soudain, nous nous sommes rappelés qu'un nouveau terrain d'aviation avait été construit, dans un champ près de chez moi. Il allait être inauguré dans quelques jours. C'est alors que nous vint cette idée enivrante: si seulement nous pouvions louer un avion, nous pourrions devancer J'inauguration de quelques jours et ainsi écrire nous-mêmes une page de l'histoire de l'aviation! Sur-le-champ, Ebby tira du lit un ami pilote et, contre une somme rondelette, loua ses services et son petit appareil. Nous avons envoyé un télégramme aux édiles municipaux pour leur annoncer l'heure de notre arrivée et, vers le milieu de l'avantmidi, nous prenions notre envol, transportés de joie – et très soûls.

On ne sait trop comment, notre pilote plutôt éméché réussit à poser son appareil. Une grosse foule était là, avec la fanfare du village et le comité d'accueil, et tous applaudirent vivement son exploit. Le pilote descendit de son appareil, puis plus rien. Les spectateurs attendaient en silence, se demandant ce qui se passait. Mais où étaient Ebby et Bill? C'est alors qu'on fit l'horrible découverte: nous étions tous les deux affaissés dans le fond du cockpit, ivres morts. De bons amis nous tirèrent de l'appareil et nous déposèrent debout sur le sol. Nous qui devions écrire une page d'histoire, nous sommes aussitôt tombés sur le nez. Nous avons dû être transportés honteusement hors du terrain. C'était un épouvantable fiasco. Le lendemain, tout tremblants, nous avons passé la journée à rédiger des excuses.

Pendant les cinq années suivantes, je n'ai pas vu Ebby souvent. Naturellement, nous avons continué à boire sans arrêt. Vers la fin de 1934, j'ai eu un choc terrible quand j'ai appris qu'on allait l'enfermer dans un hôpital psychiatrique de l'État.

Après avoir fait la bombe plusieurs jours, il avait, au volant de la belle Packard neuve de son père, quitté la route et frappé une maison, enfonçant le mur de la cuisine et manquant de près la maîtresse des lieux. Afin de détendre l'atmosphère de cette situation pour le moins étrange, Ebby demanda alors avec son plus beau sourire: « Que diriez-vous d'une bonne tasse de café ? »

Évidemment, l'humour d'Ebby n'eut pas grand effet sur les gens concernés. Tout le monde perdait patience. Les édiles municipaux le traînèrent en cour. Selon toute apparence, la dernière destination d'Ebby était l'asile psychiatrique. Pour moi, cela signifiait que nous étions tous les deux arrivés en bout de course. Peu de temps auparavant, en effet, mon médecin, le docteur Silkworth, avait cru bon de prévenir Lois qu'il n'y avait pas d'espoir que je me rétablisse, que je devrais être interné ou risquer la folie ou la mort.

Cependant, la providence en décida autrement. On apprit bientôt qu'Ebby avait été libéré sur parole et confié à la garde d'amis qui avaient réussi (pour le moment) à devenir abstinents grâce aux Groupes d'Oxford. Ils emmenèrent Ebby à New York, où il fut sous l'influence bienfaisante de ce futur grand ami des AA, le pasteur Sam Shoemaker de l'Église épiscopale du Calvaire. Très influencé par Sam et les « O.G. », Ebby est vite devenu abstinent. Mis au courant de la situation grave dans laquelle je me trouvais, il vint tout de suite chez nous, à Brooklyn.

Au fil de mes souvenirs, je revoyais tout à coup très clairement Ebby qui me considérait par-dessus la table de la cuisine. Comme le savent la plupart des membres, il m'a raconté comment il avait été libéré du désespoir (grâce aux Groupes d'Oxford) après avoir fait son examen de conscience et réparé ses torts, après s'être mis au service des autres, et aussi grâce à la prière. Bref, tous ces principes dont je me suis par la suite servi dans la rédaction des Douze Étapes de rétablissement des AA.

C'était arrivé. Un alcoolique était vraiment venu transmettre le message à un autre. Ebby a pu m'apporter le don de la grâce parce qu'il a su m'atteindre en profondeur en me parlant le langage du cœur. Il a entrebâillé la grande porte que tous les AA ont franchie depuis pour trouver la liberté avec Dieu.

À la mémoire de Harry

Juillet 1966

Au moment où nos lecteurs recevront ce numéro de *Grapevine*, ils auront déjà appris le décès de notre ami bien-aimé, le docteur Harry M. Tiebout, le premier psychiatre à avoir présenté notre association au monde. Nous n'avons jamais pu – et ne pourrons jamais – mesurer toute la portée de son courageux exemple, de sa perception profonde de nos besoins et de son dévouement constant à notre égard.

Voici comment tout a commencé. Nous étions en 1939, et le livre *Alcoholics Anonymous* était sur le point d'aller sous presse. Pour faciliter la dernière révision, nous avions distribué des copies du manuscrit. L'une d'elles est tombée entre les mains de Harry. La majeure partie du texte était alors étrangère à ses idées, mais c'est avec le plus grand intérêt qu'il lut ce qui allait devenir notre manuel. Plus important encore, il résolut aussitôt de le montrer à deux de ses patients que nous connaissons aujourd'hui sous les noms de Marty et Grenny, des clients très difficiles, apparemment sans espoir.

Au début, notre livre fit peu d'impression sur le couple. En fait, les nombreuses références à Dieu mirent Marty dans une telle colère qu'elle le jeta par la fenêtre, quitta le chic sanatorium où elle se trouvait, et se paya une cuite monumentale.

Quant à Grenny il ne poussa pas aussi loin sa rébellion et garda son sang-froid.

Marty réapparut enfin, secouée de tremblements. Quand elle demanda à Harry ce qu'elle devait faire, il sourit simplement et lui dit: « Tu ferais mieux de relire ce livre! » De retour à sa chambre, Marty se résigna enfin à le feuilleter une fois de plus. Une petite phrase attira alors son attention: « Nous ne pouvons vivre dans le ressentiment. » Dès qu'elle eut accepté de faire sienne cette pensée, elle connut une « expérience spirituelle qui la transforma » .

Elle assista aussitôt à une réunion, rue Clinton à Brooklyn où nous habitions, Lois et moi. De retour à Blythewood, elle trouva Grenny dans un état de grande curiosité. Ses premières paroles furent: « Grenny, nous ne sommes plus seuls! »

Ce fut le début de leur rétablissement qui se poursuit encore aujourd'hui. Témoin de ces événements, Harry n'en revenait pas. À peine une semaine plus tôt, tous les deux se montraient intraitables et résistaient avec entêtement à toutes ses méthodes. Maintenant, ils parlaient librement. Pour Harry, de tels faits étaient tout à fait nouveaux. En scientifique courageux, il n'hésita pas une seconde. Mettant de côté ses convictions sur l'alcoolisme et la névrose qui en découle, il fut bientôt sûr que les AA tenaient là quelque chose, probablement de très solide.

Dans les années qui ont suivi, Harry n'a jamais cessé d'appuyer le mouvement, souvent au risque de nuire considérablement à sa carrière. Compte tenu de sa réputation, cela demandait un grand courage.

Permettez-moi de vous donner quelques exemples concrets. Dans l'un de ses premiers écrits, son célèbre article sur « l'abandon », il déclara que la réduction de l'ego non seulement était à la base des pratiques des AA, mais était aussi absolument essentielle à sa propre pratique de la psychiatrie. Cela exigeait courage et humilité de sa part, et constituera toujours pour nous un bel exemple.

Pourtant, ce n'était qu'un début. En 1944, avec l'appui de Kirby Collier de Rochester et de Dwight Anderson de New York, Harry persuada la société médicale de l'État de New York de me laisser, moi, un profane, lire une communication sur les AA lors de leur rencontre annuelle. Cinq ans plus tard, le même trio, toujours mené par Harry, persuada cette fois l'Association des psychiatres américains de m'inviter à présenter une autre communication, à leur réunion annuelle de 1949 à Montréal. À cette époque, le mouvement comptait environ 100 000 membres et de nombreux psychiatres avaient déjà observé de près notre influence sur leurs patients.

Ce fut un moment extraordinaire pour les membres AA présents à cette rencontre: je devais faire un exposé sur « l'expérience spirituelle », telle que nous la concevions chez les AA. Comment allions-nous pouvoir nous en tirer avec un pareil sujet? À notre grande surprise, ma communication fut extrêmement bien accueillie – du moins à en juger par les applaudissements.

Immédiatement après, un vieux monsieur très distingué m'aborda. Il se présenta comme étant un des premiers présidents de l'association. Il me dit, rayonnant: « Monsieur W., il se pourrait fort bien que je sois le seul, parmi mes collègues réunis ici aujourd'hui, à croire réellement comme vous à l'expérience spirituelle ». J'ai moi-même connu un jour un réveil très semblable au vôtre, une expérience que je partage aussi avec deux amis intimes, Bucke et Whitman. »

Naturellement, je lui demandai: « Mais pourquoi vos collègues ont-ils donné l'impression d'apprécier ma communication? »

Il me répondit à peu près ceci: « Voyez-vous, les psychiatres savent à quel point les alcooliques sont vraiment des gens difficiles. Ce n'est pas ce que vous disiez dans votre communication qui a vraiment ému mes amis, mais le fait que les AA peuvent rendre des alcooliques abstinents sur une grande échelle. »

Sous cet angle, je n'en fus que plus ému encore par le vibrant et généreux hommage qui était ainsi rendu aux AA. Peu de temps après, ma communication fut publiée dans l'*American Psychiatric Journal*, et l'association donna à notre bureau de New York la permission de le reproduire et de le distribuer à notre guise. À cette époque, l'aventure des AA était déjà bien engagée à l'étranger. Dieu seul sait tout le bien qu'aura fait cet article, reproduit par nous et présenté aux psychiatres de pays éloignés par de jeunes groupes des AA. Il aura permis au mouvement d'être accepté beaucoup plus vite dans le monde entier.

Je pourrais continuer ainsi, sans fin, à vous parler de Harry, de ses activités dans le domaine de l'alcoolisme et des services insignes qu'il a rendus au conseil d'administration des AA. Je pourrais vous raconter la belle amitié qui nous liait, je pourrais vous parler particulièrement de sa bonne humeur et de son rire contagieux. Mais l'espace qui m'est alloué ici est trop limité pour cela.

À sœur Ignatia

Août 1966

Sœur Ignatia, l'une des meilleures amies qu'auront jamais les AA, s'est endormie pour son dernier repos le vendredi matin, 2 avril. Le lendemain, les sœurs de la Charité de saint Augustin ouvraient leur maison mère aux visiteurs. Plus de 1 000 d'entre eux ont signé le livre d'or dans les deux premières heures. Ils n'étaient que les premiers des nombreuses personnes qui, les deux jours suivants, sont venues rendre hommage à la religieuse.

Lundi midi, il n'y avait plus de place dans la cathédrale de Cleveland. Des amis de la ville et de l'extérieur assistaient au service. On voyait les sœurs de la Charité assises ensemble, rayonnantes de foi. Avec leurs proches et leurs amis, les membres des AA étaient venus exprimer leur gratitude pour la vie et l'œuvre de notre sœur bien-aimée. Plutôt qu'un deuil, c'était pour nous l'occasion de remercier Dieu de sa bonté à notre égard.

Affirmation de la foi, la messe fut d'une singulière beauté, d'autant plus qu'elle fut dite en anglais. L'éloge, rédigé et prononcé par une connaissance intime de sœur Ignatia, décrivait de façon vivante et touchante son caractère et ses actions. Un accent très spécial était mis sur les mérites des AA et sur le rôle qu'a joué notre cofondateur, Dr Bob, dans la grande aventure de cette religieuse. Comme rarement auparavant, nous avions l'assurance que ceux qui habitent la fraternité de l'esprit n'ont pas à se soucier des barrières et des frontières.

Les milliers d'hommes, de femmes et d'enfants dont la vie a directement été touchée et illuminée par sœur Ignatia n'ont probablement pas besoin de cet article. Ils savent mieux que quiconque qui elle était et quelle grâce elle apporta à tous. Mais mon récit se veut une source d'inspiration spéciale pour toutes les personnes qui n'ont jamais connu sa présence et son amour.

Issue de parents pieux et aimant la liberté, sœur Ignatia est venue au monde en 1889, à Shanvilly, comté de Mayo, dans l'île d'Émeraude. Le célèbre poète Yeats, né près de là, a dit un jour que l'étrange beauté du comté de Mayo était destinée spécialement à engendrer des poètes, des artistes, des héros et des saints. Nul doute que, même âgée de six ans, quand elle a émigré avec ses parents d'Irlande à Cleveland, Ignatia commençait déjà à montrer de solides vertus.

L'enfant manifesta bientôt un talent inhabituel pour la musique, plus particulièrement pour le piano et le chant. Quelques années plus tard, elle donnait des leçons chez ses parents. En 1914, elle fut prise d'un grand désir de se faire religieuse. Cette année-là, elle entra chez les sœurs de la Charité de saint Augustin, cette communauté que tant de AA connaissent. Elle y poursuivit son éducation et son enseignement.

Déjà à cette époque, sœur Ignatia était fragile. En 1933, l'enseignement musical était devenu trop dur pour elle, et elle connut de graves problèmes de santé. Son médecin lui donna le choix: « Vous allez devoir ralentir. Vous serez soit un professeur de musique mort, soit une religieuse vivante. Que choisissez-vous ? »

Selon les membres de sa communauté, c'est avec joie que Mary Ignatia accepta une tâche beaucoup plus calme et moins prestigieuse. Elle prit la charge du service des admissions à l'hôpital St. Thomas d'Akron, en Ohio, qu'administraient les sœurs de la Charité. À l'époque, on se demandait si même cette tâche ne serait pas trop lourde pour elle. Qui aurait pu croire qu'elle vivrait jusqu'à 77 ans ? Seul Dieu savait qu'elle était destinée à s'occuper de 15 000 alcooliques et de leurs proches dans les années à venir.

Pendant un bon moment, sœur Ignatia travailla avec sérénité au service des admissions. Il n'est pas sûr qu'elle ait alors jamais entendu parler des AA. Le « groupe numéro un », d'Akron et le « groupe numéro deux », de New York connaissaient une croissance lente et agitée depuis 1935, mais aucun n'avait encore attiré l'attention du public.

En 1939, cependant, le vent tourna soudain. Au printemps, notre livre avait été publié et au début de l'automne, un article sur notre mouvement était paru dans le magazine *Liberty*. Il fut bientôt suivi d'une série d'articles remarquables, publiés en première page du *Plain Dealer* de Cleveland. Le journal et les deux douzaines de membres de la ville furent submergés d'appels à l'aide frénétiques. Mais en dépit du chaos que cela engendra, le nombre des membres de Cleveland atteignit en quelques mois plusieurs centaines.

Pourtant, cette augmentation soudaine des membres des AA entraînait certains problèmes, en partie à cause des lacunes au niveau de l'hospitalisation. Les hôpitaux de Cleveland avaient vaillamment réagi devant cette urgence, mais leur intérêt retomba à cause des comptes impayés et des attroupements dans les couloirs d'ex-buveurs qui pratiquaient ce qu'ils appelaient la « Douzième Étape » auprès de victimes nouvellement arrivées et parfois bruyantes. Même l'hôpital d'Akron, où Dr Bob avait soigné de nombreux cas, montrait des signes d'essoufflement.

À New York à ce moment-là, nous connaissions un meilleur départ. Nous avions notre cher docteur Silkworth, et plus tard, Teddy, sa merveilleuse infirmière membre des AA. Tous les deux allaient « s'occuper » dans les années à venir de quelque 12 000 alcooliques de la région de New York et devenir ainsi, en quelque sorte, l'exacte « réplique » de l'équipe que formaient notre cofondateur Dr Bob et sœur Ignatia à Akron.

Inquiet de voir les services hospitaliers de sa région dépassés par une nouvelle vague de publicité au sujet des AA, Dr Bob décida, en 1940, de rendre visite aux autorités de l'hôpital St. Thomas, pour leur expliquer le besoin pressant d'un lien efficace et permanent avec un hôpital. Comme St. Thomas était un établissement religieux, il croyait que les autorités pourraient voir dans sa demande une belle occasion de servir, là où les autres ne s'étaient pas montrés intéressés. Et il avait raison !

Bob ne connaissait aucun des responsables de cet hôpital. Il se rendit donc simplement au service des admissions et raconta à la petite religieuse en poste l'histoire des AA et celle de son propre rétablissement. Plus le récit progressait, plus la religieuse s'enthousiasmait. Elle était prise d'une profonde compassion, et peut-être sa merveilleuse intuition lui murmurait-elle déjà: « Ça y est. » Elle voulait bien aider, mais que pouvait une simple religieuse ? Après tout, il y avait certaines attitudes, certaines règles. L'alcoolisme n'était pas encore reconnu comme une maladie; ce n'était guère qu'une forme extrême de gloutonnerie !

Dr Bob parla donc à sœur Ignatia d'un alcoolique qui était alors dans un bien mauvais état. Il suffirait de lui trouver un lit. Mary Ignatia dit alors: « Votre ami doit être très malade. Vous savez, docteur, j'ai l'impression qu'il souffre probablement d'une terrible indigestion. » Tentant de garder son sérieux, Dr Bob lui répondit: « Vous avez bien raison. C'est vraiment une terrible indigestion. » Les yeux pétillants, la sœur lui dit aussitôt: « Pourquoi ne l'emmèneriez-vous pas tout de suite ? »

Mais nos deux chers conspirateurs firent bientôt face à un autre dilemme. La victime était dans un état d'intoxication désespérant. Il allait vite devenir évident pour tous que son « indigestion » était secondaire. On ne pouvait le mettre dans une salle; il fallait plutôt lui donner une chambre particulière, mais elles étaient toutes occupées. Que faire? La sœur eut une petite moue, qui fit bientôt place à un large sourire. Elle déclara aussitôt: « Je ferai mettre un lit dans la salle des fleurs. Là, il dérangera personne. » Ce fut vite fait, et le malade souffrant d'indigestion fut bientôt sur la voie de l'abstinence et de la santé.

Évidemment, nos deux conspirateurs avaient mauvaise conscience au sujet de la salle des fleurs. De toute façon, le prétexte de l'indigestion ne pouvait pas tenir longtemps. Il fallait bien prévenir les autorités, c'est-à-dire la supérieure de l'hôpital. Tout nerveux, le docteur et la religieuse présentèrent leurs respects à cette bonne religieuse et s'expliquèrent. À leur grande joie, elle se montra d'accord et, un peu plus tard, exposa hardiment le nouveau projet au conseil d'administration de St. Thomas. Il faudra toujours rendre hommage aux membres de ce conseil qui ont également donné leur accord, si bien que peu de temps après, Dr Bob était invité à se joindre au personnel médical de l'hôpital St. Thomas. C'est là un bel exemple d'esprit œcuménique.

Une salle entière fut bientôt consacrée au rétablissement des alcooliques, et sœur Ignatia en devint la responsable. Dr Bob parrainait et hospitalisait les nouveaux cas, donnant à chacun des soins, mais n'envoyant jamais de compte. Les frais d'hospitalisation étaient très raisonnables, et sœur Ignatia insistait souvent pour qu'on admette des patients à qui on permettait de « payer plus tard », ce qui consternait un peu les administrateurs.

Ensemble, Ignatia et Bob endoctrinaient tout alcoolique intéressé à entendre parler de la méthode des AA, telle que décrite dans le livre *Alcoholics Anonymous* à peine sorti de presse. La salle accueillait des visiteurs des groupes environnants de AA qui, du matin au soir, venaient raconter leur alcoolisme et leur rétablissement. Il n'y avait pas de barrière de race ou de croyance, et on n'imposait à personne l'enseignement des AA ou de la religion.

Sœur Ignatia devint un personnage central de la salle pour alcooliques où elle passait presque toute sa journée. Elle écoutait et parlait, infiniment tendre et compréhensive; les proches et amis du malade bénéficiaient du même traitement. Cette attitude de grande compassion, qui était le principal ingrédient de sa grâce unique, lui conférait un magnétisme qui attirait vers elle même les plus durs et les plus obstinés. Elle ne restait pas pour autant impassible devant les idioties. Elle savait parfaitement s'affirmer à l'occasion. Pour adoucir le choc, elle sortait son merveilleux humour. Un jour, à un alcoolique récalcitrant qui se vantait qu'on ne le reverrait plus à l'hôpital, elle répondit du tac au tac: « J'espère bien que non ! Mais au cas où tu reviendrais, rappelle-toi que nous avons un pyjama de ta taille. Il sera là qui t'attendra. »

La célébrité de l'hôpital St. Thomas grandissait, et les alcooliques accouraient de loin. Une fois sortis de l'hôpital, ils demeuraient souvent pendant un certain temps à Akron, pour s'imprégner davantage du mouvement au contact de Dr Bob et du « groupe numéro un ». Quand ils étaient de retour à la maison, c'est sœur Ignatia qui entretenait avec eux une correspondance toujours plus volumineuse.

On entend souvent les AA dire que notre mouvement est fondé sur les ressources de la médecine, de la religion et de notre propre expérience de l'alcoolisme et du rétablissement. Jamais avant cette époque des pionniers d'Akron, ni depuis, nous n'avons vu une synthèse aussi parfaite de toutes ces forces de rétablissement. Dr Bob représentait à la fois les AA et la médecine. Ignatia et les sœurs de la Charité pratiquaient aussi la médecine, et leur pratique était suprêmement imprégnée du merveilleux esprit de leur communauté. On ne peut imaginer de meilleur mélange de grâce et de talent.

Il n'est pas nécessaire de nous attarder sur chacune des vertus de ces magnifiques amis des AA au tout début, sœur Ignatia et notre cofondateur Dr Bob. Rappelons-nous seulement qu' « on les reconnaîtra toujours à leurs fruits ».

Au Congrès international de Cleveland en 1950, Dr Bob s'est adressé à nous pour la dernière fois. Sa bonne épouse, Anne, nous avait quittés, et lui-même avait rendez-vous avec sa nouvelle vie quelques mois plus tard.

Il s'était écoulé 10 ans depuis le jour où lui et sœur Ignatia avaient alité leur premier patient dans la salle des fleurs de l'hôpital St. Thomas. Pendant cette décennie merveilleuse, ils avaient soigné, médicalement et spirituellement, 5 000 alcooliques. La plupart avaient trouvé la liberté avec l'aide de Dieu.

En guise de reconnaissance pour leur œuvre, les AA ont offert aux sœurs de la Charité de saint Augustin et au personnel de l'hôpital St. Thomas une plaque en bronze, que l'on peut voir depuis dans la salle où la religieuse et le docteur ont opéré leurs merveilles. Sur cette plaque on peut lire:

En signe de gratitude,
les amis de Bob et Anne S.
dédient affectueusement cette plaque
commémorative aux religieuses et au personnel
de l'hôpital St. Thomas.
À Akron, lieu de naissance des
Alcooliques anonymes, cet hôpital
a été le premier établissement
religieux à ouvrir ses portes à notre association.
Puissent l'amour et le dévouement de ceux et celles
qui ont œuvré ici, à nos débuts,
constituer à jamais pour nous tous un
exemple lumineux et merveilleux
de la grâce de Dieu.

Les gens qui visitent cet hôpital aujourd'hui se demandent souvent pourquoi l'inscription ne mentionne pas sœur Ignatia. Eh bien, c'est qu'elle ne voulait absolument pas qu'on mentionne son nom. Elle avait refusé catégoriquement; c'était l'une de ces occasions où elle avait su s'affirmer. Voilà évidemment un exemple frappant de son humilité innée et bien réelle. Elle croyait vraiment qu'elle ne méritait aucune mention particulière et que si elle avait été d'une aide quelconque, tout le mérite en revenait à Dieu et aux membres de sa communauté.

Elle avait bien le sens profond de l'anonymat. Ceux qui l'ont vu se manifester ainsi chez elle ont été profondément touchés, surtout Dr Bob et moi. C'est son influence qui nous a persuadés, tous deux, de ne jamais accepter aucun honneur public. Son exemple nous a enseigné que le seul fait d'observer à la lettre la Tradition de l'anonymat ne devrait jamais nous servir d'excuse pour en ignorer l'esprit.

Après la mort de Dr Bob, nous nous demandions avec inquiétude si sœur Ignatia serait autorisée à poursuivre son travail. Comme les autres communautés religieuses, les sœurs de la Charité pratiquaient une coutume ancienne: la rotation des tâches. Toutefois, rien ne changea pendant un certain temps. Aidée des groupes des AA des environs, la religieuse continua à travailler à St. Thomas. Puis, on la transféra à l'hôpital St. Vincent de Cleveland où elle devint, pour notre plus grande joie à tous, responsable de la salle des alcooliques. À Akron, une personne merveilleuse lui succéda; son œuvre se poursuivait.

La salle des alcooliques de l'hôpital St. Vincent occupait une section délabrée et avait grand besoin de réparations et de rajeunissement. Pour tous ceux qui connaissaient et aimaient sœur Ignatia, cela s'avéra un défi stimulant. Les membres du conseil d'administration de l'hôpital étaient aussi d'accord pour agir. On commença à recevoir des contributions importantes. Des membres des AA, menuisiers, plombiers et électriciens de leur métier, consacrèrent leurs loisirs à la réfection de la vieille section, sans exiger de salaire. Ces travaux inspirés par l'amour ont donné ce bijou que l'on appelle aujourd'hui la salle du Rosaire.

Une fois de plus, le miracle du rétablissement pouvait se multiplier. Dans les 14 années qui suivirent, le total époustouflant de 10 000 alcooliques franchirent les portes de la salle du Rosaire pour tomber sous le charme de Mary Ignatia et des AA. Plus des deux tiers d'entre eux se rétablirent de leur affreuse maladie et redevinrent des citoyens du monde. De l'aube jusqu'à la nuit, sœur Ignatia apportait sa grâce unique à cet interminable cortège d'affligés. Elle trouvait même le temps de s'occuper beaucoup des membres de leur famille, et cette partie de son travail a été une inspiration de tout premier ordre pour les Groupes familiaux Al-Anon de la région.

Malgré les merveilleuses personnes qui la secondaient à l'intérieur de l'hôpital et malgré l'aide des membres AA, le travail était extrêmement dur et épuisant pour une religieuse de plus en plus fragile. Nous ne pouvons nous empêcher d'être émerveillés que la Providence lui ait permis d'être parmi nous si longtemps. Des centaines d'amis ont fait un voyage d'une journée pour venir observer son travail sublime et de tous les instants.

Vers la fin de ses longues années de service, elle faillit mourir à quelques reprises. Je me suis parfois rendu à Cleveland, où on me permettait de m'asseoir à son chevet. Je l'ai alors vue sous son meilleur jour. Sa foi exemplaire et sa totale acceptation de la volonté de Dieu, quelle qu'elle soit, étaient toujours présentes dans tout ce qu'elle disait, que notre conversation soit gaie ou sérieuse. La peur et le doute lui semblaient totalement étrangers. Quand je prenais congé d'elle, son visage était toujours radieux et souriant; elle ne cessait d'espérer et de prier que Dieu lui donne encore un peu de temps dans la salle du Rosaire. Quelques jours plus tard, j'apprenais qu'elle avait repris sa tâche. Ce drame sublime était rejoué régulièrement. Elle ne se rendait absolument pas compte de ce qu'il pouvait avoir d'extraordinaire.

Quand à nous, les AA, sachant que viendrait un jour qui serait le dernier, il nous semblait juste d'offrir à sœur Ignatia une preuve tangible de notre amour. Me rappelant l'insistance avec laquelle elle avait décliné toute attention publique à propos de la plaque commémorative d'Akron, je lui fis simplement parvenir un mot pour lui dire que je souhaitais lui rendre visite à Cleveland et que, si sa santé le permettait, nous pourrions souper ensemble, en compagnie de quelques-uns de ses vaillants amis AA et confrères de travail. D'autant plus qu'elle fêtait ses 50 ans de service au sein de sa communauté.

Au soir dit, nous nous sommes rassemblés dans l'une des petites salles à manger de l'hôpital de la Charité. Sœur Ignatia arriva, toute ravie. C'est à peine si elle pouvait marcher. Comme nous étions tous des anciens, le repas se passa à raconter des histoires d'une autre époque. Pour sa part, le religieuse nous régala de ses aventures à St. Thomas et de ses précieux souvenirs d'Anne et de Dr Bob. Ce fut inoubliable.

Pour ne pas trop la fatiguer, nous en sommes bientôt venus au fait. J'avais apporté de New York un parchemin enluminé, rédigé sous la forme d'une lettre que j'adressais à sœur Ignatia au nom de tous les AA du monde entier. Je me levai, lus le parchemin à haute voix, puis le tendis pour qu'elle puisse le voir. La surprise était totale, et la religieuse pendant un moment fut incapable de parler. Puis elle dit enfin, à voix basse: « Mais c'est trop, je n'en mérite pas tant. »

Notre plus grande récompense ce soir-là fut, bien sûr, la joie de sœur Ignatia, une joie qui fut sans limite, à partir du moment où nous l'avons assurée que notre cadeau n'avait pas besoin d'être connu du public, et que si elle voulait simplement le ranger parmi ses affaires, nous comprendrions parfaitement.

Cette soirée mémorable et si émouvante semblait terminée. Pourtant, une autre expérience inspirante nous attendait. Faisant peu de cas de sa grande fatigue, la religieuse nous fit tous monter à la salle du Rosaire pour une dernière visite dans cette salle des AA. Nous nous demandions si nous la verrions à nouveau à l'œuvre dans cette divine vocation à laquelle elle s'était donnée entièrement. C'était pour chacun de nous la fin d'une époque, et il me revenait à l'esprit cette phrase poignante que répétait souvent sœur Ignatia: « L'éternité, c'est maintenant. »

On peut maintenant voir dans la salle du Rosaire le parchemin que nous avons donné à sœur Ignatia. En voici le texte:

En signe de gratitude envers sœur Mary Ignatia, à l'occasion de son jubilé d'or:

Chère sœur,

Nous, les membres des Alcooliques anonymes, nous vous considérons comme la meilleure amie et la plus grande âme que nous puissions connaître.

Nous nous souvenons de vos tendres soins à l'époque où le mouvement était très jeune. Votre association avec le Dr Bob nous a valu un héritage spirituel d'une valeur incomparable.

Depuis, nous vous avons observée au chevet de milliers d'alcooliques. Et en vous observant ainsi, nous nous sommes vus comme les bénéficiaires de la merveilleuse lumière que Dieu a toujours envoyée par votre entremise pour illuminer notre noirceur. Sans vous lasser, vous avez soigné nos blessures, vous nous avez nourris de votre compréhension unique et de votre amour sans pareil. Jamais nous n'aurons plus beaux dons de grâce.

Au nom des membres des AA du monde entier, je vous dis: « Puisse Dieu vous récompenser abondamment pour vos œuvres bénies, maintenant et à jamais ! »

Votre tout dévoué,
Bill W.

Sam Shoemaker

Février 1967

Le pasteur Sam Shoemaker fut l'une de ces personnes indispensables aux AA. S'il ne s'était pas occupé de nous dans les premiers temps, notre mouvement n'existerait pas aujourd'hui. Par conséquent, la publication récente de sa biographie, intitulée *I Stand By the Door* [J'attends à la porte], merveilleusement écrite par sa femme Helen, constitue pour nous un rappel émouvant de la dette que nous avons envers lui et vient enrichir notre compréhension de cet extraordinaire ami.

Permettez-moi d'abord de présenter aux jeunes générations le « Sam » que nous avons si bien connu, nous, les anciens, dans les premières années du mouvement et par la suite. Pour cela, j'aimerais vous parler de l'apparition que fit Sam à notre Congrès international de 1955, à St. Louis. Voici un extrait de notre livre d'histoire, *Le Mouvement des AA devient adulte.*

« Sam ne semblait pas avoir vieilli d'une journée depuis notre première rencontre, près de 21 ans auparavant, en compagnie de son groupe dynamique, au presbytère de la paroisse du Calvaire à New York. Dès ses premières paroles, les congressistes réunis dans l'auditorium Kiel ressentirent le même choc que nous avions éprouvé, Lois et moi, des années auparavant. Selon son habitude, il désigna les choses par leur nom, et son étincelante ardeur, son sérieux, son verbe clair comme du crystal donnèrent à son message l'impact voulu. Malgré tout son brio et son éloquence, Sam demeurait au niveau de son auditoire. Il se montrait aussi empressé à parler de ses propres fautes que des erreurs d'autrui. Il témoignait de la puissance et de l'amour de Dieu, comme l'aurait fait n'importe quel membre des AA.

La présence de Sam au congrès nous apportait une preuve additionnelle que la Providence avait utilisé des moyens variés pour créer le mouvement des Alcooliques anonymes. Aucun n'avait été aussi vital que la voie tracée par Sam Shoemaker et ses compagnons des Groupes d'Oxford, de la génération antérieure. Les principes qu'adopta le mouvement à ses débuts, soit l'examen de conscience, la reconnaissance de nos défauts, la réparation de nos torts et le travail auprès des autres, nous viennent directement des Groupes d'Oxford et de Sam Shoemaker, leur ancien leader en Amérique. Nous ne les avons trouvés nulle part ailleurs. Sam figurera toujours dans notre histoire comme le modèle inspiré et le professeur qui a le plus largement contribué à créer ce climat spirituel dans lequel nous pouvons, nous, les alcooliques, survivre et grandir. Les AA auront toujours une dette de reconnaissance pour tout ce que Dieu a accompli par l'entremise de Sam et de ses amis durant l'enfance du mouvement. »

À mon avis, personne ne peut lire le livre d'Helen Shoemaker sans se sentir meilleur. Ce récit vivant et émouvant de l'homme qu'était Sam chez lui, dans son ministère, et en public, donne un portrait complet de l'un des meilleurs êtres humains de notre époque.

Bernard B. Smith

Octobre 1970

À mon grand regret, ma santé ne me permet pas d'assister au service de mon vieil ami Bern Smith. Sa mort est pour moi une grande perte, car je m'appuyais énormément sur lui depuis bien des années. Je pouvais jouir de ses sages conseils à volonté, et je bénéficiais de sa chaude amitié depuis le début.

Dès le départ, Bern Smith a compris le fondement spirituel sur lequel s'appuient les Alcooliques anonymes, ce qui est rare pour une personne de l'extérieur. En fait, Bern n'a jamais vraiment été quelqu'un de l'extérieur. Non seulement comprenait-il notre mouvement, mais il y croyait.

Il y a à peine un mois aujourd'hui, Bern a prononcé un discours remarquable et inspirant devant quelque 11 000 membres réunis à Miami Beach, à l'occasion du 35e anniversaire de notre mouvement. Sa communication portait sur l'unité. Le sujet était approprié, car personne n'a contribué à assurer notre unité plus que lui.

De plus, il a beaucoup fait pour notre survie même, car il fut l'un des principaux architectes de notre Conférence des Services généraux.

Bern Smith n'aurait pas voulu que je fasse son éloge et ce n'est pas nécessaire. Ce qu'il a fait pour les Alcooliques anonymes est infiniment plus éloquent qu'aucune de mes paroles. Sa sagesse et sa prévoyance nous manqueront beaucoup.

Je dirai simplement que j'ai perdu un grand et cher ami, et que les AA ont perdu un grand et dévoué serviteur.

Articles au sujet Grapevine

Un éditorial – À quoi ressemblera demain ?

Juin 1944

On trouve, dans le livre *Les Alcooliques anonymes*, un chapitre intitulé « La vie qui vous attend ». En le parcourant récemment, mon regard a été attiré par ce paragraphe étonnant, écrit il y a à peine cinq ans. « Nous espérons qu'un jour tous les alcooliques qui voyagent trouveront un groupe des Alcooliques anonymes là où ils iront. Jusqu'à un certain point, cela se produit déjà, comme peuvent l'attester nos membres représentants de commerce. Des petits groupes de deux, trois ou cinq membres ont surgi dans certaines localités, grâce aux communications établies avec nos deux grands centres. » Je n'en revenais pas. Je me suis frotté les yeux, j'ai relu et j'ai eu la gorge serrée. « À peine cinq ans, me dis-je. Seulement deux grands centres et des petits groupes de deux ou trois, des voyageurs qui espéraient pouvoir un jour nous trouver partout... »

Est-ce possible qu'hier, ce n'était qu'un espoir – ces petits groupes de deux ou trois, ces petits phares qu'on surveillait, pleins d'inquiétude, et dont la flamme vacillait, mais ne s'est jamais éteinte.

Aujourd'hui, ce sont des centaines de centres qui illuminent d'une chaude lumière la vie de milliers d'alcooliques; ils éclairent ces récifs sombres sur lesquels se sont brisés les égarés et les désespérés, et ces rayons de lumière deviennent des têtes de pont dans des pays étrangers.

Voici maintenant que s'allume un autre phare, sous la forme de ce petit journal appelé *Grapevine.* Que ses rayons d'espoir et ses témoignages éclairent à jamais le cours de la vie des AA et illuminent un jour chaque coin sombre du monde alcoolique.

Les aspirations de ses rédacteurs, de ses collaborateurs et de ses lecteurs sont bien résumées dans les dernières lignes du chapitre « La vie qui vous attend »: « Abandonnez-vous à Dieu tel que vous le concevez. Reconnaissez vos fautes devant lui et devant vos proches. Déblayez votre passé de ses débris. Donnez généreusement ce que vous avez découvert et joignez-vous à nous. Nous serons avec vous dans la communion de l'esprit, et nul doute que vous croiserez quelques-uns des nôtres lorsque, courageusement, vous marcherez sur le chemin de l'Heureux Destin. D'ici là, que Dieu vous garde et vous bénisse ! »

Grapevine hier, aujourd'hui et demain

Juillet 1945

Grapevine vient d'avoir un an. Des tas de lettres enthousiastes arrivent de tous les coins des États-Unis, et même de pays étrangers, pour féliciter le personnel de la revue et l'encourager à continuer dans cette voie.

À ces félicitations, je joins les miennes. Tous ces bénévoles, qui ont donné si généreusement leur temps et leur énergie, ont fait un splendide travail. Certains ont même donné de l'argent, car on ne fonde pas un journal avec de la paille. À ceux d'entre eux qui se retirent, je tiens à dire, avec tous les abonnés: «Félicitations et merci !»

Comment est née la revue *Grapevine* et où s'en va-t-elle ?

L'été dernier, des membres de New York ont décidé qu'il était temps de doter les groupes de la région métropolitaine d'une publication mensuelle. Au début, ils ont pensé demander l'appui des groupes locaux, de la Fondation alcoolique, ou de quelqu'un en particulier. Mais personne ne pouvait appuyer un magazine qui n'avait pas encore paru ! Les fondateurs allèrent tout de même de l'avant, en se disant que si leur périodique était bon, il aurait du succès; s'il était trop banal ou ennuyant, il échouerait automatiquement - et rapidement! C'était aux lecteurs de décider s'ils endossaient ou non *Grapevine.*

Pris d'une fierté locale soudaine, les rédacteurs de la revue envoyèrent des exemplaires du premier numéro à tous les groupes des États-Unis. Aucune pression ni sollicitation. Juste un envoi postal. Les demandes d'abonnement commencèrent à affluer de partout. Ce filet est aujourd'hui devenu ruisseau, et la revue *Grapevine* a des abonnés dans chacun des 48 États, et même outre-mer.

Prévoyant élargir leur activité, les membres du personnel ont eu la bonté de me demander, il y a un mois, si je voulais bien m'intéresser à l'entreprise pendant l'année qui vient. Selon eux, le magazine pourrait prendre une dimension nationale. Il faudrait aussi un jour le constituer en société et finalement, peut-être, le relier à la Fondation alcoolique qui, comme chacun sait, parraine notre Bureau central et nos activités nationales.

Cette conversation ne laissait aucun doute: si des contingents de bénévoles allaient sans cesse se succéder pour rédiger et réviser les articles et pour établir les politiques du magazine, il faudrait aussi bientôt l'aide permanente d'employés rémunérés et des locaux plus grands. Les membres me demandaient donc de les aider à prendre ces dispositions et aussi, si possible, d'écrire moi-même un article à l'occasion. J'acceptai de les aider, si ma santé le permettait.

En plus du personnel bénévole, nous sommes fiers aujourd'hui de payer une secrétaire à temps partiel pour s'occuper de mille détails. Cependant, son volume de travail ne cesse d'augmenter, tout comme celui des articles susceptibles d'être publiés. Il faudra donc embaucher d'autres employés et sans doute aussi élargir la taille du magazine, ce qui demandera une légère augmentation du nombre d'abonnements. La revue s'autofinance aujourd'hui, et il devra toujours en être ainsi. Cela vaut mieux que de dépendre de subventions ou de dons pour en assurer la continuité, la qualité et le service.

Bien qu'elle soit encore jeune, notre revue commence déjà à avoir sa propre tradition. Chaque membre de son personnel aspire à en faire vraiment la voix des AA. Nous sommes tous très conscients que la revue doit toujours éviter de cibler un groupe particulier de lecteurs et de prendre position au sujet d'une question controversée. Elle doit sans cesse publier des nouvelles et des opinions au sujet des gens, mais elle ne doit jamais glorifier ni déprécier personne, ni se lancer dans quelque entreprise commerciale, ni devenir une simple tribune pour l'un d'entre nous, même pour le Bureau central ou la Fondation alcoolique. Comme de raison, tout membre tombera à l'occasion sur un article avec lequel il sera en désaccord. Qu'il soit donc entendu que ces articles reflètent la pensée et les sentiments de leurs auteurs, mais pas nécessairement les vues de la revue. Afin de bien fixer ces traditions et ces principes, nous demandons donc davantage de textes de tous les coins du pays.

Entre temps, s'il vous plaît, n'attendez pas trop de nous trop vite. Nous manquons encore de personnel; il est impossible de répondre à toutes vos lettres et demandes. J'ai bien peur que cela soit vrai pour moi aussi: je serai incapable d'avoir une correspondance personnelle et je devrai me contenter de vous écrire à tous un article, de temps à autre.

Si cela convient aux abonnés, j'aimerais parler dans les numéros à venir de sujets tels que l'anonymat, le leadership, les relations publiques, l'utilisation de l'argent par les AA, etc. Notre tradition et nos pratiques sur ces questions sont loin d'être fixées. Comme la plupart des vieux membres, j'en suis venu à faire grandement confiance aux groupes et à leur capacité de dégager les bons principes de l'expérience acquise. Par conséquent, le but de mes articles sera de présenter la pensée actuelle, le pour et le contre, sur ces questions controversées. Il ne s'agira que de suggestions. Ils seront destinés à promouvoir de plus amples discussions plutôt qu'à présenter de nouveaux principes.

Nous tenons à réaffirmer que *Grapevine* est votre revue. Elle sera le véhicule de vos pensées, de vos sentiments, de vos expériences et de vos aspirations, si vous travaillez dans ce sens. Bien que nous ne puissions publier qu'une partie des articles qui nous parviennent, soyez assurés que nous ferons de notre mieux pour bien les sélectionner. Souhaitant toujours être le reflet des AA, et seulement des AA, notre idéal sera de servir, jamais de dicter ou de commander. Aidez-nous à faire de *Grapevine* une voix véritable.

Qu'est-ce que notre revue Grapevine ?

Décembre 1946

Il y a encore des centaines de membres qui n'ont toujours pas vu ou entendu parler de la revue *Grapevine*. D'autres demandent de qui ou de quoi il s'agit, quels sont ses idéaux. On m'a donc demandé d'expliquer.

Grapevine est notre revue mensuelle. Elle se consacre uniquement aux intérêts des Alcooliques anonymes. Elle tente de publier des nouvelles et les opinions des membres AA de partout. Son but est de donner un aperçu de la pensée et de l'action du mouvement. Déjà présente aux quatre coins des États-Unis, elle commence à atteindre quelques lecteurs de l'étranger. Certains de ses 5 600 abonnés sont des non-alcooliques qui s'intéressent énormément à notre évolution et à notre philosophie.

Bref, la revue *Grapevine* est en train de devenir rapidement « la voix collective des Alcooliques anonymes ». Comme toute bonne chose, elle est le fruit d'une évolution, pas d'une promotion. À l'image de Topsy, « elle a poussé comme ça ». Mais permettez-moi de revenir en arrière, pour mieux illustrer pourquoi et comment notre revue est née. Il y a 10 ans, notre mouvement était un nouveau-né faible et chancelant; il regroupait quelques alcooliques qui s'accrochaient désespérément à un idéal et les uns aux autres. Ces pionniers sont à l'origine des Alcooliques anonymes. Lorsque nos rangs ont grossi, les nouveaux membres ont naturellement recherché l'aide et l'exemple des anciens. Ils commencèrent à appeler les vieux membres des leaders et ils nous affublèrent, Dr Bob et moi, du titre assez retentissant de fondateurs. Comme les AA comptent en fait une vingtaine de fondateurs, nous aurions préféré tous les deux que cela ne se produise pas. Nous n'avons pu l'éviter, sans doute parce que nous étions les deux premiers à une certaine époque et que nous avions donc la plus longue expérience.

C'est ainsi que nous en sommes venus à avoir aux yeux des membres un statut assez unique. Pas officiel, mais bien réel. Sur toutes les questions de principes et d'orientations, les membres se mirent à nous considérer, Bob et moi, comme les représentants de la conscience collective. Ils commencèrent aussi à nous percevoir un peu comme le cœur du mouvement, aspirant le flot continu des problèmes et des interrogations et redistribuant des réponses. Et puis, comme nous visitions un nombre croissant de groupes, on nous demandait de monter sur la tribune pour expliquer les AA à des auditoires toujours plus vastes. C'est ainsi que nous sommes devenus « la voix collective des AA ». Comme le disait un ami, « c'était toute une commande » !

Bob et moi sommes bien d'accord avec lui. C'est une tâche beaucoup trop lourde pour deux alcooliques, quels qu'ils soient. Nous pouvons trop facilement nous tromper. Et même si nous étions infaillibles, nous ne sommes pas éternels. C'est pourquoi, depuis un bon moment déjà, nous tentons de transmettre à d'autres la tâche d'être à la fois la conscience, le cœur et la voix des AA.

Il y a des années, nous avons aidé à mettre sur pied la Fondation alcoolique, qui veille sur les fonds des AA et dont les administrateurs sont considérés maintenant, par coutume et avec le consentement de tous, comme les gardiens de la Tradition et des orientations générales des AA. Ces administrateurs ne constituent pas un corps dirigeant, mais agissent comme une sorte de comité des services généraux pour tous les AA. Ils sont principalement des protecteurs et des médiateurs. C'est pourquoi les groupes les considèrent de plus en plus comme les représentants de notre conscience collective. Nous espérons, Bob et moi, que cette tendance se maintiendra, ce qui semble probable puisqu'on comprend de mieux en mieux les administrateurs et leurs fonctions.

En avril 1939, un an après la création de la Fondation, paraissait le livre *Alcoholics Anonymous*. Cette fois encore, un groupe de membres avait pris cette initiative parce qu'il croyait qu'il fallait codifier et mettre par écrit notre expérience. Ces membres fournirent les fonds, les suggestions et les témoignages des AA. Bob et à moi étions chargés de déterminer ce qui devait entrer dans le livre, et je devais rédiger le texte. La publication de notre livre marquait un tournant dans notre histoire à partir duquel les premiers membres, dont Dr Bob et moi, transmettaient grâce à ce nouveau véhicule leur expérience à un cercle de plus en plus grand, qui s'étendra bientôt à tout l'univers de l'alcoolisme.

Le Bureau central des AA est né à New York au même moment. Son personnel répond aujourd'hui à des milliers de demandes de renseignements, s'occupe de l'ensemble de nos relations publiques, envoie des lettres d'encouragement aux groupes naissants et isolés, voit à la publication et à la distribution de répertoires de groupes, de dépliants et de brochures, et du livre *Alcoholics Anonymous*. Il y a quelques années, les administrateurs de la Fondation alcoolique ont acquis les droits de notre livre AA et, en même temps, ont assumé la supervision du Bureau central, dont le financement a été graduellement transféré aux groupes qui font parvenir à la Fondation leurs contributions volontaires. Grâce au Bureau central, des milliers de nouveaux membres ont trouvé le chemin des AA, des centaines de groupes ont reçu de l'aide pour surmonter leurs problèmes de croissance, et des millions de personnes ont entendu parler du mouvement. Petit à petit, ce bureau commence à être reconnu comme le cœur du mouvement. On y achemine problèmes et demandes de renseignements, et il en ressort de l'information et les meilleures réponses possibles. Une autre fonction des membres à l'origine du mouvement est donc en voie d'être transférée au personnel du Bureau central qui est presque devenu le cœur des AA.

« Mais, direz-vous, qu'est-ce que tout cela a à voir avec *Grapevine*? » À l'image de la Fondation alcoolique, du livre des AA et du Bureau central, la revue est née, il y a deux ans, des efforts de quelques membres versés dans le journalisme qui croyaient que nous avions besoin d'un mensuel. Ils étaient prêts à mettre un peu d'argent et des efforts illimités pour assurer sa réussite. Ils n'ont reçu au début aucune permission spéciale de personne. Ils ont tout simplement retroussé leurs manches et fait le travail, et ils ont si bien réussi qu'à la fin de l'année, leur revue était distribuée dans tout le pays. Ils n'ont eu ni commanditaire ni réclame. Tout comme le livre des AA, le Bureau central et la Fondation alcoolique, *Grapevine* est devenue une institution nationale grâce aux efforts les membres et à la qualité de leur travail.

C'est à ce moment que des membres du personnel sont venus rencontrer les administrateurs pour discuter avec eux de l'avenir de leur revue. Ils m'ont aussi demandé d'écrire quelques articles et de vérifier si les groupes souhaitaient faire de ce périodique le principal magazine des AA. La réponse de centaines de groupes et d'abonnés fut un « oui » enthousiaste. C'est à peine s'il y eut une seule voix discordante. La revue fut donc constituée en société, son propriétaire véritable devint la Fondation, et son administration fut confiée à un comité conjoint, composé de deux administrateurs de la Fondation, de deux membres du personnel bénévole de la revue, et de son rédacteur en chef. Elle ne s'autofinance pas encore, mais nous espérons que cela viendra bientôt. Par conséquent, nous assistons à un autre transfert: *Grapevine* est en train de devenir la voix des Alcooliques anonymes.

Comme le disait récemment un membre de son personnel, «nous croyons que *Grapevine* devrait devenir "la voix des Alcooliques anonymes", nous apportant des nouvelles les uns des autres malgré les distances, et nous décrivant les dernières trouvailles de ce fonds commun, vaste et vital, que nous appelons "l'expérience des AA". Voici l'avenir que nous envisageons pour cette revue: elle évitera de prendre part à des controverses sur la religion, les réformes ou la politique, de rechercher les profits, de se lancer dans les affaires ou dans la propagande; elle se rappellera que notre seul but est de transmettre le message des AA à ceux qui souffrent d'alcoolisme. »

Dr Bob et moi appuyons de tout cœur ces vues. Nous espérons que tous les membres des AA considéreront ce magazine comme le leur, que nos talentueux auteurs collaboreront à profusion, que tous les groupes enverront des nouvelles de leurs activités d'intérêt général, et qu'elle apparaîtra bientôt aux yeux de tous comme un service central essentiel, au même titre que la Fondation, que notre livre et que le Bureau central.

Dr Bob et moi avons aussi une autre motivation à plus long terme. Voyez-vous, chers membres des AA, quand nous aurons complètement transféré nos fonctions originales — être la conscience, le cœur et la voix du mouvement — à ces nouveaux organismes, solides et durables, nous, les anciens, nous pourrons vraiment aller prendre l'ai !

À travers le miroir des AA

Novembre 1950

Permettez-moi de vanter les artisans de *Grapevine* et leur travail. Je leur souhaite longue vie et prospérité !

On se sert d'un miroir pour se poudrer, se raser ou s'admirer. Pourtant, un bon membre des AA aime regarder plus en profondeur. Chaque matin, il exprime sa gratitude pour sa sobriété, il demande pardon du ressentiment qui persiste en lui et il exprime l'espoir de vivre une bonne journée. Le soir, il se regarde à nouveau dans le miroir en disant: « Eh bien, mon ami, comment s'est passée ta journée ? Merci à toi, mon Dieu, pour le privilège de vivre. »

Le miroir d'un membre ne reflète donc pas un visage fardé, mais de la gratitude, pas de la vanité, mais de l'humilité, pas des paroles creuses, mais la réalité. Ce miroir est le reflet d'une expérience inestimable.

La même chose se produit lorsque nous lisons *Grapevine*, sauf que notre magazine est un miroir très vaste. Dans ses pages, nous pouvons jeter un coup d'œil sur le voisin qui médite, être transportés par magie au milieu de nos frères et sœurs de partout, sentir que nous faisons un avec eux. Jamais Alice au pays des Merveilles n'a vécu pareille expérience. Nous pouvons, dans ce miroir des AA, parcourir joyeusement la vaste demeure que la providence nous a donnée, cette merveilleuse demeure de la liberté qui s'appelle les AA.

Grapevine est réellement votre magazine et le mien. Chaque mois, il contient vos pensées et vos idées sur les AA ou sur tout autre sujet qui vous préoccupe. Chaque mois, vous êtes en moyenne plus de 200 à envoyer un article. Notre revue n'est pas écrite par une bande de New-Yorkais juchés dans leur tour d'ivoire, mais par vous.

À chaque numéro, vous pouvez voir que nous avons sélectionné la crème de vos contributions, et que nous la présentons avec soin dans une publication dont nous pouvons tous être fiers. Vous vous êtes peut-être déjà demandé comment on arrive à faire un si bon travail tous les 30 jours. Eh bien, il en est pour la revue comme pour presque tout dans le mouvement: des membres s'attellent à la tâche, en ne cherchant pour toute récompense que le plaisir d'aider. Non rémunérés et méconnus, ils œuvrent peut-être depuis assez longtemps dans l'anonymat le plus total, même parmi les autres membres.

Aimeriez-vous connaître les artisans de *Grapevine*? Ceux qui saisissent toutes ces précieuses images pour vous et qui, chaque mois, vous offrent les vues, les paroles et les impressions les plus récentes des AA en marche. Grâce à eux, notre revue est ce tapis volant qui vous fait faire le tour de l'univers des AA.

Tout d'abord, voici Al, notre rédacteur en chef. Al est supposé travailler dur comme journaliste pour les actualités filmées, mais personne ne saurait dire au juste quand il exerce son métier. Il passe le plus clair de son temps au bureau de la revue, bouclant notre *Grapevine* le soir – ou alors la préparant à sortir le matin. Tout ce que fait normalement un rédacteur en chef, Al le fait. Lisez notre magazine et vous verrez.

Et puis il y a Clyde, Paul, Rod et Sig. Le premier est un éminent éditeur de fiction, le deuxième, un rédacteur-réviseur de haut calibre, le troisième, un professionnel de la publicité, et le quatrième est en quelque sorte dans les relations publiques. Ces personnages importants surveillent probablement Al et l'appuient sûrement. À l'occasion, il leur arrive de produire leurs propres articles. Ensuite, il y a nos graphistes, Budd et Glen. Ils sont très bons, eux aussi. C'est normal, ils sont dans la vie directeurs artistiques et illustrateurs de premier plan. Avez-vous vu les illustrations de notre revue dernièrement? Vous feriez bien d'y jeter un coup d'œil. Ou mieux, abonnez-vous.

C'est maintenant le moment de vous présenter les experts financiers de *Grapevine*. Ce n'est pas leur faute si nous avons un déficit. Dans la vie, Mike et Bud (pas le même), sont tous les deux trésoriers de maisons d'édition. Mike est le trésorier de la revue. Il a hérité de ce travail austère et ingrat de Dick S. (pas le Dick S. de Cleveland). Quant à Bud, il reste à titre de collaborateur et de vétéran, car il est un des fondateurs de la revue. Afin d'être absolument certains que tout se passe bien, nous avons deux autres responsables financiers - deux superfinanciers. Ce sont les deux administrateurs de la Fondation, Jonas et Leonard, qui collaborent à l'administration de la revue.

La revue Grapevine, vous et moi

Juin 1957

Les artisans de *Grapevine* font des projets dont j'aimerais vous entretenir, des projets qui prévoient, entre autres, plusieurs articles écrits par moi. Je vais en effet tenter, pendant l'année qui vient, de vous écrire quelque chose tous les mois.

Différentes raisons nous ont amenés à prendre cette résolution. D'abord, Lois et moi ne pouvons plus voyager pour aller vous rencontrer en personne. Il faut bien l'avouer, nous ne sommes plus aussi jeunes. Si nous allions quelque part, en toute justice, il nous faudrait aller partout. Dans l'univers actuel des AA, ce « partout » couvre un territoire immense, soit l'Amérique du Nord, 70 têtes de pont outre-mer et 200 000 membres. Si nous allions tous vous voir, nous ne serions plus jamais à la maison ! Voilà donc pour moi une excellente raison de venir bavarder avec vous tous les mois, dans notre revue. C'est ce qui remplace le mieux les voyages.

Il y a aussi une autre raison. Alors que le mouvement se développe dans toutes les directions, il doit en être de même pour notre revue, car elle est le plus grand miroir que nous ayons de la pensée, des sentiments et de l'activité des AA aujourd'hui. Grâce à ses dévoués artisans et collaborateurs passés, elle n'a jamais cessé de croître.

Régulièrement, *Grapevine* fait un effort spécial en ce sens, et nous traversons en ce moment l'une de ces périodes de regain. Nous souhaitons faire le point sur toutes les nouvelles facettes et ramifications des AA dans le monde. Nous voulons rejoindre l'ancien qui pense parfois, avec raison peut-être, que notre magazine est trop tourné vers les problèmes des nouveaux.

Que pouvons-nous pour l'aider, vous et moi? Nous devons d'abord nous défaire d'un handicap sérieux. Si nous voulons produire une revue meilleure et plus grosse, il faudra accroître le personnel; il faudra quelques employés rémunérés de plus et énormément de bénévoles. Il y a déjà un bon moment que la revue manque de personnel, tant à la rédaction qu'aux abonnements.

Le fait est que la revue *Grapevine* livre depuis longtemps une bataille perdue d'avance contre l'inflation. Elle se vend 0,25 $ et ce prix n'a pas changé depuis une douzaine d'années. C'est probablement la dernière chose au monde qui n'a pas augmenté – à part peut-être les « Life Savers». Pendant ce temps, les frais de production ont monté en flèche, comme tout le reste. Même avec la récente et importante campagne d'abonnements, notre revue n'arrive toujours pas. Notre situation financière ne nous donne aucune sécurité pour l'avenir et empêche toute amélioration importante, au niveau de la taille ou de la qualité, aujourd'hui comme demain.

C'est pourquoi il nous faut porter le prix de *Grapevine* à 0,35 $ le numéro ou à 3,50 $ par année. Nous sommes sûrs que tout le monde se fera un plaisir de donner 0,10 $ de plus, comme le confirme abondamment un sondage préliminaire. Cela éliminera l'obstacle que les artisans de la revue n'arrivaient plus à surmonter malgré tout leur dévouement.

Cela étant fait, nous pouvons encore beaucoup, vous et moi. Nous voulons ajouter 16 pages et différentes sections consacrées à des nouvelles, aux activités des Al-Anon, etc. Nous voulons aussi nous intéresser davantage à nos membres de 5 ou 10 ans. Le personnel travaille fort pour mettre la main sur toute nouvelle idée prometteuse.

Vous et moi, nous pouvons certainement fournir quelques-unes de ces idées si nécessaires.

Pourquoi ne prendriez-vous pas le temps de m'écrire des « lettres d'idées » ? Pas des articles complets pour le moment, mais des idées sur ce que vous aimeriez voir publier dans votre revue. Par exemple, des suggestions de nouvelles sections, une liste de nouveaux sujets à traiter, ou même carrément des titres d'articles auxquels notre personnel pourrait donner suite. Vous pourriez tout spécialement me dire les sujets que vous aimeriez me voir aborder au cours des 12 prochains mois.

De votre part, ce sera sûrement une tâche accomplie dans l'amour et dans un esprit d'anonymat. Il y aura trop de lettres pour que je puisse vous répondre. Néanmoins, je ne doute pas que vous allez nous fournir, aux artisans de la revue et à moi-même, d'excellentes munitions fort utiles.

Pensez, chers lecteurs, à l'aubaine dont vous profitez. Si nous achetions les services à temps plein de tous ces spécialistes au tarif faramineux qu'ils reçoivent à l'extérieur, il nous faudrait leur donner à peu près 10 000 $ par mois. Pour nous, les AA, ils passent des nuits entières à travailler à notre Grapevine, avec pour tout salaire notre amour. Difficile de faire mieux.

Ne vous y trompez pas ! N'allez pas vous imaginer qu'il n'en coûte rien de produire *Grapevine*. Une revue qui tire à 23 000 exemplaires connaît des problèmes qui n'existaient pas quand ses lecteurs se comptaient seulement par centaines. Même des bénévoles qui se tuent à la tâche ne peuvent voler assez de temps à leur gagne-pain pour venir à bout de tout ce qu'il y a à faire.

Nous avons besoin de bureaux, de classeurs et de beaucoup d'espace de rangement. Nous devons tenir des registres pour que votre abonnement ne soit pas égaré, acheter des équipements coûteux, répondre au courrier et au téléphone. *Grapevine* a donc aussi absolument besoin d'employés à temps plein, un personnel rémunéré (de non-alcooliques) qui fait 90 pour cent du travail. Le rédacteur en chef affirme que ces non-alcooliques, qui travaillent dur, font toutes les tâches routinières, mais que lui et les autres alcooliques reçoivent tous les applaudissements. Évitons de sous-estimer ou de traiter avec condescendance ces employés que je vous présente.

Il y a d'abord notre consciencieuse Kitty. Avec l'aide de deux jeunes femmes et d'un jeune homme, elle fait son travail, dans un sous-sol en ville, quelque part sous le pont de Brooklyn. En revenant vers le centre-ville, vous pourrez rencontrer le personnel administratif. Ils sont deux. Il y a d'abord John penché sur sa Vari-Typer dans un bureau minuscule. Pas de lendemain de la veille pour lui, car il ne peut se permettre la moindre erreur et apparemment il n'en fait jamais.

Il y a aussi Virginia, la directrice de la revue. Dans les bureaux de *Grapevine*, ce titre signifie qu'elle est toujours prête à faire tout ce que les autres membres de l'équipe ne peuvent pas ou ne veulent pas faire. Quatre articles sur cinq nous viennent de l'extérieur de la ville. Si le vôtre est passablement banal, elle vous le dit avec ménagement. Elle vous envoie une belle lettre pour vous remercier au nom de tout le personnel. Elle vous avoue que votre article a été classé dans un endroit précieux, qu'elle appelle « la glacière ». Elle espère qu'on pourra l'utiliser plus tard. Virginia doit réviser et abréger tous les textes – les alcooliques en ont tellement long à dire. Elle doit donc tailler nos épanchements, afin que nos articles entrent dans la revue. Elle le fait pour moi aussi ! Elle arrive habituellement à forcer les collaborateurs à respecter l'heure de tombée ou l'imprimeur à attendre, sans mettre personne en colère. (Quand les bénévoles sont tout fiers de boucler leur chère *Grapevine*, ce qui signifie qu'ils ont survécu aux heures angoissantes de préparation de la copie finale, Virginia se contente d'un petit sourire ironique.) Apparemment, les bénévoles peuvent se permettre de faire des gaffes. Mais pas Virginia. Quand quelque chose va mal, s'il faut reprendre la copie finale, eh bien, c'est la faute à Virginia ! Elle aime quand même son travail. Tous les artisans de *Grapevine* vous diront la même chose. Ils font vraiment un travail d'amour. On ne peut expliquer autrement le travail qu'ils font pour nous, douze fois par année.

Selon vous, qu'attendent-ils de vous et de moi? Notre appréciation? Évidemment. Des articles? Certainement. Envoyez-nous-les, disent-ils en chœur. Des demandes d'abonnement? Leur visage s'illumine à ce mot, et ils disent: « Là, tu parles ! »

Al, notre rédacteur en chef, m'a prévenu, récemment. « *Grapevine* est dans une mauvaise passe. Les coûts ont monté en flèche. L'impression, les tarifs postaux, le loyer, les salaires, tout a grimpé. Rien à faire. Nous devons couper le magazine de moitié ou augmenter son prix. La première solution est impensable, la deuxième n'est pas agréable. La Fondation ne peut éponger indéfiniment notre déficit. Qu'est-ce qui nous attend ? »

« Que dirais-tu d'une grosse augmentation des abonnements? », lui ai-je demandé. Après s'être gratté le menton, il me répondit: « Peut-être que 10 000 abonnements de plus d'ici Noël feraient l'affaire. »

J'ai peut-être regardé trop longtemps à travers le miroir de *Grapevine*. Je ne peux plus résister aux vantardises d'Al. Et vous ?

Lisons et remercions Dieu

Octobre 1958

Voici le premier numéro international de *Grapevine*, et je suis particulièrement fier de le voir aller sous presse.

À cette occasion, je me rappelle que les statuts originaux de la revue ont été établis par un avocat, membre des AA, qui nous a maintenant quittés. C'était un bon avocat. Par conséquent, il avait fait un travail professionnel, très légaliste. Cependant, notre cher disparu était beaucoup plus qu'un bon juriste. Ce membre des AA avait une vision. Une vision de ce que pourraient être les AA de demain et du rôle que pourrait jouer *Grapevine* dans la réalisation de ce rêve.

Quand il rédigea, dans les statuts, la clause au sujet du but général, il oublia qu'il était un avocat et se lança dans une description enthousiaste des objectifs et des perspectives de *Grapevine*. À tel point qu'en 1944, année de la fondation de la revue, sa vision semblait à la plupart d'entre nous tirée par les cheveux.

L'une de ses expressions m'a toujours frappé. Il décrivait *Grapevine* comme un « tapis volant », capable de transporter instantanément le lecteur dans d'innombrables villes ou villages, et dans ces avant-postes isolés dans les terres lointaines où notre association allait un jour s'épanouir.

Ce numéro international est la meilleure preuve que le rêve de notre ami s'est réalisé. Dans les quatorze ans qui se sont écoulés depuis qu'il a rédigé les premiers statuts, sa vision a déjà été largement dépassée par la réalité éclatante de ce qui est vraiment arrivé.

Lisons donc ce numéro de la première à la dernière page, et remercions Dieu.

Une lettre d'anniversaire

Juin 1959

Ce numéro de *Grapevine* marque l'anniversaire de sa fondation, il y a exactement 15 ans.

Le souvenir des premières réunions de l'équipe de rédaction ne me quittera jamais. Assis autour d'une table dans une petite pièce triste quelque part au centre-ville, les fondateurs étaient absorbés par la lecture des articles fraîchement rédigés pour les premiers numéros. À l'époque, ces fondateurs enthousiastes faisaient tout. Non seulement faisaient-ils les illustrations et la plus grande partie des textes, mais ils tenaient les livres, payaient la facture de l'impression, dactylographiaient l'adresse sur chaque exemplaire et enfin collaient les timbres. Chaque mois, c'était le joyeux paroxysme de la création de ce qui allait devenir la principale revue mensuelle de notre association.

Aujourd'hui, 35 000 lecteurs voient se refléter dans chaque numéro de *Grapevine* les pensées, les sentiments et les activités de tout le mouvement des AA du monde entier. Cette revue est notre grand moyen de communication les uns avec les autres, un tapis volant sur lequel chacun et chacune peut s'envoler vers des endroits éloignés pour voir des frères et sœurs passer de la noirceur à la lumière.

Je profite de cette occasion joyeuse pour dire mon affection la plus chaleureuse à tous les lecteurs et lectrices de *Grapevine*, ainsi qu'à son personnel. Puisse Dieu favoriser toujours notre revue !

INDEX